AF547726

Max Weremchuk

# Haben wir die Endzeit verpasst?

Bibliografische Information der Deutschen Nationalbibliothek:
Die Deutsche Nationalbibliothek verzeichnet diese Publikation in der Deutschen Nationalbibliografie; detaillierte bibliografische Daten sind im Internet über http//dnb.dnb.de abrufbar


Umschlaggestaltung und Satz: Jean-Pascal Haas
Verlag: St. Alcuin of York Anglican Publishers
Druck und Herstellung: BoD - Books on Demand, Norderstedt

ISBN: 978-3-945233-05-4

Printed in Germany

Soweit nicht anders angegeben, sind die Bibelstellen der Revidierten Elberfelder Übersetzung entnommen.

# Inhalt

# Einleitung

Obwohl Jesus Christus klar und unmissverständlich gesagt hat, dass wir Menschen nicht wissen können, wann er wiederkommen und alles beenden wird (Matthäus 24:36, Markus 13:32, Apostelgeschichte 1:7), hat es Menschen nicht davon abgehalten den Zeitpunkt seiner Wiederkehr zu errechnen – von den frühsten Zeiten der Kirche bis in unsere Tage. Alle Berechnungen sind bis jetzt fehlgeschlagen - wie zu erwarten war, denn der Herr hat gesagt, dass wir es nicht wissen können. Auch wenn nicht alle Christen versuchen zu errechnen, wann der Herr wiederkommt, muss man feststellen, dass eine eifrige Beschäftigung mit der „Endzeit" und der Zukunft für sehr viele Christen typisch ist. Christliche Bücher über Prophetie und besonders über noch „unerfüllte Prophetie" gibt es in rauen Mengen – Tendenz steigend. Es ist alles so spannend und aufregend und man hört immer wieder, dass das Ende sehr bald sein muss, dass die Zeichen der Zeit nie so klar und eindeutig waren wie jetzt.

Man kann fast den Eindruck gewinnen, dass der Herr uns hier noch eine Weile zurückgelassen hat, sodass wir uns mit unerfüllter Prophetie beschäftigen. Jedenfalls wenn man die meisten freikirchlichen Gruppen betrachtet. Natürlich gibt es auch einen Eifer die Menschen zu evangelisieren, aber alles auf dem Hintergrund von „Wir sind in den letzten Tagen".

Ist dies alles im Sinne des Herrn?
Ich glaube nicht.

Das Alte Testament sprach von einem kommenden Erlöser, lange bevor der Sohn Gottes Mensch wurde und das Heil auf Golgatha bewirkt hat. Man musste warten, aber die Erfüllung kam. Wenn man die Aussagen im Alten Testament mit der Erfüllung im Neuen Testament vergleicht, finden wir eine wunderbare Übereinstimmung und dadurch eine Bestätigung von Gottes Wort.

Im Neuen Testament sprach Christus über „das Ende", das Zu-Ende-Gehen von dem Alten und dem Beginn des Neuen. Es sind jetzt fast 2000 Jahre her, seitdem der Herr seine Aussagen hier gemacht hat. Sie sind (scheinbar) noch nicht in Erfüllung gegangen. Manche erklären dies mit einem Vergleich mit der langen Zeit zwischen den Weissagungen im Alten Testament über einen kommenden Messias und der tatsächlichen Geburt des Herrn Jesus. Andere greifen auf 2. Petrus 3:8 zurück und behaupten, da für Gott ein Tag ist wie tausend Jahre und tausend Jahre wie ein Tag, ist es erst zwei Tage her, dass Christus gestorben und auferstanden ist. (Aber wenn auch ein Tag wie tausend Jahre sind, wie viele tausend Jahre sind vergangen?)

Aber diese Erklärungen hinken alle, denn der Herr hat sehr oft so gesprochen, als ob die Menschen, die ihm zuhörten, die Erfüllung von dem, was er erzählte, selbst erleben würden. Er hat nicht geredet, als ob alles noch 2000 Jahre und vielleicht noch länger dauern würde.

Vieles, was der Herr erzählt hat, ergibt nur einen Sinn, wenn man erkennt, dass es tatsächlich eine Erfüllung zu Lebzeiten der ursprünglichen Zuhörer gegeben hat. Es war eine Sache, die einen Abschluss finden sollte, sodass die Gläubigen mit ihren eigentlichen Aufgaben weitermachen konnten. Es war eine Bestätigung des Glaubens, weil, was der Herr vorausgesagt hatte, tatsächlich bald in Erfüllung ging. So konnten die Christen ihr Werk für den Herrn hier auf der Erde mit Zuversicht fortsetzen, weil sie wussten, dass auf ihn und sein Wort Verlass war!

Aber diese Thematik der „Endzeit" endlos ausdehnen – fast 2000 Jahre lang – was für einen Sinn hat das? Eine Beschäftigung mit angeblich noch nicht erfüllter Prophetie hat ganz bestimmt nicht zur Einheit und zum inneren Wachstum unter den Christen beigetragen. Im Gegenteil, die Auseinandersetzungen darüber, wie man z.B. die Offenbarung auszulegen hat, sorgt mehr für Streit als für Frieden und Eintracht. Die selbstsichere Haltung mancher Christen mit ihren Tabellen und Diagrammen bezüglich des genauen Ablaufs von endzeitlichen Ereignissen wirkt eher arrogant als anziehend und versöhnend.

In gewisser Hinsicht sind solche Christen, die sich intensiv mit Endzeit-Themen beschäftigen, nicht viel anderes als die, die den genauen Zeitpunkt der Rückkehr des Herrn errechnen wollen. Aber welchem Zweck dient es? Einer Bestätigung des Glaubens? Das ist wohl kaum nötig, denn wir haben viele andere Bestätigungen, worüber wir als Christen auch eher einig sind. Dass das Wort des Herrn, seine Zusagen, in Erfüllung gehen, wissen wir – allzu gut.

Worin liegt der Sinn einer genauen Beschreibung von Endzeit-Ereignissen und unserer akribischen 2000 Jahre langen Beschäftigung damit? Sie hat keine wirkliche Bereicherung hervorgebracht und hat eher die Gläubigen „ausgebremst".

Eine Beschäftigung mit so genannter unerfüllter Prophetie gab es schon immer in der Kirche, aber es gibt eine Richtung, die in unserer Zeit vorherrschend ist und alles andere regelrecht verdrängt. Diese Richtung oder Sichtweise trägt den Namen „Dispensationalismus“ und wird durch ihre Betonung auf die „Vor-der-Drangsal-Entrückung“ und das nationale Israel gekennzeichnet. Sie ist in christlichen Kreisen (vor allem freikirchlich protestantischen) sehr dominant. Hier in Deutschland kann man fast nur solche Bücher bekommen, die diese Sichtweise vertreten. Das ist beklagenswert, weil es den Eindruck erweckt, dass eine andere Ansicht über Prophetie etwas Besonderes oder Neues wäre. Das Gegenteil ist wahr. Es ist die dispensationalistische Lehre, die neu oder neuartig ist. Ihre Wurzeln, zumindest in ihrer gegenwärtigen populären Form, gehen nämlich nur bis zum Anfang des 19. Jahrhunderts zurück.

Ich wuchs auf in einer dispensationalistischen Umgebung und habe viele Jahre lang diese Lehre verteidigt. Die Beschäftigung mit Literatur des reformierten Teils der Christlichen Kirche hat mich schließlich vom Dispensationalismus und einer Beschäftigung mit so genannter noch nicht erfüllter Prophetie weggebracht zu dem, was m. E. eher dem historischen Glauben der Kirche entspricht und was zu diesem Buch geführt hat. Dieses Buch ist nicht noch ein Buch über Prophetie, jedenfalls nicht im Sinne der oben erwähnten. Dieses Buch versucht eher zu zeigen, dass das meiste, was als noch unerfüllt angesehen wird, schon lange erfüllt ist – sodass wir uns eher unseren eigentlichen Aufgaben hier zuwenden können und unsere Zeit nicht mit Berechnungen und Fehldeutungen zeitgenössischer Ereignisse verplempern.

Die Erfahrungen, die ich gemacht habe, machten mir deutlich, dass eine ständige Beschäftigung mit angeblich noch unerfüllter Prophetie und dem Wissen-Wollen, wie alles eines Tages abläuft, der Sache des Herrn nicht dient oder sie vorantreibt. Sie lenkt sogar von unserer eigentlichen Aufgabe als Christen, die den Herrn hier vertreten, ab.

Gottes Zielsetzung ist Wachstum – bei einzelnen Gläubigen und für seine Kirche und sein Reich allgemein. Wachstum hat zu tun mit dem, was die Bibel „Sohnschaft“ nennt, reif werden, erwachsen werden. Wachstum geschieht in Schritten oder Phasen. Das Neue Testament spricht davon, dass wir alle hingelangen sollen zur Einheit des Glaubens und der Erkenntnis des Sohnes Gottes, zur vollen Mannesreife, zum Vollmaß des Wuchses der Fülle Christi (Epheser 4:13). Dieses Wachstum wird in Christus erreicht, in der Kirche oder Gemeinde. Die Gläubigen in früheren Zeiten, d.h. in der Zeit, die das Alte Testament beschreibt, werden als kleine Kinder, als Unmündige beschrieben (z.B. Galater 4:1). Wenn der Herr von dem „Ende“ sprach, sprach er sehr oft von dem Ende der alten Ordnung, die mit den Gegebenheiten des Alten Testaments verknüpft waren, mit dem noch „Unmündig“- Sein.

Eine Beschäftigung mit alttestamentlichen Elementen und ihrer angeblichen Gültigkeit (wieder) in der Zukunft ist eigentlich eine Beschäftigung mit oder eine Rückkehr zu der Kindheit.

> Deshalb wollen wir das Wort vom Anfang des Christus lassen und uns der vollen Reife zuwenden und nicht wieder einen Grund legen mit der Buße von toten Werken und dem Glauben an Gott, der Lehre von Waschungen und der Handauflegung, der Totenauferstehung und dem ewigen Gericht. (Hebräer 6:1-2)

Meine Studien haben mich zu der Überzeugung geführt, dass das, was wir heute als Christen in der Kirche oder Gemeinde haben, das ist, was Gott für (das gläubige) Israel vorgesehen hat und nicht, dass es erst noch kommen muss.

> Israeliten – deren die Sohnschaft ist und die Herrlichkeit und die Bündnisse und die Gesetzgebung und der Gottesdienst und die Verheißungen; deren die Väter sind und aus denen dem Fleisch nach der Christus ist, der über allem ist, Gott, gepriesen in Ewigkeit. Amen. (Römer 9:4-5)

Ich vertrete nicht die Meinung, dass die Kirche Israel irgendwie ersetzt hat, sondern dass die Kirche das erwachsene Israel ist!

Ein Beispiel: Ich trage keine Windeln mehr, ich esse auch keinen Babybrei mehr und ich spiele nicht mehr im Sandkasten. Dennoch bin ich dieselbe Person, die all diese Dinge früher tat. Ich bin nicht jemand Anderes. Meine äußere Veränderung vom Kleinkindalter zu heute ist groß, aber ich bin nicht jemand Anderes – auch wenn meine Kindergartenlehrerin mich nicht mehr erkennen könnte. Ich bin erwachsen geworden.

In Christus sind wir erwachsen geworden (Paulus geht auf diesen Gedanken im Galaterbrief ausführlich ein). Der Wunsch mancher Christen, typisch jüdische (alttestamentliche) Elemente beizubehalten, ist so, als wenn jemand heute von mir verlangen würde, wieder Windeln zu tragen. Auch die Vorstellung, Israel erwartet eine irdische Zukunft getrennt von der der Kirche mit typisch jüdischen Elementen (Tempel, Opfer usw.) ist ein Schritt zurück. Eine Sehnsucht nach der Kindheit.

Erwachsen werden ist oft nicht leicht, ist oft schwer und schmerzvoll. Es gibt weniger „das darfst du nicht, sonst. . .“ aber dafür mehr eigene Verantwortung. Mit dem Gesetz aus dem Alten Testament ist es ähnlich. Gilt es heute noch? Für wen?
Wieder ein Beispiel: Als mein ältester Sohn klein war, habe ich ihm verboten mit dem

Autoschlüssel im Auto zu spielen. Heute, wo er den Führerschein besitzt und ein eigenes Auto hat, ist so ein Verbot nicht mehr nötig. War es, weil es heute nicht mehr gilt wie früher, falsch oder unnötig gewesen?

Nein! Es war zu seiner Zeit notwendig und sogar gut. Aber da mein Sohn jetzt erwachsen ist, ist es nicht mehr notwendig – was nicht heißt, dass mein Sohn verantwortungslos Auto fahren darf.

So ist es auch mit Gottes Gesetz. Der Apostel Paulus sagt, es war gegeben für die Zeit, da wir noch unmündig waren. Aber jetzt sind wir erwachsene Söhne.

Das Christentum wurzelt in dem Alttestamentlichen, aber es ist NICHT aus dem Judentum, das wir heute kennen, entstanden. Es ist nicht so, dass Christen Jesus Christus als Messias anerkennen und Menschen aus dem Judentum eben nicht, als ob sie einfach in dem biblisch-alttestamentlichen Glauben geblieben wären.

Nein. Das biblische Judentum ging zu Ende im Jahr 70 n.Chr.[1] Das moderne oder Rabbiner-Judentum entstand danach als eine Ersatzreligion, das Rabbiner-Judentum. Das Christentum und das Rabbiner-Judentum sind die zwei Alternativen, die es nach dem Ende des biblischen Judentums gab (das „Ende", von dem das Neue Testament wiederholt spricht). Beide behaupten die legitime Fortsetzung zu sein. Die eine Religion existiert, weil sie sagt: Jesus Christus ist der Messias – und die andere, weil sie sagt: Jesus Christus ist nicht der Messias. Das Rabbiner-Judentum hat nicht mehr Anspruch darauf die echte Fortsetzung des alttestamentlichen Glaubens zu sein als irgendeine andere Religion dieser Welt. Nur das Christentum kann das von sich behaupten.

Paulus schreibt: „Denn die geheime Macht der Gesetzwidrigkeit ist schon am Werk" (2. Thessalonicher 2:7). Wann war das? Zu seiner Zeit. Vor der Vernichtung Jerusalems war die Entstehung einer „Ersatz-Religion" schon am Werden. Das „Tempel-" oder „Altes-Testament-Judentum" war dabei, in der Kirche aufzugehen. Das so genannte Rabbiner-

[1] Albert C. Sundberg, Jr. schreibt in „The Old Testament of the Early Church" (http://department.monm.edu/classics/ Speel_Festschrift/sundbergJr.htm), dass der Rabbiner Johanan ben Zakki den römischen General Vespasian um Erlaubnis bat, seine Schule nach Jamnia verlegen zu dürfen, wo sie dann nach der Vernichtung Jerusalems in 70 n.Chr. zur führenden jüdischen Schule wurde. (Diese Stadt liegt nahe der Küste Palästinas südlich von Jaffa und heißt heute Yabneh.) Sundberg erwähnt das Werk von J. Neusner „The Rabbinic Traditions about the Pharisees Before 70: The Problem of Oral Tradition", in dem Neusner schreibt, dass fast alle Traditionen der Pharisäer, die vor 70 n.Chr. existierten, in Jamnia und danach vollständig revidiert wurden!

Judentum entwickelte sich absehbar in eine ganz andere Richtung, vom Christentum weg. Rabbi Ted Falcon, Ph.D. und David Blatner sagen es klar und deutlich: „Das Judentum ist völlig inkompatibel mit dem Glauben an Jesus als Messias."[2] Damit ist das Judentum NACH 70 n.Chr. gemeint.

Eine Distanzierung der Rabbiner-Judentums von Christentum ist erkennbar in der Ablehnung des griechischen Alten Testaments (Septuaginta) im Jahr 90 n.Chr. (diese Übersetzung hatten viele Christen benutzt um die damalige Welt zu evangelisieren) und die Niederschrift der Mishna um das Jahr 200 n.Chr. (die als das „Rabbiner-Gegenstück" zum Neuen Testament angesehen werden kann). Eine völlig neue Religion entstand. Die Zukunftsvisionen der Dispensationalisten entsprechen nicht dem, was wir im Alten Testament finden, sondern eher dem, was wir in diesem „Ersatz" für das Neue Testament finden.

Ein Leitsatz für viele Christen ist: „das Wort der Wahrheit in gerader Richtung teilen" (2. Timotheus 2:15). Damit ist gemeint, zu erkennen, welche Stellen in der Bibel mit der Kirche zu tun haben und welche mit Israel. Dennoch werden Fehler gemacht und Stellen bezüglich Israels auf die Kirche angewandt und umgekehrt. Zum Beispiel der „Abfall" im Neuen Testament ist nicht ein zukünftiger innerhalb der Kirche, wie viele glauben. Dieser Abfall bezieht sich auf die Zeit vor 70 n.Chr. und hat mit dem Volk der Juden zu tun, die damals noch (äußerlich) in Verbindung mit Gott standen. Der „Überrest" sind solche Juden aus dem Volk, die das Heil in Jesus Christus annahmen – solche, die die Erfüllung des Alten Testaments in Christus und seiner Kirche erkannten. „Abfallen" bedeutet hier, das Wirken Gottes nicht als von Gott kommend anzuerkennen und weiter zu machen mit dem, was man selbst für gut und richtig hält, das heißt, die Offenbarung Gottes in Christus abzulehnen.

Gerade das Teilen oder Trennen ist es, was der Apostel Paulus in seinem Brief an die Galater verurteilt. Er spricht Friede und Barmherzigkeit aus über die, die dieser Richtschnur – nämlich dass beide, Griechen und Juden, jetzt eins sind – folgen (Galater 6:15-16). Man kann die Worte des Herrn aus Matthäus 19:6 hier auch anwenden: „Was nun Gott zusammengefügt hat, soll der Mensch nicht trennen." Denn Gott hat durch Christus aus beiden – Juden und Nicht-Juden - eins gemacht (Epheser 2:14). Der Segen beim Studieren des Wortes Gottes liegt also nicht darin zu erkennen, wie man alles in „Für-den-jüdischen-Überrest-" und „für-die-Kirche"-Abschnitte aufteilen kann, son-

---

[2] „Judaism for Dummies". Seite 19. Hungry Minds Inc.: New York (NY), 2001.

dern im Gegenteil in dem Erkennen, wie Gott aus beiden eins gemacht hat!

Was mir zunehmend Sorge macht, ist die Beobachtung, dass es in bestimmten christlichen Kreisen langsam Mode wird, das Alte Testament ohne ein christliches „Vorurteil" zu lesen. Das heißt, man versucht nichts Christliches hinein zu lesen. Christen, die diese Methode befürworten, glauben dadurch ehrlicher mit dem Text umzugehen. Aber wenn man dieser Methode folgt, wird man unweigerlich zu falschen Schlussfolgerungen gelangen. Man ist auch begeistert über „jüdische" Auslegungsmethoden, die sich von unseren „so unterscheiden". Aber man vergisst dabei, dass diese Methoden entwickelt wurden ohne Jesus Christus als eigentlichen Inhalt der Schrift zu sehen.

Christus selbst sagt, dass das gesamte Alte Testament von ihm spricht. Wenn das wahr ist, dann kann das Alte Testament nicht richtig verstanden werden, wenn man Christus außen vor lässt. Wir können die Heilige Schrift nur richtig verstehen, wenn wir erkennen, dass sie ihre ganze Bedeutung durch Jesus Christus erhält.

Jesus Christus sagte zu den Juden seiner Zeit:

> Ihr erforscht die Schriften, denn ihr meint, in ihnen ewiges Leben zu haben, und sie sind es, die **von mir zeugen**. (Johannes 5:39)

> Denn wenn ihr Mose glaubtet, so würdet ihr mir glauben, denn er hat von **mir geschrieben**. (Johannes 5:46)

Wir lesen in Lukas 24, dass der Herr den zwei enttäuschten Jüngern auf ihrem Weg nach Emmaus begegnete und dass er

> . . . von Mose und von allen Propheten anfangend, ihnen in allen Schriften das erklärte, **was ihn betraf.** (Lukas 24:27)

Die „jüdischen" Auslegungsmethoden, die von vielen Christen als richtiger „Schlüssel" zur Schrift übernommen werden, sind solche, die zum Teil nach der Entstehung des Christentums entstanden sind – in vieler Hinsicht auch um ein Nicht-Anerkennen von Jesus Christus zu rechtfertigen. Diese Methoden werden von einigen Christen gerechtfertigt, indem man sagt, der Herr und die Apostel haben sie benutzt. Was den Herrn betrifft, genügt schon eine Stelle wie

> Und sie erstaunten sehr über seine Lehre; denn er lehrte sie wie einer, der Vollmacht hat, und nicht wie die Schriftgelehrten. (Markus 1:22)

um diese Behauptung zu widerlegen.
Was die Apostel betrifft, nehmen wir Paulus als Beispiel. Er sagt von sich selbst:

> Denn ihr habt von meinem früheren Verhalten im Judentum gehört, dass ich . . . im Judentum mehr Fortschritte machte als viele Altersgenossen in meinem Volk; ich war ja für meine überkommenen väterlichen Überlieferungen in viel höherem Maße ein Eiferer. (Galater 1:13-14)

> Ich bin ein jüdischer Mann, geboren in Tarsus in Zilizien; aber aufgezogen in dieser Stadt, zu den Füßen Gamaliels unterwiesen nach der Strenge des väterlichen Gesetzes, war ich, wie ihr alle heute seid, ein Eiferer für Gott. (Apg. 22:3)

> Sie kennen mich von der ersten Zeit her – wenn sie es bezeugen wollen – dass ich nach der strengsten Sekte unserer Religion, als Pharisäer, lebte. (Apg. 26:5)

> Dem Eifer nach ein Verfolger der Gemeinde; der Gerechtigkeit nach, die im Gesetz ist, untadelig geworden. (Philipper 3:6)

Wenn einer in „jüdischen" Auslegungs-Methoden wirklich zu Hause war, dann war das der Apostel Paulus. Hat diese Gelehrsamkeit ihm geholfen, Christus als die Erfüllung der Verheißungen zu erkennen? Nein, im Gegenteil. Er glaubte die Christen verfolgen zu müssen! Eine Offenbarung des Herrn war notwendig, um ihm die Augen zu öffnen. Natürlich können wir von den verschiedensten Auslegungs-Methoden profitieren – wenn wir umsichtig mit ihnen umgehen – aber wir müssen auch die jeweiligen Schwächen und Gefahren kennen. Eine Auslegungs-Methode, die schon von vornherein Christus als die Erfüllung der Schrift ablehnt, kann nur zu falschen Schlussfolgerungen gelangen – egal was für andere Vorteile sie hat!

In den folgenden Kapiteln setze ich mich mit der Lehre des Rabbiner-(Talmud)-Judentums auseinander. Dies wird mir natürlich den Vorwurf des Antisemitismus einbringen. Dieser Vorwurf ist aber völlig falsch und unberechtigt. Antisemitismus, wie er landläufig verstanden und benutzt wird, ist etwas, das ich in jeder Hinsicht ablehne und verurteile! Ich setzte mich hier mit Lehrgebäuden und Gedanken auseinander – nicht mit Menschen einer bestimmten Herkunft oder Abstammung. Mein Anliegen ist nicht biologisch, sondern philosophisch und theologisch. Das heutige Rabbiner-Judentum

– als Lehrgebäude – ist die Fortsetzung der Ablehnung des Herrn Jesus Christus, wie wir es in den Evangelien unter den Schriftgelehrten und Pharisäern vorfinden. Es behauptet Anspruch auf gewisse Dinge zu haben und vertritt eine bestimmte Sichtweise. Damit darf man sich auseinandersetzen.

Wenn man für einen Augenblick, die Frage von „wahre offenbarte Wahrheit" außer Acht lässt und nur das menschliche „Element" betrachtet, dann waren es in beiden Fällen (Rabbiner-Judentum, Christentum) Juden, die in den Ursprung oder die Entstehung involviert waren. Zwei verschiedene Jüdische „Ideen", die in entgegengesetzte Richtungen gingen, aber dennoch beide jüdisch – von Antisemitismus kann hier keine Rede sein!

Israelit oder Jude sein ist nicht eine „angeborene" Sache. Die Bibel macht klar, dass es immer eine Sache des Bundes war und nicht rein biologisch. Das Neue Testament und unser christlicher Glaube erlauben uns nie, jemanden wegen seiner Abstammung oder Herkunft zu diskriminieren oder zu verfolgen. Nie! Da, wo dies leider doch in der Geschichte des Christentums geschehen ist, war es immer falsch und immer gegen die Lehre der Schrift! Es darf nicht entschuldigt oder gerechtfertigt werden.

Aber gleichzeitig müssen wir unterscheiden und beurteilen, was die Lehre betrifft:

> Geliebte, glaubt nicht jedem Geist, sondern prüft die Geister, ob sie aus Gott sind! (1. Johannes 4:1)

Ideen haben Auswirkungen und Konsequenzen. Man muss sich damit auseinander setzen dürfen. Ich muss unterscheiden können zwischen „Kommunismus" als Idee und z.B. einem „Chinesen" als Mensch.

Nicht alle Chinesen sind Kommunisten und nicht alle Kommunisten sind Chinesen. Wenn ich das eine beurteile, habe ich damit nicht automatisch das andere verurteilt.

Es ist nicht gerechtfertigt, eine Auseinandersetzung mit der Herkunft und den Ideen des Rabbiner-Judentums (als Lehrgebäude) zu verhindern, indem man „Antisemitismus"schreit. Dies wäre weder sachlich noch fair. Es besteht ein himmelweiter Unterschied zwischen: „Diese Lehre oder Ansicht ist falsch, weil sie von den und den Prämissen ausgeht" und „Dieser Mensch ist weniger Wert, weil er von dort oder dort abstammt". Meine feste Überzeugung und fester Glaube ist, dass ALLE Menschen gleich viel Wert sind – egal woher sie kommen oder woher sie abstammen. Unter Menschen gibt es keine Unterschiede zwischen „besser“ oder „schlechter“, was den „Wert“ eines Menschen angeht. Ich bin nicht „besser“ als ein Deutscher, weil ich Kanadier bin und ein Israeli ist nicht besser als ein Kanadier, weil er aus Israel stammt. Menschen sollen nicht bewertet werden nach dem, was sie sind, Deutscher oder Kanadier, sondern nach dem, was sie tun. Dieses Prinzip finden wir im Alten und im Neuen Testament:

> Ich, der HERR, bin es, der das Herz erforscht und die Nieren prüft, und zwar um einem jeden zu geben nach seinen Wegen, nach der Frucht seiner Taten. (Jeremia 17:10)
>
> Gott . . . der einem jeden vergelten wird nach seinen Werken. (Römer 2:6).

Es gibt aber Unterschiede im „Wert“, was Ideen betrifft. Man kann über das „Bessere“ oder „Schlechtere“ reden, wenn wir z.B. über Demokratie und Kommunismus diskutieren. Diese Unterscheidung MUSS erkannt werden! Als Christ kann man der Auseinandersetzung mit der Lehre des Rabbiner-Judentums nicht aus dem Weg gehen, indem man sie als Diskriminierung und Antisemitismus abtut.

Dieses Buch ist eine Neubearbeitung meines Buches „Söhne der Verheißungen“ und ist auch in zwei Teile aufgeteilt. Der erste Teil geht auf Lehre und Auslegung ein und greift verschiedene Themen auf. Der Engländer John Nelson Darby (1800-1882) und die mit ihm verbundene Bewegung, die so genannten „Brüder“, waren nicht die ersten die eine Betonung auf Israel legten, aber sie waren diejenigen, die die heutige Sicht des „Dispensationalismus“ geprägt haben. Aus diesem Grund werden sie schon im ersten Teil oft erwähnt. Im zweiten Teil gehe ich ausführlicher auf die geschichtliche Entwicklung des „Dispensationalismus“ ein. Einiges erscheint hier zum ersten Mal in Buchform.

(Der Anhang mit der Thema „Taufe“ mag zuerst als fehl am Platz erscheinen, aber sie ist sehr verwoben mit den verschiedenen Ansichten über Israel und die Kirche.)

Obwohl ich selbst verantwortlich bin für alle Schlussfolgerungen, die in diesem Buch gezogen werden, habe ich von anderen gelernt. Als Hilfe von anderen möchte ich besonders auf folgende hinweisen:

In allgemeiner Hinsicht:

- Hans K. LaRondelle und sein Buch: „The Israel of God in Prophecy“, Andrews University Press

- David Chilton und sein Buch: „The Great Tribulation“, Dominon Press
- Gary DeMar und sein Buch: „Last Days Madness“, American Vision, Inc.

Und im Einzelnen:

Kapitel 2

- J. Marcellus Kik und sein Buch: „An Eschatology of Victory“, Presbyterian and Reformed Publishing, Co.
- Die Übersichten über Daniel 9 und 2. Thessalonicher 2 basieren auf Werken von Keith A. Mathison und James B. Jordan.

Kapitel 3

- James B. Jordan von Biblical Horizons in Niceville, Florida für die Petrus/Paulus/Christus/Josua-Vergleiche.

Kapitel 4

- Batya Wootten von Key of David Publishing in Florida und ihre Bücher: „The Olive Tree of Israel“, „In Search of Israel“ und ihre Ausführung über Efraim.

Kapitel 5

- Dr. Scott Hahn von der Franciscan University von Steubenville, Ohio und seine Ausführung über Hesekiel 20.

Es bleibt noch darauf hinzuweisen, dass, wo deutsche Übersetzungen von Werken, aus denen ich in diesem Buch zitieret habe, nicht vorlagen, ich die Übersetzung selbst vorgenommen habe.

# Teil 1

## Kapitel 1
# Um was geht es?

Es scheint heute, dass die Geistlichkeit eines Christen oft daran gemessen wird, wie sehr er sich für das Land Israel und seine Zukunft begeistern lässt – Israel als verschieden von den Christen und der Kirche – aber nichtsdestoweniger als in Beziehung zu Gott. Diese Begeisterung kann so weit gehen, dass einige Christen meinen, je mehr hebräische Wörter sie in ihrem christlichen Wortschatz benutzen, wie „Jeschua“ oder „Shalom“, desto geistlicher sind sie.

Viele christliche Gläubige haben die falsche Vorstellung, dass nicht christliche, aber gläubige orthodoxe Juden einen Glauben an Gott haben, der dem der alttestamentlichen Gläubigen ähnlich ist, und dass die einzige Sache, die sie noch brauchen, die Anerkennung von Christus als Messias ist – sozusagen nur einen Schritt von der Wahrheit entfernt. Aber was die meisten Christen nicht erkennen, ist, dass der orthodoxe jüdische Glaube heute (die nur einer von verschiedene Richtungen ist) nicht der des Alten Testaments ist. Viele orthodoxe Juden akzeptieren nur die fünf Bücher Mose als Heilige Schrift, sie sehen Mose fast als Gott gleich an (Gott fragt allem Anschein nach Mose um Rat, wenn Er Schwierigkeiten hat, Abschnitte des Talmuds[3] zu verstehen) und betrachten den erwarteten Messias als genau so sterblich wie alle anderen Menschen, früher oder später, nachdem er seinen Auftrag erfüllt hat.[4]

Die Erwartungen ungläubiger, nicht orthodoxer Juden, die rein nationalistisch sind, haben keine direkt biblischen Konsequenzen. Die Abschnitte im Alten Testament, die von den Segnungen Israels in ihrem Land als „ihrem“ Land handeln, hingen von der Gläubigkeit der Menschen darin ab. In der gegenwärtigen Situation kann kein Anspruch auf diese Abschnitte erhoben werden, weder von ungläubigen Juden, die überhaupt kein Interesse an Gott haben, noch von orthodoxen Juden, die Christus und die mit ihm verbundene Wahrheit verwerfen.

Aber wo kommt diese Begeisterung für Israel unter den Christen eigentlich her?
Sie kommt von der Sicht, dass das Volk Israel eine von der Kirche verschiedene Zukunft hat. Dass die Kirche eines Tages (sehr bald!) von dieser Erde „hinweg entrückt“

---

[3] Der Talmud wird ausführlich im zweiten Teil dieses Buches behandelt.

[4] Siehe Alfred Edersheims – ein christlicher Jude – „The History of the Jewish Nation After the Destruction of Jerusalem“, Seite 424, Baker Book House, Grand Rapids, Michigan.

werden wird, wonach eine Drangsalszeit beginnt, während welcher das Volk Israel zum Glauben an Christus kommen wird – aber nicht als Christen. Nicht als Teil der Kirche. Nach diesem Zeitraum wird Israel der Mittelpunkt der Erde werden für eine Zeit von 1000 Jahren, dem Millennium (1000-jähriges Reich). Der Tempel wird wieder gebaut, das Priestertum und die Opfer wieder eingeführt werden.

Wenn man von der Begeisterung her urteilt, die so viele Christen für gegenwärtige Entwicklungen in Israel zeigen, die das obige vorzuschatten scheinen (Pläne für einen Tempel, Ausbildung der Priester usw.), gewinnt man den Eindruck, dass sie sich mehr darum kümmern, die Juden für die angeblich anstehende Drangsalszeit vorzubereiten, als sie hier und jetzt zu einem errettenden Glauben an Christus zu führen.

Diese irrigen Ansichten bezüglich Israels sind das Ergebnis falscher Textauslegung. Eine unrichtige Methode, die Schrift auszulegen. Sie steht im Widerspruch zu der Weise, wie unser Herr und die Apostel das Alte Testament ausgelegt und erklärt haben. Christus und die Apostel sahen das Alte Testament und die Zukunft Israels als in Christus und Seiner Kirche erfüllt. Das Neue Testament lehrt nicht die Sichtweise, an der viele Christen betreffs Israel festhalten – es macht nicht einmal eine Andeutung auf eine Zukunft Israels, die von der der Kirche verschieden ist. Man kann nur zu solch einem Schluss kommen, wenn man das Alte Testament nicht im Licht des Neuen liest. Niemand, der nur das Neue Testament liest, kann zu dem Schluss kommen, dass Israel eine Zukunft außerhalb der Kirche hat. Das Neue Testament legt die Bedeutung des Alten Testaments richtig aus. Heute, nach dem Kommen Christi und der Vollendung Seines Werkes, müssen wir das Alte Testament „durch" Christus betrachten, wir müssen es im Licht des Neuen Testaments auslegen. Wir müssen es auf die Weise auslegen, wie es die Schreiber des Neuen Testaments taten, die unter der Inspiration des Heiligen Geistes waren – ER ist der Verfasser beider Testamente, und ER weiß ganz sicher, welches die wahre Bedeutung ist. Das Alte Testament kann nicht länger als für sich selbst stehend betrachtet werden. Wir können nicht Abschnitte des Alten Testaments nehmen und auf die Notwendigkeit einer so genannten „buchstäblichen Erfüllung" bestehen, ohne erst danach zu fragen, wie das Neue Testament die Sache betrachtet.

Der Ursprung der gegenwärtigen Hervorhebung Israels geht zurück auf das 19. Jahrhundert, auf John Nelson Darby (1800-1882) und die „Plymouth-Brethren-Bewegung". Es begann vor etwa 190 Jahren, als Darby, wie er gerade Jesaja 32 las, die vermeintliche Entdeckung machte, dass dieser Abschnitt der Schrift sich noch nicht erfüllt hatte; zum Beispiel der Anfangsvers: „Siehe, ein König wird in Gerechtigkeit herrschen" in Jerusalem.[5] So fing alles an, und die heutige Form der Haushaltungslehre (Dispensationalismus) war geboren – eine, die es in dieser Form in der vergangenen Kirchengeschichte nicht gegeben hat. Darby meinte, dass Gott in unterschiedlichen Zeitepochen mit den Menschen handelte und sie erprobte, wobei der Mensch immer wieder in seiner Treue Gott gegenüber versagte und Gott dann eine neue Zeitepoche anfing unter anderen Bedingungen (z.B. Zeit der Unschuld im Garten Eden, Zeit des Gesetzes, Zeit der Kirche usw.). Darby glaubte auch, dass sehr viel aus dem Alten Testament noch buchstäblich erfüllt werden müsste: wie Jesaja 32. Seine weiteren Überlegungen führten zur „Entrückung-der-Kirche-Theorie" – es war nötig, die Kirche aus dem Weg zu bekommen, um Platz für ein wiederhergestelltes Israel zu machen, weil ihm die alttestamentlichen Verheißungen, die noch nicht erfüllt waren (wie er meinte) galten und nicht der Kirche. Darby teilte das Volk Gottes in zwei Gruppen auf, nämlich die Christen als Gottes himmlisches Volk (mit den „himmlischen" Verheißungen des neuen Testaments mit einer Zukunft im Himmel) und einen gläubigen jüdischen Überrest irgendwann in der Zukunft als Gottes „irdisches Volk" (mit „irdischen" Verheißungen des alten Testaments und einer Zukunft auf der Erde).

Diese Gedanken des Dispensationalismus entwickelten sich innerhalb der Brüderbewegung und verbreiteten sich in anderen Gruppen evangelikaler Christen, solchen, die vorher in Ursprung, Tradition und prophetischer Sicht reformiert waren. Viele Gemeinden, obwohl nicht vollständig am Dispensationalismus orientiert, haben aber dennoch einige Ideen übernommen, wenn auch bruchstückhaft - was auch zu einer Verwirrung für ein rechtes Verständnis des Alten Testaments beigetragen hat.

Die Auslegung des Dispensationalismus erfordert eine buchstäbliche Erfüllung aller „noch nicht" erfüllten Verheißungen und Weissagungen des Alten Testaments. Die Dispensationalisten folgern aus gewissen Texten, dass die Israel gegebenen Verheißungen buchstäblich seien und dann auch buchstäblich an einem buchstäblichen Israel erfüllt werden müssten – ohne aber „buchstäblich" klar zu definieren. Geistliche Erfüllungen derselben werden nur als Teilerfüllungen angesehen.

Der Dispensationalismus hat die Dinge verdreht, hat sie auf den Kopf gestellt. Anstatt die Kirche als Erfüllung der Wege Gottes mit Israel zu sehen, betrachtet er sie als eine Einschaltung, eine Unterbrechung, einen „Fremdkörper" in Gottes Plan. Er sieht die Kirche in erster Linie für Nichtjuden, die Nationen oder Heiden, mit nur wenigen jü-

[5] J.N.Darby Letters, Band 1, Seite 298, 299 und 516. Kingston Bible Trust, Lancing, Sussex.

dischen Gläubigen hier und dort. Das „Geheimnis“ (Römer 16:25; Epheser 3:2 – 11; Kolosser 1:25 –27 und 2:2 + 3) ist für sie die Kirche selbst geworden, statt, wie es richtig ist, es die Tatsache ist, dass die Nationen an allen Dingen, die den gläubigen Israeliten verheißen waren, nun den vollen Anteil haben.

Es ist von äußerster Wichtigkeit zu sehen, dass das, was wir als Christen jetzt in der Kirche genießen, all die Vorrechte, die wir haben, unsere Stellung in Christus, unsere Nähe zu Gott als Kinder usw., das war, was Gott für die Gläubigen von Israel vorgesehen und verheißen hatte. Das wirklich Wunderbare in all diesem ist, dass die Nationen Anteil daran haben, vollen Anteil. Dies ist nun unfassbare Gnade!

In der Apostelgeschichte und in den Briefen des Neuen Testaments haben wir durchgängig den Gedanken: „Was sich hier und jetzt ereignet, ist das, wovon im Alten Testament gesprochen wurde“ – „Dies ist es, was“: Apostelgeschichte 2:16. Darbys Textauslegung, und die der Dispensationalisten im Allgemeinen, steht im Widerspruch zu der, die unser Herr und die Apostel gebrauchten. Sie sagen: „Dies ist nicht das, jedenfalls nicht in dem vollen Sinn.“ Aber der gesamte Hebräerbrief beschäftigt sich damit, bekehrten Juden klarzumachen, dass das, was Gott ihnen in der Vergangenheit verheißen hatte, jetzt in Christus ihnen gehörte. Die Erfüllung war gekommen. Geistliche Erfüllung - ja, aber nichtsdestoweniger völlige Erfüllung. Die geistliche Erfüllung war die Erfüllung! Die wahre, die eine buchstäbliche Erfüllung unnötig macht.

Abraham wurden irdische Verheißungen gegeben (1. Mose 12:2 + 3; 13:15 + 16; Hebräer 11:8), die für ihn niemals buchstäblich erfüllt wurden (Hebräer 11:13), aber er sah ihre wahre Verwirklichung als geistlich (Hebräer 11:1 – 16). Paulus sagt klar in Römer 11:7, dass das, was Israel sucht, nämlich die Erfüllung der alttestamentlichen Verheißungen, die Gläubigen in Christus jetzt erlangt haben! (Siehe auch Apostelgeschichte 13:32 + 33; 26:6.) Ein Dispensationalist würde vielleicht argumentieren: „Aber was wir in der Kirche jetzt haben, ist viel mehr, viel besser als das, wovon im Alten Testament gesprochen wurde!“. Gewiss (siehe 2. Korinther 2:9 + 10), aber es schließt es mit ein, und wir haben jetzt die volle Entfaltung von dem, was in der Vergangenheit nicht völlig geoffenbart werden konnte.

Das Evangelium wurde zuerst den Juden gepredigt, weil es für sie gedacht war (siehe Johannes 4:22), wie die Apostelgeschichte klar zeigt und Paulus in Römer 2:9-10 deutlich unterstreicht. Am Anfang bestand die Kirche in erster Linie aus Juden. Der verheißene neue Bund war für Israel gedacht (Jeremia 31), im Alten Testament war es noch nicht geoffenbart, dass die Nationen in diesen neuen Bund auf gleiche Weise hineingebracht werden sollten, dass nicht länger ein teilender Unterschied sein würde. Dies war das „Geheimnis", welches das Neue Testament jetzt offenbarte (Kolosser 1:27; Epheser 3:5 + 6).

Der Dispensationalismus betont prophetische Gesichtspunkte normalerweise zu stark, d.h. „unerfüllte" Prophetie, und vernachlässigt größtenteils eine Auseinandersetzung mit dem neuen Bund, mit den Vorrechten und Verantwortlichkeiten, die er bringt. Er wird weg geschoben als in erster Linie für gläubige Juden nach der Drangsalszeit im Tausendjährigen Reich gedacht, nicht für Christen hier und jetzt. Dies ist ein ernster Fehler!

Das „Israel Gottes" (Galater 6:16) sind jetzt alle Gläubigen in Christus zusammen! Das himmlische Jerusalem, welches völlig das irdische ersetzt, ist jetzt unsere (Juden und Nationen zusammen) „Mutter" - Galater 4:26 und Hebräer 12:22. Die Nationen sind Miterben geworden. Mitteilhaber (Epheser 3:6) mit den gläubigen Juden. Die Trennung von Christen und gläubigen Juden irgendwann mal in der Zukunft ist kein biblischer Gedanke. Es gibt jetzt einen neuen Menschen in Christus (Epheser 2:15), es gibt nicht länger einen Unterschied zwischen Juden und Nationen (Galater 3:28) in Sachen des Glaubens und in der Annahme vor Gott.

Alle Verheißungen sind in Christus und Seiner Kirche erfüllt oder werden dort noch erfüllt. Sie sollen auch dort genossen werden. Nach der Schrift ist es nicht zwingend, dass alttestamentliche Verheißungen unbedingt wörtlich erfüllt werden müssen. Der Hebräerbrief zeigt, dass alle Dinge, die auf Christus und die Errettung, die Er bringen sollte, hinweisen, jetzt erfüllt worden sind. Die „Schatten" haben ihre Erfüllung gefunden, weil die „Fülle", die „Substanz", gekommen ist. Die Schatten (Opfer, Priester, Tempel, Feste usw.) sind nicht länger notwendig. Ihr Zweck ist erfüllt und ihre Funktion hat aufgehört.

Die Auslegung des Dispensationalismus erfordert die Wiedereinführung der Schatten nach der siebenjährigen Drangsalszeit. Opfer werden wieder dargebracht werden laut ihrem Verständnis des Tempels und seines Dienstes, wie er in Hesekiel beschrieben wird. Dies erfordert natürlich Priester. Aber der neue Bund hat ein neues Priestertum eingeführt - eines, das ausdrücklich nicht mit Opfern in Verbindung gebracht wird, nämlich das Priestertum Melchisedeks (Hebräer 7). Werden die angenommenen zukünftigen Priester dann nach dem Priestertum Aarons sein? Aber dies würde eine Umkehrung der Dinge bedeuten. Eine Rückkehr zu Dingen, die Gott beiseite gesetzt hat.

All dieses springt ins Gesicht solcher Schriftstellen wie:

> Denn wenn ich, was ich abgebrochen habe, wiederum aufbaue, so stelle ich mich selbst als Übertreter dar. (Galater 2:18)

Ein wichtiger Grundsatz des Dispensationalsimus besagt:

> Gott stellt nicht Dinge wieder her, die Er beiseite gesetzt hat. Er führt etwas Neues und Besseres ein. (Darum immer wieder neue Haushaltungen/Dispensationen.)

Warum wird dieses Prinzip nicht konsequent angewandt?
Dispensationalisten geben zu, dass das, was gläubige Juden nach der Drangsalszeit haben werden, weniger sein wird als das, was wir jetzt als Christen genießen - auch wenn es mehr sein wird als das, was die Gläubigen in alttestamentlichen Zeiten hatten. Dies ist eindeutig ein Rückschritt!

Es ist sehr betrüblich zu sehen, wie einige christliche Juden (oder sogar nichtjüdische Christen), indem sie Verbindungen mit ihrem jüdischen religiösen Hintergrund aufrechtzuhalten suchen, weiterhin jüdische Feste oder Gesichtspunkte von ihnen feiern. Als ob alles, was jüdisch ist, auch biblisch wäre - obwohl oft das Gegenteil wahr ist. Vieles (nicht alles), was die jüdische Religion heute ausmacht, hat einen außerbiblischen Ursprung. Der Hebräerbrief, der an gläubig gewordene Juden gerichtet ist, legt Nachdruck auf ein Verlassen des „Lagers“ (Hebräer 13:13), d.h. des jüdischen Zeremonialsystems der Dinge, die Gott beiseite gesetzt hat, und auf ein „Hinaus-Gehen“ zu Christus, Seine Schmach tragend. Heute scheint es so, als sei die Schmach Christi nicht länger von Bedeutung und als sei es in Ordnung, zu den Schatten und dem Lager in der einen oder anderen Form zurückzukehren.

In Philipper 3:5-9 achtet Paulus nachdrücklich alles, was ihm im jüdischen System Gewinn war, als nichts und als Verlust im Vergleich zu Christus. Er rühmte sich des Kreuzes Christi und nicht seiner jüdischen Abstammung oder Traditionen. Die frühen christlichen Juden wurden von ihren ungläubigen jüdischen Brüdern verfolgt, weil sie das Lager und die jüdische Tradition verließen (1. Thessalonicher 2:14-16). Paulus schreibt in Galater 4:10 und Kolosser 2:16 von seiner Bestürzung, wenn er Christen zu jüdischen Elementen zurückkehren sieht. Wenn Gott in der Vergangenheit eine Rückkehr verboten hat, und die ersten Christen für die Befolgung dieses Gebotes starben, ist es dann richtig, es heute zu missachten und sogar im Gegensatz dazu zu handeln?

Vergleiche die Warnung an christliche Juden, die versucht waren, zum Judentum zurückzukehren in Hebräer 6:1-6. Wird Gott eine Rückkehr zu diesen Dingen in der Zukunft gutheißen können?

Wenn wir das jüdische Volk wirklich lieben, wie wir sollten, weil es das Volk Gottes aus alter Zeit war (Römer 3:1-2 und 9:4-5)[6] wenn wir um ihretwillen großen Schmerz und große Traurigkeit empfinden (Römer 9:2) und wenn unsere Freude ihre Errettung ist (Römer 10:1) auf die Weise, wie es sein sollte (kein Antisemitismus hier!), werden wir für ihre Errettung kämpfen und sie zu dem Evangelium bringen, indem wir sie zu Christus bringen, heute, und sie nicht ihrem (vermeintlichen) Schicksal und den Schrecken einer siebenjährigen Drangsalszeit überlassen. Die Kirche wurde durch falsche Textauslegung zu lange hinsichtlich Israels wahrer Zukunft in die Irre geführt, und hat folglich die rechte Evangelisation Israels vernachlässigt. Es sollte unser Wunsch sein, dass ganz Israel errettet wird (Römer 11:26 und 2. Korinther 3:16), aber durch Christus und in der Kirche, in der Gemeinde - das ist die rechte Begeisterung für Israel. Das gläubige Israel gehört zu der Kirche, das ist sein rechtmäßiger Platz. Es ist die einzige Zukunft, die Israel hat, und es ist die beste!

Viele der oben erwähnten Punkte werden jetzt in den folgenden Kapiteln „theologisch" und historisch im Einzelnen behandelt.

---

[6] Das sind jene, die wirklichen Juden sind, und nicht einfach zum Judentum Bekehrte. Es war richtig im Alten Testament, sich von einer heidnischen Religion zum Judentum zu bekehren. Heute, nachdem Christus gekommen ist und die Wahrheit des Christentums offenbart worden ist, ist die Bekehrung zum Judentum die Bekehrung zu einer falschen Religion. Wir erinnern uns, dass der jüdische Glaube von heute nicht derselbe ist wie der des Alten Testaments oder während der Zeit unseres Herrn hier auf Erden - und selbst wenn er es äußerlich wäre, wäre er immer noch falsch, weil Gott ihn beiseite gesetzt hat. Heute, jetzt, ist der wahre Weg zu Gott und der einzige Weg, ein Christ zu werden, nicht, sich zum Judentum zu bekehren. Die Bekehrung zum Christentum macht einen Menschen zu einem wahren Israeliten, einem Sohn Abrahams (Römer 9:8 und Galater 3:29), sei er von der natürlichen Geburt her aus den Nationen oder aus den Juden.

## Kapitel 2
# Prophetischer Überblick

Bevor in den folgenden Kapiteln auf einzelne Themen im Detail eingegangen wird, hier eine Übersicht einer Alternative zum Dispensationalismus. Diese Alternative entspricht auch mehr dem, was von der Mehrzahl der bibeltreuen Christen in allen Jahrhunderten der Kirchengeschichte geglaubt wurde (Jesaja 58:12; Jeremia 6:16).

- Haushaltungen/Dispensationen im Wort Gottes sind nicht streng getrennte und sich gegenseitig ausschließende Erprobungszeiten, sondern unterscheidbare Zeiten einer einzigen, sukzessiven und organischen Entwicklung der Wege und Absichten Gottes mit den Menschen.

- Es gibt nur ein Volk Gottes und keine zwei (eine mit einer Zukunft auf der Erde und eine im Himmel), und nur eine Braut Christi, keine zwei Bräute (irdische und himmlische); das bedeutet jedoch nicht, dass die Kirche schon im Alten Testament existierte. Die Geburtsstunde der Kirche war Pfingsten, aber die Gläubigen des Alten Testaments gehören jetzt auch zur Kirche, zur Gemeinde: nach Hebräer 11 Verse 39 und 40 sollten die Gläubigen des Alten Testaments nicht ohne die des Neuen Testaments vollkommen gemacht werden.

- Alle Verheißungen, Absichten und Ziele Gottes im Blick auf das gläubige Israel (Johannes 4:22; Römer 2:9-10) haben jetzt in der Kirche ihre Erfüllung gefunden.

- Im Alten Testament war es bekannt, dass irgendwie die Nationen durch (das gläubige) Israel gesegnet werden sollten. Das damals nicht geoffenbarte Geheimnis war, dass die Nationen im gleichen Maß, ohne Unterschied, teilhaben sollten an dem Verheißenen (Kolosser1:27; Epheser 3:5-6), dass es einen neuen Menschen geben sollte (Epheser 2:11-22).

- Im Alten Testament wurde der neue Bund nur mit Israel und Juda in Verbindung gebracht (Jeremia 31:31-34), jetzt ist er geoffenbart als alle Gläubigen einschließend (Matthäus 26:28; 1 Korinther 11:25; 2. Korinther 3:6). Da die gläubig gewordenen Nicht-Juden als Söhne Abrahams angesehen werden (Galater 3:7, 29), ist ihre Teilhabe daran kein Problem.

- Der Herr Jesus kam als Erfüllung von Gesetz und Propheten (Matthäus 5:17; Lukas 24:27). Wenn Er vom Reich Gottes predigte und es dem Volk anbot, war es kein anderes Reich als das, was die Apostel predigten in Apostelgeschichte (1:3; 15:16-18). Ungläubige Juden hatten falsche Erwartungen von der Erfüllung des Alten Testaments. Sie haben es materialistisch gesehen (wie der Dispensationalismus es noch erwartet). Aber der Herr bot es in dieser Form nie an (Johannes 6:14-15). Aber **was** Er anbot, **war** die Erfüllung von dem, was im Alten Testament verheißen war.

- Das Alte Testament kann, nachdem der Herr Jesus gekommen ist (der das Ja und Amen der Verheißungen ist, 2. Korinther 1:20), nicht für sich selbst genommen werden. Es muss „durch" Christus und das Neuen Testament betrachtet werden. Der Herr und die Apostel zitieren oft alttestamentliche Stellen und geben ihnen eine Bedeutung (die wahre Bedeutung), die wir selbst ihnen nie gegeben hätten. Sie sagen „dies ist das" (z.B. Apostelgeschichte 2:16). Die Auslegungsprinzipien des Herrn und der Apostel sind die, denen wir zu folgen haben. Hieraus sehen wir, dass die so genannte „geistliche" Erfüllung einer Stelle oft die eigentliche Erfüllung ist und eine wörtliche unnötig macht. Ein wichtiges Beispiel:

  Abraham hatte irdische, materielle Verheißungen (1 Mose 12:2-3; 13:15-16; Hebräer 11:8), er erlangt sie in wörtlicher Form nicht (Hebräer 11:13),[7] aber er wusste, dass ihre eigentliche Erfüllung geistlich war, denn er suchte eine himmlische Stadt (Hebräer 11:16). Dies ist ein überaus wichtiges Auslegungsprinzip. Siehe auch Römer 11:7: das ethnische Israel suchte die Erfüllung der Verheißung wörtlich, d.h. materiell - deswegen haben sie sie nicht erlangt, denn so ist die Erfüllung nicht zu bekommen. Die Auserwählten

---

[7] Laut Josua. 21:43-45; 23:14 sind die Verheißungen an Abraham schon in Erfüllung gegangen! Viele Stellen zeigen deutlich, dass der Besitz des Landes von Treue-Bedingungen abhing - z.B. Josua 23:15; Jeremia 18:9-11. Paulus schreibt in Galater 3:16 „Dem Abraham aber wurden die Verheißungen zugesagt und seiner Nachkommenschaft. Er spricht nicht: ‚und seinen Nachkommen' wie bei vielen, sondern wie bei einem: ‚und seinem Nachkommen', und der ist Christus." Die Erfüllung ist also nicht in dem Volk, sondern in Christus - er war und blieb treu. Das Land, wie so vieles im Alten Testament, hat auf Christus und sein Werk hingewiesen und in ihm die Erfüllung erlangt. Wenn das Land Abraham und seinen Nachkommen versprochen wurde, dann gilt das auch für uns, denn wir sind Abrahams Kinder (Galater 3:7, 29), Kinder der Verheißung (Galater 4:28; Römer 9:8). Wenn die Verheißung bezüglich des Landes sich in Christus erfüllt, dann auch in uns, die mit ihm verbunden sind. Eine materielle Erfüllung ist hinfällig! Ein Bestehen auf einem wörtlichen „ewig" wie in 1. Mose 13:15, ergibt keinen Sinn in Bezug auf ein materielles Land, da es im ewigen Zustand keine Unterteilung in Nationen mehr gibt!

haben sie erlangt (Apostelgeschichte 13:32-33; 26:6), weil sie die Erfüllung richtig gedeutet haben als die geistliche, und also volle, wirkliche Erfüllung.[8]

- Im Neuen Testament werden alttestamentliche Bezeichnungen jetzt für die Kirche benutzt, z.B. himmlisches Jerusalem „die unsere Mutter ist" (Galater 4:26; Hebräer 12:22; Offenbarung 21:2 + 9-10), „Israel Gottes" (Galater 6:16) - hier sind nicht nur gläubige Juden gemeint, denn der ganze Brief war bemüht zu zeigen, dass es keinen Unterschied mehr gibt zwischen Griechen und Juden, sondern nur die Gesamtheit der Gläubigen. Der Hebräerbrief zeigt klar, dass gläubige Israeliten all das jetzt haben, was verheißen war - aber die **Nationen** jetzt auch, weil aus Juden und Griechen ein neuer Mensch geworden ist, die Nationen sind Teilhaber, Miterben.

- Christus kam als Erfüllung, die Schatten und Vorbilder sind nicht mehr notwendig, sie haben ihre Erfüllung gefunden. Die Haushaltungs-Lehre macht aus dem biblischen Prinzip (in 1. Korinther 15:46): zuerst das Natürliche (Schatten, Vorbilder im AT) und dann das Geistliche (die Erfüllung in Christus) ein anderes, nämlich: zuerst das Natürliche, dann das Geistliche, und dann wieder das Natürliche - denn sie verlangt eine wörtliche Erfüllung der alttestamentlichen Vorbilder, z.B. Einführung des Priesterdienstes, blutige Opfer usw. in der Zukunft (laut ihrer Sicht von Hesekiel 40 bis 48). Sie verlangt ein „Zurückgehen" (siehe Galater 2:18).

- Die Haushaltungslehre zählt, indem sie Unterschiede macht, wo sie nicht zu machen sind, die Erwähnung von ein und derselben Sache als zwei verschiedene Sachen. Daraus entstehen drei Kommen des Herrn, zwei Tempelvernichtungen, zwei Völker Gottes, zwei Bräute (obwohl 5. Mose 24:4 klar zeigt, dass ein Wiedernehmen von Israel als Braut ein Gräuel für Gott wäre. Israel wird von Gott angenommen als neue Braut in der Kirche), für manche Ausleger auch zwei neue Bündnisse.

[8] Wenn der wahre Israelit oder Jude der ist, der es innerlich und nicht äußerlich ist (sprich: geistlich), Römer 2:29, dann sind auch der wahre Tempel (Johannes 2:21; 1. Korinther 3:16; Epheser 2:20-22) und das Land (Galater 4:26; Philipper 3:20; Hebräer 12:22) nicht äußere, sondern geistliche.

**Matthäus 24**
Die große Drangsal wurde erfüllt in der Vernichtung Jerusalems in 70 n.Chr., somit auch die Prophezeiungen des Herrn in Matthäus, Markus und Lukas diesbezüglich. (Johannes schreibt davon in der Offenbarung ab Kapitel 6.) Als Er sagte „diese Generation“ meinte Er die damalige. Als Er zu Kajaphas sagte „Du wirst sehen“ meinte Er ihn tatsächlich.

Die Frage der Jünger in Matthäus 24:3 besteht aus drei Teilen:

Sage uns:

**1. wann wird dieses sein?**
**2. und was ist das Zeichen Deiner Ankunft?**
**3. und der Vollendung des Zeitalters?**

Der Herr beantwortet die ersten zwei Fragen in den Versen 4 bis 35. Was da beschrieben wird, ist schon erfüllt. Beachte besonders Vers 34. Es gab drei Belagerungen Jerusalems:

1. die Römer unter Cestius Gallus
2. die Idumäer und Zeloten (Vers 15)
3. die Römer unter Titus (Sohn Vespasians)

Matthäus 24:4-14 behandelt die Zeit vor der Belagerung, Matthäus 24:15-35 behandelt die Zeit während der Belagerung.
Die dritte Frage beantwortet der Herr in den Versen 36 bis 51. Was da beschrieben wird, ist noch zukünftig. Beachte besonders Vers 36.

**Matthäus 24:30-31**

- „Zeichen des Sohnes am Himmel“ (Vers 30) bedeutet eigentlich „Zeichen, dass der Sohn des Menschen im Himmel ist“. Die Vernichtung Jerusalems war der eindeutige Beweis, dass Christus jetzt im Himmel und auf dem Thron war (Daniel 7:13-14; Matthäus 24:30; Offenbarung 5).

- „Kommen sehen“ bedeutet „verstehen“, dass Er jetzt dort angekommen ist - Daniel 7. („Sehen“ ist hier wie unsere Redensart: „Du wirst schon sehen“, d.h. erkennen oder verstehen.)

- „Wolken des Himmels“ - wohin kam er auf den Wolken? Zu Erde? Nein, sondern zu dem Alten an Tagen – Daniel 7:13! „Auf den Wolken kommen“ ist auch ein Ausdruck des Gerichts Gottes (Psalm 104:3; Jesaja19:1; Nahum 1:3), das Gericht, das auch über Jerusalem kam.

- „Engel aussenden“, das Wort hier ist „Boten“ – die auch menschlich sein können, z.B. die Apostel und Jünger des Herrn.

- „Posaunenschall“ = die Verkündigung des Evangeliums.

- „Auserwählten versammeln von den vier Winden her“ – in der Kirche oder Gemeinde. Siehe Johannes 11:52 und Offenbarung 5:9.

- „von dem einen Ende der Himmel bis zu ihrem anderen Ende“ - vergleiche Vers 14: „auf dem ganzen Erdkreis“ siehe Apostelgeschichte 2:5; Römer 1:8; 10:18; Kolosser 1:5-6, 23.

Was wichtig ist, ist die Kontinuität zwischen den zwei Testamenten. Die Kirche ist nicht eine Einschiebung (Epheser 3:11; Titus 1:2), sondern die Erfüllung und Entfaltung von dem, was im Alten Testament verheißen war. Sie ist auch mehr als das, denn vieles war noch nicht geoffenbart im Alten Testament (2. Korinther 2:7-10).

**Die Offenbarung**

Viele Christen glauben, dass sich die Prophezeiungen des Herrn in den Evangelien und der Inhalt des Buches der Offenbarung noch erfüllen müssen. Aus diesem Grunde erwarten viele Christen, dass noch einiges geschehen wird. Diese Erwartung ist aber falsch und wird enttäuscht werden. Was der Herr Jesus sagte, war zu der Zeit, als Er es sagte, noch zukünftig. Dasselbe gilt für Johannes und das Buch der Offenbarung. Von unserem Standpunkt aus können wir zurückschauen auf etwas, das schon erfüllt ist. Das meiste von dem, was Christus und Johannes prophezeiten, ist erfüllt worden während der 42 Monate langen Verfolgung durch Kaiser Nero, des 42 Monate lange andauernden jüdischen Krieges mit Rom und der Vernichtung des Tempels in 70 n.Chr. Christen, die noch eine zukünftige Erfüllung erwarten, geben zu, dass die Worte des Herrn über die Zerstörung Jerusalems auf 70 n. Chr. anwendbar sind. Doch sie sagen auch, dass diese Worte noch eine zukünftige Erfüllung verlangen, weil vieles, was der Herr beschrieben hat, sich in 70 n. Chr. doch nicht erfüllt habe. Leider wissen viele Christen zu wenig über das, was damals bei der Zerstörung Jerusalems geschah, denn alles, was der Herr voraussagte, HAT sich in Verbindung mit 70 n. Chr. erfüllt. Es ist nicht so, dass das Ereignis um 70 n. Chr. eine Teilerfüllung wäre und eine vollständige noch aussteht. (Das Evangelium des Johannes beinhaltet die Reden des Herrn über die Vernichtung Jerusalems wie die von Matthäus, Markus und Lukas nicht, weil er nämlich ein ganzes Buch dafür aufbewahrte – die Offenbarung.).

Folgende Übersicht habe ich mit Erlaubnis von Virgil Vaduva von planet-preterist.com übersetzt und (leicht verändert) benutzt um zu zeigen, wie das, was der Herr voraussagte, sich tatsächlich erfüllt hat. Man kann in weit tiefere Details gehen, doch diese Übersicht ist schon ausreichend genug um zu zeigen, dass von „schon erfüllt" zu reden keine Willkür ist.

Der Herr sprach von dem Gericht über Jerusalem und Seiner Rückkehr als etwas, dass bald geschehen würde. Eine „Schon-Erfüllt-Sicht" wird den vielen Hinweisen auf ein schnelles Eintreffen gerecht wie keine andere.

**A) Die Voraussagen des Herrn Jesus Christus weisen auf eine Wiederkehr im ersten Jahrhundert hin:**

**1)** Matthäus 10:23 – „Wenn sie **euch** aber verfolgen in dieser Stadt, so flieht in die andere! Denn wahrlich, ich sage **euch**, ihr werdet mit den Städten Israels nicht zu Ende sein, bis der Sohn des Menschen gekommen sein wird."

**2)** Matthäus 16:28 – „Wahrlich, ich sage **euch**: Es sind einige von denen, **die hier stehen**, die werden den Tod keinesfalls schmecken, bis sie den Sohn des Menschen haben kommen sehen in seinem Reich."

**3)** Matthäus 24:34 – „Wahrlich, ich sage **euch**: **Diese** Generation wird nicht vergehen, bis dies alles geschehen ist." Wenn der Herr Jesus die Bezeichnung „diese Generation" in den Evangelien benutzt, dann meint Er Seine Zeitgenossen damit: 26:36; 11:36; 12:39, 41, 42 and 45; Lukas11:50-51; 17:25; Markus 8:38.

**4)** Matthäus 26:64 – „Jesus spricht zu ihm (dem Hohenpriester): Du hast es gesagt. Doch ich sage euch: Von nun an werdet **ihr** den Sohn des Menschen sitzen sehen zur Rechten der Macht und kommen auf den Wolken des Himmels."

**B) Die Voraussagen im Buch der Offenbarung weisen auf eine baldige Wiederkunft des Herrn hin:**

**1) BALD, SCHNELL** *tacei, tachos* und *en tachei* bedeuten „schnell, auf einmal, in aller Schnelligkeit, ohne Verzögerung."

**a)** 1:1 – . . . „was **bald** geschehen muss;"
**b)** 2:16 – „Tu nun Buße! Wenn aber nicht, so komme ich dir **bald**". . .
**c)** 3:11 – „Ich komme **bald**!"
**d)** 22:6 – . . „was **bald** geschehen muss."
**e)** 22:7 – „Und siehe, ich komme **bald**!"
**f)** 22:12 – „Siehe, ich komme **bald**" . . .
**g)** 22:20 – „Ja, ich komme **bald.**"

**2) NAHE** (eggus, engus)

**a)** 1:3 – „Denn die Zeit ist **nahe**."
**b)** 22:11 – „Denn die Zeit ist **nahe**."

**3) GLEICH, NAHE BEVORSTEHEND** (ellei, mello, mellei)

**a)** 1:19 – „Schreibe . . .was nach diesem **geschehen** wird."
**b)** 3:10 – . . . „Stunde der Versuchung, die über den ganzen Erdkreis **kommen** wird

**C) Weitere neutestamentliche Hinweise auf die nahe bevorstehende Wiederkehr des Herrn:**

**1)** Römer 13:11-12 – „Und dies tut als solche, die die Zeit erkennen, dass die Stunde **schon da ist**, dass ihr aus dem Schlaf aufwacht! Denn jetzt ist unsere Rettung näher, als da wir zum Glauben kamen: Die Nacht ist weit vorgerückt, und der Tag ist nahe."

**2)** 1. Korinther 7:29-31 – „Dies aber sage ich, Brüder: Die Zeit ist begrenzt: dass künftig die, die Frauen haben, seien, als hätten sie keine, und die Weinenden, als weinten sie nicht, und die sich Freuenden, als freuten sie sich nicht, und die Kaufenden, als behielten sie es nicht, und die die Welt Nutzenden, als benutzten sie sie nicht; denn die Gestalt dieser Welt vergeht."

**3)** 1. Korinther 10:11 – . . . „für uns, über die das Ende der Zeitalter gekommen **ist**."

**4)** Philipper 4:5 – „Der Herr ist **nahe**."

**5)** Jakobus 5:8-9 – „Denn die Ankunft des Herrn ist **nahe** gekommen. . .Siehe, der Richter steht vor der Tür."

**6)** 1. Petrus 4:7 – „Es ist aber **nahe** gekommen das Ende aller Dinge."

**7)** 1. Johannes 2:18 – . . .„es **ist** die letzte Stunde. . .daher wissen wir, dass es die letzte Stunde **ist**. "

Da diese Prophezeiungen scheinbar nicht in Erfüllung gegangen sind, hat es zu Zweifeln über die Zuverlässigkeit der Bibel und die Gottheit des Herrn geführt. Die Sicht, dass die Erfüllung tatsächlich im ersten Jahrhundert zu finden ist, löst das Problem.

## D) Hinweise, dass die Voraussage auf dem Ölberg in 70 n.Chr. erfüllt wurde

### Der Kontext der Aussagen

**1) Die Sieben Wehe**, die Christus gegen die Schriftgelehrten und Pharisäer in Matthäus 23 ausspricht, sind auch gegen die gesamte damalige Generation gerichtet (23:36).

**2) Fragen** bezüglich der Vernichtung des Tempels und der Zeichen der Wiederkunft Christi und der Vollendung des Zeitalters (24:1-4). Es geht um den Tempel des Herodes und Christus verbindet diese Vernichtung mit Seinem Kommen und der Vollendung des Zeitalters.

## E) Zeichen der Wiederkunft Christi und der Vollendung des Zeitalters: die Erfüllung im ersten Jahrhundert

**1) Falsche Christusse und Propheten, die viele verführen** (Matthäus 24:5, 11, 24) - Josephus schreibt, dass viele falsche Propheten und falsche Messiasse während der Regierungszeit von Felix (53-60 n. Chr.) erschienen sind und viele verführt haben. Solche Figuren haben während der jüdischen Revolte in der zweiten Hälfte des Jahres 66 n.Chr eine Hauptrolle gespielt, die zum jüdischen Krieg führte.

**2) Kriege und Kriegsgerüchte** (Matthäus 24:6-7) – Solche Dinge sind normalerweise in der Weltgeschichte nichts Besonderes, doch während der „Pax Romana" waren Kriege sehr selten. Epictetus schreibt z.B., dass Caesar einen wunderbaren Frieden geschaffen hatte und dass es weder Kriege noch Schlachten gab (Reden 3:13:9). Josephus und Tacitus haben beide über die Unruhen im Reich, die zu 70 n.Chr. führten (siehe unten), geschrieben.

**3) Hungersnöte** (Matthäus 24:7) – Josephus schreibt, dass es während der Regierung von Claudius (41-54 n.Chr.) vier Zeiten großer Hungersnöte gab. Im vierten Jahr seiner Regierung war die Hungersnot in Judäa so groß, dass der Preis für Essen enorm anstieg und sehr viele Menschen starben. (Vgl. Apg. 11:28.) Er beschreibt auch, wie Leute verhungert sind und dass es während der letzten fünfmonatigen Belagerung Jerusalems auch Fälle von Kannibalismus gab (Kriege 5:12:3 und 6:5:1).

**4) Erdbeben** (Matthäus 24:7) – Diese kamen in den Regierungszeiten von Caligula (37-41 n.Chr.) und Claudius (41-54 n.Chr.) vor. Josephus berichtet, dass es viele Erdbeben im Jahr 68 n.Chr. mitten im jüdischen Krieg gab. Er beschreibt ein besonders schreckliches Erdbeben und einen Gewittersturm und bemerkt: „Man musste darin die Vorzeichen eines schweren Unglücks erkennen" (Kriege 4:4:5). Tacitus berichtet, dass es Erdbeben in Rom gab und deutete sie auch als Zeichen von herannahenden göttlichen Gerichten (Historien 1:2-3).

**5) Verfolgung** (Matthäus 24:9-10) – Christus sagte voraus, dass es für die Kirche Verfolgung und Martyrium geben würde und dass Israel bald gerichtet werden sollte. Er fügte hinzu: „ Wahrlich, ich sage euch, dies alles wird über dieses Geschlecht kommen." (Matthäus 23:32-36) Das Neue Testament berichtet über die intensive Verfolgung der Christen durch die Juden in Apg. 8:1 und 1. Thessalonicher 2:14-16.

**6) Abfall** (Matthäus 24:10-13) – Der Hebräerbrief behandelt das Thema von Juden, die vom Glauben an Christus als Messias abgefallen und zum Judentum zurückkehrt sind (Hebräer 2:1-3, 3:6 and 14, 6:4-6, 10:26-27). Vgl. Galater 5:4; 1. Johannes 2:18-20, und 4:3, besonders 2:24. Alle diese Stellen berichten über ein Abfallen während der Zeit der Apostel, auch 1. Timotheus 4:1, 2. Petrus 2:1-2 und 20-21.

**7) Das Evangelium wird in aller Welt gepredigt** (Matthäus 24:14) – „Erdkreis" ist hier die römische Welt. Das Neue Testament sagt, dass dies vor 70 n. Chr. geschehen ist: Apg. 24:5; Römer 1:8 und Kolosser 1:6, 23: das Evangelium, das „in der ganzen Welt ist und Frucht bringt und wächst, . . .das ihr gehört habt, das in der ganzen Schöpfung unter dem Himmel gepredigt worden ist, dessen Diener ich, Paulus, geworden bin."

**8) Gräuel, der Verwüstung bringt**

**a) Christus spricht über den herodianischen Tempel und nicht über einen zukünftigen** (Matthäus 24:1-2).
**b) Die Prophezeiung des Herrn über die Belagerung Jerusalems (Lukas 21:20) und die Entweihung des Tempels werden durch Josephus bestätigt** - „Als die Empörer in die Stadt geflohen waren und der Tempel mit allen seinen Nebengebäuden in Flammen stand, brachten die Römer ihre Feldzeichen in die geweihten Räume, pflanzten sie gegenüber dem östlichen Tore auf, opferten ihnen daselbst und begrüßten unter lauten Jubelrufen Titus als Imperator (Kriege 6:6:1)."

**9) Bedrängnis, wie sie nicht gewesen ist und nie wieder sein wird**

**a) Verlust des Lebens** – 1,1 Millionen Juden starben während der Jüdischen Kriege (Kriege 6:9:2).
**b) Josephus** berichtet über ein furchtbares Blutbad – Jerusalem, der Tempel, das Mittelmeer, der See von Galiläa, der Jordanfluss und das Tote Meer waren bedeckt mit Blut und voll Leichen (Kriege 3:9:3; 3:10:9; 4:7:6; 4:1:10; 4:5:1; 5:1:3; 6:8:5). Vgl. Offenbarung 8:8-11.
**c) Josephus** berichtet, dass die Römer Israel verwüstet haben, sie haben Dörfer, Städte und Bäume in Brand gesetzt (Kriege 6:1:1; 3:7:8; 5:6:2; 3:7:1; 3:7:8; 5:6:2; 3:4:1; 6:6:2; 7:5:5). Vgl. Offenbarung 18:8.
**d) Bedrängnis, wie sie nicht gewesen ist und nie wieder sein wird?** – Dies könnte vielleicht eine dramatische Redewendung sein. Die Schrift benutzt diese Art auch anderswo (Hesekiel 5:9; 2. Könige 18:5; 23:25). Aber dieses Gericht über Jerusalem war ohnegleichen.

**10) Das Kommen Christi auf den Wolken** (Matthäus 24:27, 30)

a) **Auf den Wolken kommen – ein alttestamentliches Bild von Gottes Kommen im Gericht** (Jesaja 19:1, Psalm 18:7-15, Micha 1:3-4).
b) **Josephus** (Kriege 6:5:3) **und Tacitus berichten über himmlische Armeen** und eine Vision von Armeen im Streit und in glänzender Rüstung (Historien 5:13).

**11) Das Universum fällt in sich zusammen** (Matthäus 24:29) – Dieselbe kosmische Sprache wird benutzt in der Beschreibung der Vernichtung der Babylonier durch die Meder (Jesaja 13:9-10) und auch in einer Prophezeiung gegen die Nationen (Jesaja 34:3-5). Christus zitiert beide. Einen ähnlichen Sprachgebrauch finden wir in Jesaja 21:18-23 in Bezug auf ein Gericht über die Völker der Erde; auch in dem Gericht über Juda in Jeremia 4:23-29 und am Tag des Herrn in Joel 2:30-31.

**12) Versammlung der Auserwählten** (Matthäus 24:31) – Die Aussendung von Boten (Missionare) in alle Welt durch Christus und die Bekehrung von Heiden aus allen Nationen nach der Vernichtung Jerusalems.

a) **Die Bedeutung von Angelos** – Das Wort, das mit „Engel" (angelos) übersetzt wird, kann man auch mit „Boten" übersetzen (wie in Matthäus 11:10, Markus 1:2, Lukas 7:24, 27).
b) **Die Bedeutung der Posaune** – Im Jubeljahr wurde der Erlass aller Schulden durch Posaunenschall bekannt gemacht (3.Mose 25:9-10).
c) **Die Vernichtung Jerusalems und das Wachstum des Christentums** – Ignatius, Melito von Sardis, Tertullian, Clemens von Alexandria, Lactantius und andere weisen zurück auf 70 n.Chr. als einen Beweis, dass Gott die Christen und nicht die Juden bevorzugte und dadurch den Weg für die Verbreitung des Christentums freigemacht hat. (Vgl. Offenbarung 3:9).

## F) Ergebnis

**1) Christus kam im Gericht in 70 n.Chr., nachdem die Juden das Maß der Sünde ihrer Väter voll gemacht hatten** (Matthäus 23:32).

**2) Dieses Gericht war der prophezeite „Tag des Herrn"** Maleachi 4:1-5 (vgl. Matthäus 11:14) – Laut Amos 5:18-20 und Zephanja 1:1-17 ist der Tag des Herrn ein Gericht über die Juden. Aus diesem Grunde sprach Christus über das Ende des jüdischen Zeitalters und den rasch nahenden Tag des Herrn gegen Israel, als die Jünger in Matthäus 24:3 Ihn nach den Zeichen Seines Kommens und der Vollendung des Zeitalters fragten.

## G) Hinweise, die die Nähe der Ereignisse in der Offenbarung aufzeigen

**1)** Die Ereignisse werden „schnell" geschehen, „nahe", „bald": Offenbarung 1:1, 1:3, 2:16, 3:10-11, 22:6-7, 22:10, 22:12, 22:20.

**2)** Besonders zu beachten ist Offenbarung 22:10 – „Und er spricht zu mir: Versiegle nicht die Worte der Weissagung dieses Buches! Denn die Zeit ist nahe." Es ist genau das Gegenteil von Daniel 12:4. Daniel sollte die Worte versiegeln „bis zur Zeit des Endes".

**3) Der Tempel stand noch** (Offenbarung 11:2)

**4) Es war der Tempel des Herodes**

**a)** Die Rede auf dem Ölberg war eine Antwort auf die Frage der Jünger über die Vernichtung des Tempels des Herodes (Lukas 21:5-7). In Lukas 21:24 sagt Christus: „Jerusalem wird zertreten werden von den Nationen, bis die Zeiten der Nationen erfüllt sein werden."
**b)** Johannes, der die Worte des Herrn kannte, hatte sie als Basis (das Zertreten Jerusalems durch die Nationen sollte 42 Monate dauern, Offenbarung 11:2).

**H) Das Zertreten Jerusalems geschah während der Jüdischen Kriege** und endete mit der Vernichtung des Tempels in 70 n.Chr. Der Krieg dauerte genau 42 Monate: vom Frühjahr 67 n.Chr. bis August 70 n.Chr.

## I) Jerusalem ist „Babylon, die große, die Mutter der Huren"

**1) Sie füllt sich mit dem Blut der Propheten und Heiligen** (Offenbarung 16:6, 17:6, 18:20, 24. Vgl. Matthäus 23:37 und Apg. 7:52).

**2) Sie ist „die große Stadt. . .wo auch der Herr gekreuzigt wurde“** (Offenbarung 11:8) – Obwohl Offenbarung 11 klar über Jerusalem spricht, ist sie „Babylon die Große“ in späteren Kapiteln? Ja, die Beschreibung „große Stadt“ wird in Kapitel 11 und in den Kapiteln 17-18 benutzt (17:18, 18:10, 16, 19, 21).

**3) Das Bild einer untreuen Frau, einer Hure, wird oft im Alten Testament von Israel benutzt** – Israel wird wiederholt die Frau Gottes genannt (Jeremia 2:2, 3:14, Jesaja 54:5). Aber sie ist eine untreue Frau (Jeremia 3:20, Hosea 1:2, Hesekiel 6:9, Hesekiel 16, Jesaja 50:1) und verhält sich wie eine Hure (Jeremia 3:1-2). In Verbindung mit der Bezeichnung Jerusalems als Hure ist Jesaja 1:21 besonders wichtig: „Wie ist zur Hure geworden die treue Stadt!“

**4) Ihre Kleidung**

**a)** Sie ist in Purpur und Scharlach und mit Gold und Edelgestein und Perlen gekleidet (Offenbarung 17:3-5) – eine fast identische Beschreibung des Ephods des Hohenpriesters (2. Mose 28:5-6, 36).
**b)** Diese Kombination der Stoffe und Edelsteine beschreibt auch die Vorhänge des Tempels, die, laut Josephus, „ein gleich langer babylonischer Vorhang, bunt gestickt aus Hyacinth, Byssus, Scharlach und Purpur, wunderschön gewoben mit sehenswerter Mischung der Stoffe“ war (Kriege 5:5:4).
**c)** Sie hält einen goldenen Kelch (Offenbarung 17:4), was ein Symbol von den Geräten des Tempels ist: „die meisten Zimmergeräte von Silber und Gold (Kriege 5:4:4.).“
**d)** Josephus‘ Beschreibung des Tempels spiegelt den gleichen Überfluss: „Der äußere Anblick des Tempels bot alles dar, was Auge und Herz entzücken konnte. Auf allen Seiten mit schweren goldenen Platten verkleidet, schimmerte er bei Sonnenaufgang im hellsten Feuerglanz und blendete das Auge gleich den Strahlen des Tagesgestirns. Fremden, die nach Jerusalem pilgerten, erschien er von fern wie ein schneebedeckter Hügel: denn wo er nicht vergoldet war, leuchtete er in blendendem Weiß (Kriege 5:5:6).“ Die Inschrift auf der Stirn der Hure ist ein perverses Abbild von der auf der Stirn des Hohenpriesters: „Heiligkeit dem Herrn“.

**5) Ihre Vernichtung**

**a) Das Ende Jerusalems gleicht einer ehebrecherischen Frau – Tod durch Steinigung** – Josephus schreibt: „Schleuderten doch die Maschinen talentschwere Felsstücke, welche zwei Stadien weit und selbst noch weiter flogen, sodass nicht nur die Feinde in den vordersten Reihen, sondern auch ihre Hintermänner davor zurückwichen. Anfangs zwar wussten die Juden sich vor den Steingeschossen zu sichern; denn abgesehen davon, dass dieselben sich durch ihr Schwirren vorher ankündigten, konnten sie auch infolge ihrer Helligkeit – sie waren weiß – schon von fern gesehen werden (Kriege 5:6:3)." Dieser Bericht erinnert an die Hagelsteine von einem Talent Gewicht, die auf die „große Stadt" nieder regneten in Offenbarung 16:19-21.

**b)** Am Ende kommt ein neues Jerusalem aus dem Himmel nieder, das die alte ehebrecherische Braut ersetzt.

## J) Wer ist das Tier?

### 1) Allgemein betrachtet ist das Tier Rom

**a) Die Frau (Babylon) sitzt auf dem Tier** (Offenbarung17:2-8)

**b) „Sitzen" = „abhängig von, im Bunde mit"**

- **Dies war ihre Beziehung vor der jüdischen Revolte** Josephus schreibt über die Ehrenbezeugungen, die die Römer und ihre Kaiser der Nation der Juden zollten und über die ausgedehnten gegenseitigen Hilfeleistungen, die sie machten (Altertümer 14:10:1-2).

- **Die Juden benutzten diese Bezeichnung um Christus und seine Jünger zu verfolgen** (Johannes 19:15; Lukas 23:2) Während der ganzen Zeit der Apostelgeschichte haben sie die Christen gehetzt auf eine Art und Weise, die auch die Römer mit einbezog in ihre Verfolgung (Apg. 4:27; 16:20; 17:7; 18:12; 21:11; 24:1-9; 25:1-2).

**c) Das Tier wendet sich gegen die Frau und vernichtet sie** Offenbarung 17:16-17. Dies geschah während der jüdischen Kriege, des 42-monatigen Niedertretens durch die Nationen (Offenbarung 11:2).

**d) Andere Hinweise, dass das Tier (allgemein betrachtet) Rom ist**

- **„Sieben Hügel"** – „Die sieben Köpfe sind sieben Berge, auf denen die Frau sitzt (17:9)." Rom war in der Antike bekannt als die Stadt auf sieben Hügeln (Septimontium).

- **Rom steigt aus dem Meer herauf** (13:1) – Von Johannes' Aussichtspunkt auf Patmos oder auch von dem Aussichtspunkt der Juden schien Rom aus dem Meer zu steigen. Vgl. 17:1.

- **„Sieben Könige"** (17:9-10) – „Die sieben Köpfe . . .sind sieben Könige: die fünf ersten sind gefallen, der eine ist, der andere ist noch nicht gekommen." Zu dieser Zeit, als die Offenbarung geschrieben wurde (während der Verfolgung durch Nero), waren schon fünf römische Kaiser gefallen (Julius, Augustus, Tiberius, Gaius und Claudius), einer regierte noch (Nero) und einer würde nur kurze Zeit bleiben (Galba regierte nur 7 Monate von Juni 68 n.Chr. bis Januar 69 n.Chr.) und drei andere folgten rasch aufeinander.

## K) Die tödliche Wunde und die erstaunliche Heilung des Tieres

**1) Offenbarung 17:8 und 13:3** – „Und ich sah einen seiner Köpfe wie zum Tod geschlachtet. Und seine Todeswunde wurde geheilt, und die ganze Erde staunte hinter dem Tier her."

### 2) Nero selbst hat diese Wunde Rom zugefügt und es fast zerstört

**a) Tacitus** schreibt über die Monate nach dem Tod Neros in 68 n.Chr., dass sie reich an Unheil und schrecklich an Kriegen waren, zerrissen durch Bürgeraufstände, und entsetzlich auch in Friedenszeiten. Vier Kaiser fielen durch das Schwert; es gab drei Bürgerkriege und noch mehr Kriege im Ausland und oft beides gleichzeitig.
**b) Josephus** schreibt, dass der Zustand der Römer so schlecht war, dass „alle Teile des gewaltigen Reiches sich in Verwirrung und Schwankung befanden (7:4:2)."
**c) Tacitus** betrachtet Rom, als ob es im Todeskampf lag (Historien 1:11).
**d) Dieser Zustand änderte sich nicht, bis Vespian** seine jüdische Expedition verließ und die Macht in Rom übernahm. Das Reich, das so lange Zeit unruhig war, bekam endlich Stabilität durch die Familie Flavia (Suetonius: Vespasian 1).

## L) Das Tier genauer betrachtet: Nero (54-68 n.Chr.)

**1) Nero war Kaiser, als die Offenbarung geschrieben wurde** – Er ist der sechste König „der ist". Suetonius' Aufzählung der Kaiser war: Julius, Augustus, Tiberius,

Gaius oder Caligula, Claudius (die fünf Könige, die gefallen waren, als Johannes schrieb), Nero (der, „der ist"), und Galba – „der andere ist noch nicht gekommen; und wenn er kommt, muss er eine kurze Zeit bleiben" – sieben Monate (Offenbarung 17:10).

**2) Nero verlangte Anbetung** (Offenbarung 13:5-8). Inschriften wurden in Ephesus gefunden, auf denen Nero „Allmächtiger Gott" und „Erretter" genannt wird. Er und Caligula „gaben alle Zurückhaltung auf" in ihrer Forderung der Kaiser-Anbetung – sie waren die einzigen, die göttliche Huldigung zu ihren Lebzeiten verlangten. Nero behauptete Apollos zu sein.

**3) Neros Verfolgung der Kirche**

**a) 42 Monate Dauer:** von November 64 n.Chr. bis Juni 68 n.Chr. Johannes wurde während dieser Verfolgung auf die Insel Patmos verbannt (Offenbarung 1:9) und Petrus und Paulus starben in 66 oder 67 n.Chr.
**b) Genau vorhergesagt durch Johannes** (Offenbarung 13:5) - „Und es wurde ihm ein Mund gegeben, der große Dinge und Lästerungen redete; und es wurde ihm Macht gegeben, 42 Monate zu wirken." Ihm wurde Macht gegeben, die Heiligen zu bekriegen und sie zu besiegen (Daniel 7:21).
**c) Die Grausamkeit der Verfolgung** Tacitus berichtet, dass Nero unerhörte Strafen ausübte an solchen, die allgemein Christen genannt wurden (Annalen 15:44). Diese Verfolgung forderte eine „unermessliche Zahl (Tacitus)", „eine gewaltige Menge der Auserwählten (1. Clement 6)."

**4) Neros tierischer Charakter**

**a) Er tötete seine eigenen Familienmitglieder**
**b) Er „heiratete" einen Jungen und ließ ihn dann kastrieren**
**c) Er trat seine schwangere Frau zu Tode**
**d) Sein sadistischer Sport** – Suetonius schreibt, dass Nero eine Art Spiel erfand, indem er in der Haut eines wilden Tieres aus einem Käfig herausgelassen wurde und die Geschlechtsteile von Männern und Frauen, die an Pfählen festgebunden waren, angriff (Kaiserbiographien 6:9).
**e) Er wurde sogar „das Tier" genannt** Tacitus spricht über Neros „grausame Natur", die „so viele unschuldige Männer töten ließ". Plinius der Ältere beschreibt Nero als „den Vernichter der menschlichen Rasse" und „das Gift der

Welt". Juvenal spricht von „Neros grausamer und blutiger Tyrannei". Apollonius von Tyana sagt ausdrücklich, dass Nero ein „Tier" genannt wurde: „Auf meinen Reisen, die umfangreicher waren als die anderer Menschen bis jetzt, habe ich viele, viele wilde Tiere Arabiens und Indiens gesehen. Aber dieses Tier, das gewöhnlich Tyrann genannt wird, ich weiß nicht, wie viele Köpfe es hat, oder ob es Klauen hat oder mit schrecklichen Fangzähnen ausgestattet ist . . .Von wilden Tieren kann man nicht sagen, dass man jemals gehört hat, dass sie ihre eigenen Mütter essen. Aber Nero hat sich an dieser Diät vollgefressen."

**5) Neros Tod** Er brachte sich selbst um mit einem Schwert im Alter von 31 Jahren. Vgl. Offenbarung 13:10 – „Wenn jemand in Gefangenschaft geht, so geht er in Gefangenschaft; wenn jemand mit dem Schwert tötet, so muss er mit dem Schwert getötet werden. Hier ist das Ausharren und der Glaube der Heiligen."

**6) Neros Zahl**

**a) Offenbarung 13:18** – „Hier ist die Weisheit. Wer Verständnis hat, berechne die Zahl des Tieres! Denn es ist eines Menschen Zahl; und seine Zahl ist 666."
**b) Die Hebräer hatten keine Zahlen** und benutzten Buchstaben als Zahlen genauso wie die Römer. Neron Caesar (die griechische Version, die durch archäologische Funde belegt ist), ergibt auf Hebräisch umgeschrieben (NRWN QSR) den Zahlwert 666.
**c) Weitere Beweise** – Eine gut belegte Textvariante hat 616. Ein Fehler eines Abschreibers? Bruce Metzger spekuliert: „Vielleicht war die Änderung absichtlich, wenn man bedenkt, dass die griechische Form Neron Caesar in hebräischen Buchstaben geschrieben (nrwn qsr) 666 ergibt, wogegen die lateinische Form von Neron Caesar (nrw qsr) 616 ergibt."**Die Kirche als Erfüllung von Gesetz und Propheten.**

## Weitere prophetische Erfüllungen

### Daniel 9:24-27

### Vers 24

| | |
|---|---|
| (Ein Block oder eine Einheit von) Siebzig Wochen sind über dein Volk und über deine heilige Stadt bestimmt, um das Verbrechen zum Abschluss zu bringen („um das Verbrechen zu behalten, an sie zu binden") | 490 Jahre. In dieser Zeit hat Israel sein Sünden-maß voll gemacht und die Sünde wurde auf sie „gebunden". „Abschluss" = „behalten" („kala") Johannes 20:23 „Wenn ihr jemandem die Sünden vergebt, dem sind sie vergeben, wenn ihr sie jemandem behaltet, sind sie ihm behalten." Siehe Matthäus 18:18 |
| und den Sünden ein Ende zu machen | „Ende zu machen" = „voll zu machen" („tamam") „Und ihr, macht das Maß eurer Väter voll!" Siehe Matthäus 23:29-36, 1. Thessalonicher 2:14-16, Apostelgeschichte 7:51-52 (1. Mose 15:16 ) |
| und die Schuld zu sühnen | Hebräer 2:17 „Daher musste er in allem den Brüdern gleich werden, damit er barmherzig und ein treuer Hoherpriester vor Gott werde, um die Sünden des Volkes zu sühnen." Siehe Hebräer 9:12-14, 1. Johannes 4:10 |
| und eine ewige Gerechtigkeit einzuführen | Römer 3:21-22 „Jetzt aber ist ohne Gesetz Gottes Gerechtigkeit geoffenbart worden, bezeugt durch das Gesetz und die Propheten: Gottes Gerechtigkeit aber durch Glauben an Jesus Christus für alle, die glauben." |

| | |
|---|---|
| und Gesicht und Propheten zu versiegeln, (sodass die Ungläubigen unter dem Volk es nicht verstehen konnten) | Jesaja 6:9-10 „Und er sprach: Geh hin und sprich zu diesem Volk: Hören, ja, hören sollt ihr und nicht verstehen! Sehen, ja, sehen sollt ihr und nicht erkennen! Mache das Herz dieses Volkes fett, mache seine Ohren schwerhörig, und verklebe seine Augen: damit es mit seinen Augen nicht sieht und mit seinen Ohren nicht hört und sein Herz nicht einsichtig wird und es nicht umkehrt und Heilung für sich findet!"<br>Siehe Jesaja 29:10-11, Matthäus 13:11-16, Jo-hannes 12:37-41 |
| und ein Allerheiligstes zu salben. | Nämlich Christus!<br>Lukas 4:18-19 „Der Geist des Herrn ist auf mir, weil er mich gesalbt hat, Armen gute Botschaft zu verkündigen; er hat mich gesandt, Gefangenen Freiheit auszurufen und Blinden, dass sie wieder sehen, Zerschlagene in Freiheit hinzusenden, auszurufen ein angenehmes Jahr des Herrn."<br>Siehe Hebräer 1:9; 9:22-28 |

**Vers 25**

| | |
|---|---|
| So sollst du denn erkennen und verstehen: Von dem Zeitpunkt an, als das Wort erging, Jerusalem wiederherzustellen und zu bauen, bis zu einem Gesalbten, einem Fürsten, | Kyrus erlaubt den Wiederaufbau Jerusalems in 457 v.Chr. Von da ab bis Christus – „einem Gesalbten" – waren es 483 Jahre. |

| | |
|---|---|
| sind es (ein Block oder eine Einheit von) sieben Wochen.<br>Platz und Stadtgraben werden wiederhergestellt und gebaut sein, und zwar in der Bedrängnis der Zeiten. | Aufbau Jerusalems und des Tempels in Esra und Nehemia. 49 Jahre. |

**Vers 26**

| | |
|---|---|
| Und nach den 62 Wochen | Also in der 70. Woche. |
| wird ein Gesalbter | Jesus Christus |
| abgeschnitten werden | Durch die religiösen Führer Israels exkommuniziert. |
| und wird nichts haben. | Philipper 2:7 „Aber er machte sich selbst zu nichts und nahm Knechtsgestalt an." |
| Und das Volk eines kommenden Fürsten | Christus – „Fürst" – auf dem Thron benutzt die Römer – „das Volk" – um Sein Gericht auszuführen, wie Gott oft im Alten Testament andere Völker benutzt hat, die er dann „Mein" nennt.<br>Jesaja 10:5 „Wehe, Assur, Rute meines Zorns! Und der Stock meines Zorns – in ihrer Hand ist er."<br>Siehe Jesaja 45:1, Jeremia 5:15; 25:9; 43:10, Habakuk 1:6 |
| wird die Stadt | Jerusalem |
| und das Heiligtum zerstören, | Tempel |
| und sein Ende ist in einer Überflutung; | Wie bei Noah und den Drohungen in 5. Mose 28. |
| und bis zum Ende ist Krieg, | Die Jüdischen Kriege 66-70 n.Chr. |

| fest beschlossene Verwüstungen. | Der Krieg und die Verwüstung werden nicht in dieser Woche passieren, sondern werden in dieser Woche beschlossen. |
|---|---|

**Vers 27**

| Und stark machen wird er einen Bund | „stark“ = „festigen“ („gabar“) dieses Wort wird nur hier in der Bibel in Verbindung mit „Bund“ benutzt. Christus macht den Bund fest. Den Segen und den Fluch. Das Alte in dem Neuen zu erfüllen. Er kam Gesetz und Propheten zu erfüllen. |
|---|---|
| für die Vielen, | die Juden |
| während der einen Woche; | „Während“, nicht „für“. In der 70. Woche, die 3 ½ Jahre Dienstzeit des Herrn Jesus.<br>Matthäus 15:24 „Er aber antwortete und sprach: Ich bin nur gesandt zu den verlorenen Schafen des Hauses Israel.“<br>Siehe Matthäus 10:5 |
| und zur Hälfte der Woche wird er Schlachtopfer und Speisopfer aufhören lassen. | Der Tod des Herrn hat die Opfer beendet, über-flüssig gemacht, abgeschlossen.<br>Siehe Hebräer 10:8-9, 12 |
| Und auf dem Flügel | „Flügel“ = „Zipfel“ („kanaph“) 4. Mose 15:37-41 |

| | |
|---|---|
| von Gräueln | Die Kleidung des abtrünnigen Hohenpriesters, der vorgab, Gott weiterhin zu dienen, obwohl er Gott in Christus abgelehnt hatte. (Siehe 2. Thessalonicher 2:3-4) Nur wer in Verbindung mit Gott steht, kann ein Gräuel für Ihn sein. |
| kommt ein Verwüster, bis fest beschlossene Vernichtung über den Verwüster ausgegossen wird. | Ein Gräuel, der Verwüstung verursacht, nämlich die Vernichtung Jerusalems in 70 n.Chr. (Vergleiche Hesekiel 8:3) |

## 2. Thessalonicher 2

### Vers 1

| | |
|---|---|
| Wir bitten euch aber, Brüder, wegen der Ankunft unseres Herrn Jesus Christus und unseres Sich-versammelns zu ihm hin,<br>*(Die Ankunft des Herrn im Gericht über Jerusalem würde endgültig Christus als den wahren „Sammelpunkt" klar stellen.)* | „Sich-Versammeln" = („episynagoge") ist nicht die Entrückung. Dieses Wort kommt nur hier und in Hebräer 10:25 vor: „indem wir unser Zusammen-kommen (‚Sich-versammeln') nicht versäumen, wie es bei einigen Sitte ist, sondern einander ermuntern, und das um so mehr, je mehr ihr den Tag herannahen seht!" „Der Tag" ist die Vernichtung Jerusalems 70 n.Chr. |

### Vers 2

| | |
|---|---|
| dass ihr euch nicht schnell in eurem Sinn erschüttern, auch nicht erschrekken lasst, weder durch Geist noch durch Wort, noch durch Brief, als seien sie von uns, als ob der Tag des Herrn da wäre. | Der „Tag des Herrn" kann also nicht die Entrückung sein, sonst hätte er sagen können: „Sonst wärt ihr nicht mehr hier." |

**Vers 3**

| | |
|---|---|
| Dass niemand euch auf irgendeine Weise verführe! Denn dieser Tag kommt nicht, | Tag des Herrn, die Vernichtung Jerusalems. |
| es sei denn, dass zuerst der Abfall | Abfall der Juden, die Christus abgelehnt haben. |
| gekommen und der Mensch der Gesetzlosigkeit geoffenbart worden ist, der Sohn des Verderbens; | Der abgefallene Hohepriester. |

**Vers 4**

| | |
|---|---|
| der sich widersetzt und sich überhebt über alles, was Gott heißt oder Gegenstand der Verehrung ist, so dass er sich in den Tempel Gottes setzt und sich ausweist, dass er Gott sei.<br>*(Bedeutet nicht, dass er ausdrücklich sagte: „Ich bin Gott“.)* | Der Hohepriester hat Gott in Christus abgewiesen. Wer Gott abweist, macht sich selbst zu Gott. Wie die Pharisäer Mose ersetzt hatten:<br>Matthäus 23:2 „Auf Moses Lehrstuhl haben sich die Schriftgelehrten und die Pharisäer gesetzt.“<br>2. Mose 4:15-16 „Dann sollst du zu ihm reden und die Worte in seinen Mund legen, und ich will mit deinem Mund und mit seinem Mund sein und will euch unterweisen, was ihr tun sollt. Er aber soll für dich zum Volk reden. Und es wird geschehen, er wird für dich zum Mund sein, und du wirst für ihn zum Gott sein.“<br>Siehe 2. Chronika 19:8-10, Maleachi 2:7 |

**Vers 5**

Erinnert ihr euch nicht, dass ich dies zu euch sagte, als ich noch bei euch war?

**Vers 6**

| | |
|---|---|
| Und jetzt wisst ihr, was zurückhält, damit er zu seiner Zeit geoffenbart wird. | Die Kirche und Männer wie Jakobus in Jerusalem haben das Böse aufgehalten wie Lot das Gericht über Sodom (1. Mose 18:22-22; 19:22) Auch Menschen wie Gamaliel haben das abtrünnige Judentum noch zurückgehalten.<br><br>Siehe Apostelgeschichte 5:33-42 |

**Vers 7**

| | |
|---|---|
| Denn schon ist das Geheimnis der Gesetzlosigkeit wirksam; | Der jüdische Ersatz für das Evangelium Gottes, der sich im Rabbiner-Judentum nach 70 n.Chr. voll entfalten sollte, hatte schon begonnen. |
| nur offenbart es sich nicht, bis der, welcher jetzt zurückhält, aus dem Weg ist; | Die gläubigen Christen wurden vor der Vernichtung aus Jerusalem entfernt. Josephus (Kriege 4:5:4) schreibt, dass, nachdem die Zeloten und die Idumaer Zacharias, den Sohn des Baruch (vergleiche Matthäus 23:35) getötet hatten (ein „Zurück-Halter" wie Gamaliel), alles losging. (Kriege 4:5:4) |

**Vers 8**

| | |
|---|---|
| und dann wird der Gesetzlose geoffenbart werden, den der Herr Jesus beseitigen wird durch den Hauch seines Mundes | Das Wort Gottes.<br><br>Hosea 6:5 „Darum habe ich durch die Propheten dreingeschlagen, habe sie erschlagen durch die Worte meines Mundes; und mein Recht geht her-vor wie das Licht." |

| | |
|---|---|
| und vernichten durch die Erscheinung seiner Ankunft; | Daniel 7:13 „Ich schaute in Gesichten der Nacht: und siehe, mit den Wolken des Himmels kam einer wie der Sohn eines Menschen. Und er kam zu dem Alten an Tagen, und man brachte ihn vor ihn.“ |

**Vers 9**

| | |
|---|---|
| ihn, dessen Ankunft gemäß der Wirksamkeit des Satans | Der Hohepriester, ein Sohn Satans: Johannes 8:44 „Ihr seid aus dem Vater, dem Teufel, und die Begierden eures Vaters wollt ihr tun. Jener war ein Menschenmörder von Anfang an und stand nicht in der Wahrheit, weil keine Wahrheit in ihm ist. Wenn er die Lüge redet, so redet er aus seinem Eigenen, denn er ist ein Lügner und der Vater derselben.“ |
| erfolgt mit jeder Machttat und mit Zeichen und Wundern der Lüge | Josephus erwähnt allgemein, dass „Zeichen und Wunder“ der Vernichtung Jerusalems vorausgingen (Kriege: Vorwort: 11) |

**Vers 10**

| | |
|---|---|
| und mit jedem Betrug der Ungerechtigkeit für die, welche verloren gehen, dafür, dass sie die Liebe der Wahrheit zu ihrer Errettung nicht angenommen haben. | Apostelgeschichte 13:46 „weil ihr (Juden) es (das Wort Gottes) aber von euch stoßt und euch selber des ewigen Lebens nicht für würdig haltet.“<br>1. Thessalonicher 2:15 (die Juden) „die sowohl den Herrn Jesus als auch die Propheten getötet und uns verfolgt haben und Gott nicht gefallen und allen Menschen feindlich sind.“ |

**Vers 11**

| | |
|---|---|
| Und deshalb sendet ihnen Gott eine wirksame Kraft des Irrwahns, dass sie der Lüge glauben, | 1. Könige 22:19-23 |

**Vers 12**

| | |
|---|---|
| damit alle gerichtet werden, die der Wahrheit nicht geglaubt, sondern Wohlgefallen gefunden haben an der Ungerechtigkeit. | Matthäus 23:36 „Wahrlich, ich sage euch, dies alles wird über dieses Geschlecht kommen.“<br>1.Thessalonicher 2:16 „aber der Zorn ist endgültig über sie gekommen.“<br>Erfüllt im Gericht über Jerusalem in 70 n.Chr. |

## Kapitel 3
# Kontinuität – Nicht Unterbrechung

### Die Kirche als Erfüllung von Gesetz und Propheten

In Kapitel 1 hatte ich die sogenannten Dispensationalisten und ihre Verbindung mit John Nelson Darby schon erwähnt. Im zweiten Teil dieses Buches werde ich ausführlicher auf ihre Geschichte und Entwicklung eingehen. Wie schon gesagt, Dispensationalisten befinden sich in den verschiedensten christlichen Gruppen weltweit. Es gibt viele verschiedene Schattierungen unter ihnen und die Mehrheit steht in keiner Verbindung mit den sogenannten „Brüdern" und hat wahrscheinlich von Darby nie gehört. Aber trotz aller Unterschiede, die es vielleicht geben kann, gibt es auch ein paar grundlegende gemeinsame Nenner. Der wichtigste davon ist nämlich die Ansicht, dass die Kirche eine Unterbrechung von Gottes normalen Wegen darstellt. Eine Unterbrechung Seiner Wege mit dem Volk Israel. Gott hatte einst das Volk Israel als Sein Volk auserwählt, aber Seinen Umgang mit ihnen unterbrochen, nachdem sie Christus verworfen hatten. Ihre Geschichte läuft weiter ohne eine direkte Intervention Gottes, wie es früher war, sagt man. Gott wird wieder in Verbindung mit Israel treten, nachdem die Kirche („sehr bald" nach Ansicht der Dispensationalisten) von der Erde genommen („entrückt") wurde. Es wird eine Zeit der Drangsal geben, wo Israel wieder in den Vordergrund tritt und danach der Mittelpunkt in einem irdischen, tausendjährigen Reich sein wird. Alle, die zum Glauben an Christus kommen nach der Entrückung, ob Juden oder Nichtjuden, werden niemals zur Kirche gehören. Sie haben ihre eigene, besondere Zukunft.

Darby hatte dies über die Kirche zu sagen:

> Die Gemeinde, ein bescheidener Himmelskörper, hat überhaupt kein Teil auf der Erde, so wie es zu Anfang war – leidend, wie einst ihr Haupt, unbekannt und wohlbekannt – ein unirdischer Zeuge himmlischer Dinge auf der Erde.
>
> Es ist diese Überzeugung, dass die Gemeinde eigentlich himmlisch ist in ihrer Berufung und ihrer Beziehung zu Christus, so dass sie keinen Anteil hat am Verlauf der Ereignisse auf der Erde, welche ihre Entrückung so einfach und klar macht; und anderseits wird daraus auch deutlich, wie das Leugnen ihrer Entrückung die Gemeinde zu einer irdischen Stellung herabzieht. Unsere Berufung ist im Himmel. Die Geschehnisse spielen sich auf der Erde ab. Prophetie bezieht sich nicht auf

den Himmel. Die Hoffnung des Christen ist überhaupt kein prophetisches Thema.[9]

Darby hatte Recht, der Herr Jesus war „ein unirdischer Zeuge himmlischer Dinge auf der Erde", und die Kirche, die Christen, sind es auch. Aber, und das ist jetzt wichtig, der Herr Jesus – auch als der „zweite Mensch vom Himmel" (1. Korinther 15:47) – erfüllte alttestamentliche Prophezeiungen und Verheißungen. Und die Kirche, als mit Ihm verbunden, tut es auch. Darby betrachtete das Alte Testament so, als ob es nur irdische Hoffnungen und Verheißungen behandeln würde. Aus diesem Grund würde die Kirche niemals in ihm ausdrücklich erwähnt. Darby und die meisten Dispensationalisten geben zu, dass die Kirche aber angedeutet wird, z.B. in Personen wie Eva, Rebekka oder Rahel (Lea stellte für ihn das irdische Volk Israel dar).

Aber was ist, wenn wir mehr haben als nur eine Andeutung? Was ist, wenn wir regelrechte Duplikationen oder Wiederholungen von alttestamentlichen „Dingen" im Leben des Herrn Jesus und bei den ersten Christen finden? Dann ist es Erfüllung und Fortsetzung und nicht nur Andeutung – denn nichts unterstreicht Kontinuität so sehr wie Wiederholung.

Die Kirche ist nicht eine Einschaltung oder eine Unterbrechung der Wege Gottes. Was Gott durch Israel erreichen wollte, erreichte Er in Christus und der Gemeinde. Was Er für Israel vorhatte, hat sich in der Kirche erfüllt. Nicht als ein Extra, etwas Zusätzliches, sondern als etwas, was für sie gedacht war. Die Kirche war das, was Gott für Israel geplant hatte. Das Besondere ist, dass die Nationen auch Teil daran haben – ohne Unterschied. Dies ist das „Geheimnis", wovon die Schrift spricht in Römer 16:25; Epheser 3:2-11 und Kolosser 1:25-27; 2:2-3.

Die Nationen hatten von Anfang an einen Platz in Gottes Absicht. Man muss nur an Hiob oder die vielen Erwähnungen der Nationen in den Verheißungen Gottes an Abraham denken. Die Nationen hatten sogar einen Teil im Stammbaum des Herrn, nämlich Rahab und Ruth. Nachdem Israel als eine Nation im Land gefestigt war, lesen wir von positivem Umgang mit Nicht-Israeliten. Siehe zum Beispiel König Hiram von Tyrus (2.Samuel 5:11 und 1. Könige 5:1-18).

In den Propheten wird die Wiederherstellung Israels immer in Verbindung mit den Nationen gebracht. Es war das völlige Eins-Werden von Israeliten und Nationen durch Christus, was „neu" war im Neuen Testament.

---

[9] Collected Writings, Band 11, Seite 516.

**Im Alten Testament war das Volk Gottes (hauptsächlich) Israel. Die Vielen, personifiziert, waren der Sohn, Priester und Knecht Gottes.**

Beispiele:

**Sohn**

Und du sollst zum Pharao sagen: So spricht der HERR: Mein erstgeborener **Sohn** ist Israel. (2. Mose 4:22)

Als Israel jung war, gewann ich es lieb, und aus Ägypten habe ich meinen **Sohn** gerufen. (Hosea 11:1)

**Priester**

Mose aber stieg hinauf zu Gott. Und der HERR rief ihm vom Berg aus zu: So sollst du zum Haus Jakob sagen und den Söhnen Israel mitteilen: Ihr habt gesehen, was ich den Ägyptern angetan und wie ich euch auf Adlerflügeln getragen und euch zu mir gebracht habe. Und nun, wenn ihr willig auf meine Stimme hören und meinen Bund halten werdet, dann sollt ihr aus allen Völkern mein Eigentum sein; denn mir gehört die ganze Erde. Und ihr sollt mir ein Königreich von **Priestern** und eine heilige Nation sein. Das sind die Worte, die du zu den Söhnen Israel reden sollst. (2. Mose 19:3-6)

**Knecht**

Denn mir gehören die Söhne Israel als **Knechte**. Meine **Knechte** sind sie, die ich aus dem Land Ägypten herausgeführt habe. Ich bin der HERR, euer Gott. (3. Mose 25:55)

Du aber, Israel, mein **Knecht**, Jakob, den ich erwählt habe, Nachkomme Abrahams, meines Freundes, du, den ich ergriffen von den Enden der Erde und von ihren fernsten Gegenden her gerufen habe, zu dem ich sprach: Mein **Knecht** bist du, ich habe dich erwählt und nicht verworfen. (Jesaja 41:8-9)

Er hat sich Israels, seines **Knechtes**, angenommen, um der Barmherzigkeit zu gedenken. (Lukas 1:54)

**Der Wirkungsbereich Israels für die Nationen wäre gewesen als -**

**Licht und Weisung**

> Und es wird geschehen am Ende der Tage, da wird der Berg des Hauses des HERRN feststehen als Haupt der Berge und erhaben sein über die Hügel; **und alle Nationen werden zu ihm strömen**. Und viele Völker werden hingehen und sagen: Kommt, lasst uns hinaufziehen zum Berg des HERRN, zum Haus des Gottes Jakobs, dass er uns aufgrund seiner Wege belehre und wir auf seinen Pfaden gehen! Denn von **Zion wird Weisung ausgehen** und das Wort des HERRN von Jerusalem. Und er wird richten zwischen den Nationen und für viele Völker Recht sprechen. Dann werden sie ihre Schwerter zu Pflugscharen umschmieden und ihre Speere zu Winzermessern. Nicht mehr wird Nation gegen Nation das Schwert erheben, und sie werden den Krieg nicht mehr lernen. Haus Jakob, kommt, lasst uns im **Licht** des HERRN leben! (Jesaja 2:2-5) (Vergleiche auch 5. Mose 4:6-8.)

**Durch Israels Treue würden die Nationen zu Gott finden**

> Wenn du umkehrst, Israel, spricht der HERR, zu mir umkehrst und wenn du deine Scheusale von meinem Angesicht entfernst, dann brauchst du nicht mehr umherzuschweifen! Und wenn du schwörst: So wahr der HERR lebt! – in Wahrheit, in Recht und in Gerechtigkeit, **dann werden die Nationen sich in ihm segnen und sich in ihm rühmen**. (Jeremia 4:1-2)

**Aber Israel hatte versagt:**

> Wer ist so blind wie mein Knecht und so taub wie der Bote, den ich sende? Wer ist so blind wie mein Vertrauter und so taub wie der Knecht des Herrn? Vieles sieht er, aber er beachtet es nicht; die Ohren hat er offen und hört doch nicht. (Jesaja 42:19-20)

> Mein Volk kommt um, weil ihm die Erkenntnis fehlt. Weil du die Erkenntnis verworfen hast, darum verwerfe auch ich dich als meinen Priester. Du hast die Weisung deines Gottes vergessen; deshalb vergesse auch ich deine Söhne. (Hosea 4:6)

(Vergleiche auch hierzu die bösen Knechte in den Gleichnissen des Herrn in den Evangelien.)

**Die Lösung Gottes war, dass es einen Knecht geben würde anstelle der Vielen.**
**Jesus Christus war dieser Knecht!**
**Christus hat die Vielen ersetzt. Er war treu, wo sie versagt hatten.**

Vergleiche hierzu die Knecht-Lieder in Jesaja 42:1-4; 49:1-6; 50:4-9; 52:13-53:12.
Da geht es um eine einzelne Person und nicht um das Volk Israel als Knecht Gottes.

**Der Herr kam um Gesetz und Propheten zu erfüllen**

> Denkt nicht, ich sei gekommen, um das **Gesetz** und die **Propheten** aufzuheben. Ich bin nicht gekommen, um auf zu heben, sondern um **zu erfüllen**. (Matthäus 5:17)

Schauen wir uns zuerst das Gesetz an.
Christus kam, um es zu **erfüllen** – nicht **durchzusetzen**. Da besteht ein Unterschied.

**Johannes der Täufer hat das Gesetz durchgesetzt, z.B. bei Herodes:**

> Denn Herodes hatte Johannes gegriffen, ihn gebunden und ins Gefängnis gesetzt um der Herodias willen, der Frau seines Bruders Philippus. Denn Johannes hatte ihm gesagt: Es ist dir **nicht erlaubt**, sie zu haben. (Matthäus 14:3-4)

> Denn er, Herodes, hatte hingesandt und den Johannes greifen und ihn im Gefängnis binden lassen, um der Herodias willen, der Frau seines Bruders Philippus, weil er sie geheiratet hatte. Denn Johannes hatte dem Herodes gesagt: Es ist dir **nicht erlaubt**, die Frau deines Bruders zu haben. Die Herodias aber trug es ihm nach und wollte ihn töten, und sie konnte nicht; denn Herodes fürchtete den Johannes, da er wusste, dass er ein gerechter und heiliger Mann war, und er beschützte ihn; und wenn er ihn gehört hatte, war er in großer Verlegenheit, und er hörte ihn gern. (Markus 6:17-20)

**Unser Herr nicht:**

> Er erwiderte ihm: Mensch, wer hat mich zum **Richter** oder **Schlichter** bei euch gemacht? (Lukas 12:14)

> Denn Gott hat seinen Sohn **nicht** in die Welt gesandt, **damit er die Welt richtet**, sondern damit die Welt durch ihn gerettet wird. (Johannes 3:17)

Sie antwortete: Keiner, Herr. Da sagte Jesus zu ihr: Auch **ich verurteile dich nicht**. Geh und sündige von jetzt an nicht mehr! (Johannes 8:11)

Ihr urteilt, wie Menschen urteilen, **ich urteile über keinen**. (Johannes 8: 15)

Als ein Mensch hier auf der Erde hat Christus sich nicht wie ein Richter verhalten. Er wird richten als der verherrlichte Mensch im Himmel.

. . .weil er einen Tag festgesetzt hat, an dem er **den Erdkreis richten** wird in Gerechtigkeit **durch einen Mann**, den er dazu bestimmt hat, und er hat allen dadurch den Beweis gegeben, dass er ihn auferweckt hat aus den Toten. (Apg. 17:31)

Unser Herr hat das Gesetz erfüllt, etwas, das viel weiter geht, als es durchzusetzen.

**Liebe als Erfüllung des Gesetzes**

Du sollst den Herrn, deinen **Gott lieben** mit ganzem Herzen, mit ganzer Seele und mit all deinen Gedanken. Das ist das wichtigste und erste Gebot. Ebenso wichtig ist das zweite: Du sollst **deinen Nächsten** lieben wie dich selbst. An diesen beiden Geboten **hängt das ganze Gesetz** samt den Propheten. (Matthäus 22:37-40)

Bleibt niemand etwas schuldig; nur die Liebe schuldet ihr einander immer. **Wer den andern liebt, hat das Gesetz erfüllt**. Denn die Gebote: Du sollst nicht die Ehe brechen, du sollst nicht töten, du sollst nicht stehlen, du sollst nicht begehren!, und alle anderen Gebote sind in dem einen Satz zusammengefasst: Du sollst deinen Nächsten lieben wie dich selbst. Die Liebe tut dem Nächsten nichts Böses. **Also ist die Liebe die Erfüllung des Gesetzes**. (Römer 13:8-10)
Denn das ganze **Gesetz** ist in dem einen Wort zusammengefasst: Du **sollst deinen Nächsten lieben** wie dich selbst! (Galater 5:14)

Der Herr Jesus hatte gesagt, dass niemand größere Liebe hat als der, der für seine Freunde stirbt (Johannes 15:13), aber Er starb für seine Feinde (Römer 5:7-10). Wenn Liebe die Erfüllung des Gesetzes ist, hat Christus es völlig erfüllt.

**Prophetische Erfüllungen**

Christus hat zahlreiche ausdrücklich prophetische Aussagen über den Messias im Alten Testament erfüllt, aber auch den eigentlichen Inhalt der Schrift.

**Das gesamte Alte Testament spricht von Ihm:**

> Da sagte er zu ihnen: Begreift ihr denn nicht? Wie schwer fällt es euch, alles zu glauben, was die Propheten gesagt haben. Musste nicht der Messias all das erleiden, um so in seine Herrlichkeit zu gelangen? Und er legte ihnen dar, **ausgehend von Mose und allen Propheten, was in der gesamten Schrift über ihn geschrieben steht**. (Lukas 24:25-27)

Dies geht weiter als „nur" ausdrückliche Erfüllung wie die in Matthäus 2:14-15. Wie in den o.g. Beispielen aus dem Gesetz und den Propheten demonstriert, gibt es im Zusammenhang mit „Erfüllung" ein übergreifendes Prinzip, welches viel weiter geht als die eindeutige Erfüllung eines Abschnitts wie in Matthäus 2,14-15. Ja, es „erfüllt" sogar in einer viel volleren Weise. Es beinhaltet **Typologie** und **Sensus Plenior** („volle Bedeutung").

Bekannte Beispiele:

- Abraham opfert Isaak = Gott der Vater gibt seinen Sohn
- David besiegt Goliath = Christus besiegt Satan

**Typologie, Sensus Plenior und Symbole**

**Typologie** ist nicht Allegorie, wie zum Beispiel John Bunyans „Pilgerreise". Typologie (was so viel wie Modell oder Muster bedeutet) hat mit tatsächlichen Personen, Dingen und Ereignissen zu tun. Die Berichte in der Bibel haben ihre eigene Bedeutung und ihren Wert und stehen für sich – aber sie haben auch eine tiefere Bedeutung, eine vollere, die über die oberflächliche, wörtliche hinausgeht.

Typologie ist die **Wiederholung eines Prinzips**. Die Bibel besteht regelrecht aus Wiederholungen. Man schaut zurück und entdeckt die Entfaltung eines Musters durch die Wiederholung, eine Entfaltung, die ihrer Vollendung näher kommt. Nicht wie ein endloser Kreis, sondern wie eine Spirale. Spätere Bücher im Alten Testament helfen, die früheren besser zu verstehen. Ein alttestamentliches Muster wird im Neuen Testament wiederholt, aber vollkommener. Jede Wiederholung macht die Bedeutung klarer. (Typologie gibt es aber auch innerhalb des Alten Testaments. Zum Beispiel werden Elemente und Symbole aus dem Garten Eden wiederholt in der Stiftshütte und später im Tempel.) Die Bibel beinhaltet Erzählungen UND ihre eigentliche Auslegung. Das Alte Testament wurde nicht nur für die Gläubigen aus alttestamentlichen Zeiten geschrieben, sondern auch für uns – die NACH der vollen Offenbarung in Christus leben.

> Das aber geschah als warnendes Beispiel für **uns**. (1. Korinther10:6)

> Das aber geschah an ihnen, damit es **uns als Beispiel dient**; **uns** zur Warnung wurde es aufgeschrieben, **uns**, die das Ende der Zeiten erreicht hat. (1. Korinther10:11)

Typologie bleibt innerhalb des biblischen Rahmens. Verbindungen zwischen Typos und Anti-Typos sind nicht willkürlich (wie in Allegorien), sondern sie haben historische und theologische Übereinstimmungen. Gute Kenntnisse des Alten Testaments sind erforderlich, um Typologie richtig anzuwenden. Die Verwendung von Typologie ist nicht eine fremde, außerbiblische Methode, die auf die Bibel angewandt wird. Die Bibel selbst gibt die Rechtfertigung für typologische Auslegungen.

Noch einmal 1. Korinther 10:6 und 11:

> Das aber geschah als warnendes **Beispiel** (typoi) für uns: damit wir uns nicht von der Gier nach dem Bösen beherrschen lassen, wie jene sich von der Gier beherrschen ließen.

> Das aber geschah an ihnen, damit es uns als **Beispiel** (typikos) dient;

Siehe auch Römer 5:14:

> Aber der Tod herrschte von Adam bis auf Mose selbst über die, welche nicht gesündigt hatten in der Gleichheit der Übertretung Adams, der ein **Bild** (typos) des Zukünftigen ist.

**Sensus Plenior** („volle Bedeutung“) hat mit der tieferen Bedeutung der Bibel zu tun und betrachtet die Bedeutung biblischer Texte in dem gesamten Kontext von Gottes Plan – eine Bedeutung, die Gott, der den gesamten Plan von Anfang an kannte, beabsichtigte, als Er die Texte inspirierte. Gott kannte den Gesamtzusammenhang aller Texte, aller Offenbarung, als wir Menschen sie in „Stücken“ bekamen. D. h., alttestamentliche Texte beinhalten Hinweise auf neutestamentliche Wahrheiten oder Erfüllungen, sie „stecken schon drin“.

Eine Betonung nur auf die wörtliche Auslegung und Bedeutung einer Stelle in der Bibel beschränkt sich eigentlich nur auf das, was der menschliche Autor beabsichtigte oder wie er seinen eigenen Text verstand. Dass dies bei weitem nicht ausreichend ist, zeigt 1. Petrus 1:10-11:

> Im Hinblick auf diese Rettung suchten und forschten Propheten, die über die an euch erwiesene Gnade weissagten. Sie forschten, auf welche oder auf was für eine Zeit der Geist Christi, der in ihnen war, hindeutete, als er die Leiden, die auf Christus kommen sollten, und die Herrlichkeiten danach vorher bezeugte. Ihnen wurde es geoffenbart, dass sie nicht sich selbst, sondern euch dienten im Blick auf das, was euch jetzt verkündet worden ist durch die, welche euch das Evangelium verkündigt haben im Heiligen Geist, der vom Himmel gesandt ist, in welche Dinge Engel hineinzuschauen begehren.

Die Propheten erkannten, dass ihre eigene Botschaft, die ihnen Gott aufgetragen hatte, eine tiefere Bedeutung hatte als sie selbst verstanden – obwohl sie die von Gott inspirierten menschlichen Autoren davon waren! Dass das Alte Testament Aussagen beinhaltet, die mehr bedeuten als das, was man oberflächlich vermutet, beweist der Apostel Paulus.

In 5. Mose 25:4 steht:

> Du sollst dem Ochsen nicht das Maul verbinden, wenn er drischt.

Eine klare, sachliche, nüchterne Aussage. Aber was sagt Paulus dazu?

> Denn in dem Gesetz Moses steht geschrieben: „Du sollst dem Ochsen, der da drischt, nicht das Maul verbinden". **Ist Gott etwa um die Ochsen besorgt? Oder spricht er nicht durchaus um unsertwillen?** Denn es ist um unsertwillen geschrieben, dass der Pflüger auf Hoffnung pflügen und der Dreschende dreschen soll auf Hoffnung, am Ertrag teilzuhaben. (1. Korinther 9:9-10)

Die Bibel beinhaltet auch viele **Symbole**, aber nicht als Code oder verschlüsselte Botschaft, sie sind ein Mittel, um Viel mit Wenig auszudrücken. Symbole gehen zum Herzen einer Sache, übermitteln eine Idee oder ein Konzept ganz direkt, ohne Umwege. Zum Beispiel „Löwe" – wie in „der Löwe aus dem Stamm Juda" – erweckt den Gedanken von Herrschaft und Macht ohne viele Erklärungen. Wie bei der Typologie, so auch hier – biblische Symbole nehmen ihre Bedeutung aus der Bibel, nicht von außerhalb.

Viele Dinge, die im Alten Testament erwähnt werden, waren, obwohl real, doch nur ein Schatten einer höheren Wirklichkeit:

> So richte euch nun niemand wegen Speise oder Trank oder betreffs eines Festes oder Neumondes oder Sabbats, **die ein Schatten der künftigen Dinge sind**, der Körper selbst aber ist des Christus. (Kolosser 2:16-17)

Personen, Ereignisse und Gegenstände im Alten Testament haben Christus und sein Werk, Christus und sein Volk, „vorgeschattet". Wenn wir nur bei dem Historischen, Wörtlichen bleiben, verlieren wir viel. Wir können dann nicht erkennen, was „in der gesamten Schrift über ihn (Jesus) geschrieben steht." Wir laufen Gefahr eine Wiederholung nicht als Wiederholung zu erkennen – und also erkennen wir die Kontinuität nicht.

**Christus wiederholte die Geschichte des Volkes Israel in seinem Leben und war treu, wo sie es nicht waren.**

Die Versuchung des Herrn in der Wüste, wie in Matthäus 4:1-11 beschrieben, ist ein sehr gutes Beispiel dafür.

Das Volk wurde in die Wüste geführt (5. Mose 8:2), nachdem sie durch das Rote Meer gezogen waren.

- Der Herr wurde in die Wüste geführt (Matthäus 4:1), nachdem er getauft worden war.

Das Volk war in der Wüste vierzig Jahre lang.

- Der Herr war in der Wüste vierzig Tage lang.

Das Volk wurde in der Wüste versucht.

- Der Herr wurde in der Wüste versucht.

Das Volk und der Herr wurden versucht in Bezug auf

- **Brot**: 2. Mose 16:3; 5. Mose 8:3 – Matthäus 4:4

- **Wasser**: 2. Mose 17:1-2, 7 – Matthäus 4:7
  (die alt- und neutestamentlichen Stellen haben mit „Probe" zu tun.
  „Wasser von Massa" = Wasser der Probe, 5. Mose 6:16)
- **Gott allein anbeten**: 2. Mose 32 (goldenes Kalb); 5. Mose 6:13 – Matthäus 4:10

**Wir haben gesehen, dass das Volk Israel als Gottes Sohn galt:**

> Und du sollst zum Pharao sagen: So spricht der HERR: **Mein erstgeborener Sohn** ist Israel, – und ich sage dir: **Lass meinen Sohn ziehen**, damit er mir dient! Wenn du dich aber weigerst, ihn ziehen zu lassen, siehe, dann werde ich deinen erstgeborenen Sohn umbringen. (2. Mose 4:22-23)

> Als Israel jung war, gewann ich es lieb, und aus Ägypten habe ich **meinen Sohn** gerufen. (Hosea 11:1)

**Der Herr Jesus ist dieser Sohn geworden:**

> Und er war dort bis zum Tod des Herodes, damit erfüllt würde, was von dem Herrn geredet ist durch den Propheten, der spricht: Aus Ägypten habe ich **meinen Sohn** gerufen. (Matthäus 2:15)

In der Versuchung des Herrn stellt Satan gerade diese Gottessohnschaft des Herrn in Frage. Immer wieder sagt er: „Wenn du Gottes Sohn bist". . . (Matthäus 4:3; 4:6) Es war nicht von ungefähr, dass Satan Ihn in Bezug auf diese Sache versuchte. Er wusste genau um was es ging. Aber der Herr blieb treu, wo das Volk versagt hatte und „bewies" seine Sohnschaft.

**Das Volk hatte in seiner Aufgabe als Priester Gottes versagt – und auch die Priesterschaft selbst (Klagelieder 2:6). Christus ist jetzt der wahre Priester geworden.**

> Du bist Priester auf ewig nach der Ordnung **Melchisedeks**. (Hebräer 5:6) (Siehe Hebräer 7:1-3)

Vergleiche Matthäus 12:5-6 (4. Mose 28:9) und Johannes 7:23 (3. Mose 12:3) wo der Herr sich auch wie ein Priester benimmt in Bezug auf den Sabbat.

**Das Volk Israel hat auch als Knecht Gottes versagt. Im Alten Testament hatte Gott schon von einem anderen, treuen Knecht gesprochen:**

> Seht, das ist mein **Knecht**, den ich stütze; das ist mein Erwählter, an ihm finde ich Gefallen. Ich habe meinen Geist auf ihn gelegt, er bringt den Völkern das Recht. (Jesaja 42:1)

**Der Herr ist dieser Knecht geworden, wie klar zu ersehen ist in der Anwendung der Jesajastelle auf ihn:**

> Seht, das ist mein **Knecht**, den ich erwählt habe, mein Geliebter, an dem ich Gefallen gefunden habe. Ich werde meinen Geist auf ihn legen, und er wird den Völkern das Recht verkünden. (Matthäus 12:18)

**Auch die Apostelgeschichte macht klar: Christus ist DER Knecht Gottes:**

> Der Gott Abrahams, Isaaks und Jakobs, der Gott unserer Väter, hat seinen **Knecht** Jesus verherrlicht, den ihr verraten und vor Pilatus verleugnet habt, obwohl dieser entschieden hatte, ihn freizulassen. (Apg. 3:13)

> Für euch zuerst hat Gott seinen **Knecht** erweckt und gesandt, damit er euch segnet und jeden von seiner Bosheit abbringt. (Apg. 3:26)

> Wahrhaftig, verbündet haben sich in dieser Stadt gegen deinen heiligen **Knecht** Jesus, den du gesalbt hast, Herodes und Pontius Pilatus mit den Heiden und den Stämmen Israels. (Apg. 4:27)

**Hier sind weitere Beispiele, wo der Herr Jesus entweder Ereignisse aus der Geschichte Israels wiederholt oder auf sich selbst anwendet:**

- **David** Matthäus 12:1-4; Markus 2:25-26; Lukas 6:3-4
- **Salomo** Matthäus 12:42; Lukas 11:31
- **Elisa** Brotvermehrung: 2. Könige 4:42-44 – Matthäus 14:15-21; Markus 6:35-44; Lukas 9:12-17
- **Elia/Elisa** Witwen/Elia, Elisa/Naaman – Lukas 4:25-27
- **Jesaja** Nicht sehen: Jesaja 6:9 – Matthäus 13:13; Markus 4:12; Lukas 8:10
- **Jona** Matthäus 12:39-41; Lukas 11:29-32

**Der Herr Jesus hat in Seinem Leben hier auf der Erde bewiesen, dass Er der wahre Sohn, Priester und Knecht Gottes war.**

**Das Licht, das Israel für die Nationen hätte sein sollen, war Er.**

Vergleiche Jesaja 49:6

> Es ist zu wenig, dass du mein Knecht bist, um die Stämme Jakobs aufzurichten und die Bewahrten Israels zurückzubringen. So mache ich dich auch zum **Licht** der Nationen, dass mein Heil reiche bis an die Enden der Erde.

mit dem, was Simeon in Lukas 2:30-32 sagte, als er Jesus im Tempel sah:

> . . .meine Augen haben dein Heil gesehen, das du bereitet hast im Angesicht **aller Nationen**: ein **Licht zur Offenbarung für die Nationen** und zur Herrlichkeit deines Volkes Israel.
>
> (Apostelgeschichte 26:23: . . .dass der Christus leiden sollte, dass er als Erster durch Totenauferstehung **Licht verkündigen sollte**, sowohl dem Volk als auch **den Nationen**.)

Wenn der Herr Jesus Vieles in der Geschichte Israels erfüllt hat, was ist dann mit Stellen wie Daniel 7:13-14, ein Herrscher, dem alle dienen? Und Jesaja 32:1, ein regierender König?

Wann hat Er diese Abschnitte erfüllt? Stehen die noch aus?
**Christus fährt fort, das Alte Testament heute noch zu erfüllen . . .aber anders.**

Wir müssen uns zuerst fragen: Wer oder was ist Christus jetzt?
Christus hat die Vielen, die untreu waren, ersetzt. Heute ist das anders. Heute sind nicht mehr die Vielen durch den Einen ersetzt, sondern der Eine mit den Vielen verbunden – eins gemacht.

Christus war vor seinem Tod, der Auferstehung und Himmelfahrt als Mensch allein – das ist Er nicht mehr.

Heute ist Christus mit zahllosen Gläubigen aufs Engste verbunden. Er ist Haupt und die Gläubigen sind sein Leib. **Haupt und Leib** verbunden durch den Heiligen Geist **ergibt Christus**.

> Denn wie der Leib eine Einheit ist, doch viele Glieder hat, alle Glieder des Leibes aber, obgleich es viele sind, einen einzigen Leib bilden: **so ist es auch mit Christus**. (1. Korinther 12:12)

> Er ist das Haupt des Leibes, der Leib aber ist die Kirche. Er ist der Ursprung, der Erstgeborene der Toten; so hat er in allem den Vorrang. (Kolosser 1:18)

Paulus (Saulus) erlebte diese Wahrheit, als er die Christen verfolgte:

> Er stürzte zu Boden und hörte, wie eine Stimme zu ihm sagte: Saul, Saul, warum verfolgst du **mich**? (Apg. 9:4)

Die Gläubigen, die Christen, sind mit Christus verbunden. Sie sind „ein Leib" zusammen mit Ihm.

- Israel war der Sohn Gottes
  - Christus ist der wahre Sohn Gottes (Matthäus 14:33)
    - Christen sind jetzt Söhne Gottes (Galater 3:26; 4:6; Hebräer 2:10).

- Israel war der Knecht Gottes
  - der Herr ist der wahre Knecht
    - Christen sind jetzt Knechte/Diener Gottes (2. Korinther 6:4; Philipper 1:1 und viele andere Stellen).

- Israel sollte Gottes Priester sein
  - der Herr Jesus ist Priester auf ewig
    - Christen sind jetzt Priester (1. Petrus 2:5, 9; Offenbarung 1:6; vergleiche Jesaja 61:6).

Man kann diese 3er Gruppe von Sohn / Knecht / Priester auch ergänzen. Es gab drei Mittler zwischen Gott und den Menschen im Alten Testament:

> **Priester, Prophet und König.**

Der Herr Jesus als Mensch verkörpert alle drei:

- Priester (wir kommen zu Gott): Hebräer 7:17

- Prophet (Gott redet zu uns): Matthäus 21:11, Lukas 7:16
- König (regiert für Gott): Lukas 1:32

Die Gläubigen in Christus jetzt auch:

- Priester: 1. Petrus 2:5
- Prophet: Römer 12:6, 1. Korinther 14:3
- König: 1. Petrus 2:9, Offenbarung 5:10

**Christus erfüllt das Gesetz und die Propheten heute durch Seine Gemeinde, durch die Gläubigen.**

Zum Beispiel Paulus: Kolosser 1:24

> Jetzt freue ich mich in den Leiden, die ich für euch ertrage. Für den Leib Christi, die Kirche, **ergänze ich** in meinem irdischen Leben das, was an **den Leiden Christi** noch fehlt.

Die Leiden Christi waren ein Teil der alttestamentlichen prophetischen Aussagen. Siehe noch einmal Lukas 24:25-27:

> . . .alles. . .was die Propheten gesagt haben. Musste nicht der Messias all das **erleiden**. . .?

In Apostelgeschichte 13:47 nimmt Paulus eine prophetische Aussage aus Jesaja (49:6), die in Lukas 2:32 auf den Herrn angewandt wurde und bezieht es auf sich und Barnabas – so sehr ist der Gläubige mit dem Herrn verbunden.

In Apostelgeschichte 2:16 sagt Petrus, dass, was dort in Jerusalem zu Pfingsten geschah, die Erfüllung von Joel 2:28-32 war.

Die Liebe ist die Erfüllung des Gesetzes. Im Neuen Testament liegt die Betonung sehr stark auf diesem Aspekt für den gläubigen Christen: Johannes 13:34; Epheser 3:17; Kolosser 3:14; 1. Thessalonicher 3:12; 1. Timotheus 1:5; Jakobus 2:8; 1. Petrus 4:8; 1. Johannes 2:8-11; 4:21.

Christus erfüllte das Gesetz, indem Er aus Liebe für Sünder starb – 1. Johannes 4:10. Wir werden aufgefordert gerade aus diesem Grund Liebe untereinander zu haben – 1. Johannes 4:11. Also wieder Kontinuität.

**Die Kirche folgt ihrem Meister:**

Der Herr Jesus hatte gesagt:
Ein Jünger steht nicht über seinem Meister und ein Sklave nicht über seinem Herrn. Der Jünger muss sich damit begnügen, **dass es ihm geht wie seinem Meister**, und der Sklave, **dass es ihm geht wie seinem Herrn**. Wenn man schon den Herrn des Hauses Beelzebul nennt, dann erst recht seine Hausgenossen. (Matthäus 10:24-25)

Denkt an das Wort, das ich euch gesagt habe: Der Sklave ist nicht größer als sein Herr. **Wenn sie mich** verfolgt haben, werden **sie auch euch** verfolgen; wenn sie an **meinem** Wort festgehalten haben, werden sie auch an **eurem** Wort festhalten. (Johannes 15:20)

Jesus erwiderte: Ihr wisst nicht, um was ihr bittet. Könnt ihr den Kelch trinken, den ich trinken werde? Sie sagten zu ihm: Wir können es. Da antwortete er ihnen: **Ihr werdet meinen Kelch trinken**; doch den Platz zu meiner Rechten und zu meiner Linken habe nicht ich zu vergeben; dort werden die sitzen, für die mein Vater diese Plätze bestimmt hat. (Matthäus 20:22-23)

**In der Schrift haben wir ein Muster. Nämlich, das Haupt oder der Führer durchläuft bestimmte Ereignisse oder macht Erfahrungen, die das Volk später auch machen wird.**
Zum Beispiel:

**Abraham**
In 1. Mose 14 besiegte Abraham die Könige, die all die Völker besiegt hatten, die später dem Volk Israel begegnen würden.

und **Mose**

| **Mose** | **Israel** |
|---|---|
| Tötet einen Ägypter (2. Mose 2:12) | Alle Erstgeborenen in Ägypten getötet (2. Mose 12:29) |
| Flieht vor Pharao (2. Mose 2:15) | Von Pharao ausgetrieben (2. Mose 12:31) |
| 40 Jahre in der Wüste (Apg. 7:30) | 40 Jahre in der Wüste (4. Mose 32:13) |
| Nach dieser Zeit wird sein Sohn beschnitten (2. Mose 4:25) | Beschneidung nach der Wüste (Josua 5:2-9) (Israel Erstgeborener Gottes – 2. Mose 4:22-23) |

**Die Kirche erfüllt die Schrift in einer typologischen Art und Weise, wie der Herr es tat.**

Der Herr „durchlebte" die Geschichte Israels. Christen und die Kirche „durchleben" die Geschichte des Herrn. Dies geht viel weiter und tiefer als „buchstäbliche" Erfüllungen irgendwelcher Stellen im Alten Testament.

**Der Herr:** Sein Werk bestand aus Predigen, Jüngermachen, Leiden, Tod und Auferstehung.

Dies wird fortgesetzt ohne Unterbrechung durch **Petrus** (mit Jerusalem als Zentrum) – Predigen, Jüngermachen, Leiden, Tod und Auferstehung.

**Simon Petrus**

| **Jesus Christus** | **Simon Petrus** |
|---|---|
| Taufe (Matthäus 3:13-17) | Getauft durch den Geist (Apg 2:4) |
| Reinigt den Tempel (Johannes 2:13-17) | Tempel im Herrn gereinigt (Apg 2:4) |
| Heilt Lahmen nach der 2. Tempelreinigung (Matthäus 21:12-14) | Heilt den Lahmen (Apg 3:1-10) |
| Lehrt im Tempel (Lukas 19:45-21:38) | Lehrt im Tempel (Apg 3:12-26; 5:21) |
| Verhaftet (Markus 14:46) | Verhaftet (Apg 4:3; 5:18) |
| Gegeißelt (Johannes 19:1) | Gegeißelt (Apg 5:40) |

**Simon Petrus in Apostelgeschichte 12**

| **Jesus Christus** | **Simon Petrus** |
|---|---|
| Zur Passazeit verhaftet | 12:3 Verhaftet zur Passazeit<br>(44 n.Chr. – 11:30 – Galater 2:1)<br>12:6 Im Gefängnis (Lukas 22:33)<br>Nacht = Passazeit |
| Der Herr betet allein (Matthäus 26:37-40) | 12:5 Kirche betet für ihn |
| Engel (Lukas 22:43) | 12:7 Engel |
| Auferstehung des Herrn (Matthäus 28:2) | 12:7-10 Engel führt Petrus aus dem Gefängnis (Auferstehung) wie Engel Lot aus Sodom und Gomorra, Auszug aus Ägypten |
| Der Herr erscheint zuerst Frauen (Matthäus 28:1+9; Johannes 20:14-16) | 12:13-14 Petrus trifft zuerst auf Rhode |

| | |
|---|---|
| Den Frauen wird nicht geglaubt (Lukas 24:11) | 12:15 Rhode wird nicht geglaubt |
| Jünger glauben, der Herr sei ein Geist (Lukas 24:37) | 12:15 Jünger glauben, es ist sein Engel (Geist) |
| Der Herr sagt: Geht und sagt meinen Brüdern (Matthäus 28:10) | 12:17 Petrus sagt: Berichtet das dem Jakobus und den Brüdern |
| Der Herr verschwindet, kommt und geht | 12:17 Petrus geht, steht nicht mehr im Vordergrund |
| Soldaten bestürzt (Matthäus 28:4) | 12:18 Soldaten bestürzt |

Nach Petrus' „Tod und Auferstehung" geht das Werk weiter durch Paulus im zweiten Teil der Apostelgeschichte (mit Antiochien als Zentrum, weltweit). Paulus predigt, macht Jünger, wird in Jerusalem verhaftet und verhört von denselben Gerichten, wie der Herr und Petrus. Es gibt einen Szenenwechsel von Jerusalem nach Antiochien, von Juden zu Heiden. Paulus erfährt auch Leiden, „Tod und Auferstehung."

**Paulus**

| **Jesus Christus** | **Paulus in Apostelgeschichte** |
|---|---|
| Verschiedene Predigt-Touren | Verschiedene Predigt-Touren |
| Will nach Jerusalem (Lukas 9:51) | Will nach Jerusalem (19:21; 20:22) |
| Jünger dagegen<br>(Matthäus 16:21-22; Johannes 11:8) | Jünger sagen: Gehe nicht (21:4, 10-13) |
| Verhaftet und falsch beschuldigt | Verhaftet und falsch beschuldigt (21:33-34; 24:5-8) |
| Gegeißelt (Johannes 19:1) | Fast gegeißelt (22:25-29) |

| Von 3 Nationen verhört<br>Juden<br>Römer – Pilatus<br>Idumäer – Herodes | Von 3 Nationen verhört<br>Juden (23:1-10)<br>Römer – Felix und Festus (24:1-25:12)<br>Idumäer – Agrippa (25:13-26:32) |
|---|---|
| Passafest | Brot in der Nacht (27:35) |
| Tod/Auferstehung | Schiffbruch, sicher an Land (27:41-44) |

**Fortsetzung**
Nach Petrus‘ „Tod und Auferstehung“ wird das Werk durch Paulus fortgesetzt. Nach Paulus‘ „Tod und Auferstehung“ (Schiffbruch und Gefangenschaft) wird das Werk durch die wachsende Kirche fortgesetzt. Nach der Vernichtung Jerusalems in 70 n.Chr. waren Juden und Heiden vereinigt in einer Kirche. Das „Juden-zuerst-Prinzip“ (Römer 1:16) galt nicht mehr (Apostelgeschichte 28:24-28). Es ist sehr interessant, dass in der Apostelgeschichte keine Andeutung gemacht wird von der Verfolgung, die unter Nero stattfand (64 n.Chr.) oder von der Freilassung des Paulus und seiner zweiten Gefangenschaft und Hinrichtung (68 n.Chr.), auch nicht von der Vernichtung Jerusalems in 70 n.Chr. Das Buch wurde wahrscheinlich um 62 n.Chr. in Rom geschrieben. Das Lukas-Evangelium behandelt eine Zeitspanne von ungefähr 30 Jahren, die Apostelgeschichte auch. Aber die Apostelgeschichte hört plötzlich auf, mittendrin. Der Leser bleibt in der Luft hängen: was ist mit Paulus passiert? Lukas war bei Paulus in seiner zweiten Gefangenschaft (2. Timotheus 4:11). Er wusste, wie die Geschichte eigentlich ausging. Warum erzählt er sie uns nicht? Warum bringt er sein Werk nicht auf den neuesten Stand? Es wird absichtlich so gemacht. In gewisser Hinsicht hört Lukas‘ Erzählung nicht auf. Paulus‘ letzte Worte in der Apostelgeschichte, dass das Evangelium bis zu den Enden der Erde gehen sollte, ist heute immer noch wahr. Es hat nicht aufgehört. Die Kirche setzt das Werk fort.

(Vergleiche den geräuschlosen Tempelbau in 1. Könige 6:7 mit Epheser 2:21-22.)

Es gibt nicht nur eine Erfüllung oder Fortsetzung in einzelnen Gläubigen, sondern auch in der Gesamtheit der Gläubigen. Die ersten zehn Kapitel in der Apostelgeschichte wiederholen die Erfahrungen des Volkes Israel aus Richter 1 bis 10.

**Josua und Apostelgeschichte**

| Josua | Apostelgeschichte |
|---|---|
| Engel des Herrn übernimmt die Führung (5:13-14) | 1:8; 2:2 Heiliger Geist kommt |
| Schwert aus Metall (5:13) | 2:3 Schwert des Geistes, flammendes Schwert, Zungen von Feuer |
| Ermunterung für Josua (1:5-9) | 1:10-11 Engel machen den Jüngern Mut |
| Taufe (Jordan 3:14-17) Beschneidung (5:2-9) | 2:4 Taufe mit dem Heiligen Geist, 2:41 Taufe mit Wasser |
| Passah wird gefeiert (5:10) | 2:42 Abendmahl |
| Trompeten, Mauern fallen, Jericho besiegt (6:20) | 4:31 Kraft des Gebetes, Ort erschüttert 2:43; 5:13 |
| Rahab spricht von Angst der Leute (2:9-11) | Leute fürchten sich 5:1-11 |
| Probleme mit Unehrlichkeit – Achan (7:19-26) | Unehrlichkeit – Ananias und Sapphira |
| Ai besiegt (8) | 5:13-14 Viele kommen zum Glauben |
| Probleme mit Heiden, Gibeoniter, die später Diener in der Stiftshütte und im Tempel werden (9:3-27) | 6:1-6 Probleme mit Hellenisten, die später Diakone werden |
| Heiden/Gibeoniter geschützt (10:1-27) | 6:5 Hellenisten geholfen |
| Fünf Könige greifen an (10:1-27) | 6:9 Fünf Gruppierungen greifen Stephanus an |
| Das Reich äußerlich siegreich (10:28-43) | 8:1-4 Kirche innerlich siegreich durch Leiden |
| Land erobert (10-12) | 8-10 Verfolgung, Volk zerstreut, Evangelium dehnt sich aus, Menschen bekehren sich |

**Die Apostelgeschichte beinhaltet alttestamentliche Erfüllungen genau so wie die Evangelien:**

- 2:16 Joel
- 2:25-31 David
- 3:22-24 Prophet / Mose („diese Tage")
- 4:25-28 Psalm 2
- 8:30-35 Jesaja/Äthiopier
- 15:15-18 Amos 9:11

Wir finden auch darin eine Bestätigung der Erfüllung von **Gesetz** und **Propheten**, genau so wie bei dem Herrn in den Evangelien.

> Gott aber hat auf diese Weise erfüllt, was er durch den Mund aller **Propheten** im Voraus verkündigt hat: dass sein Messias leiden werde. (Apg. 3:18)

> Denn die Einwohner von Jerusalem und ihre Führer haben Jesus nicht erkannt, aber sie haben die Worte der **Propheten**, die an jedem Sabbat vorgelesen werden, erfüllt und haben ihn verurteilt. (Apg. 13:27)

> Ihr sollt also wissen, meine Brüder: Durch diesen wird euch die Vergebung der Sünden verkündet, und in allem, worin euch das **Gesetz des Mose** nicht gerecht machen konnte, wird jeder, der glaubt, durch ihn gerecht gemacht. Gebt also acht, dass nicht eintrifft, was bei den **Propheten** gesagt ist: Schaut hin, ihr Verächter, staunt und erstarrt! Denn ich vollbringe in euren Tagen eine Tat – würde man euch von dieser Tat erzählen, ihr glaubtet es nicht. (Apg. 13:38-41)

> Doch ich habe Gottes Hilfe erfahren bis zum heutigen Tag; so stehe ich da als Zeuge für groß und klein und sage nichts anderes als das, was nach dem Wort der **Propheten** und des **Mose** geschehen soll: dass der Christus leiden müsse und dass er, als erster von den Toten auferstanden, dem Volk und den Heiden ein Licht verkünden werde. (Apg. 26:22-23)

Sie vereinbarten mit ihm einen bestimmten Tag, an dem sie in noch größerer Zahl zu ihm in die Wohnung kamen. Vom Morgen bis in den Abend hinein erklärte und bezeugte er ihnen das Reich Gottes und versuchte, sie vom **Gesetz des Mose** und von den **Propheten** aus für Jesus zu gewinnen. (Apg. 28:23)

Die Kirche wurde am Anfang als selbstverständliche Erfüllung in erster Linie für die Juden angesehen und NICHT als etwas völlig Neues im Sinne von fremdartig! Die ersten Christen (die alle Juden waren) haben eine klare Fortsetzung oder Kontinuität erkannt.

Denn **euch und euren Kindern** gilt die Verheißung und all denen in der Ferne, die der Herr, unser Gott, herbeirufen wird. (Apg. 2:39)

**Ihr** seid die Söhne der Propheten und des Bundes, den Gott mit **euren Vätern** geschlossen hat, als er zu Abraham sagte: Durch deinen Nachkommen sollen alle Geschlechter der Erde Segen erlangen. Für **euch** zuerst hat Gott seinen Knecht erweckt und gesandt, damit er **euch** segnet und jeden von seiner Bosheit abbringt. (Apg. 3:25-26)

Ihn hat Gott als Herrscher und Retter an seine rechte Seite erhoben, um **Israel** die Umkehr und Vergebung der Sünden zu schenken. (Apg. 5:31)

Als sie das hörten, beruhigten sie sich, priesen Gott und sagten: Gott hat also **auch den Heiden** die Umkehr zum Leben geschenkt. („auch" heißt, dass es eigentlich zuerst den Juden galt) (Apg. 11:18)

So verkünden wir **euch** das Evangelium: Gott hat die Verheißung, die an **die Väter** ergangen ist, **an uns, ihren Kindern**, erfüllt, indem er Jesus auferweckt hat, wie es schon im zweiten Psalm heißt: Mein Sohn bist du, heute habe ich dich gezeugt. Dass er ihn aber von den Toten auferweckt hat, um ihn nicht mehr zur Verwesung zurückkehren zu lassen, hat er so ausgedrückt: Ich will euch die Heilsgaben gewähren, die ich David fest zugesagt habe. (Apg. 13:32-34)

Und jetzt stehe ich vor Gericht wegen der Hoffnung auf die Verheißung, die von Gott an **unsere** Väter ergangen ist. Unser Zwölfstämmevolk hofft, sie zu erlangen, und deshalb dient es Gott unablässig, bei Tag und Nacht. Dieser Hoffnung wegen, König, werde ich von den Juden angeklagt. (Apg. 26:6-7)

> Vergleiche „hofft zu erlangen" mit Römer 11:7:
>
> Was nun? Was Israel **sucht**, das hat es nicht erlangt; aber die Auswahl hat es **erlangt**, die übrigen jedoch sind verstockt worden.

Was Paulus in der Apostelgeschichte und im Römerbrief sagt, ist: Was Israel erstrebt, (die Erfüllung alttestamentlicher Verheißungen) hat nicht das ganze Volk, sondern nur der erwählte Rest (die gläubigen Christen) erlangt – in der Kirche; die übrigen wurden verstockt. Die Kirche wird nie als eine Unterbrechung in Gottes Wegen dargestellt, sondern immer als Fortsetzung, als Erfüllung.

Die ersten Christen waren alle Juden und es war so klar für sie, dass die Kirche etwas für die Juden war, dass es ihnen sehr schwer fiel sich den Nationen zuzuwenden, wie Apostelgeschichte 10 deutlich zeigt. (z.B. 10:28) Dass die Nationen irgendwie teilhaben sollten an dem Segen Israels, war kein neuer Gedanke. Es war die Aufgabe Israels im Alten Testament, die Nationen zu evangelisieren. Neu war, dass die Nationen, ohne Unterschied, an allem teilhaben sollten, was für Israel vorgesehen war, aber ohne „Juden" zu werden – siehe Epheser 2:11-22.

In seinem Dienst für den Herrn ging Paulus immer in die Synagogen, weil:

> Euch musste das Wort Gottes zuerst verkündet werden. Da ihr es aber zurückstoßt und euch des ewigen Lebens unwürdig zeigt, wenden wir uns jetzt an die Heiden. (Apg. 13:46)

Wie schon oben erwähnt, dieses Juden-zuerst-Prinzip (Römer 1:16) hörte später auf, als die Juden dem Evangelium fortdauernd widerstanden, (Apg. 28:23-31).

Der Herr Jesus erfüllte das Alte Testament, erfüllte das Gesetz und die Propheten. Er erwies sich als treu und würdig in all den Punkten, wo Israel leider versagt hatte. Er sprach von „neu", aber dies war in Übereinstimmung mit Gottes Absichten und Plänen, wie im Alten Testament schon angedeutet. Der Herr würde die Absichten Gottes ausführen, auch wenn die Mehrheit der Israeliten, für die es gedacht war, es nicht annehmen wollte. Die es annahmen, wurden die Gemeinde, die Kirche. Das, was Gott von Anfang an schaffen wollte. Das Ziel, das er mit Israel erreichen wollte, hat Er erreicht! Es war aber kein Bruch, keine Unterbrechung. Der Herr fährt fort, das Alte Testament zu erfüllen durch die Gemeinde, durch die gläubigen Christen. Es ist ein nahtloser Übergang, eine klare Kontinuität und keine Unterbrechung von Gottes Wegen. Der

Herr Jesus ist die Erfüllung von Gesetz und Propheten – in und durch sich selbst.

In Christus ist alles erfüllt.

> Denn so viele **Verheißungen** Gottes es gibt, in **ihm** (Christus Jesus) ist das Ja, deshalb auch durch ihn das Amen, Gott zur Ehre **durch uns**. (2. Korinther 1:20)

Wer ist Christus?
Christus ist Haupt und Leib (Gemeinde) zusammen. (Genau so wie Adam und Eva „der Mensch" waren.) Alles erfüllt sich in Ihm – und also durch „uns", die Gemeinde. Hier gibt es ein großes Problem für die dispensationalistische Sicht der Dinge, denn die gläubig gewordenen Juden und Heiden in der Drangsalszeit nach der Entrückung der Kirche werden NIE mit Christus verbunden sein wie die Kirche es ist. Diese gläubig gewordenen Menschen, durch die angeblich die noch nicht (wörtlich) erfüllten Verheißungen des Alten Testaments erfüllt werden, sollen nicht „Christus" sein – sie stehen in einer völlig anderen Beziehung zu Ihm als die Christen es tun. Das kann nicht sein!

Was ist also mit Stellen wie Daniel 7:13-14, ein Herrscher, dem alle dienen? Und Jesaja 32:1, ein regierender König? Sind diese Stellen tatsächlich noch zukünftig?

**Wann kommt das Reich?**

> Ich sage euch: Von jetzt an werde ich **nicht mehr** von der Frucht des Weinstocks **trinken**, bis zu dem Tag, an dem ich mit euch von neuem davon trinke im Reich meines Vaters. (Matthäus 26:29)

> Gott aber hat ihn am dritten Tag auferweckt und hat ihn erscheinen lassen, zwar nicht dem ganzen Volk, wohl aber den von Gott vorherbestimmten Zeugen: uns, die **wir mit ihm nach seiner Auferstehung von den Toten gegessen und getrunken haben**. (Apg. 10:40-41)

Haben sie Wasser getrunken? Nein, sondern Wein!
Das Reich ist gekommen!

Die Stellen in Daniel 7:13-14 und Jesaja 32:1 sind jetzt in Christus und seiner Kirche erfüllt!

Der König regiert **jetzt**! Menschen aus allen Nationen dienen Ihm **jetzt**!

Ein neuer Himmel jetzt schon?
Ja! Denn ein **verherrlichter Mensch** ist jetzt da!

Eine neue Erde jetzt schon?
Ja! Denn Gott der **Heilige Geist** wohnt jetzt hier!

> . . .diese, die den Erdkreis aufgewiegelt haben, sind auch hierher gekommen, . . .sie sagen, dass ein anderer König sei: Jesus. (Apg. 17:6-7)

> . . .ihr alle, unter denen ich umhergegangen bin und **das Reich gepredigt habe**. . (Apg. 20:25)

**Kapitel 4**

# Das Reich am Beispiel von Efraim

(Es wäre sehr hilfreich, zuerst Hesekiel 37:16-28 zu lesen.)

Um einen richtigen Zugang zu der Materie zu bekommen, ist eine grobe Übersicht über die Geschichte Israels erforderlich: Jakob hatte 12 Söhne, die die Basis des Volkes Israel bildeten. Die Geschichte von Jakobs Reise nach Ägypten, dass er dort blieb und dass seine Nachkommen später dort versklavt und dann durch Mose befreit wurden, ist sehr bekannt. Nach 40 Jahren in der Wüste kam Israel ins gelobte Land. Eine Zeit der Eroberung begann. Als diese Zeit vorbei war, wurde das Land unter den Stämmen Israels aufgeteilt. Dann folgte die Zeit der Richter, die damit endete, dass das Volk nach einem König verlangte. Gott gab ihnen Saul, aber der erwies sich als untreu und so wurde David König – ein Mann nach Gottes Herzen. Davids Sohn Salomo baute später den Tempel in Jerusalem, der ein Symbol der Gegenwart Gottes unter Seinem auserwählten Volk darstellte und ein Sammelpunkt für die ganze Nation wurde.

Aber leider wurde auch Salomo untreu und das Reich wurde geteilt. Salomos Sohn Rehabeam bekam die zwei südlichen Stämme Juda und Benjamin, einfach Juda genannt; Jerobeam die zehn nördlichen Stämme, genannt Israel oder Efraim. Das südliche Reich blieb in Davids Familie, das Reich im Norden wechselte die Dynastien oft. Es gab auch oft Streit zwischen diesen beiden Reichen. (Der Grund, weshalb es Streit zwischen Juda und Israel gab, hatte mit der Frage des Erstgeburtsrechts und der Macht über die Stämme zu tun. Siehe unten.) Israel ging als erstes in Gefangenschaft, später gefolgt von Juda. Juda kehrte zurück, Israel nicht.

Das Erstgeburtsrecht war eine sehr wichtige Sache in biblischer Zeit und es gab Vorkehrungen im Gesetz, dieses Recht zu schützen. Der Erstgeborene bekam eine doppelte Portion des Erbes (5. Mose 21:17). Was zuerst als Widerspruch in den biblischen Berichten erscheint, ist, dass, obwohl Gott so viel Wert auf das Recht des Erstgeborenen legte, der eigentliche Erstgeborene das Recht selten bekam. Zum Beispiel Isaak und Jakob waren nicht Erstgeborene, aber sie bekamen das Erstgeburtsrecht. Das Recht der Erstgeborenen ging oft verloren durch Untreue und Sünde. (Unser Herr ist hier eine große Ausnahme. Er war der Erstgeborene in vieler Hinsicht – aber das ist jetzt hier nicht das Thema.) Gott bestimmte, wer das Recht des Erstgeborenen bekommen sollte. Indem Er das tat, bewies Er, dass Sein göttliches Vorhaben alles bestimmt und nicht Fleisch und Blut oder der Wille des Menschen. (Vergleiche Johannes 1:13. Die

Beschneidung unterstreicht auch diesen Gedanken, indem die natürliche Linie „enthauptet“ wird.) In dem natürlichen Lauf der Dinge hätte Jakobs Sohn Ruben das Recht des Erstgeborenen bekommen – aber das hat er nicht. Die Söhne Josefs, Efraim und Manasse, bekamen dieses Recht! Auf seinem Sterbebett sagte Jakob, dass diese zwei Söhne Josefs für ihn sein sollten wie Ruben und Simeon (Jakobs zwei älteste Söhne, 1. Mose 48:5). Ruben verlor sein Recht, weil er das Bett seines Vaters entweihte, indem er mit Jakobs Konkubine Bilha schlief, 1. Mose 35:22. In 1. Chronik 5:1-2 lesen wir, dass das Erstgeburtsrecht Josefs Söhnen gegeben wurde und dass Juda die Macht über seine Brüder bekam, weil der Herrscher von ihm stammen sollte. Die königliche Linie kam von Juda, aber das Erstgeburtsrecht blieb etwas Besonderes. Im Buch Hesekiel wird ein symbolischer Tempel beschrieben und das Land Israel aufgeteilt (diesmal in Streifen, anders als bei Josua). Wir lesen dort, dass Josef das Doppelte bekommen sollte, Hesekiel 47:13 – das Recht des Erstgeborenen (vgl. 5. Mose 21:17).

In dem Abschnitt in 1. Mose, der die Segnung von Jakobs Söhnen beinhaltet, hat die Segnung für Efraim und Manasse neutestamentliche Klänge. In der Bilderwelt der Bibel ist das Land oder die Erde ein Symbol für Israel. Land hat Ordnung und feste Konturen, genauso wie Israel Gottes Gesetze und Ordnungen hatte. Das wilde, nicht zu zähmende Meer ist ein Symbol für die Nationen. Im Neuen Testament haben wir den Gedanken vom Hinausgehen zu den Nationen. Fische und nicht Landtiere sind da vordergründig. Unser Herr ging zum Seeufer, um die Gleichnisse des Reiches zu verkünden (Matthäus 13). Die Apostel sind größtenteils Fischer usw. Wenn wir wieder zu den Segnungen Jakobs zurückkehren, lesen wir in der Segnung von Efraim und Manasse, dass Jakob sagt, sie sollten wimmeln (d.h. sich vermehren) wie Fische, 1. Mose 48:16. (Vergleiche hier auch Hesekiel 47:1-12, besonders Vers 9. Dieser Fluss fließt hinaus in die Welt.) Diese Segnung Jakobs zu diesem frühen Zeitpunkt in der Geschichte Israels weist schon darauf hin, dass Efraim mit Nationen zu tun haben wird. Efraim sollte auch größer werden als sein älterer Bruder Manasse (hier bekommt wieder einmal der Jüngere den Vorrang) und seine Nachkommen eine „Fülle von Völkern“, 1. Mose 48:19. Beachte: Jakob spricht von Völkern, nicht von einem Volk.

Israel, bzw. Efraim, ging als erstes in die Gefangenschaft wegen Untreue. Israel wurde von allen Nationen absorbiert, wie es in Amos 9:9 heißt. Israel wurde ein Teil der Nationen, indem es von ihnen verschluckt wurde, Hosea 8:8. Wenn ich etwas hinunterschlucke oder esse, wird es ein Teil von mir. Ein wesentlicher Unterschied zwischen Juda und Israel/Efraim bestand darin, dass Juda oder die Juden immer versucht haben, ihre

Identität zu bewahren, wohingegen Efraim sich seiner Umgebung schnell anpasste[10]. Bis heute gilt Efraim als unter den Nationen verloren, weil es völlig unter ihnen aufgegangen ist. Wenn man heute von Israel spricht, meint man eigentlich nur Juda oder die Juden. (Nebenbei bemerkt: nicht alle Juden sind Juden von Geburt her, d.h. dass sie tatsächlich von Juda abstammen. Sehr viele, wahrscheinlich mehr als man glaubt, sind Konvertierte.)

Jetzt machen wir einen riesigen Sprung ins Neue Testament und gehen auf die Behandlung von Israels Zukunft durch den Apostel Paulus in Römer 11 ein. In Vers 25 schreibt er, dass ein Teil von Israel verhärtet worden ist. Wenn er hier von Israel spricht, meint er die gesamten zwölf Stämme. Diese Verhärtung, sagt er, wird bleiben, bis die „Fülle der Nationen" eingegangen sein wird. (Siehe 1. Mose 48:19.) Der Ausdruck: „und so" bedeutet nicht: „und NACHDEM die Fülle der Nationen eingegangen ist, wird ganz Israel errettet", sondern „auf diese Art und Weise". Indem die Fülle der Nationen hereingebracht wird, wird ganz Israel errettet.

---

[10] Eine Verbindung Efraims mit der Welt, mit den Nationen, findet man oft. Efraim wurde in Ägypten geboren (ein biblisches Symbol für die Welt): „Und dem zweiten gab er den Namen Efraim: Denn Gott hat mich fruchtbar gemacht im Land meines Elends (1. Mose 41:52)."

Der erste König Israels (Efraims) floh nach Ägypten: „Und es geschah, als Jerobeam, der Sohn des Nebat das hörte, – er war aber noch in Ägypten, wohin er vor dem König Salomo geflohen war, da kehrte Jerobeam aus Ägypten zurück (1. Könige 12:2)."

Eine Vorausschattung der zwei Richtungen der Zukunft, nämlich Juda und Efraim, sind erkennbar in dem Ausspionieren des Landes Kanaans: „Sende dir Männer aus, dass sie das Land Kanaan auskundschaften, das ich den Söhnen Israel gebe! Je einen Mann für den Stamm seiner Väter sollt ihr aussenden, jeder ein Fürst unter ihnen (4. Moses 13:2)."

. . .„für den Stamm Juda: Kaleb, der Sohn Jefunnes (4. Mose 13:6)."

. . . „für den Stamm Efraim: Josua, der Sohn Nuns (4. Mose 13:8)."

Nur diese zwei brachten ein gutes Zeugnis zurück und wurden für ihre Treue belohnt: „Nur Kaleb, der Sohn des Jefunne, er soll es (das Land) sehen, und ihm und seinen Söhnen werde ich das Land geben, das er betreten hat, dafür, dass er ganz und gar hinter dem HERRN stand. . . Josua, der Sohn des Nun, der vor dir steht, er soll dorthin kommen! (5. Mose 1:36-38)."

Dieser Gedanke von zwei treuen Zeugen setzt sich durch die Bibel hindurch fort: „Und ich antwortete und sagte zu ihm: Was sind diese zwei Ölbäume zur Rechten des Leuchters und zu seiner Linken?. . .Da sprach er: Dies sind die beiden Gesalbten, die bei dem Herrn der ganzen Erde stehen (Sacharja 4:11-14)."

„Und ich werde meinen zwei Zeugen Vollmacht geben, und sie werden 1260 Tage weissagen, mit Sacktuch bekleidet. Diese sind die zwei Ölbäume und die zwei Leuchter, die vor dem Herrn der Erde stehen (Offenbarung 11:3-4)."

Wieso?
Weil Israel unter die Nationen zerstreut worden ist. Wenn das Evangelium, das in der ganzen Welt verkündigt wird, die Nationen, die Völker, erreicht, erreicht es auch Israel. Die Stelle in Jesaja 60:19-21 ist in diesem Zusammenhang von großem Interesse. Paulus war bemüht, alle Völker mit dem Evangelium zu erreichen. Im Römerbrief kommt sein Wunsch, nach Spanien zu reisen, besonders zum Ausdruck (Römer 15:23-24, 28). Spanien war damals das Ende der damalig bekannten Welt. Spanien ist das Tarchisch des Alten Testaments (Jesaja 66:19). Man kann wahrscheinlich mit Recht annehmen, dass Paulus diese Stelle aus Jesaja 66, die von dem Zurückbringen der verstreuten Israeliten durch die Nationen spricht, vor Augen hatte[11]. Paulus ändert die Sache ein bisschen, indem er Bekehrte aus den Nationen als „Opfergabe“ nach Jerusalem bringen wollte (Römer 15:16), um dadurch die Juden zur Eifersucht zu reizen und ihr Heil zu bewirken (Römer 10:19; 11:11,14).

Der „Reichtum der Völker“ aus Jesaja 60:5,11 wird zur „Fülle der Nationen“ in Römer 11:25. Aber vielleicht ändert Paulus die Sache doch nicht so ganz. Wenn man bedenkt, dass Israel/Efraim unter die Völker zerstreut und nicht länger von den Nationen zu unterscheiden war, dann hat Paulus durch seinen Dienst auch Israeliten erreicht, auch wenn er nach Spanien ging. Er sah seine Tätigkeit als ein wichtiges Element in dem „Einbringen der Vollzahl der Nationen“. Wer weiß, vielleicht stammst Du ursprünglich von Efraim ab. Aber diese biologische Abstammung ist eigentlich nicht die wichtigere. Alle Gläubigen, alle Kinder des Glaubens, sind Kinder Abrahams (Galater 3:9; 4:28).

Heute gibt es noch Streit zwischen Efraim und Juda, zwischen den Nationen und den Juden. Die Nationen beanspruchen das Recht des Erstgeborenen und haben zu oft die Juden verfolgt. Die Juden haben oft auf die Nationen herabgeschaut und einen besonderen Platz für sich selbst beansprucht als Besitzer der göttlichen Verheißungen und der königlichen Linie.

Wir Christen müssen uns bemühen, zu unseren biblischen Wurzeln zurückzukehren. Zu einer biblischen Weltanschauung. Die Kirche wurde zu lange von griechischer Philosophie, der Aufklärung und Renaissance-Denken geprägt. Wir müssen in gewisser Hinsicht zu unseren „hebräischen“ Wurzeln zurückkehren. Dies bedeutet nicht, sich zum Judentum zu bekehren, aber wir müssen uns bewusst werden, dass das, was wir

---

[11] Vergleiche hierzu auch: „Paul's Travel Plans to Spain and the ‚Full Number of the Gentiles' of Rom 11:25“ von Dr. Roger Aus, Pfr. in „Barabbas and Esther and Other Studies in the Judaic Illumination of Earliest Christianity“ (USF SHJ 54; Atlanta: Scholar's Press, 1992) 163-191.

heute in der Kirche besitzen, Gott eigentlich für Israel vorgesehen hatte. Vordergründig war es als eine Segnung für sie gedacht, und die Nationen haben jetzt durch Gottes Gnade Teil daran – nicht anders herum. Um das Neue Testament richtig zu verstehen, muss man auch das Alte Testament gut kennen, die Themen und Prinzipien, die es beinhaltet.

Als Christen sollten wir in dem leben, was in Hesekiel 37:16-28 steht. Die Verheißung, die dort beschrieben wird, das Zusammenfügen beider Häuser Israels, Efraim und Juda, hat sich in der Kirche erfüllt.

In der Kirche sind aus zwei Nationen eine geworden (37:22) – der neue Mensch in Jesus Christus (Epheser 2:14-15).

- In der Kirche haben beide einen König, einen Hirten (37:22+24) – Christus, Haupt der Gemeinde, Seines Leibes (Epheser 1:10+21-23).

- Die Ordnungen (37:24) sind das Gesetz Zions.

- Der Bund des Friedens, der ewige Bund (37:26), ist der Neue Bund, den Christus geschlossen hat.

- Gott wohnt in Seiner Kirche durch den Heiligen Geist (37:27) und Sein Heiligtum ist dort (37:26+28).

- Als Gläubige haben wir Zugang in die unmittelbare Gegenwart Gottes (Hebräer 10:19).

- Wir, alle gläubigen Christen, gehören zu den Erstgeborenen, deren Namen im Himmel aufgeschrieben sind (Hebräer 12:23).

- Alle Gläubigen, stammen sie biologisch von Israel oder von den Nationen ab, sind jetzt zusammen das Israel Gottes (Galater 6:16).

## Kapitel 5
# Das Gesetzt Zions

(Lies zuerst Hesekiel Kapital 20.)

Jakob ging hinunter nach Ägypten mit seinen Söhnen und deren Familien, mit all ihrem Hab und Gut. Oberflächlich betrachtet waren es äußere Umstände, die ihn dazu gezwungen haben, nämlich eine schwere Hungersnot. Aber nur oberflächlich betrachtet.

Gott, der Herr, hatte versprochen, Abraham und seine Nachkommen zu segnen. Er versprach, aus ihm eine große Nation zu machen (1. Mose 12:2). Gott versprach auch, dass Er andere Völker durch Abraham und seine Nachkommen segnen würde (1. Mose 12:3; 18:18). Abraham glaubte an den einen wahren Gott, und seine Nachbarn konnten diesen Gott durch Abrahams Zeugnis über Ihn kennen lernen. Dies war einer der Gründe, wieso Abraham auf seinem Weg durch die Welt so vielen verschiedenen Leuten begegnete. Den einen wahren Gott anderen bekannt zu machen, wurde später durch Abrahams Enkel Jakob fortgesetzt (1. Mose 28:14).

Jakob kannte diesen Gott, aber die Ägypter nicht. Wie konnten sie etwas über Ihn erfahren? Ganz einfach: Gott würde Leute nach Ägypten senden, die den Ägyptern von Ihm erzählen konnten. Zuerst Josef, Jakobs Sohn, und dann später Jakob selbst. Gott benutzte die Hungersnot, um die Ägypter zu evangelisieren. (Ähnlich die Situation viele hundert Jahre später, als die ersten Christen noch in Jerusalem konzentriert waren. Der Herr benutzte eine Verfolgung, um sie in alle Welt zu schicken. Apg. 8:1.) Jakob kam nach Ägypten und fand dort seinen tot geglaubten Sohn Josef. Er blieb in Ägypten. Hier war wieder eine Gelegenheit für die Gläubigen, andere zu evangelisieren. Das Volk Israel wohnte jetzt in Ägypten und konnte den Ägyptern von dem wahren Gott erzählen. Aber Israel kam seiner Aufgabe in dieser wichtigen Sache nicht nach.

Das 2. Buch Mose beginnt, indem es den Lesern mitteilt, dass der Pharao jener Zeit viele Jahre nach Josef die Israeliten versklavte aus Furcht, sie könnten sich eines Tages gegen ihn wenden. Dies ist der äußere, oberflächliche Grund ihrer Versklavung. Wenn wir aber Josua 24:14 und Hesekiel 20:1-9 lesen, stellen wir fest, dass es einen tieferen Grund gab. Die Israeliten in Ägypten hatten die Ägypter nicht bekehrt. Im Gegenteil, die Ägypter hatten die Israeliten bekehrt!

Die Versklavung der Israeliten war eine Strafe Gottes, und Gott benutzte Pharao als Sein Werkzeug. (Dies wiederholte sich auch in der Zeit der Richter. Anstatt die Bewohner des Landes zu Gott zu führen, liefen die Israeliten fremden Göttern nach und wurden dafür bestraft. Siehe z.B. Richter 3:7-8.) Die Befreiung aus Ägypten geschah nicht nur, um dem Volk Israel Erleichterung zu verschaffen, sondern sie aus einer Umgebung zu entfernen, die sie von dem Gott ihrer Väter abgebracht hatte.

Als Gott, der sich als Jahwe geoffenbart hatte, die Israeliten aus Ägypten befreite, zeigte Er Seine Macht über die Götter Ägyptens, indem Er die zehn Plagen über das Land Ägypten brachte. Die Plagen waren alle gegen die ägyptischen Götter gerichtet. Das Volk Israel sah die Wunder des Herrn im Land Ägypten und auch am Roten Meer, aber sie sündigten bei der nächst besten Gelegenheit. Mose stieg auf den heiligen Berg, auf den Sinai, um Gottes Wort, das Gesetz, zu empfangen. Das Volk wartete und wartete und wartete auf seine Rückkehr. Sie wurden des Wartens müde und schufen ihren eigenen Gott – das goldene Kalb. Ein Kalb war ein ägyptischer Gott, das Volk betete es an als seinen Erlöser. Auf diese Weise kehrten sie im übertragenen Sinn nach Ägypten zurück.

Das Volk bekam Anweisungen für den Bau der Stiftshütte, für die Ordnungen der Priester und für die Opfer. Der Stamm Levi vertrat jetzt das Volk als Priester. All diese Dinge, auch wenn sie in vieler verschiedener Hinsicht auf Christus und Sein Werk hinweisen, waren nicht von Anfang an geplant – siehe Jeremia 7:22-23[12]. Sie wurden zur Notwendigkeit wegen der Sünde des Volkes, Galater 3:19, und um es möglich zu machen, dass Gott mitten unter dem Volk wohnen und weiter mit ihnen ziehen konnte. Gott gab ihnen Gesetze, wodurch sie leben konnten, Hesekiel 20:10-12, gute Gesetze, (Nehemia 9:13). Aber das Volk sündigte weiter – Hesekiel 20:13.

Stellen wie Amos 5:25-26 und Apostelgeschichte 7:42-43 machen deutlich, dass Israel sogar in der Wüste Jahwe und Seine Anbetung, die Gesetze, die Er ihnen gegeben hatte, um danach zu leben, vernachlässigt und fremden Götter gedient hat. Das Ergebnis war, dass sie in der Wüste sterben sollten – Hesekiel 20:13-15. Die ganze erste Generation, ab 20 Jahre und älter, sollten in der Wüste sterben. All die, die sich weigerten, das Land in Besitz zu nehmen, und die die gute Kunde von Josua und Kaleb verworfen hatten.

---

[12] „Denn ich habe nicht mit euren Vätern darüber geredet und ihnen nichts geboten über das Brandopfer und das Schlachtopfer an dem Tag, da ich sie aus dem Land Ägypten herausführte; sondern dieses Wort habe ich ihnen geboten: Hört auf meine Stimme, dann werde ich euer Gott sein, und ihr werdet mein Volk sein! Und geht auf dem ganzen Weg, den ich euch gebiete, damit es euch wohlgeht!"

Dies ist alles wohlbekannt unter Bibellesern, aber jetzt kommt etwas, was nicht so bekannt ist. Es handelt sich um diese zweite Generation in der Wüste, die Kinder derer, die nicht in das Land eingehen durften. Gott spricht über diese zweite Generation in Hesekiel 20:18-25. Er gibt ihnen eine zweite Chance. Aber sie haben auch gesündigt und das Gericht darüber war, dass, nachdem sie ins Land kamen, Gott sie zerstreuen würde.

Aber es gibt noch etwas.

In Hesekiel 20:25 sagte Gott, dass Er den Israeliten dieser zweiten Generation Gesetze gab, die nicht gut waren!

Wo und wann?
Als sie noch in der Wüste waren. Diese zweite Gesetzgebung finden wir in 5. Mose (oder Deuteronomium, deuter = zwei oder zweite, nomie = Gesetz), besonders die Kapitel 12 bis 26.

Wenn wir diesen Abschnitt mit der ersten Gesetzgebung vergleichen, können wir viele Unterschiede feststellen. Die zweite beinhaltet viel mehr als die erste. Jetzt wird von den Israeliten verlangt, dass sie alle Bewohner des Landes töten sollten. Es wird ihnen erlaubt, sich zu scheiden. Sie dürfen keine gemischten Samen säen usw.. Diese Gesetze haben alle eine tiefere Bedeutung, man kann sehr viel daraus lernen und anwenden, aber es gibt auch einen anderen, sehr wichtigen Aspekt, der nicht übersehen werden darf. Gott gab Israel so viele zusätzliche Gesetze und Anweisungen – die Er selbst „nicht gut“ nennt und wonach ein Mensch NICHT leben kann – um sie einzuzäunen, zu schützen. Diese Gesetze waren die Mauer, von der wir in Epheser 2:14 lesen. (Der Herr Jesus fing an, diese Mauer niederzureißen, als Er sagte: „Ihr habt gehört . . .Ich aber sage euch“.) Israel hatte sich in Ägypten und der Wüste als nicht vertrauenswürdig erwiesen. Es hatte die Nationen nicht bekehrt. Im Gegenteil, die Nationen haben sie beeinflusst. Gott konnte Seinem Volk die Evangelisierung der Welt nicht anvertrauen. Er musste Sein Volk sogar vor dem Einfluss der Welt schützen. Man fragt sich, wie viel schlimmer die Geschichte Israels ausgesehen hätte, wenn sie Gottes Gesetze nicht bekommen hätten. Wie hätte es ausgesehen ohne den Dienst der Richter und Propheten, die das Gesetz immer wieder ins Gedächtnis riefen? Dieser Zustand von Befolgen und Nicht-Befolgen, von Treue und Untreue, dauerte an, bis der Herr Jesus kam und Seine Kirche gründete.

Aber es gab doch etwas dazwischen, etwas Wichtiges. Es fand statt in den Tagen Davids. Gott hatte David zum König Israels gemacht und ihm Frieden gegeben. David baute sich selbst ein Haus, einen Palast. Er hatte die Idee, auch Gott ein Haus zu bauen. Aber Gott konnte Davids Vorhaben nicht billigen. Gott ließ David sagen, dass David Ihm kein Haus bauen würde, aber Gott würde David ein Haus bauen, nämlich das Fortdauern seiner Nachkommen sichern. Einen materiellen Tempel zu bauen, sollte die Aufgabe von Davids Sohn Salomo sein (David durfte die Vorbereitungen treffen), aber Gott beabsichtigte viel mehr für David und seine Familie. Viel mehr als nur etwas Materielles. David verstand, was Gott ihm mitteilte und war überwältigt von dem, was Gott sagte, wie es in 2. Samuel 7 zu lesen ist. Was hier so überaus wichtig ist, ist, was David in Vers 19 sagt. Im Hebräischen sagt der Text eigentlich:

> Herr, wovon Du sprichst, was Du für die Zukunft geplant hast, ist ein
> **GESETZ FÜR DIE MENSCHHEIT.**

David spricht hier von einem Gesetz für die gesamte Menschheit. Ein Gesetz, nicht länger auf Israel beschränkt. Ein Gesetz für die Nationen. Dieses Gesetz sollte irgendwie mit Davids Sohn Salomo verknüpft werden, aber vielmehr mit Davids noch größerem Sohn Jesus Christus (Apostel-geschichte 13:34)[13] .

---

[13] In der Vergangenheit konnte Israel die unmittelbare Gegenwart Gottes nicht ertragen. In der Wüste nicht: „Und das ganze Volk nahm den Donner wahr, die Flammen, den Hörnerschall und den rauchenden Berg. Als nun das Volk das wahrnahm, zitterten sie, blieben von ferne stehen und sagten zu Mose: Rede du mit uns, dann wollen wir hören! Aber Gott soll nicht mit uns reden, damit wir nicht sterben. Da sagte Mose zum Volk: Fürchtet euch nicht! Denn nur um euch zu prüfen, ist Gott gekommen, und damit die Furcht vor ihm euch vor Augen sei, damit ihr nicht sündigt. So blieb denn das Volk von ferne stehen. Mose aber näherte sich dem Dunkel, wo Gott war (2. Mose 20:18-21)."

Auch später im Lande nicht. Israel wollte einen König wie die anderen Nationen um sie herum. Das heißt, einen menschlichen Herrscher. Dadurch hatten sie Gott verworfen: „Der HERR aber sprach zu Samuel: Höre auf die Stimme des Volkes in allem, was sie dir sagen! Denn nicht dich haben sie verworfen, sondern mich haben sie verworfen, dass ich nicht König über sie sein soll (1. Samuel 8:7)."

Später schloss Gott einen ewigen Bund mit David bezüglich des Thrones: „Und nun, so sollst du zu meinem Knecht, zu David, sagen: So spricht der HERR der Heerscharen: Ich selbst habe dich von der Weide genommen, hinter der Schafherde weg, dass du Fürst sein solltest über mein Volk, über Israel. Und ich bin mit dir gewesen überall, wohin du gegangen bist, und habe alle deine Feinde vor dir ausgerottet. Und ich mache dir einen großen Namen gleich dem Namen der Großen, die auf Erden sind. . . Wenn deine Tage erfüllt sind und du dich zu deinen Vätern gelegt hast, dann werde ich deinem Nachkommen, der aus deinem Leib kommt, nach dir aufstehen lassen und werde sein Königtum festigen. Der wird meinem Namen ein Haus bauen. Und ich werde den Thron seines Königtums festigen für ewig. Ich will ihm Vater sein, und er soll mir Sohn sein. . . Dein Haus aber und dein Königtum sollen vor dir Bestand haben für ewig, dein Thron soll feststehen für

Zion war der Berg oder Hügel, auf dem David seinen Palast baute, aber der Name wurde später auch benutzt, um die Bereiche von Palast und Tempel zu bezeichnen. Der Tempel stand neben dem Palast, aber auf einem etwas niedrigeren Hügel. Das Ganze hieß: „die Stadt Davids". Wiederholt im Alten Testament spricht Gott davon, dass Sein Haus, Sein Tempel, ein Gebetshaus werden sollte für alle Nationen – Jesaja 56:7; Psalm 9:12; Psalm 48:3.

Ein neues Gesetz wird mit dem Tempel verbunden, und der Gesetzgeber ist nicht länger Mose, sondern Salomo. Was schrieb Salomo? Was für Gesetze gab er? Was finden wir im Alten Testament? Wir haben die Sprüche, Prediger und das Hohelied. Letzteres hat einen sehr symbolischen, intimen Charakter, aber die zwei erst genannten sind universal. Sie beinhalten Prinzipien, die für die gesamte Menschheit gelten. Es sind Gesetze, die nicht auf Israel beschränkt sind.

Römer 11:26 zitiert das Alte Testament, indem es sagt, dass der Erlöser von Zion kommen wird (nicht Sinai) und dass es einen neuen Bund geben sollte.

Galater 4:24-25 beschreibt die Zeit unter dem alten Gesetz als eine Zeit der Sklaverei. Die Beschreibung der Gesetzgebung in Hebräer 12:18-21 hat auch negativen Charakter. Das alte Gesetz war nicht falsch. Es erfüllte einen ganz bestimmten Sinn und Zweck. Wir können und sollten es eifrig studieren, um davon zu lernen. Aber wir sind nicht zu dem Berg Sinai gekommen. Wir sind zu dem Berg Zion gekommen. Zu Jesus (Davids größerer Sohn), dem Mittler eines neuen Bundes, Hebräer 12:22-24.

---

ewig (2. Samuel 7: 8-16)."

. . „dann werde ich den Thron deiner (Salomo) Königsherrschaft festigen, so wie ich mit deinem Vater David einen Bund geschlossen und gesagt habe: Es soll dir nicht an einem Mann fehlen, der über Israel herrscht (2. Chronika 7:18)."

Wer ist heute der König Israels? Zur Zeit der Evangelien gab es schon keinen König mehr, denn Herodes war ein Idumäer und kein Jude! Aber Gott hatte gesagt, es würde kein König auf dem Thron fehlen. Nur in Jesus Christus, der, was Sein Menschsein betrifft, aus dem Geschlecht Davids war, geht Gottes Versprechen in Erfüllung. Christus ist der wahre Sohn Davids:

„Dieser wird groß sein und Sohn des Höchsten genannt werden; und der Herr, Gott, wird ihm den Thron seines Vaters David geben; und er wird über das Haus Jakobs herrschen in Ewigkeit, und seines Königtums wird kein Ende sein (Lukas 1:32-33)."

Aber da Christus auch Gott ist, kehrt in Ihm das Königtum an Gott zurück!

Das alte Gesetz war notwendig, um Israel abzuschirmen. Das neue Gesetz, das Gesetz Zions, ist für die Welt und wurde durch Jesus Christus eingeführt, der Seinen Tempel baut mit lebendigen Steinen. (1. Könige 6:7 –Epheser 2:21-22)

Im Hebräerbrief finden wir ein sehr wichtiges Prinzip, das nicht übersehen werden darf. In Kapitel 7 Vers 12 heißt es:

> Denn wenn das Priestertum geändert wird, so findet notwendig auch eine Änderung des Gesetzes statt.

Ist dieses Prinzip nur auf die Veränderungen, die durch Christus gekommen sind, anwendbar? Gab es eine Veränderung schon früher?

Ja, die gab es.

Itamar war der jüngste Sohn von Aaron und Elischeba (2. Mose 6:23). Der Priester Eli zur Zeit Samuels war ein Nachkomme Itamars[14] und er hat Gericht über sein Haus gebracht:

> Und darum habe ich dem Haus Elis geschworen: Wenn jemals die Schuld des Hauses Elis gesühnt werden soll durch Schlachtopfer oder durch Speisopfer, ewig! (1. Samuel 3:14)
>
> (Siehe auch 1. Samuel 2:27-36.)

Saul ließ diese Familie umbringen (1. Samuel 22:11-19), aber ein Sohn – Abjatar – entkam und floh zu David (1. Samuel 22:20).

Unter David gab es zwei Hohepriester: Achimelech (der Sohn Abjatars) von der Linie Itamars und Zadok von der Linie Eleasars, des Bruders von Itamar (1. Chronika 24:3)

Aber als Salomo König wurde, verstieß er Abjatar (also die Linie Elis und Itamars) und setzte Zadok (aus der Linie Elesars) ein:

---

[14] Wenn man 1. Samuel liest, wird es nicht sofort deutlich, aber spätere Hinweise machen es klar. Achimelech war ein Sohn Abjatars aus den Söhnen Itamars, 1. Chronika 24:3, 6. Die Linie, mit Lücken, war: Aaron - Itamar – Eli – Achitub – Achimelech - Abjatar – Achimelech.

> So verstieß Salomo den Abjatar, dass er nicht mehr Priester des Herrn war, um das Wort des Herrn zu erfüllen, das er in Silo über das Haus Elis geredet hatte. (1. Könige 2:27)
> . . .und den Priester Zadok setzte der König an die Stelle Abjatars. (1. Könige 2:35)

in Erfüllung von 1. Samuel 2:35.

Von da an bis zur Zeit der Makkabäer war die hohepriesterliche Linie in der Familie Zadoks. Der Prophet Hesekiel weist immer wieder auf diese Familie in seinen Visionen hin: 40:46, 43:19, 44:15, 48:11.

Eine Veränderung des Priestertums hat also unter Salomo stattgefunden und damit eine Veränderung des Gesetzes. Durch Salomo ist etwas Neues, etwas Anderes entstanden.

Noch ein Beispiel, eines, das einem leicht entgehen kann, da nicht ausdrücklich darauf hingewiesen wird: das Gesetz der Eifersucht, (4. Mose 5:11-31). Um dieses Gesetz auszuführen war es notwendig Staub (Erde) von dem Boden der Stiftshütte mit Wasser zu vermischen (4. Mose 5:17). Der Boden der Stiftshütte war Wüstensand. Der Boden im Tempel bestand aus Gold (1. Könige 6:30). Da gab es keine Erde. Es war nicht mehr möglich dieses Gesetz in der alten Form auszuführen.

Ein intensives Studium des Alten Testamentes, ein Eintauchen in seine Welt, ist sehr wichtig, denn das Alte Testament ist die Basis für das Neue. Vieles im Neuen Testament kann nur dann richtig verstanden werden, wenn man mit dem Alten Testament vertraut ist. Andererseits muss das Alte im Licht des Neuen betrachtet werden. Das Handbuch des Christen ist nicht das Gesetz von Sinai, obwohl universelle Prinzipien wie die Zehn Gebote noch ihre Gültigkeit haben. Das Alte, wie Epheser 2:15 allzu deutlich macht, ist weggetan worden, um die Erschaffung eines neuen Menschen, bestehend aus Juden und Griechen, zu ermöglichen. Das Alte hatte dies verhindert, denn es wurde gegeben, um Israel von den Nationen abzuschirmen.

In Jesaja 2:2-3 lesen wir, dass alle Nationen zum Berg des Hauses Gottes kommen werden und dass sie von dort, von Zion, Unterweisung (das Gesetz) empfangen werden. Nicht vom Sinai, sondern von Zion.

Wir lernen viel über Gottes Gedanken bezüglich Opfer, Priesterschaft u.ä. im alten Gesetz, aber wir setzen nicht alle Details in die Praxis um. Wir opfern oder feiern nicht mehr, wie es in 3. Mose beschrieben wird. Wir können und sollten das „Gesetz“, wie es in Sprüche und Prediger beschrieben wird, befolgen. Das Gesetz Zions. Das Hohelied gleicht diese zwei Bücher aus, indem es auf die Liebesbeziehung zwischen dem Gläubigen und dem Herrn eingeht.

Christen sind nicht eingesperrt oder abgeschirmt. Sie sollten in alle Welt hinausgehen. In der Stiftshütte und Salomos Tempel war das Wasser in einem Behälter, es konnte nicht raus. Dies verdeutlichte den Zustand Israels. Aber in der Beschreibung des Tempels in Hesekiel und in der Offenbarung fließt Wasser hinaus wie ein Fluss. Hier ist es so, als ob das Waschbecken oder eiserne Meer umgekippt worden ist. Das Wasser fließt hinaus in alle Welt. Wir haben keine Gesetze, die nicht gut sind. Nein, wir haben solche, nach denen wir leben und die wir anderen bringen sollten.

**Anmerkung:** Mit diesem Aufsatz möchte ich nicht andeuten, dass das Gesetz Zions das des Mose im Alten Testament ersetzt habe oder dass die Gläubigen jener Zeit es als eine Alternative verstanden hätten. Das Gesetz des Mose war „gültig" während der ganzen alttestamentliche Zeit bis zur Ankunft Christi und der Erfüllung Seines Werks. Aber das Gesetz Zions war da, unter der Oberfläche, sozusagen parallel. Gott deutete schon laufend an, dass etwas Neues kommen würde. Rückblickend können wir aus unserer Sicht erkennen, wie Gott Sein Volk auf das vorbereitete, was kommen sollte. Stellen wie Micha 6:8 und andere, wo Gott zum Ausdruck bringt, dass es Ihm weniger um Opfer und Rituale, sondern vielmehr um innere Wahrhaftigkeit und soziale Gerechtigkeit geht, deuten auf den bevorstehenden Wandel hin. Die Fragen in Matthäus 22:36-40 und Römer 13:10 behandeln allgemeine Aspekte, die im Gesetz Zions ihren Ausdruck finden.

Das Gesetz des Mose und das Gesetz Zions verlaufen eine Zeit lang parallel, vergleichbar mit der Periode, als Ismael mit Isaak, dem Kind der Verheißung, zusammenwohnte. Ismael steht für das alte System, Sklaverei und das Gesetz, während Isaak das neue repräsentiert: Freiheit in Christus und Reife – so beschrieben im Galaterbrief. Auch die Kirche und der Tempel existierten eine Zeit lang nebeneinander, von Tod und Auferstehung Christi bis zur Zerstörung von Jerusalem 70 n.Chr. Im Alten Testament, während das Gesetz des Mose noch immer befolgt und geachtet werden musste, begann Gott bereits denen, die Ohren zum Hören und Augen zum Sehen hatten, zu offenbaren, dass etwas Besseres kommen würde.

Im Alten Testament ist schon ein sehr deutlicher Unterschied zwischen Gesetz und Glauben zu erkennen. Das Leben Abrahams war durch Glauben gekennzeichnet. Die Berichte in 1. Mose und den Anfangskapiteln in 2. Mose haben viel mit Glauben zu tun.

Nach der Gesetzgebung tritt aber der Glaube in den Hintergrund. Kapitel 11 im Hebräerbrief wird oft das „Glaubenskapitel" genannt wegen der vielen Beispiele des Glaubens, die darin enthalten sind. Die Zeit der Wüstenwanderung wird aber dort nicht erwähnt. Die Glaubensbeispiele gehen von Abel bis zur Durchquerung des Roten Meeres und dann direkt zu der Eroberung Jerichos und zu Rahab. Was in Verbindung mit dem Gesetz oder der Gesetzgebung stand, wird nicht erwähnt! Die Ereignisse im Leben des Mose und des Volkes Israel haben mit Unglauben und Ungehorsam zu tun, (4. Mose 14:11; 20:12; 5. Mose 1:32; 9:23). Es ist so, als ob das Gesetz den Glauben geschwächt hätte. Wenn man sorgfältig liest, ist dieser Unterschied klar erkennbar.

Paulus nennt das Gesetz, das Gebot, „heilig, gerecht und gut" in Römer 7:12.

Alles?
War Scheidung auch ein „gutes" Gebot?

Bezugnehmend auf 5. Mose 24:1 nennt der Herr die Möglichkeit zur Scheidung ein Gebot (Markus 10:5) und dass Mose es dem Volk gab oder erlaubte wegen ihrer Herzenshärtigkeit (Matthäus 19:7-8). (Wenn der Herr sagt, „von Anfang an aber ist es nicht so gewesen", meint Er die Zeit vor dem Gesetz.) Wenn der Psalmschreiber ausruft: „Wie liebe ich dein Gesetz! Es ist mein Nachdenken den ganzen Tag. (Psalm 119:97)" glauben wir ernsthaft, dass er Stellen wie: „Du sollst nicht Gewebe von verschiedenartigem Stoff anziehen, Wolle und Leinen zusammen. (5. Mose 22:11)" meint?

Man erkennt, dass wir Unterschiede machen müssen, wenn wir über das Gesetz reden. Um Probleme zu umgehen, machen wir eine Unterscheidung zwischen dem so genannten Zeremonialgesetz und dem moralischen Gesetz. Diese Unterscheidung ist aber oft künstlich und erzwungen. In vielen Fällen kann man diese zwei Aspekte, die miteinander verwoben sind, nicht trennen, ohne das ganze Gewebe zu zerstören. Manche Gesetze, die wir vielleicht als moralische ansehen, verlieren ihre Bedeutung, wenn wir sie vom Zeremonialen trennen und umgekehrt.

Die Zehn Gebote, die nur ein Bruchteil von dem Gesetz sind, könnte man als ein Beispiel für Moralgesetze halten, die noch Gültigkeit haben. Aber diese Zehn Gebote beinhalten auch das Gesetz bezüglich des Sabbats – ein Zeremonialgesetz. Das Neue Testament macht uns klar, dass wir den Sabbat nicht mehr halten müssen, (Kolosser 2:16-17; Galater 4:10-11; Römer 14:5). Oder handeln wir heute noch nach 2. Mose 31:14?

Dennoch gibt es etwas Universelles, was das Gesetz betrifft, und dies schlägt sich nieder in Stellen wie Matthäus 27:36-40 und Römer 13:10. Paulus erwähnt dieses Universelle in Römer 2:14-16, 26-27:

> Denn wenn Nationen, die kein Gesetz haben, von Natur dem Gesetz entsprechend handeln [z.B. entsprechend 5. Mose 22:11?] so sind diese, die kein Gesetz haben, sich selbst ein Gesetz. Sie beweisen, dass das Werk des Gesetzes in ihren Herzen geschrieben ist, indem ihr Gewissen mit Zeugnis gibt und ihre Gedanken sich untereinander anklagen oder auch entschuldigen – an dem Tag, da Gott das Verborgene der Menschen richtet nach meinem Evangelium durch Jesus Christus. . .
>
> Wenn nun der Unbeschnittene die Rechtsforderungen des Gesetzes befolgt, wird nicht sein Unbeschnittensein für Beschneidung gerechnet werden und das Unbeschnittensein von Natur, das das Gesetz erfüllt, dich richten, der du mit Buchstaben und Beschneidung ein Gesetzesübertreter bist ?

Es ist dieses Universelle, das wir in den Sprüchen und in Prediger finden, den Schriften Salomos. Es sind nicht nur gute Ratschläge, die wir befolgen oder nicht befolgen müssen. Es sind Lebensregeln, Gesetze, die für alle Menschen gelten. Sie haben Gültigkeit außerhalb Israels oder des israelitischen Kults. Sie behandeln Beziehungen zwischen Gott und den Menschen sowie den Menschen untereinander. So erfüllen sie die „Bedingungen" von Matthäus 27 und Römer 13. Fragen über Zeremonial- und Moral-Gesetze sind hier hinfällig. In Sprüche und Prediger tritt Salomo als König Israels auf, aber außer dieser Erwähnung gibt es sehr, sehr wenig in seinen Schriften, was direkt auf Israel hinweist oder auf Israel beschränkt wäre. Das Gesetz vom Sinai war unzertrennlich mit dem Volk Israel verbunden und besonders mit Israel in dem von Gott versprochenen Land. Die Erwähnungen in Salomos Schriften von Schlachtopfern und dem Haus Gottes oder auch vom Gesetz haben aber keinen unbedingten Bezug zu dem israelitischen Kult. Im Gegenteil, es gibt nichts in diesen Büchern, was für einen Nicht-Israelit fremd oder unverständlich wäre.[15] Nichts, womit ein Nicht-Israelit sich nicht identifizieren

---

[15] Ich war sehr froh meine Gedanken diesbezüglich von Milton P. Horne in seinem Kommentar „Proverbs – Ecclesiastes" (Smyth & Helwys Bible Commentary Vol. 12, Introduction, S. 13, 2003) bestätigt zu finden:

„**Das Fehlen der Geschichte von Yahwehs Offenbarung** - In Sprüche und Prediger (wie auch Hiob) erkennen Leser bald ein tiefes Schweigen bezüglich der Geschichte von Yahwehs Selbstoffenbarung durch spezifische historische Ereignisse und durch einzelne Personen. Die Idee, dass Gott auf einen Bund eingeht mit einem bestimmten Volk, ein Bund, der durch Bedingungen bezüglich gesellschaftlichen und moralischen Verhaltens definiert ist, fehlt genauso."

könnte. Sprüche und Prediger haben einen universellen Charakter. Die enthaltenen Prinzipien sind allgemein gültig. Liebe, Güte und Treue sind wichtige Elemente. Sehr interessant ist der Vers: „Durch Güte und Treue wird Schuld gesühnt (Sprüche 16:6)."

(**Absence of the Story of Yahweh's Revelation** - Readers soon recognize a profound silence in Proverbs and Ecclesiastes (Job, too) regarding the story of Yahweh's self-revelation through specific historical events and through individuals. The idea of God's entering into covenant with a specific nation of people, a covenant defined by stipulations of social and moral behavior, is likewise absent.)

## Kapitel 6
# Muss Gott Seinen Verheißungen treu bleiben?

### Vernichtung

Viele Christen behaupten, dass Gott gegenüber Israel noch (angeblich) ausstehende Verheißungen erfüllen MUSS.

Er steht somit gewissermaßen unter einer „Erfüllungsverpflichtung". Abgesehen davon, dass man diese Verheißungen schon als biblisch erfüllt betrachten kann, gibt es noch etwas anderes. Man spricht sehr viel über den uneingeschränkten, bedingungslosen Bund und die Versprechungen Gottes seinem Volk gegenüber. Doch oft war Gott bereit, sich von dem Volk abzuwenden, mit dem Er einen Bund geschlossen hatte. Spricht Gott nun leere Drohungen aus? Sind die Stellen, wo Er droht Israel zu vernichten, nur eine Prüfung wie bei Abraham und der Opferung Isaaks? Gott hatte einen Bund mit Abraham geschlossen, doch an vielen Stellen im Alten Testament spricht Gott so, als ob Er diesen Bund wegen der Sünde des Volkes aufheben würde.

> Und nun lass mich, damit mein Zorn gegen sie entbrenne und ich **sie vernichte**, dich (Mose) aber will ich zu einer großen Nation machen. (2. Mose 32:10 )
>
> Der HERR aber sprach zu Mose: Wer gegen mich gesündigt hat, den **lösche ich aus** meinem Buch aus. (2. Mose 32:33)
>
> Ich will es mit der Pest schlagen und **es austilgen**; und ich will dich (Mose) zu einer Nation machen, größer und stärker als sie. (4. Mose 14:12)
>
> Lass mich, dass ich **sie vernichte** und ihren Namen unter dem Himmel **auslösche**! Dich (Mose) aber will ich zu einer Nation machen, stärker und größer als sie. (5. Mose 9:14)
>
> Dass es bei euch nur ja nicht einen Mann oder eine Frau, eine Sippe oder einen Stamm gibt, dessen Herz sich heute von dem HERRN, unserm Gott, abwendet, um hinzugehen, den Göttern jener Nationen zu dienen! Dass es ja nicht eine Wurzel unter euch gibt, die Gift und Wermut als Frucht bringt, – und es geschieht, wenn er die Worte dieses Eidschwures hört, dass er sich in seinem Herzen segnet und sagt: Ich werde Frieden haben, auch wenn ich in der Verstocktheit meines Herzens lebe! – so dass das bewässerte mit dem durstigen Land hinweggerafft wird. Nicht

> wird der HERR ihm vergeben wollen, sondern dann wird der Zorn des HERRN und sein Eifer gegen jenen Mann rauchen, und der ganze Fluch, der in diesem Buch aufgeschrieben ist, wird auf ihm liegen, und der HERR wird seinen Namen unter dem Himmel **auslöschen**. Und der HERR wird ihn aus allen Stämmen Israels zum Unheil aussondern, nach all den Flüchen des Bundes, der in diesem Buch des Gesetzes geschrieben ist. (5. Mose 29:17-20)

Vergleiche auch Hesekiel 20: 8, 13.

**Reue**

Wir lesen oft in Gottes Wort, dass Ihn das angekündigte Gericht „reute" und Er es dann nicht ausführte:

> Und Gott sah ihre Taten, dass sie von ihrem bösen Weg umkehrten. Und Gott ließ sich das Unheil **gereuen**, das er ihnen zu tun angesagt hatte, und er tat es nicht. (Jona 3:10)

> Kehrt aber jenes Volk, über das ich geredet habe, von seiner Bosheit um, lasse ich mich des Unheils **gereuen**, das ich ihm zu tun gedachte. (Jeremia 18:8)

> Und zerreißt euer Herz und nicht eure Kleider und kehrt um zum HERRN, eurem Gott! Denn er ist gnädig und barmherzig, langsam zum Zorn und groß an Gnade, und lässt sich das Unheil **gereuen**. (Joel 2:13)

Gott kann auch das Gute bereuen, das Er versprochen hat:

> Und ein anderes Mal rede ich über ein Volk und über ein Königreich, es bauen und pflanzen zu wollen. Tut es aber, was in meinen Augen böse ist, in dem es auf meine Stimme nicht hört, so lasse ich mich des Guten **gereuen**, das ich ihm zu erweisen zugesagt habe. (Jeremia 18:9-10)

Es gibt auch Stellen wie:

> Du aber, **bitte nicht für dieses Volk** und erhebe weder Flehen noch Gebet für sie und dringe nicht in mich! Denn ich werde nicht auf dich hören. (Jeremia 7:16)

> Du aber, **bitte nicht für dieses Volk** und erhebe weder Flehen noch Gebet für sie!

Denn ich werde nicht hören zu der Zeit, da sie wegen ihres Unglücks zu mir rufen werden. (Jeremia 11:14)

Und der HERR sprach zu mir: **Bitte nicht für dieses Volk zum Guten!** Wenn sie fasten, werde ich nicht auf ihr Flehen hören. Und wenn sie Brandopfer und Speisopfer opfern, werde ich kein Gefallen an ihnen haben; sondern ich werde sie durch das Schwert und durch den Hunger und durch die Pest **vernichten**. (Jeremia 14:11-12)

Und der HERR sprach zu mir: Selbst wenn **Mose und Samuel** vor mir ständen, **würde sich meine Seele nicht zu diesem Volk wenden**. Treibe sie von meinem Angesicht weg, dass sie fortgehen. Und es soll geschehen, wenn sie zu dir sagen: Wohin sollen wir gehen? – dann sage zu ihnen: So spricht der HERR: Wer zum Tod bestimmt ist, gehe zum Tod; und wer zum Schwert, zum Schwert; und wer zum Hunger, zum Hunger; und wer zur Gefangenschaft, zur Gefangenschaft. (Jeremia 15:1-2)

Menschensohn, wenn sich ein Land gegen mich versündigt und mir die Treue bricht und wenn ich dann meine Hand gegen das Land ausstrecke, ihm seinen Vorrat an Brot entziehe, den Hunger ins Land schicke und Mensch und Tier ausrotte und wenn in diesem Land die drei Männer **Noah, Daniel und Hiob** leben würden, dann würden **nur diese drei** um ihrer Gerechtigkeit willen ihr Leben retten – Spruch Gottes, des Herrn. Oder wenn ich böse Tiere das Land durchstreifen lasse, so dass sie es entvölkern und es eine Öde wird, weil wegen der Tiere niemand hindurch zieht – wären **diese drei Männer** in seiner Mitte, so wahr ich lebe, spricht der Herr, HERR, sie würden weder Söhne noch Töchter retten; **sie allein würden gerettet**, das Land aber würde eine Öde werden. Oder wenn ich das Schwert über jenes Land kommen lasse und spreche: Schwert, fahre durch das Land! und aus ihm Menschen und Vieh ausrotte –und **diese drei Männer** wären in seiner Mitte -, so wahr ich lebe, spricht der Herr, HERR, sie würden weder Söhne noch Töchter retten; sondern **sie allein würden gerettet werden.** Oder wenn ich die Pest in jenes Land sende und meinen Grimm in Blut über es ausgieße, um Menschen und Vieh darin auszurotten – und **Noah, Daniel und Hiob** wären in seiner Mitte -, so wahr ich lebe, spricht der Herr, HERR, sie würden weder Sohn noch Tochter retten; sie würden um ihrer Gerechtigkeit willen **nur ihre eigene Seele retten**. (Hesekiel 14:13-20)

(Vergleiche hierzu 3. Mose 2:14-26 und 5. Mose 28:15-63.)

Also sieht es ganz danach aus, dass man die Verheißungen verlieren kann.

**Wer hat Anspruch auf die Verheißungen?**

Hatten die Israeliten ein uneingeschränktes „Recht" auf die Verheißungen Gottes – komme was wolle? Natürlich haben sie die Verheißungen nicht verdient, denn es war alles Gnade und „die Gnadengaben und die Berufung Gottes sind unbereubar (Römer 11:29)". Aber wie wird dies definiert? Die Gnade ist jetzt durch Jesus Christus gekommen. Was ist mit dem „Volk Gottes", mit „Israel", wenn es diese Gnade ablehnt? Die Konsequenzen in der Vergangenheit waren schon schlimm genug.

> Denn wenn das durch Engel verkündete Wort fest war und jede Übertretung und jeder Ungehorsam gerechte Vergeltung empfing, wie werden wir entfliehen, wenn wir eine so große Rettung missachten? Sie ist ja, nachdem sie ihren Anfang damit genommen hatte, dass sie durch den Herrn verkündet wurde, uns gegenüber von denen bestätigt worden, die es gehört haben. (Hebräer 2:2-3)

> Seht zu, dass ihr den nicht abweist, der da redet! Denn wenn jene nicht entkamen, die den abwiesen, der auf Erden die göttlichen Weisungen gab: wie viel mehr wir nicht, wenn wir uns von dem abwenden, der von den Himmeln her redet! (Hebräer 12:25)

Gelten die ihnen gemachten Verheißungen noch?

> Wenn jemand nicht in mir bleibt, so wird er **hinausgeworfen** wie die Rebe und verdorrt; und man sammelt sie und wirft sie ins Feuer, und sie verbrennen. (Johannes 15:6)

> Jeder, der auf jenen Propheten nicht hört, wird aus dem Volk **ausgemerzt** werden. (Apg. 3:23)

> Ihr Halsstarrigen und Unbeschnittenen an Herz und Ohren! Ihr widerstrebt allezeit dem Heiligen Geist; wie eure Väter, so auch ihr. (Apg. 7:51)

> Als sie aber widerstrebten und lästerten, schüttelte er die Kleider aus und sprach zu ihnen: Euer Blut komme auf euren Kopf! Ich bin rein; von jetzt an werde ich zu den Nationen gehen. (Apg. 18:6)
> . . .einige der Zweige **herausgebrochen** worden . . .Richtig; sie sind **herausgebro-**

> **chen** worden durch den Unglauben . . . (Römer 11:17-20)

Ja und nein. Ja, wenn sie „bleiben", weil die Verheißungen sich in dem „Israel Gottes" erfüllen (Galater 6:16); nein, wenn sie Christus ablehnen. Durch ihre Ablehnung gehören sie nicht mehr zum Volk Gottes. Gott kann „Reue" und Gnade zeigen, indem sie Vergebung und Annahme erfahren, aber dies setzt voraus, dass sie Jesus Christus als Herrn und Heiland anerkennen. Die Verheißungen gelten nicht für die, die Christus ablehnen. Für Gott zählten immer nur die Gläubigen zu dem wahren Israel (Römer 2:28-29; 9:6-8) und an ihnen erfüllt Er die Verheißungen. Ein Israel, das Christus ablehnt, kann sich NICHT auf die Väter berufen oder auf sonst irgendetwas. Was sagte Christus über die Juden, als sie sich zuerst auf Abraham und dann auf Gott beriefen? „(Ihr) seid aus dem Vater, dem Teufel (Johannes 8:44)."

Beschreibt nicht 5. Mose 29:18 „Ich werde Frieden haben, auch wenn ich in der Verstocktheit meines Herzens lebe!" die Haltung der Juden, die Christus ablehnen und sich auf ihr Judentum berufen?

Diese Aussagen über „herausgebrochen" und „nicht mehr dazu zugehören" haben nichts mit Antisemitismus zu tun. Wie wir gesehen haben, das Alte Testament selbst beschäftigt sich mit der Frage der Treue und Untreue und den daraus resultierenden Konsequenzen sehr eindeutig. Die hebräische Bibel selbst spricht vom Gericht über Israel und die Juden. (Es gibt auch orthodoxe Rabbiner, die den heutigen Anspruch auf das Land Israel als falsch betrachten, weil Israel nicht im Glauben handelt.) Ich habe schon die Sicht von gelehrten Juden erwähnt – und werde in einem späteren Kapitel ausführlicher darauf eingehen – dass das Judentum nach 70/90 n.Chr. sich verändert hat und nicht mit dem Alten Testament identisch ist, d.h. einen anderen, neuen Weg gegangen ist. In vieler Hinsicht scheinen manche jüdische Gelehrte einsichtsvoller zu sein als manche Christen.

**Wegen Abraham**

Gott hat sich wegen der Väter, wegen Abraham Israel gegenüber „verpflichtet":

> Da hörte Gott ihr Ächzen, und Gott dachte an seinen Bund mit **Abraham**, **Isaak** und **Jakob**. (2. Mose 2:24)

> Dann werde ich an meinen Bund mit **Jakob** denken. Und auch an meinen Bund mit

**Isaak** und auch an meinen Bund mit **Abraham** werde ich denken, und an das Land werde ich denken. (3. Mose 26:42)

Aber der HERR war ihnen gnädig, erbarmte sich über sie und wandte sich ihnen zu wegen seines Bundes mit **Abraham, Isaak** und **Jakob**. Er wollte sie nicht vernichten und verstieß sie nicht von seinem Angesicht bis dahin. (2. Könige 13:23)

Er gedenkt ewig seines Bundes – des Wortes, das er geboten hat auf tausend Geschlechter hin -, den er gemacht hat mit **Abraham**, und seines Eides an **Isaak** . . .Denn er gedachte seines heiligen Wortes, **Abrahams**, seines Knechtes, und führte sein Volk heraus in Freude, seine Auserwählten in Jubel. (Psalm 105:8-9, 42)

Du wirst an **Jakob** Treue erweisen, an **Abraham** Gnade, die du unsern Vätern geschworen hast von den Tagen der Vorzeit her. (Micha 7:20)

So spricht der HERR: Wenn mein Bund mit dem Tag und der Nacht nicht mehr besteht, wenn ich die Ordnungen des Himmels und der Erde nicht festgesetzt habe, dann werde ich auch die Nachkommen **Jakobs** und meines Knechtes David verwerfen, dass ich nicht mehr von seinen Nachkommen Herrscher nehme über die Nachkommen Abrahams, Isaaks und Jakobs. Denn ich werde ihr Geschick wenden und mich über sie erbarmen. (Jeremia 33:25-26)

Wenn Gottes Treue an Abraham geknüpft ist (denn oft hätte Gott das Volk vernichten können, wenn Er sich nicht an Abraham „erinnert" hätte), wie sollen wir diese Treue jetzt verstehen? Wer sind denn Abrahams Nachkommen? Erst Christus, und dann wir! Wir, die wir jetzt die Gemeinde Jesu Christi ausmachen – Juden und Nicht-Juden zusammen. Sind nun die Worte in Galater 3:29 und 4:28 (siehe auch Römer 9:8) an uns hier und jetzt gerichtet, oder sind sie für einen gläubigen jüdischen Überrest in der Zukunft vorgesehen? Wenn wir damit gemeint sind – und es kann nicht anders sein – was kann man über einen angeblichen zukünftigen Überrest sagen? Es gibt nicht die geringste Notwendigkeit für die Existenz eines solchen Überrestes. Die Juden, die nicht glauben, gehören nicht mehr zum Volk Gottes; die Juden, die glauben, werden Teil der Gemeinde und bekommen die Erfüllung der Verheißungen.[16] Das neue Testament ver-

16 Die Beziehung zu Gott geht nicht über Blutsverwandtschaft, sondern besteht auf der Grundlage von einem Bündnis mit Gott. (Vergleiche hier Johannes 1:11-13 ) Als ich noch zu den „Brüdern" gehörte, hatte ich oft die Bemerkung gehört: „Gott schließt keine Bündnisse mit Seinen Kindern" als eine Definition der Kirche im Gegensatz zu Israel im Alten Testament und dem jüdischen Überrest in der Zukunft. Aber diese Bemerkung

bindet Israel „nach dem Fleisch" (1. Korinther 10:18) ganz eindeutig mit dem Gesetz. Hagar und Ismael versinnbildlichen diese Tatsache:

> Dies hat einen bildlichen Sinn; denn diese Frauen bedeuten zwei Bündnisse: eines vom Berg Sinai, das in die Sklaverei hinein gebiert, das ist Hagar. Denn Hagar ist der Berg Sinai in Arabien, entspricht aber dem jetzigen Jerusalem, denn es ist mit seinen Kindern in Sklaverei. (Galater 4:24-25)

Solche, die nach dem Gesetz leben, ihren Glauben danach ausrichten und Christus ablehnen, werden als Kinder der Sklavin beschrieben und gelten NICHT als Abrahams Söhne. Nur die, die an Christus glauben, sind Söhne Abrahams und haben einen „Anspruch" auf die Verheißungen. (Ein Überrest in der Zukunft hat keinen Anspruch darauf.)

> Erkennt daraus: die aus Glauben sind, diese sind Abrahams Söhne! (Galater 3:7)

> Das heißt: Nicht die Kinder des Fleisches, die sind Kinder Gottes, sondern die Kinder der Verheißung werden als Nachkommenschaft gerechnet. (Römer 9:8)

> Wenn ihr aber des Christus seid, so seid ihr damit Abrahams Nachkommenschaft und nach Verheißung Erben. (Galater 3:29)

**Kontinuität**

Die Kirche ist nicht eine zusätzliche Einrichtung, sondern die gläubigen Juden sind jetzt übergegangen in das „Israel Gottes". Sie bilden nicht ein „Extra" neben den ungläubigen Juden, sondern die Ungläubigen gehören nicht mehr dazu. Ein alttestamentlicher Zustand existiert nicht mehr.

> Aber so wie damals der nach dem Fleisch Geborene den nach dem Geist Geborenen verfolgte, so ist es auch jetzt. Aber was sagt die Schrift? Stoße die Magd und ihren Sohn hinaus! Denn der Sohn der Magd soll nicht mit dem Sohn der Freien erben. (Galater 4:29-30)

Der Gedanke der Kontinuität der Gläubigen wird in Römer 11 durch das Beispiel vom Ölbaum unterstrichen. Juden bzw. Israeliten, die Christus als den von Gott gesandten

---

verkennt völlig die biblische Basis von der Beziehung zu Gott.

Messias anerkannten, blieben im Baum. Menschen aus den Nationen, die an Christus glauben, werden hinzugefügt.

Juden bzw. Israeliten, die Christus ablehnten, wurden aus dem Baum entfernt. (Römer 11:20 . . . „sie sind **herausgebrochen** worden durch den Unglauben" . . .)

Noch einmal:

> Der HERR aber sprach zu Mose: Wer gegen mich gesündigt hat, den lösche ich aus meinem Buch aus. (2. Mose 32:33)
>
> Wenn jemand nicht in mir bleibt, so wird er **hinausgeworfen** wie die Rebe und verdorrt; und man sammelt sie und wirft sie ins Feuer, und sie verbrennen. (Joh. 15:6)
>
> Jeder, der auf jenen Propheten nicht hört, wird aus dem Volk **ausgemerzt** werden. (Apg. 3:23)
>
> Wenn aber einige der Zweige **herausgebrochen** worden sind . . . (Römer 11:17)
>
> Da wird das Weinen und das Zähneknirschen sein, wenn ihr Abraham und Isaak und Jakob und alle Propheten im Reich Gottes sehen werdet, euch aber draußen **hinausgeworfen**. (Lukas 13:28)
>
> Der König aber wurde zornig und sandte seine Truppen aus, brachte jene Mörder um und steckte ihre Stadt in Brand. Dann sagt er zu seinen Knechten: Die Hochzeit ist zwar bereit, aber die Eingeladenen waren nicht würdig. (Matthäus 22:7-8)

Es gibt nicht etwas Neues im Sinne von zusätzlich, sondern wer dazu gehört wird neu definiert und bestimmt.

> Und ihr werdet euren Namen meinen Auserwählten zum Fluchwort hinterlassen: Der Herr, HERR, wird dich töten. Meine Knechte aber wird man **mit einem andern Namen nennen**. (Jesaja 65:15)
>
> . . .und als er ihn gefunden hatte, brachte er ihn nach Antiochia. Es geschah ihnen aber, dass sie ein ganzes Jahr in der Gemeinde zusammenkamen und eine zahlreiche Menge lehrten und dass die Jünger zuerst in Antiochia **Christen genannt wurden**. (Apg. 11:26)

Wenn ihr im **Namen Christi** geschmäht werdet, glückselig seid ihr! Denn der Geist der Herrlichkeit und Gottes ruht auf euch. (1. Petrus 4:14)

Die Kriterien um dazu zu gehören lauten: Christus anzuerkennen! Wer ihn nicht anerkennt, gehört nicht (mehr) dazu. Dieses „Nicht-dazu-Gehören“ wird durch den Glauben an Christus aufgehoben (Römer 11: 23 „Aber auch jene [Juden bzw. Israeliten], wenn sie nicht im Unglauben bleiben, werden eingepfropft werden; denn Gott ist imstande, sie wieder einzupfropfen.“)

Die Juden zur Zeit des Herrn Jesus haben einen Messias erwartet, der sie von den Römern befreien und zum Haupt aller Völker machen sollte. Weil Christus diesen Erwartungen nicht entsprochen hat, haben sie ihn nicht anerkannt und angenommen. Sie haben Ihn verworfen. Aus diesem Grund wurden sie aus dem Baum herausgebrochen. Weil die Juden irdische Macht und Herrlichkeit wollten und den eigentlichen Charakter des Reiches nicht erkannten, sind sie leer ausgegangen. Ein „Wieder-eingepfropft-Werden“ wird erst geschehen, wenn sie diesen wahren Charakter erkannt haben und ihnen das Materielle und Irdische nicht mehr wichtig ist. An dieser Stelle macht die dispensationalistische Auslegung einen Fehler. Laut der Dispensationslehre ist das „Wieder-eingepfropft-Werden“ für die Juden gekoppelt mit einer Wiederherstellung von irdischer Macht und Herrlichkeit! Ungläubige Juden wurden ausgebrochen, weil sie irdische Macht haben wollten. Gläubig gewordene Juden sollen wieder eingepfropft werden, um irdische Macht zu bekommen? Das ist ein Widerspruch in sich!

## Die Nationen

Hört ein anderes Gleichnis: Es war ein Hausherr, der einen Weinberg pflanzte und einen Zaun darum setzte und eine Kelter darin grub und einen Turm baute; und er verpachtete ihn an Weingärtner und reiste außer Landes. Als aber die Zeit der Früchte nahte, sandte er seine Knechte zu den Weingärtnern, um seine Früchte zu empfangen. Und die Weingärtner nahmen seine Knechte, einen schlugen sie, einen anderen töteten sie, einen anderen steinigten sie. Wiederum sandte er andere Knechte, mehr als die ersten; und sie taten ihnen ebenso. Zuletzt aber sandte er seinen Sohn zu ihnen, indem er sagte: Sie werden sich vor meinem Sohn scheuen! Als aber die Weingärtner den Sohn sahen, sprachen sie untereinander: Dieser ist der Erbe. Kommt, lasst uns ihn töten und sein Erbe in Besitz nehmen! Und sie nahmen ihn, warfen ihn zum Weinberg hinaus und töteten ihn. Wenn nun der Herr des Weinbergs kommt, was wird er jenen Weingärtnern tun? Sie sagen zu ihm: Er wird jene Übeltäter übel umbringen, und den Weinberg wird er **an andere Weingärtner verpachten**, die ihm die Früchte abgeben werden zu ihrer Zeit. (Matthäus 21:33-41)

Vers 40 und 41 geben hier den Zeitpunkt an, nämlich die Vernichtung Jerusalems in 70 n.Chr. Dies stimmt mit Matthäus 24:30 überein und wird ebenfalls in Daniel 7:13-14 bestätigt:

> Ich schaute in Gesichten der Nacht: und siehe, mit den Wolken des Himmels kam einer wie der Sohn eines Menschen. Und er kam zu dem Alten an Tagen, und man brachte ihn vor ihn. Und ihm wurde Herrschaft und Ehre und Königtum gegeben, und alle Völker, Nationen und Sprachen dienten ihm. Seine Herrschaft ist eine ewige Herrschaft, die nicht vergeht, und sein Königtum so, dass es nicht zerstört wird.

Das „Kommen" bezieht sich nicht auf die Erde, sondern zu dem Alten an Tagen im Himmel. Wie in Kapitel „Prophetischer Überblick" ausgeführt, bedeutet die Aussage: „das Zeichen des Sohnes des Menschen am Himmel erscheinen", dass die Vernichtung Jerusalems das Zeichen war, dass Christus jetzt Seine Herrschaft im Himmel laut Daniel 7 angetreten hat. „Sehen" bedeutet „verstehen", wie oft in dieser Art benutzt.[17] DANACH wird der „Weinberg" an andere verpachtet. Genauso ist es dann gekommen. Wir sehen dies schon in der Apostelgeschichte angedeutet:

> Paulus aber und Barnabas sprachen freimütig: Zu euch musste notwendig das Wort Gottes zuerst geredet werden; weil ihr es aber von euch stoßt und euch selber des ewigen Lebens nicht für würdig haltet, siehe, **so wenden wir uns zu den Nationen.** Denn so hat uns der Herr geboten: Ich habe dich zum Licht der Nationen gesetzt, dass du zum Heil seiest bis an das Ende der Erde. (Apg. 13:46)
>
> Als sie aber widerstrebten und lästerten, schüttelte er die Kleider aus und sprach zu ihnen: Euer Blut komme auf euren Kopf! Ich bin rein; **von jetzt an werde ich zu den Nationen gehen**. (Apg. 18:6)
>
> Und einige wurden überzeugt von dem, was gesagt wurde, andere aber glaubten

---

[17] Wenn es nicht diese Bedeutung haben kann/darf – obwohl wir auch im Deutschen „ich sehe" für „ich verstehe" benutzen – dann sind alle Christen, die heute an Christus glauben, ohne ewiges Leben, denn der Herr hat gesagt: . . .„jeder, der den Sohn **sieht** und an ihn glaubt, ewiges Leben" hat, Johannes 6:40. Keiner von uns hat Ihn bis jetzt tatsächlich gesehen.

nicht. Als sie aber unter sich uneins waren, gingen sie weg, als Paulus ein Wort sprach: Trefflich hat der Heilige Geist durch Jesaja, den Propheten, zu euren Vätern geredet und gesagt: „Geh hin zu diesem Volk und sprich: Hörend werdet ihr hören und nicht verstehen, und sehend werdet ihr sehen und nicht wahrnehmen. Denn das Herz dieses Volkes ist dick geworden, und mit den Ohren haben sie schwer gehört, und ihre Augen haben sie geschlossen, damit sie nicht etwa mit den Augen sehen und mit den Ohren hören und mit dem Herzen verstehen und sich bekehren und ich sie heile." So sei euch nun kund, dass **dieses Heil Gottes den Nationen gesandt ist; sie werden auch hören**." (Apg. 28:24-28)

Diese Hinwendung zu den Nationen war nicht etwas Unvorhergesehenes. Es entsprach der Verheißung an Abraham.

Die Schrift aber, **voraussehend**, dass Gott die Nationen aus Glauben rechtfertigen werde, verkündigte dem Abraham die gute Botschaft voraus: In dir werden gesegnet werden alle Nationen. (Galater 3:8)

Dies aber sage ich: Einen vorher von Gott bestätigten Bund macht das vierhundertdreißig Jahre später entstandene Gesetz[18] nicht ungültig, so dass die Verheißung unwirksam geworden wäre. (Galater 3:17)

Die ganze Menge aber schwieg und hörte Barnabas und Paulus zu, die erzählten, wie viele Zeichen und Wunder Gott unter den **Nationen** durch sie getan habe. Als

---

[18] Der Opferdienst im Alten Testament war eine Notwendigkeit, die durch das Gesetz hervorgerufen wurde. Weil es das Gesetz gab und das Volk Israel in dieser Beziehung zu Gott stand, waren die Opfer notwendig, sonst wäre das Volk vernichtet worden. Gott nennt solche, die sich mit dem Gesetz identifizieren, „Sklaven". Sie sind keine Kinder und sie sind keine Erben. Sie haben keinen Anspruch auf irgendwelche Verheißungen, denn diese Verheißungen hängen mit Abraham zusammen, als noch kein Gesetz in Sicht war. Wenn Opfer und Opferdienst wieder eingeführt würden, käme zwangsläufig wieder das Gesetz ins Spiel. Wenn das Gesetz wieder ins Spiel kommt, haben wir es wieder mit Sklaverei zu tun. Alle, die auf dieser Basis vor Gott stehen wollen, gelten aber nicht als Kinder und sind also keine Erben! Ein jüdischer Überrest in der Zukunft würde nicht aus Kindern der Verheißung bestehen!

Die Verheißungen erfüllen sich „in Christus". Dieser Begriff ist äußerst wichtig. Er betont die Gesamtheit der Gläubigen. Er betont die neue Schöpfung. Gott hat durch Christus etwas Neues geschaffen (2. Korinther 5:17). Aus Juden und Nicht-Juden hat Er einen neuen Menschen geschaffen (Epheser 2:15-16). Das wird der angebliche jüdische Überrest nie sein. Dadurch hat dieser Überrest keinen Anspruch auf irgendwelche Verheißungen, denn er ist nicht „in Christus", er ist nicht ein Teil dieser „neuen Schöpfung", er ist ein „Extra" – eigentlich ist er eine Erfindung.

> sie aber schwiegen, antwortete Jakobus und sprach: Ihr Brüder, hört mich! Simon hat erzählt, wie Gott zuerst darauf gesehen hat, **aus den Nationen ein Volk zu nehmen für seinen Namen**. Und hiermit stimmen die Worte der Propheten überein, wie geschrieben steht: **Nach diesem** will ich zurückkehren und wieder **aufbauen die Hütte Davids**, die verfallen ist, und ihre Trümmer will ich wieder bauen und sie wieder aufrichten; **damit** die übrigen der Menschen den Herrn suchen und **alle Nationen**, über die mein Name angerufen ist, spricht der Herr, der dieses tut. (Apg. 15:12-17)
>
> Dass er ihn aber aus den Toten auferweckt hat, so dass er nicht mehr zur Verwesung zurückkehrte, hat er so ausgesprochen: Ich werde euch die **zuverlässigen heiligen Güter Davids** geben. (Apg. 13:34)
>
> (Vergleiche „Hütte Davids" und „die zuverlässigen heiligen Güter Davids" mit Jeremia 33:25-26.)

Die Apostel sahen den Wiederaufbau der Hütte Davids als erfüllt an und zwar durch das, was Christus durch Tod und Auferstehung und die Sendung des Heiligen Geistes (die Gründung der Kirche) vollbracht hatte. Was „die übrigen der Menschen" und „alle Nationen" betrifft, sahen die Apostel erfüllt in dem, was sie erlebt HATTEN – nicht in etwas, das noch kommen sollte, nachdem die Kirche durch eine Entrückung nicht mehr auf der Erde ist. (Alttestamentliche Gläubige werden mit eingeschlossen. Sie haben zu ihren Lebzeiten die Erfüllung der Verheißungen nicht bekommen, weil Gott auf die Gemeinde wartete: Hebräer 11:40 „da Gott für uns etwas Besseres vorgesehen hat, damit sie **nicht ohne uns** vollendet werden sollten.") Gott bleibt Seinen Verheißungen und Seinem Bund treu – wegen Abraham. Diese Verheißungen hat Er erfüllt in uns, den Nachkommen Abrahams![19]

---

[19] Das Neue Testament behandelt die Frage der Erfüllung der alttestamentlichen Verheißung vor allem im Galaterbrief. Paulus zeigt uns klar und ausführlich, wie diese Erfüllung aussieht und was die Bedingungen sind. Er macht nicht – und andere neutestamentliche Schreiber auch nicht – die geringste Andeutung, dass eine Erfüllung außerhalb der Kirche zu suchen ist. Den Galaterbrief kann man nicht auf einen zukünftigen jüdischen Überrest anwenden. Der ganze Charakter dieses Briefes ist eindeutig „Kirche". Woher soll man also die „Theologie" für die Erfüllung der Verheißungen in einem „irdischen" Überrest nehmen? Jedenfalls nicht aus dem Neuen Testament. Aus dem Alten Testament etwa? Was ist dann mit der Offenbarung im Neuen? Wir kommen nicht darum herum: die ersten Christen, alles Juden mit einer Tradition und einem Hintergrund, die wir nicht teilten, haben nach der Belehrung des Herrn und nach der Taufe durch den Heiligen Geist die Erfüllung in der Kirche gesehen. Das war nie ein Problem für sie. Die dispensationalistische Sicht teilt Gläubige in drei Gruppen auf:

Ihr aber, Brüder, seid wie Isaak Kinder der Verheißung. (Galater 4:28)

Folgende Stelle, wenn man sie oberflächlich betrachtet und nicht in Zusammenhang mit anderen Bibelstellen bringt, scheint auf „Bedingungslosigkeit" hinzuweisen:

> Dann werde ich an meinen Bund mit Jakob denken. Und auch an meinen Bund mit Isaak und auch an meinen Bund mit Abraham werde ich denken, und an das Land werde ich denken. Denn das Land muss von ihnen verlassen sein, damit es in seiner Verödung ohne sie seine Sabbate ersetzt bekommt, und sie selbst werden ihre Schuld bezahlen, darum, ja deshalb, weil sie meine Rechtsbestimmungen verworfen haben und ihre Seele meine Ordnungen verabscheut hat. **Aber selbst auch dann**, wenn sie in dem Land ihrer Feinde sind, **werde ich sie nicht verwerfen** und sie nicht verabscheuen, ein Ende mit ihnen zu machen, meinen Bund mit ihnen ungültig zu machen; denn ich bin der HERR, ihr Gott. Und ich werde zum Guten für sie an meinen Bund mit den Vorfahren denken, die ich aus dem Land Ägypten vor den Augen der Nationen herausgeführt habe, um ihr Gott zu sein. Ich bin der HERR. (3.Mose 26: 42-45)

Man muss den Kontext richtig verstehen. Gott spricht hier etwas an, das sich zu alttestamentlichen Zeiten erfüllt hat – nämlich die Wegführung Israels und Judas. Er spricht nicht von einem Zustand, der auf die Zeit zwischen 70 n. Chr. und 1948 anzuwenden ist. Man kann diese Aussagen Gottes nicht auf diese „Zwischenzeit" anwenden, weil etwas davor passiert ist: der Neue Bund wurde eingeführt. WURDE – nicht wird noch.

---

1) vor dem Kreuz,

2) nach Pfingsten und

3) nach der Entrückung.

Obwohl Dispensationalisten darauf hinweisen, dass Gläubige aus der Drangsalszeit eine Charakterähnlichkeit mit alttestamentlichen Gläubigen haben sollen, besteht doch ein wesentlicher Unterschied. Das Neue Testament spricht nur darüber, dass die Gläubigen vor dem Kreuz mit uns, uns Christen, vollendet werden. Keine dritte Gruppe wird erwähnt. Es gibt nichts im Neuen Testament, was auf so eine Gruppe von Menschen schließen lässt. Eine Gruppe, die jüdische Elemente mit Christus vermischt – etwas, das z.B. der Hebräerbrief strengstens verurteilt, wird es nicht geben. Das Neue Testament gibt einfach nichts her, was diese These unterstützen könnte, dass es früher ein Volk mit Opfern und Diensten gab, „Schatten", die auf Christus und Sein Werk hinwiesen; dass es jetzt ein Volk gibt, das die Erfüllung der Schatten erfuhr und die Dienste ablegen sollte, gerade weil die Erfüllung stattgefunden hatte; und dass es dann schließlich ein Volk geben wird, das die Erfüllung mit den Schatten verbindet.

Die sehr bekannte Stelle in Jeremia 31:31-33 sagt:

> Siehe, Tage kommen, spricht der HERR, da schließe ich mit dem Haus Israel und mit dem Haus Juda einen neuen Bund: nicht wie der Bund, den ich mit ihren Vätern geschlossen habe an dem Tag, als ich sie bei der Hand fasste, um sie aus dem Land Ägypten herauszuführen, – diesen meinen Bund haben sie gebrochen, obwohl ich doch ihr Herr war, spricht der HERR. Sondern das ist der Bund, den ich mit dem Haus Israel nach jenen Tagen schließen werde, spricht der HERR: Ich werde mein Gesetz in ihr Inneres legen und werde es auf ihr Herz schreiben. Und ich werde ihr Gott sein, und sie werden mein Volk sein.

Dieser neue Bund ersetzt alle anderen völlig! Alt und Neu laufen nicht parallel! Das taten sie nur eine kurze Zeit, nämlich zwischen Pfingsten und 70 n. Chr. – ähnlich wie die Zeit, die Ismael (ein Bild von dem „alten") mit Isaak (dem Kind der Verheißung, das Neue) verbrachte.

Das Neue HAT das Alte abgelöst. Kann man diese Behauptung einfach machen? Ja, denn im Hebräerbrief 8:6-10 steht:

> Jetzt aber hat er einen vortrefflicheren Dienst erlangt, wie er auch Mittler eines besseren Bundes ist, der aufgrund besserer Verheißungen gestiftet worden ist. Denn wenn jener erste Bund tadellos wäre, so wäre kein Raum für einen zweiten gesucht worden. Denn tadelnd spricht er zu ihnen: „Siehe, es kommen Tage, spricht der Herr, da werde ich mit dem Haus Israel und mit dem Haus Juda einen neuen Bund schließen, nicht nach der Art des Bundes, den ich mit ihren Vätern machte an dem Tag, da ich ihre Hand ergriff, um sie aus dem Land Ägypten herauszuführen; denn sie blieben nicht in meinem Bund, und ich kümmerte mich nicht um sie, spricht der Herr. Denn dies ist der Bund, den ich dem Haus Israel errichten werde nach jenen Tagen, spricht der Herr: Meine Gesetze gebe ich in ihren Sinn und werde sie auch auf ihre Herzen schreiben; und ich werde ihnen Gott und sie werden mir Volk sein."

Wenn man „einen besseren Bund" hat, braucht man folglich einen alten, einen, der zu „tadeln" war, nicht mehr. Dieser neue Bund erfüllt auch all das Gute und all die Verheißungen aus dem Alten. Mit dem Kommen des Herrn Jesus Christus in diese Welt bricht das Neue an:

> Er hat sich Israels, seines Knechtes, angenommen, um der Barmherzigkeit zu gedenken – wie er zu unseren Vätern geredet hat – gegenüber **Abraham** und seinen

> Nachkommen in Ewigkeit. (Lukas 1:54-55)

> …um Barmherzigkeit zu üben an unseren Vätern und seines heiligen **Bundes** zu gedenken… (Lukas 1:72)

Hier finden wir wieder die Verbindung mit Abraham. Christus ist gekommen auf Grund dessen, was Abraham versprochen wurde. Mit dem Kommen des Herrn beginnt die Erfüllung des Bundes.

Durch Seinen Tod, Auferstehung und Himmelfahrt HAT Jesus Christus den neuen Bund eingeführt:

> Ebenso auch den Kelch nach dem Mahl und sagte: Dieser Kelch ist **der neue Bund** in meinem Blut, das für euch vergossen wird. (Lukas 22:20)

Die ersten Christen – alles Juden – betrachteten die Verheißung als erfüllt und den neuen Bund als gekommen:

> Denn euch gilt die Verheißung und euren Kindern und allen, die in der Ferne sind, so viele der Herr, unser Gott, hinzurufen wird. (Apg. 2:39)

> Ihr seid die Söhne der Propheten und des Bundes, den Gott euren Vätern verordnet hat, als er zu Abraham sprach: Und in deinem Samen werden gesegnet werden alle Geschlechter der Erde. (Apg. 3:25)

Hier ist NICHT die Rede von einem angeblichen zukünftigen jüdischen Überrest. Es heißt nämlich: „euch“ und „euren Kindern“ und „ihr seid“. Für die Juden, die an Christus glaubten und Ihn annahmen, ging all das Versprochene in Erfüllung.

Die Sicht der Dispensationalisten ist die, dass hier an dieser Stelle in der Apostelgeschichte das Reich den Juden noch einmal angeboten wird – ein Angebot, welches sie eindeutig durch die Steinigung des Stephanus abgelehnt hatten. Seit dieser Ablehnung sehen Dispensationalisten eine Veränderung im Charakter des Reiches. Sie meinen, die Christen leben jetzt in einer „Zwischenzeit“. Die Verheißungen an Israel sind vorübergehend aufgehoben. Gott wird sie Israel noch einmal anbieten – und dann werden sie sie annehmen.

Es gibt tatsächlich eine Übergangszeit, aber nicht von der Art, wie Dispensationalisten behaupten. Diese Zeit dauerte von Pfingsten bis zur Vernichtung Jerusalems in 70 n. Chr. Es war die Zeit von „den Juden zuerst“.[20] Diese Zeit ging zu Ende, als die Mehrheit des Volkes das ablehnte, was für sie gedacht und bestimmt war. Die ersten Christen sahen den vollen Besitz von all dem, was Gott in der Vergangenheit verheißen hatte, an sich selbst erfüllt. Dies kommt auch im Abendmahl zum Ausdruck. Der Apostel Paulus gibt keine neuen oder anderen Anweisungen. Der neue Bund ist **jetzt** für **uns**, – nicht für andere später. Wir haben jetzt nicht irgendwie Teil daran oder einen gewissen Vorgeschmack davon – wir haben ihn ganz!

> Ebenso auch den Kelch nach dem Mahl und sprach: Dieser Kelch ist der **neue Bund** in meinem Blut, dies tut, sooft ihr trinkt, zu meinem Gedächtnis! (1. Korinther 11:25)

Gott hat gesagt, Er würde Seinem Bund treu bleiben – egal, was das Volk anstellen würde. Das hat Er auch getan. Im neuen Bund ist alles erfüllt worden. Es gibt keinen Bund oder etwas im Bund, was noch aussteht. Gott hat alle Seine Verheißungen gehalten und wahr gemacht – in Christus und in der Kirche. Es gibt nichts – und wirklich nichts – was im neuen Testament darauf hindeuten könnte, dass noch etwas aussteht – und erst recht nicht in Bezug auf einen angeblichen zukünftigen Überrest, der nichts mit der Kirche zu tun hat.[21]

Alle neutestamentlichen Autoren schreiben selbstverständlich und offensichtlich so, dass die Erfüllung JETZT da ist! Wenn das neue Testament davon spricht, dass „ganz Israel“ noch errettet wird und dass „die Decke“ von Israel weggenommen wird (2. Korinther 3:16), was bedeutet das? Dass sie später einen besonderen Platz bekommen werden? Dass sie ein „Extra“ neben der Kirche bilden? Nein! Sie werden dann Teil der Kirche, Teil von dem, was Gott in Christus geschaffen hat. Sie werden Teil haben an dem, was ihre Brüder, die glaubten, jetzt schon genießen![22]

---

[20] Dieses „Juden-zuerst-Prinzip“ wird von Dispensationalisten als heute noch gültig angesehen. Dieser Begriff kommt nur im Römerbrief vor. Wenn dieses Prinzip noch gelten soll, dann leider nicht nur das Positive, sondern auch Römer 2:9 „Bedrängnis und Angst über die Seele jedes Menschen, der das Böse vollbringt, sowohl des Juden zuerst als auch des Griechen.“

[21] Darby machte seine Ansichten darüber ganz klar: „Dieser Überrest hat weder die himmlischen Segnungen noch die Hoffnung der Kirche“ (Collected Writings 2:120 „The Rapture of the Saints and the Character of the Jewish Remnant“).

[22] Wieso scheint es für Dispensationalisten so wünschenswert, das zu trennen, was Gott in Christus vereint hat? Gott hat aus zweien Eins gemacht, eine neue Schöpfung – etwas Großartiges (Eph. 2:14)! Das Neue löst das Alte ab, weil es besser ist. Wenn es wirklich einen jüdischen Überrest in der Zukunft geben

soll, bedeutet dies, dass es etwas Besseres ist. Unmöglich! Um diesen Umstand zu umgehen, muss man dann die Kirche als eine „Zwischenschaltung" ansehen, etwas, das nicht dazugehört. Die Bibel liefert **KEINE** Rechtfertigung für diese Sicht!

# Kapitel 7
# In Christus

Die Verheißung Gottes an Abraham wird in dem Samen (Singular) und nicht in den Samen (Plural) erfüllt:

> Abraham und seinem Nachkommen wurden die Verheißungen zugesprochen. Es heißt nicht: und den Nachkommen, als wären viele gemeint, sondern es wird nur von einem gesprochen: und deinem Nachkommen; das aber ist Christus. (Galater 3:16)

Der Same ist Christus und nicht die Nation oder das personifizierte Israel. (Christus ist Israel. Er war in all den Punkten treu, wo sie versagt hatten. Rabbinische Schreiber sahen Christus – den zu erwartenden Messias – als den wahren Samen Abrahams. In ihm war die Nation zusammengefasst und erfüllte ihren Zweck.) **Alle** alttestamentlichen Verheißungen erfüllen sich in Christus:

> Denn so viele Verheißungen Gottes es gibt, in ihm ist das Ja, deshalb auch durch ihn das Amen, Gott zur Ehre durch uns. (2. Korinther 1:20)

„durch uns" = „statt dessen hat die Schrift alles der Sünde unterworfen, damit durch den Glauben an Jesus Christus die Verheißung **sich an denen erfüllt, die glauben**." (Galater 3:22).

Die Erfüllung ist in Christus durch uns – die Kirche – zu Gottes Ehre.

**Christus = Haupt und Leib zusammen:**

> Denn wie der Leib eine Einheit ist, doch viele Glieder hat, alle Glieder des Leibes aber, obgleich es viele sind, einen einzigen Leib bilden: so (ist) auch der Christus. (1. Korinther 12:12)

Denn ihr alle, die ihr auf Christus getauft seid, habt Christus (als Gewand) angelegt. Es gibt nicht mehr Juden und Griechen, nicht Sklaven und Freie, nicht Mann und Frau; denn ihr alle seid „einer" in Christus Jesus. Wenn ihr aber zu Christus gehört, dann seid ihr Abrahams Nachkommen, Erben[23] kraft der Verheißung. (Galater 3:27-29)

. . .so sind wir, die vielen, ein Leib in Christus, als einzelne aber sind wir Glieder, die zueinander gehören. (Römer 12:5)

Keiner hat je seinen eigenen Leib gehasst, sondern er nährt und pflegt ihn, wie auch Christus die Kirche. (Epheser 5:29)

Da ist nicht mehr Grieche oder Jude, Beschnittene oder Unbeschnittene, Fremde, Skythen, Sklaven oder Freie, sondern Christus ist alles und in allen. (Kolosser 3:11)

Die Segnungen für die Nationen kommen durch (und in) Christus:

Und da die Schrift vorhersah, dass Gott die Heiden aufgrund des Glaubens gerecht macht, hat sie dem Abraham im Voraus verkündet: Durch dich sollen alle Völker Segen erlangen. Also gehören alle, die glauben, zu dem glaubenden Abraham und werden wie er gesegnet. (Galater 3:8-9)

Die Verheißungen an Abraham und seine Nachkommen (Israel) und die Segnungen für die Nationen sind beide durch und in Christus. Wer Christus hat, hat die Erfüllung. Die dispensationalistische Sicht, die einen gläubigen Überrest Israels in der Zukunft erwartet, geht fehl in diesem sehr wichtigen Punkt, denn diese Gläubigen sind nicht „in Christus". Sie werden nicht in Christus zu einem Leib getauft. Sie bilden nicht Seinen Leib und sind nicht Glieder voneinander.

Der Begriff „in Christus" (ohne die Aspekte des Einzelnen zu missachten) betont mehr die Gemeinschaft, die Kommunität, die neue Schöpfung, und weniger den einzelnen Christ. Was macht aber die Gemeinschaft aus? Wodurch sind wir „ein Leib"? Durch den Heiligen Geist, der in uns wohnt und uns zu einem Leib tauft. Der gläubige Überrest, den Dispensationalisten erwarten, wird aber den Geist auf diese Art und Weise

[23] Als ein Nicht-Israelit, der an Christus glaubt, bin ich zu einem Kind Abrahams geworden und habe dadurch Anspruch auf die Verheißungen als Erbe. Welche Verheißungen? Von was bin ich Erbe? Von etwas Neuem? Ich bin Erbe der Verheißungen an Abraham.

nicht haben. Sie sind also nicht „in Christus" im neutestamentlichen Sinn. Aber alles erfüllt sich „in Christus". Ein Überrest dieser Art ist somit unmöglich.

Alle Dispensationalisten, die ich kenne, haben eine tiefe und echte Hochachtung für den Herrn Jesus Christus und was Er getan hat. Ihre Hingabe an Ihn ist beispielhaft und nachahmenswert. Dennoch unterschätzen sie (wenn auch unbewusst) die Tragweite Seiner Menschwerdung und die Auswirkungen von „in Christus" bezüglich der Verheißungen an Israel. Sie sind bereit zu bestätigen, dass die Verheißungen sich in Christus erfüllen – aber nur als eine Teilerfüllung. Die vollständige Erfüllung erwarten sie in der Zukunft in einem gläubigen jüdischen Überrest, der überhaupt nicht mit der Kirche verbunden ist.[24]

Dies ist eine Untertreibung (gewiss ungewollt und ohne Absicht) der gewaltigen Tatsache, dass Gott der Sohn Mensch wurde – und eine Untertreibung des „Geheimnisses" von Christus und Seiner Gemeinde als „ein Fleisch" (Epheser 5:31-32). Ein Reaktion wie: „Ja, das stimmt alles[25], ABER . . ." deutet an, dass die Erfüllung in Christus für Dispensationalisten nicht genug ist, dass eine Erfüllung (materiell) in Israel (national) irgendwie noch notwendig ist.

Diese Verwirrung wird dadurch verursacht, dass Israel scheinbar eine Extra-Einheit bildet. Sie wird verursacht, indem man die Kirche als eine Unterbrechung oder einen Ersatz betrachtet. Wenn man die Kirche richtig erkennt als die „göttliche Entwicklung" des gläubigen Israel, wird einiges klarer. Nur das gläubige Israel hatte ein Recht auf die Verheißungen. Die Kirche hat Israel nicht ersetzt. Israel wurde zur Kirche. Die Gläubigen in Israel reiften zur Kirche.

Die, die Christus verwarfen, verloren alle Ansprüche auf alle Verheißungen und Rechte. (Apg. 13:46: „Paulus aber und Barnabas sprachen freimütig: Zu euch musste notwendig das Wort Gottes zuerst geredet werden; weil ihr es aber **von euch stoßt** und euch selber des ewigen Lebens nicht für würdig haltet, siehe, so wenden wir uns zu den Nationen.")

---

[24] „Dieser Überrest hat weder die himmlischen Segnungen noch die Hoffnung der Kirche" (Collected Writings 2.120 „The Rapture of the Saints and the Character of the Jewish Remnant").

„Die Gegenwart ist die Dispensation der Berufung eines himmlischen Volkes. Als Konsequenz hat Gott Sein irdisches Volk, die Juden, beiseite gesetzt. Die jüdische Nation wird niemals ein Teil der Kirche werden" (Collected Writings 2:345 „The Hopes of the Church of God").

[25] Alles = Menschwerdung, Erfüllung in Christus, ein Fleisch usw.

Es ist nicht so, dass die Kirche einen anderen Weg einschlug und sich trennte, sondern die Ungläubigen wurden durch ihren Unglauben von Israel (Israel, wie Gott es sieht und anerkennt, nämlich das gläubige Israel) abgeschnitten. Was dieser ungläubige Teil jetzt tut, hat keine Auswirkungen auf die Verheißungen. Wenn man die Apostelgeschichte liest, wird sehr deutlich, dass die ersten Christen (alles Juden) sich als solche betrachteten, die die Erfüllung der Verheißungen an die Väter empfangen **hatten** (Vergangenheitsform). Sie betrachteten sich NICHT als getrennt von dem Alten. Ihre ungläubigen Brüder waren diejenigen, die sich abgesondert hatten. Alle neutestamentlichen Stellen, die von Erfüllung sprechen als durch und in Jesus Christus, alle Stellen, die von der totalen Identifikation des Gläubigen mit Christus sprechen und dass man die Verheißungen durch diese Identifikation bekommt – sie alle werden außer Kraft gesetzt, wenn man behauptet, dass die eigentliche Erfüllung erst in der Zukunft in einem Überrest Israels stattfindet. Einen Überrest, der sich nicht in einer Beziehung vom Leib zum Haupt befindet, ein Überrest, der nicht das Vorrecht hat „in einen Leib getauft" zu sein, wie die Gläubigen heute in der Kirche, gibt es nicht! Es gibt auch nicht eine einzige Stelle im Neuen Testament, die andeutet, dass es eine Zukunft für gläubige Israeliten außerhalb oder als Sondergruppe zur Kirche gibt. Die Kirche besteht jetzt (nachdem Christus gestorben, auferstanden und verherrlicht worden ist und der Heilige Geist gekommen ist) aus allen gläubigen Christen und gläubigen Israeliten. Alle scheinbaren Ansprüche auf eine Extra-Zukunft eines gläubigen Überrestes sind daher von alttestamentlichen Stellen abgeleitet, ohne dabei die neutestamentliche Bedeutung von „in Christus" und was dies beinhaltet, zu berücksichtigen. Sogar die Erfüllung der Verheißung des Landes, wie im Alten Testament dem Abraham zugesagt, wird im Neuen Testament als NICHT wörtlich zu nehmen dargestellt.

In Hebräer 11:8-10; 13-14 + 16 lesen wir:

> Durch Glauben war Abraham, als er gerufen wurde, gehorsam, auszuziehen an den Ort, den er zum Erbteil empfangen sollte; und er zog aus, ohne zu wissen, wohin er komme. Durch Glauben siedelte er sich im Land der Verheißung an wie in einem fremden und wohnte in Zelten mit Isaak und Jakob, den Miterben derselben Verheißung. . .
>
> Diese alle sind im Glauben gestorben und haben die Verheißungen nicht erlangt, sondern sahen sie von fern und begrüßten sie und bekannten, dass sie Fremde und ohne Bürgerrecht auf der Erde seien. Denn die, die solches sagen, zeigen deutlich, dass sie ein Vaterland suchen . . .

> Jetzt aber trachten sie nach einem besseren, das ist nach einem himmlischen. Darum schämt sich Gott ihrer nicht, ihr Gott genannt zu werden, denn er hat ihnen eine Stadt bereitet.

Das Zeugnis der Apostel (nachdem der Heilige Geist gekommen war, der alle Gläubigen in eins getauft und sie mit Christus, ihrem Haupt im Himmel, verbunden hat) war: „So verkünden wir euch das Evangelium: Gott **hat** die Verheißung, die an die Väter ergangen ist, an uns, ihren Kindern, erfüllt, indem er Jesus auferweckt hat, wie es schon im zweiten Psalm heißt: Mein Sohn bist du, heute habe ich dich gezeugt (Apg.13:32-33)."

Bemerke: „**HAT**", nicht „wird". Die Verheißungen an die Väter sind in Christus und in der Kirche, die Sein Leib ist, erfüllt.

## Kapitel 8
# Ein jüdischer Überrest?

Ich habe den Überrest in den vergangenen Kapiteln oft erwähnt. Um was geht es hier? Warum ist diese Sache so wichtig?

Für Darby war der Glaube an die „Vor-der-Drangsal-Entrückung“ unzertrennlich mit dem Glauben an einen zukünftigen jüdischen Überrest verbunden. Er wiederholt in seinen Schriften, dass die Bibel ganz klare und eindeutige Aussagen über diesen Überrest macht und dass nur die, die nicht von Gott belehrt sind (oder sich nicht belehren lassen), diese Wahrheit nicht erkennen.

Sein Glaube an einen zukünftigen jüdischen Überrest war die Voraussetzung für die Entwicklung seiner Entrückungssicht und nicht umgekehrt. Zuerst kam der Überrest und dann die Entrückung. Solche, die eine „Vor-der-Drangsal-Entrückung“ als unbiblisch ablehnen, werden von Dispensationalisten als unwissend oder (von „Brüdern“) als ungeistlich angesehen. Mir wurde der Vorwurf gemacht, ich hätte „DIE Hoffnung“ aufgegeben. Warum? Glaube ich nicht mehr, dass der Herr wiederkommen wird? Natürlich tue ich das! Doch in dieser Diskussion geht es nicht primär um das Wiederkommen des Herrn. Das ist nicht der Knackpunkt. Es geht vielmehr darum, ob es einen jüdischen Überrest gibt oder nicht. Darby behauptete:

> Die Verleugnung eines klar definierten jüdischen Überrests mit jüdischem Glauben, jüdischen Hoffnungen, ruhend auf jüdischen Verheißungen reduziert die Kirche zu dieser [jüdischen] Ebene. Der Wert und die Kraft von geistlichen Segnungen in den himmlischen Örtern in Christus und die Stellung des Leibes Christi in Verbindung mit Ihm werden geleugnet und gehen verloren . . .Die große Absicht des Feindes . . .in der Leugnung eines klar definierten jüdischen Überrests mit jüdischen Hoffnungen und jüdischer Pietät ist die Leugnung und Vernichtung des richtigen Glaubens der Kirche Gottes und stellt die Kirche beiseite.[26]

Diese Behauptungen sind einschüchternd, aber dennoch unhaltbar. Darby geht in seinen Ausführungen vorwiegend vom alten Testament aus. Natürlich gibt es dort Aussagen über einen gläubigen Überrest. Es handelt sich um eine Gruppe von Menschen die treu bleiben, während die Mehrheit Gott und Seinen Willen ablehnt. Von einem

[26] Collected Writings 11:122 „The Rapture of the Saints and the Character of the Jewish Remnant“.

Überrest lesen wir auch in der Apostelgeschichte. Aber die biblischen Aussagen über den Überrest sind schon in Erfüllung gegangen! Obwohl Darby das Werk des Herrn über alles stellte, hat er die Tragweite davon nicht ausreichend auf die Aussagen im Alten Testament angewandt. So muss man seinen Vorwurf zurückweisen, dass die, die seine Sicht eines jüdischen Überrests nicht teilen, den wahren Charakter der Kirche nicht kennen. Im Gegenteil, Darby hat die wirkliche Tragweite des „Neuen“ in und durch Christus nicht erkannt. Wenn man Dispensationalisten heute anschaut, findet man genau diese „Reduzierung“ der Christen auf eine „jüdische Ebene“. Sie eifern in der Regel mehr für Israel und das Jüdische und was angeblich noch alles kommen wird und vernachlässigen dabei ihre Aufgaben in dem Reich, das Christus jetzt eingeführt HAT. Sie feiern jüdische Feste und unterstützen Israel, wo sie nur können. Darby hatte erhabene Gedanken über die Kirche, aber die Mehrheit der Christen, die seine Ansichten in Bezug auf den Überrest teilen, sind weit, weit von seiner Sicht der Kirche entfernt. Darbys Ansichten haben genau das in der Kirche bewirkt, wovor er gewarnt hatte – nämlich ein „Jüdisch-Werden“[27].

Darby und Dispensationalisten schreiben viel über die „bedingungslosen“ Verheißungen Gottes an Israel und ihre Erfüllung in einem zukünftigen Überrest. Aber wie wir in einem früheren Kapitel gesehen haben, waren diese Verheißungen alles andere als bedingungslos. Sie hingen von der Treue des Volkes ab. Darby unterschied zwischen den Verheißungen an Abraham (bedingungslos) und denen an Mose (mit Bedingungen verknüpft). Nur was Abraham verheißen wurde war bedingungslos.

> Gericht ist über Israel gekommen wegen ihrer Sünden. Durch dieses Gericht werden die Beziehungen, die es zwischen Gott und Israel unter dem Gesetz gab, diese Beziehungen, deren Existenz ausdrücklich von dem Gehorsam des Volkes abhing (2. Mose 19:5), völlig unterbrochen und sogar beendet.[28]

Christus „war die Vollendung aller Verheißungen; die Juden haben alle Anrechte darauf verloren und müssen auf dem Grund der Barmherzigkeit kommen wie alle anderen armen Sünder“ („‚The Grace that is in Christ Jesus.' Notes of a Reading on 2. Timotheus 2“[29]).

---

[27] Damit ist eine Einstellung oder Haltung gemeint, die der Hebräerbrief das „Lager“ nennt (Hebräer 13:13). Wenn Christen bewusst Jüdische Feste feiern und andere Riten einhalten, ist das ein Zurückkehren zum Lager. Israel zu unterstützen im Sinne von Hilfeleistung ist eine ganze andere Sache.

[28] Collected Writings 4:276 „Observations on a Tract, Entitled, ‚Plymouthism in View of the Word of God'“.

[29] Aus der Rubrik „New Writings“ auf „The Darby Disk“ von STEM Publishing.

Auch die Beziehung zu Gott durch das Königtum fällt unter dieses Urteil (Collected Writings 4:276-277).

Wenn Darby von einem Überrest in der Zukunft spricht, spricht er von einem mit „jüdischen Hoffnungen" und dieser beinhaltet viele, viele Dinge, die mit Mose oder der Zeit des Königtums zu tun haben und nicht mit Abraham. Die Zukunft für Israel (nach Darbys Sicht) wird nicht so aussehen wie zur Zeit Abrahams, sondern wie zur Zeit Salomos und wird Dinge beinhalten, die mit dem Gesetz Moses zu tun haben (z.B. Opferdienst).

Wenn man über die von Dispensationalisten so genannten bedingungslosen Verheißungen redet, können folglich nur die an Abraham gemachten gemeint sein. Das Neue Testament ist ganz klar und eindeutig und lässt KEINE Fragen darüber aufkommen, dass wir Christen jetzt Söhne und Erben Abrahams sind! Die Erfüllung der Verheißungen an Abraham ist in der Kirche zu finden. An dieser Tatsache kann man nicht vorbei ohne dem Wort Gottes Gewalt anzutun. „Jüdisch" im Sinne von Festen und nationalen Charaktereigenschaften lassen sich hier nicht anwenden, denn als Abraham die Verheißungen gegeben wurden, gab es weder Israel noch Juda. Dennoch entspricht das, was Darby und Dispensationalisten in Bezug auf Israel erwarten mehr dem, was man nach der Zeit Moses kennt. Aber Darby sagt selbst, dass, was mit Moses zusammenhing, bedingt war (in „The Grace That is in Christ Jesus." und in Collected Writings 4:273) und verloren gegangen ist (Collected Writings 4:276).

Eigentlich bleibt nur übrig, was Abraham verheißen war. Diese Verheißungen haben sich aber bereits in dem Überrest, von dem die Apostelgeschichte berichtet, erfüllt und zwar in den Juden, die an Christus glaubten – und in uns, die Abraham jetzt zugezählt werden. Darbys Prinzip in Bezug auf Dispensationen war: „Er [Gott] stellt nicht wieder her, was gefallen ist, sondern führt etwas Besseres ein (Collected Writings 4:284)."

Obwohl nach seiner Sicht der Zustand für Israel nach der Drangsalszeit besser sein wird als in alttestamentlichen Zeiten, ist dieser Zustand offensichtlich NICHT von der „Qualität", die wir jetzt in der Kirche genießen! „Israel", die „Juden" werden nie (nach Darbys Sicht) das haben, was wir jetzt haben. Wo ist hier das Bessere? In Collected Writings 4:272-273 schrieb Darby:

> Sind wir unter einer jüdischen Dispensation? Ist es nicht wahr, dass Gott die jüdische Dispensation oder die Dispensation des Gesetzes durch die christliche ersetzt hat? Jeder weiß, dass es so ist. Und wer jetzt vorgeben würde die jüdische Dispen-

> sation wiederherzustellen, wäre der Sünde schuldig . . .Gott hat eine gefallene Dispensation verdrängt oder beiseite gesetzt und eine andere dafür aufgestellt. Es wäre eine Sünde, zu wünschen, dass Gott das wiederherstellt, was Er verdrängt hat, außer es wäre uns erlaubt, wieder Juden zu werden.

Hier formuliert Darby sehr klar seine Sicht in Bezug auf das Jüdische in unserer Zeit, aber dennoch glaubte er, dass später eine Wiederherstellung des Jüdischen richtig und keine Sünde mehr sei. Dabei wird das göttliche Prinzip von: „Denn wenn ich das, was ich abgebrochen habe, wieder aufbaue, so stelle ich mich selbst als Übertreter hin (Galater 2:18)", völlig missachtet. Auch die Beurteilung von Galater 4:9 über ein „Sich-wieder-Hinwenden" „zu den schwachen und armseligen Elementen" wird missachtet, denn Dispensationalisten glauben, dass es diese Wiederherstellung der alten Dinge geben wird. (Oft wird Apg. 3:21 benutzt, um diese Sicht zu unterstützen: „Den [Christus] muss freilich der Himmel aufnehmen bis zu den Zeiten der Wiederherstellung aller Dinge, von denen Gott durch den Mund seiner heiligen Propheten von jeher geredet hat."[30]) Die vermeintlichen Zustände in der Zukunft werden nicht an die Zeit der Kirche erinnern, sondern an alttestamentliche Zustände und Bräuche. Wenn es aber diesen jüdischen Überrest nicht gibt?

Wie viel Zeit und Energie und Aufwand haben Christen für eine falsche Sache vergeudet!

Was ist schlimmer als eine Lüge für die Wahrheit zu halten? Was ist schlimmer als Fiktion für Realität zu halten?

Darby hatte Recht, wenn er sagte, dass das Anerkennen oder Nicht-Anerkennen dieses Überrestes von größter Wichtigkeit sei, was die Auswirkungen auf die Kirche und den einzelnen Christen betrifft. Hier kann man keine Kompromisse schließen, hier kann man sich nicht auf halbem Weg treffen. Denn entweder gibt es diesen Überrest – ganz

---

[30] Als Antwort auf die Behauptung eines Christen, dass Christus alle Prophezeiungen im Gesetz und in den Propheten erfüllt hat, schrieb Rabbi Chaim Richman (in „The Restoration" Newsletter, September 1995), dass Christus nichts erfüllt hat, weil keine Veränderung in der Welt und im Judentum festzustellen ist. Er schrieb weiter, dass der Gedanke, dass Christus (der Messias) ein zweites Mal kommen wird um zu erfüllen, was er beim ersten Mal nicht erfüllt hat, nicht im Alten Testament zu finden ist. Der Messias kommt einmal um zu erfüllen, was zu erfüllen ist. Das ist die jüdische Sicht. Also eine Erwartung, wie die Dispensationalisten sie haben, wird nicht durch das Alte Testament unterstützt. Aber ein zweites Kommen in dieser Hinsicht ist auch nicht notwendig, denn Christus HAT alles durch Sein erstes Kommen erfüllt! Wenn er wiederkommt, dann um Gericht zu halten und den ewigen Zustand einzuführen.

getrennt von der Kirche – oder es gibt ihn nicht.

Es wird sehr viel aus den Worten des Apostels Paulus „dem Juden zuerst als auch dem Griechen“ (Römer 1:16; 2:9-10 kommt nur an diesen Stellen vor) heraus interpretiert. Viele Christen sind der Überzeugung, dass dieses Prinzip den „Juden zuerst“ heute noch als Vorrecht gilt, ohne den Zeit-Kontext zu beachten. Paulus schrieb diese Worte BEVOR er nach Rom ging.

Nachdem er in Rom angekommen war, lesen wir in Apostelgeschichte 28:16-28:

> Es geschah aber nach drei Tagen, dass er die, welche die Ersten der Juden waren, zusammenrief. Als sie aber zusammengekommen waren, sprach er zu ihnen: Ihr Brüder! Ich, der ich nichts gegen das Volk oder die väterlichen Gebräuche getan habe, bin gefangen aus Jerusalem in die Hände der Römer überliefert worden. Die wollten mich, nachdem sie mich verhört hatten, loslassen, weil keine todeswürdige Schuld an mir war. Als aber die Juden widersprachen, war ich gezwungen, mich auf den Kaiser zu berufen, nicht als hätte ich gegen meine Nation etwas zu klagen. Um dieser Ursache willen nun habe ich euch herbeigerufen, euch zu sehen und zu euch zu reden; denn wegen der Hoffnung Israels trage ich diese Kette. . .Als sie ihm aber einen Tag bestimmt hatten, kamen mehrere zu ihm in die Herberge, denen er das Reich Gottes auslegte und bezeugte. Und er suchte sie zu überzeugen von Jesus, sowohl aus dem Gesetz Moses als auch den Propheten, von frühmorgens bis zum Abend. Und einige wurden überzeugt von dem, was gesagt wurde, andere aber glaubten nicht. Als sie aber unter sich uneins waren, gingen sie weg, als Paulus ein Wort sprach: . . . ‚Denn das Herz dieses Volkes ist dick geworden, und mit den Ohren haben sie schwer gehört, und ihre Augen haben sie geschlossen, damit sie nicht etwa mit den Augen sehen und mit den Ohren hören und mit dem Herzen verstehen und sich bekehren und ich sie heile.’ So sei euch nun kund, dass dieses Heil Gottes den Nationen gesandt ist; sie werden auch hören.

Ist diese Wende wichtig oder ist sie einfach nur das geplante Hinausgehen zu den Nationen? Sie ist sehr wichtig! Die Nationen waren schon lange vor dieser Zeit ein Teil der Kirche. Das Evangelium hatte sie lange vorher erreicht, wie Apostelgeschichte 10 und 11 dokumentiert:

> Die Apostel aber und die Brüder, die in Judäa waren, hörten, dass auch die Nationen das Wort Gottes angenommen hatten; . . .Als sie aber dies gehört hatten, beruhigten sie sich und verherrlichten Gott und sagten: Dann hat Gott also auch den Nationen

> die Buße gegeben zum Leben. (Apg. 11:1, 18)

Apostelgeschichte 28 weist auf eine wichtige Veränderung hin. „Juden zuerst" gilt heute nicht mehr und galt schon nicht mehr zur Zeit des Apostels Paulus! (Siehe auch Apg. 13:46 und 18:6.) Das Judentum, wie es Paulus kannte, hatte nach 70 n.Chr. aufgehört zu existieren. (1. Thessalonicher 2:16 „aber der Zorn ist **endgültig** über sie gekommen".) Folglich gibt es dieses Judentum nicht mehr! (Und tatsächlich, wie wir wiederholt gesehen haben, ein Neues ist entstanden!)

Dispensationalisten erwarten einen jüdischen Überrest in der Zukunft. Aber wenn Paulus von einem Überrest schreibt, dann beschreibt er diesen Überrest als zu seiner Zeit existierend! Römer 9:27: „Jesaja aber ruft über Israel: Wäre die Zahl der Söhne Israels wie der Sand des Meeres, nur der Überrest wird errettet werden." Römer 11:5: „So ist nun auch **in der jetzigen Zeit** ein Überrest nach Auswahl der Gnade entstanden." Wenn Paulus von etwas in der Zukunft schreibt (seine Zukunft, nicht unbedingt unsere Zukunft, denn was für ihn noch Zukunft war, ist für uns schon Vergangenheit), schreibt er nicht von einem Überrest, sondern:

. . .und so wird **ganz Israel** errettet werden. (Römer 11:26)

Dispensationalisten machen den gleichen Fehler, dass sie wichtige biblische Texte bezüglich Israels und der Juden als noch nicht erfüllt und also als noch zukünftig behandelt. Das heißt, man behandelt Texte, die für den Schreiber damals noch zukünftig waren, als ob sie für uns heute auch noch zukünftig sind ohne zu erkennen, dass sie sich in der Vergangenheit schon erfüllt haben. Alle Zukunftsprognosen, die Christen gemacht haben, sind fehlgeschlagen. Alle, die noch gemacht werden, werden auch fehlschlagen, weil das, was so akribisch als noch zukünftig ausgearbeitet wird, schon längst geschehen ist! Das Neue Testament gibt uns keinen Anlass einen zukünftigen Überrest zu erwarten. Keinen! Dispensationalisten behaupten, dass der Überrest durch Verfolgung zum Glauben an Christus als ihren Messias kommen wird. Paulus macht klar, dass Juden durch Eifersucht zum Glauben kommen:

> Ich sage nun: Sind sie etwa gestrauchelt, damit sie fallen sollten? Das ist ausgeschlossen! Sondern durch ihren Fall ist den Nationen das Heil geworden, um sie zur Eifersucht zu reizen . . .ob ich auf irgendeine Weise sie, die mein Fleisch sind, zur Eifersucht reizen und einige aus ihnen erretten möge. (Römer 11:11, 14)

Als Darby noch ein Kind war, gab es sehr viel Literatur über eine Wiederherstellung der Juden. Viele Christen waren der Ansicht, die Verflachung in der Kirche (Darby war also nicht der einzige, der es bemerkte) sollte sich durch die Bekehrung der Juden ins Gegenteil verwandeln:

> . . .durch ihren Fall ist den Nationen das Heil geworden, um sie zur Eifersucht zu reizen. Wenn aber ihr Fall der Reichtum der Welt ist und ihr Verlust der Reichtum der Nationen, wie viel mehr ihre Vollzahl! . . . Denn wenn ihre Verwerfung die Versöhnung der Welt ist, was wird die Annahme anders sein als Leben aus den Toten? (Römer 11:11-15)

In dieser Atmosphäre ist Darby aufgewachsen. Christen, die also eine Wiederherstellung der Juden erwarteten, erwarteten Segen für die Kirche. Aber sie glaubten auch, dass die Juden, obwohl dann ein Teil der Kirche, einen besonderen Platz haben würden. Sie glaubten, die Juden würden wieder in „ihr" Land zurückkehren. Christen erwarteten eine Erfüllung alttestamentlicher Verheißungen im vollen, wörtlichen Umfang. Es ist diese Diskrepanz, die Darby erkannte. Wie konnte es eine himmlische und eine irdische Mischung geben? Wie konnte die Kirche mit ausgesprochen himmlischen Segnungen gleichzeitig im selben Raum existieren mit einer jüdischen „Kirche" mit ausgesprochen irdischen Segnungen? Für manche war das kein Problem. Aber Darby hatte richtig die erhabene Stellung der Kirche in Gottes Gedanken erkannt. Was war nun für ihn die Lösung? Ganz einfach – die Entrückung. Nimmt man die Kirche von der Erde weg, dann kann ein wiederhergestelltes Israel ihren Platz einnehmen.

Diese Lösung war genial – nur war sie nicht notwendig, denn sie war die Lösung für ein Problem, das es nicht gab. Diese Lösung und Erklärung basierte auf einer selbst konstruierten Theorie. Man hatte sich etwas vorgestellt, nämlich die nationale Wiederherstellung der Juden als Teil von Gottes Plan. Das verursachte nun Probleme in der Auslegung. Darbys Lösung schien dafür jetzt die befriedigendste zu sein. Laut den Ausführungen des Apostels Paulus ist die jüdische Ablehnung des Herrn Jesus Christus als Messias zum Segen für die Nationen geworden. Er schreibt, dass, wenn die Juden Christus annehmen, dies noch größere Segnungen hervorrufen wird. Wie ist dies zu verstehen? Dispensationalisten sehen eine Erfüllung in der Zukunft: die Nationen werden später durch die Juden gesegnet. Die Nationen als Nationen – nicht die Kirche, denn die Kirche ist nicht mehr auf der Erde, wenn dies angeblich geschehen soll. Aber die Rechnung geht nicht auf. Was gibt es Höheres und Großartigeres als das, was wir jetzt in Christus haben? Nichts! Da sind wir uns alle einig, Dispensationalisten und Nicht-Dispensationalisten.

Also das, worauf Paulus anspielt, kann NICHT ein Zustand materiellen Segens hier auf der Erde sein, wie von Dispensationalisten erwartet! Paulus betont sehr stark den geistlichen Aspekt: „Leben aus den Toten". Was Paulus erwartete, war eine Steigerung dessen, was wir in der Kirche haben und NICHT eine Rückkehr zu den „schwachen und armseligen Elementen (Galater 4:9)". Das Erwarten eines jüdischen Überrestes in der Zukunft ist das Warten auf eine Illusion. Es ist gut, dass Buchhandlungen in Amerika die zurzeit sehr populäre Serie „Left Behind" (die dieses Thema des Überrestes zum Inhalt hat) richtig einreihen – unter „Fiktion"!

**Anmerkung**: Es gibt zwei sehr bekannte und wichtige Verse im Neuen Testament, die einem zukünftigen jüdischen Überrest widersprechen:

> Denn so hat Gott **die Welt geliebt,** dass er seinen eingeborenen Sohn gab, damit jeder, der an ihn glaubt, nicht verloren geht, sondern ewiges Leben hat. (Johannes 3:16)

und

> Christus, der **die Gemeinde geliebt** und sich selbst **für sie** hingegeben hat. (Epheser 5:25)

Hier haben wir die Welt allgemein und die Gemeinde oder Kirche ganz konkret. Wir lesen nicht von irgendeiner anderen Gruppe von Menschen. Entweder die Welt allgemein oder die Kirche. Nicht mehr. Wir lesen nirgendwo, dass Christus für irgendeine andere Gruppe gestorben wäre. Nirgends!

Laut Darby's Sicht und die der Dispensationalisten, wird es nach der Entrückung eine Bekehrung unter Juden und Nicht-Juden geben – aber diese Bekehrten werden nie zur Kirche Gottes gehören, sie werden nie Teil am Leib Christi sein. Aber sie sind auch nicht einfach allgemein „Welt", denn die Juden unter ihnen werden angeblich einen besonderen Platz bekommen. Manche Ausleger unter den Dispensationalisten glauben, dass die Gläubigen des Alten Testaments zu diesen Gruppen von „Nach-der-Entrückung-Gläubigen" gehören und dass sie auch nicht bei der Entrückung auferstehen werden, sondern nach den 7 Jahren der Drangsal. Was sie gemeinsam haben, ist ihr angeblicher alttestamentlicher Charakter. Aber in Hebräer 11:40 lesen wir, dass die alttestamentlichen Gläubigen mit uns – die die Kirche ausmachen – vollendet werden. Wir gehören also zusammen. Es gibt keine andere Gruppe!

Wenn das Neue Testament von einem „Überrest“ spricht, dann von Menschen, die in die Kirche aufgenommen werden. Von Menschen, die teilhaben werden an etwas, das wir als Christen jetzt besitzen. Es mag sein, dass sie später daran teilhaben, aber woran sie dann Anteil bekommen, wird nicht etwas anderes sein als was wir jetzt besitzen. Es ist nicht so, dass man „es auch anders sehen kann“. Man muss der Schrift Gewalt antun um herauslesen zu können, dass es eine besondere Gruppe von Erlösten geben wird, die nicht „Kirche“ ist.

Es scheint, als ob manche Christen eine Decke über ihrem Gesicht haben, wenn sie das Neue Testament lesen.

## Kapitel 9
# Die Decke in 2. Korinther 3

> . . .wie Mose, der eine Decke über sein Angesicht legte, damit die Söhne Israels nicht auf das Ende des Vergehenden blicken sollten. Aber ihr Sinn ist verstockt worden, denn bis auf den heutigen Tag bleibt dieselbe Decke auf der Verlesung des Alten Testaments und wird nicht aufgedeckt, weil sie nur in Christus beseitigt wird. Aber bis heute, sooft Mose gelesen wird, liegt eine Decke auf ihrem Herzen. Dann aber, wenn es sich zum Herrn wendet, wird die Decke weggenommen. (2. Korinther 3:13-16)

Wird die Annahme, dass es noch einen zukünftigen jüdischen Überrest geben wird, durch diesen Abschnitt in 2. Korinther 3 bewiesen? Sind Dispensationalisten berechtigt, so eine Anwendung oder Auslegung zu machen? Eine Erfüllung dieser Stelle, nämlich die Entfernung der Decke von Israel irgendwann in die Zukunft zu verlegen, scheint der einfachste Weg zu sein – aber ist er richtig?

In anderen Kapiteln stellten wir schon fest, dass viele Dinge, die für die Schreiber des Neuen Testaments noch zukünftig waren, für uns heute nicht mehr zukünftig sind, sondern sich bereits erfüllt haben. Der Römerbrief, in dem Paulus über die „Juden zuerst" schreibt, wurde bereits verfasst, bevor er nach Rom kam, wo die Entwicklungen, die in Apostelgeschichte 28 geschildert werden, stattfanden. Man kann deshalb Römer 2 nicht lesen und richtig verstehen, ohne Apostelgeschichte 28 in Betracht zu ziehen. Paulus schreibt in Römer 11:5: „in der jetzigen Zeit". Diese Aussage wird von Dispensationalisten fälschlicherweise bis in unsere Zeit hinein und noch weit darüber ausgedehnt. Es ist aber Tatsache, dass Paulus den Römerbrief vor 70 n.Chr. geschrieben hat, was bedeutet, dass dies eine wesentliche Auswirkung auf die Richtigkeit der dispensationalistischen Auslegung hat. Der zweite Korintherbrief wurde vor der Gefangenschaft des Paulus geschrieben und alle neutestamentlichen Texte waren größtenteils vor Paulus' Tod fertig. Das Neue Testament endet in seiner Berichterstattung kurz vor der Vernichtung Jerusalems.[31] Auch liefert uns die Apostelgeschichte kein vollständiges Bild,

---

[31] Wieso endet das Neue Testament da, wo es endet? Warum nicht später, als schon mehr in Erfüllung gegangen war?

Es gibt einen göttlichen Grund dafür und er hängt mit der Vernichtung Jerusalems und der Ausbreitung des Reiches danach zusammen. Darby sah etwas sehr Wichtiges in dem Abschluss des Neuen Testaments. Die Offenbarung Gottes an den Menschen war jetzt vollständig. Für ihn bedeutete dies z. B., dass Älteste nicht

weil sie nämlich schon mit Paulus' erster Gefangenschaft endet. Die Hinrichtung von Paulus (und auch von Petrus) wird im Neuen Testament also nicht als bereits geschehen erwähnt, sondern nur angedeutet, dass sie geschehen würde. Genauso verhält es sich mit der Vernichtung Jerusalems, die auch nur angedeutet wird.

Das Neue Testament erwähnt Dinge, die noch nicht erfüllt waren, aber bald in Erfüllung gehen sollten. Die Erfüllung befand sich außerhalb des neutestamentlichen Zeitkontextes, d.h. die Erfüllung selbst wird nicht im Neuen Testament erwähnt. Allerdings wurden diese Dinge von den Leuten erlebt, die die Aussagen hörten. Ein Beispiel dafür gibt Offenbarung 3:10: „Weil du das Wort vom Harren auf mich bewahrt hast, werde auch ich dich bewahren vor der Stunde der Versuchung, die über den ganzen Erdkreis kommen wird, um die zu versuchen, die auf der Erde wohnen." Allen Zukunftsauslegungen der Dispensationalisten zum Trotz hat diese „Bewahrung" und „Versuchung" eine buchstäbliche Erfüllung innerhalb der Lebenszeit der Gläubigen in Philadelphia gefunden, denn sonst hätte diese Stelle keine Bedeutung gehabt. Johannes schreibt eindeutig von einer Versuchung, die kommen sollte und wovor die Gemeinde in Philadelphia bewahrt werden würde. Dispensationalisten sehen die Stelle als immer noch nicht erfüllt an, weil sie diese auf sich selbst anwenden. Für gewöhnlich bestehen Dispensationalisten darauf, dass man wörtlich auslegt und keine allegorischen Anwendungen

---

mehr notwendig waren (2. Tim. 3:16-17).

Diese Sichtweise ist falsch. Abgesehen davon, dass die meisten Christen in den ersten Jahrhunderten nie eine vollständige Bibel hatten und der Kanon erst Jahrhunderte nach den Aposteln festgelegt wurde, hat das abgeschlossene Wort Gottes nicht Probleme behoben, die Älteste unnötig machten. Im Gegenteil. Jeder Christ, der mit offenen Augen durchs Leben geht, muss erkennen, dass eine Berufung auf „nur die Bibel" nicht für Einheit oder Übereinstimmung sorgt. Jeder ist jetzt sein eigener Ausleger. Jeder weiß, was die Bibel „eigentlich" sagt. Verschiedene und von einander getrennte Gruppen nehmen eher zu als umgekehrt – und alle berufen sich auf die Bibel. Alle behaupten, nur die Bibel als Maßstab zu benutzen und nur zu befolgen, was die Bibel sagt! Nein, Älteste sind dringend notwendig! „Gehorcht und fügt euch euren Führern! Denn sie wachen über eure Seelen, als solche, die Rechenschaft geben werden, damit sie dies mit Freuden tun und nicht mit Seufzen; denn dies wäre nicht nützlich für euch (Hebräer 13:17)."

„Wir bitten euch aber, Brüder, dass ihr die anerkennt, die unter euch arbeiten und euch vorstehen im Herrn und euch zurechtweisen, und dass ihr sie ganz besonders in Liebe achtet um ihres Werkes willen. Haltet Frieden untereinander! Wenn aber jemand unserem Wort durch den Brief nicht gehorcht, den bezeichnet, habt keinen Umgang mit ihm, damit er beschämt werde (1. Thessalonicher 5:12-14)."

„Denn der Aufseher muss untadelig sein als Gottes Verwalter . . . der an dem der Lehre gemäßen zuverlässigen Wort festhält, damit er fähig sei, sowohl mit der gesunden Lehre zu ermahnen als auch die Widersprechenden zu überführen. Denn es gibt viele Aufsässige, hohle Schwätzer und Betrüger, besonders die aus der Beschneidung, denen man den Mund stopfen muss, die ganze Häuser umkehren, indem sie um schändlichen Gewinnes willen lehren, was sich nicht geziemt (Titus 1: 7-11)."

macht. Nur hier bleiben sie ihrem Grundsatz nicht treu und geben dieser Stelle eine Bedeutung, die in Wirklichkeit eine Anwendung ist. Ja, Offenbarung 3:10 HAT eine zukünftige Bedeutung gehabt – aber für die damaligen Empfänger! Diese Aussage ist längst in Erfüllung gegangen.

Es ist äußerst wichtig, diesen Zeitkontext in der Bibel zu erkennen – ganz besonders im Neuen Testament. Israel, wie es im Neuen Testament dargestellt wird und von Paulus erlebt wurde, gibt es nicht mehr! Heute gibt es kein Israel mehr, das mit der neutestamentlichen Definition übereinstimmt und worauf diese Aussagen passen würden.

Schauen wir uns 2. Korinther 3 jetzt einmal an. Vers 13 spricht von Moses' strahlendem Gesicht. Eine Beschreibung davon finden wir in 2. Mose 34:33-35:

> Als nun Mose aufgehört hatte, mit ihnen zu reden, legte er eine Decke auf sein Gesicht. Sooft aber Mose vor den Herrn hineinging, um mit ihm zu reden, legte er die Decke ab, bis er hinausging. Dann ging er hinaus, um zu den Söhnen Israel zu reden, was ihm aufgetragen war. Da sahen die Söhne Israel Moses Gesicht, dass die Haut von Moses Gesicht strahlte. Dann legte Mose die Decke wieder auf sein Gesicht, bis er hineinging, um mit ihm zu reden.

Hier gewinnt man den Eindruck, dass Mose sein strahlendes Angesicht verdeckte, damit die Israeliten es nicht anschauen konnten. 2. Korinther 3:7 bestätigt diese Sicht: . . . „die Söhne Israels nicht fest in das Angesicht Moses schauen konnten wegen der Herrlichkeit seines Angesichts" . . .

Doch 2. Korinther 3:13 macht eine etwas andere Aussage. Paulus schreibt NICHT, dass die Decke dazu diente, weil die Herrlichkeit für die Israeliten zu groß war sie anzuschauen. 2. Korinther 3:13 besagt, dass Moses sein Gesicht bedeckte, damit die Israeliten das Ende der schon schwindenden Herrlichkeit nicht sehen sollten. Sie sollten nicht sehen, wie es schlussendlich „ausging". Dieser ganze Abschnitt spricht ganz offensichtlich davon, dass Paulus hier die historischen Verhältnisse von damals auf die Situation in seiner Zeit projiziert („wie Mose" . . .). Er macht hier die Anwendung auf das gesamte jüdische System, welches durch Mose repräsentiert wurde und das mit dem Gesetz und allen Zeremonien zu tun hatte. Die Herrlichkeit, die in 2. Mose beschrieben ist, hielt durch das gesamte Alte Testament hindurch an, doch sie hatte bereits begonnen zu schwinden. Das Alte Testament war die Zeit des Vergehens dieser ursprünglichen Herrlichkeit. Die Herrlichkeit des jüdischen Systems verging endgültig im Jahr 70 n.Chr. („Indem er von einem ‚neuen' Bund spricht, hat er den ersten für veraltet erklärt; was aber veraltet und sich überlebt, ist dem Verschwinden nahe (Hebräer 8:13)."

2. Korinther 3:14 drückt aus, dass die Decke die Israeliten daran hinderte zu erkennen, dass die alttestamentliche Herrlichkeit verschwinden sollte. (Decke = „Denn das Herz dieses Volkes ist dick geworden, und mit den Ohren haben sie schwer gehört, und ihre Augen haben sie geschlossen, damit sie nicht etwa mit den Augen sehen und mit den Ohren hören und mit dem Herzen verstehen und sich bekehren und ich sie heile Apg. 28:27.") Die Israeliten glaubten, dass diese jüdische Herrlichkeit ewig bestehen würde, was in Jeremia 7:4 deutlich zum Ausdruck kommt: „Der Tempel des Herrn, der Tempel des Herrn, der Tempel des Herrn ist dies!".

Paulus schreibt, dass die Decke schon seit Mose da war und nicht erst ab Christus. In Christus wurde die Decke weggetan. Dieses „Wegtun" scheint in diesem Abschnitt in zweierlei Form vorzukommen. Ein Wegtun von dem Herzen in Vers 15 ist etwas sehr Persönliches. Die Decke wurde jedes Mal entfernt, wenn ein Israelit im Gesetz las und Christus darin erkannte. (Eigentlich wird es hier sehr allgemein ausgedrückt. Die eine Lesart von Vers 16 kann wie folgt lauten: „wenn es sich zum Herrn wendet, wird die Decke weggenommen" oder auch: „wenn er (oder „jemand") sich zum Herrn wendet".) Dies ist die sehr persönliche Anwendung auf den einzelnen Israelit. Doch es gibt noch eine andere Anwendung, nämlich die auf das jüdische System. In und durch Christus wird die Decke, die auf dem Jüdischen lag, weggenommen, d.h. durch Christus erkennt man, dass dieses Jüdische, egal wie herrlich es war, nicht bleiben sollte. Es war nur ein Schatten und sollte vergehen.

Durch Christus kommt die Erkenntnis: „Dies alles sollte nicht bestehen bleiben!"

> Wenn nun die Vollendung durch das levitische Priestertum erreicht worden wäre – denn in Verbindung mit ihm hat das Volk das Gesetz empfangen – welche Notwendigkeit bestand dann noch, einen anderen Priester nach der Ordnung Melchisedeks aufzustellen und nicht nach der Ordnung Aarons zu nennen? (Hebräer 7:11)
>
> Denn aufgehoben wird zwar das vorhergehende Gebot seiner Schwachheit und Nutzlosigkeit wegen. (Hebräer 7:18)
>
> Denn wenn jener erste Bund tadellos wäre, so wäre kein Raum für einen zweiten gesucht worden. (Hebräer 8:7)

Eigentlich haben wir drei Decken in 2. Korinther 3

- eine Decke auf Moses Gesicht,
- eine Decke auf dem Alten Testament und
- eine Decke auf dem Herzen.

2. Korinther 3 kann also nicht benutzt werden als eine Bestätigung für die dispensationalistische Sicht, egal ob man die Wegnahme der Decke vor 70 n.Chr. als geschehen betrachtet oder noch zukünftig sieht. Um eine dispensationalistische Sicht zu unterstützen müsste es so sein, dass die Wegnahme der Decke zu etwas Jüdischem führt, einer größeren jüdischen Herrlichkeit. Aber nein. Die Wegnahme führt zu Christus und zu der Erkenntnis, dass alles Jüdische vergehen sollte. Alles, was mit Mose zusammenhing, das jüdische System und seine Herrlichkeit, sollte vergehen. In Christus haben wir, Juden und Nicht-Juden, das „Herrlichere", das nicht vergehen soll! Die falsche jüdische Ansicht, dass die jüdische Herrlichkeit bleiben sollte, wird durch den Dispensationalismus am Leben erhalten. „Denn wenn das Vergehende in Herrlichkeit war [das Jüdische], wie viel mehr besteht das Bleibende [das Christliche] in Herrlichkeit! Da wir nun eine solche Hoffnung haben, so gehen wir mit großer Freimütigkeit vor (2. Korinther 3:11-12)."

Diese Aussage kann dem dispensationalistischen Standpunkt nicht entgegengesetzter sein! Das Jüdische sollte vergehen und das, was durch Christus eingeführt wurde, bleiben. Diese Tatsache, schreibt Paulus, ist das, was uns Christen Hoffnung und große Freimütigkeit gibt. Aber die Dispensationalisten sagen, die Christen und die Kirche werden weggenommen werden. Sie werden hier auf dieser Erde später durch eine jüdische Herrlichkeit ersetzt! Mit einer solchen Auslegung wird uns Christen die Hoffnung und Freimütigkeit genommen und ist nebenbei bemerkt auch eine Erklärung dafür, warum die dispensationalistische Sicht eine so pessimistische Sicht ist. Da die christliche Herrlichkeit die größere und bleibende ist, kann es keine zukünftige jüdische mehr geben.

## Kapitel 10
# Opfer und Sohnschaft

Der Stiftshütte- und Tempeldienst hat mit Herrlichkeit zu tun gehabt. Viel Gold und Silber und Edelsteine und Stoffe. Aber er hatte auch mit viel Blut zu tun, mit Tieropfern. Ist eine Rückkehr zu diesen Zuständen, wie Dispensationalisten erwarten, gerechtfertigt oder überhaupt wünschenswert?

Das gesamte System des israelitischen Gottes- und Opferdiensts wäre die größte Art von Aberglauben, wenn der Sinn und Zweck davon nicht die Erfüllung in Christus wäre. Tieropfer, die einem Gott gebracht werden, um ihn zu besänftigen oder zu manipulieren, finden wir in allen Kulturen der Antike. Israels „Religion" wäre nicht von diesen anderen heidnischen Religionen zu unterscheiden, wenn der israelitische Gottesdienst nicht eine tiefere Bedeutung als nur das Oberflächliche hätte. Die einzige Rechtfertigung des Opferdiensts in Israel war eigentlich, dass er auf etwas anderes hinwies – auf Christus!

Der Gedanke in der Bibel ist, dass Christus das letzte, alles erfüllende Opfer ist, worauf alle anderen hinwiesen.

> . . .und nicht mit Blut von Böcken und Kälbern, sondern mit seinem eigenen Blut **ein für allemal** in das Heiligtum hineingegangen und hat uns **eine ewige Erlösung** erworben. (Hebräer 9:12)

> Dieser aber hat **ein Schlachtopfer für Sünden** dargebracht und sich **für immer** gesetzt zur Rechten Gottes. (Hebräer 10:12)

> Denn mit **einem Opfer** hat er die, die geheiligt werden, **für immer** vollkommen gemacht. (Hebräer 10:14)

Christus ist die Erfüllung von all dem, worauf das Alte Testament hindeutete. Weil Christus sich Selbst als Opfer dargebracht hat, sind weitere Opfer für die Sünde nicht mehr nötig.

> Wo aber Vergebung dieser Sünden ist, **gibt es kein Opfer für Sünde mehr**. (Hebräer 10:18)

Wenn die Opfer des Alten Testaments nur eine Daseinsberechtigung durch ihren Hinweis auf Christus und Sein Opfer hatten, so haben sie sie jetzt nicht mehr, da Christus gekommen ist und das erfüllt hat, worauf sie hindeuteten.

Diese Tatsache macht dem dispensationalistischen Standpunkt Schwierigkeiten. Laut bestimmter Kapitel im Buch des Propheten Hesekiel glauben Dispensationalisten, dass der Tempel in Jerusalem wieder erbaut wird, dass das Priestertum wieder eingeführt wird, dass es wieder Opfer geben wird. Die Erklärung, um die Auferstehung des Opferdiensts zu rechtfertigen, ist, dass diese Opfer „Gedächtnisopfer" sind – sie sind keine sühnenden Opfer. Sie sind eine Erinnerung an das, was Christus vollbracht hat. Das Problem ist nur, der Text lässt so eine Auslegung nicht zu.

Ja, da werden Brand- und Friedensopfer erwähnt – auch ein tägliches Opfer (Hesekiel 46:13) – aber auch Sünd- und Schuldopfer! (Hesekiel 40:39) Diese können auf keinen Fall als „Gedächtnisopfer" betrachtet werden! Diese Opfer werden nicht als eine Erinnerung gebracht, sondern als Sühne, um Vergebung zu bekommen!

> . . .und an dem Tag, da er ins Heiligtum, in den inneren Vorhof, hineingeht, um im Heiligtum den Dienst zu verrichten, soll er **sein Sündopfer** darbringen, spricht der Herr, HERR. (Hesekiel 44:27)

> . . .und ein Schaf von der Herde, von zweihundert, von den Geschlechtern Israels zum Speisopfer und zum Brandopfer und zu den Heilsopfern, **um ihnen Sühnung zu erwirken**, spricht der Herr, HERR. (Hesekiel 45:15)

> Das ganze Volk des Landes soll verpflichtet sein zu diesem Hebopfer an [**für**] den Fürsten in Israel. (Hesekiel 45:16)

> Dem Fürsten aber obliegen die Brandopfer und das Speisopfer und das Trankopfer an den Festen und an den Neumonden und an den Sabbaten, zu allen Festzeiten des Hauses Israel. Er soll das **Sündopfer** und das Speisopfer und das Brandopfer und die Heilsopfer zubereiten, **um dem Haus Israel Sühnung zu erwirken**. (Hesekiel 45:17)

> Und er sprach zu mir: Das ist der Ort, wo die Priester **das Schuldopfer und das Sündopfer** kochen, wo sie das Speisopfer backen sollen, damit man es nicht in den äußeren Vorhof hinaustragen muss und **dabei das Volk heilig macht**. (Hesekiel 46:20)

Die Bibel sagt, nachdem Sünden vergeben wurden, gibt es keine Opfer mehr für sie. Das Opfer des Herrn war das letzte Opfer, wodurch wir jetzt die Vergebung haben. Das alte israelitische System und seine Opfer waren. . .

> Satzungen des Fleisches, die **bis zur Zeit einer richtigen Ordnung** auferlegt sind. (Hebräer 9:10)

Durch Christus ist diese Zeit gekommen. Eine grundlegende Veränderung hat stattgefunden – wie die Schrift es deutlich zeigt. Es gibt keine Opfer mehr, die gebracht werden könnten! Wie können die Texte aus Hesekiel wörtlich auf den Zustand eines künftigen Israel angewandt werden und immer noch in Übereinstimmung mit der Lehre des Neuen Testaments bleiben? Sie können es nicht!

Sagen wir, um der Sache auf den Grund zu gehen, die Opfer in Hesekiel sind tatsächlich Gedächtnisopfer. Was dann? Dann befinden wir uns immer noch in Widerspruch zur Schrift! Im Hebräerbrief sagt Paulus, dass die Opfer, die die Priester in der Vergangenheit Gott brachten, ein Erinnern waren. An die Vergebung? Nein! Sie waren ein ständiges Erinnern daran, dass die Frage der Sünde noch nicht geklärt war. Die Sünden waren noch da – wie auch das drohende Gericht.

> Denn da das Gesetz einen Schatten der zukünftigen Güter, nicht der Dinge Ebenbild selbst hat, so kann es niemals mit denselben Schlachtopfern, die sie alljährlich darbringen, die Hinzunahenden für immer vollkommen machen. Denn würde sonst nicht ihre Darbringung aufgehört haben, weil die den Gottesdienst Übenden, einmal gereinigt, kein Sündenbewusstsein mehr gehabt hätten? **Doch in jenen Opfern ist alljährlich ein Erinnern an die Sünden**. (Hebräer 10:1-3)

Der ständige Opferdienst weist darauf hin, dass das Werk nicht vollendet ist. Wenn Opfer wieder gebracht werden sollten, wirft dies wieder die ganze Frage der Sünde auf. Gibt es wirklich Vergebung oder nicht? Ein Zeichen, sagt die Schrift, dass Vergebung gekommen ist, ist, dass die Opfer aufgehört haben – was sonst nicht erlaubt wäre. (Moderne Juden haben ihre eigene, nicht biblische Erklärung für das Aufhören der Opfer.) Es gibt keine Diskussion über Gedächtnisopfer in diesem Zusammenhang. Im Gegenteil. Es gibt Texte im Alten Testament, die die Dispensationalisten auf ein zukünftiges tausendjähriges Reich hier auf der Erde mit Jerusalem als Mittelpunkt der Erde beziehen, die besagen, dass Gott der Sünden des Volkes nie mehr gedenken wird!

Es sind Jesaja 43:25 und Jeremia 31:31-34.

Paulus zitiert diese im Neuen Testament:

> Denn ich werde gegenüber ihren Ungerechtigkeiten gnädig sein, und ihrer Sünden **werde ich nie mehr gedenken**. (Hebräer 8:12)
>
> Ihrer Sünden und ihrer Gesetzlosigkeiten **werde ich nicht mehr gedenken**. (Hebräer 10:17)

Wie kann es sein, dass Opfer tausend Jahre lang täglich gebracht werden? Wie kann Gott NICHT an die Sünden erinnert werden?

Die Opfer in Hesekiel wörtlich anzuwenden, d.h. dass sie tatsächlich in einem zukünftigen irdischen Reich dargebracht werden, widerspricht den biblischen Aussagen in jeder Hinsicht!

Das Problem in der dispensationalistischen Sicht ist ein Problem des Verständnisses über die Anwendung und Bedeutung von „Sohnschaft" in der Bibel.

Eines der wichtigsten Anliegen des Apostels Paulus – besonders im Galaterbrief – ist, dass die Gläubigen die „Sohnschaft" erlangen sollten. Erwachsen werden sollten. Das eigentliche Ziel erreichen.

Seine Beweisführung ist, dass die alttestamentlichen Dinge eine Vorbereitung, ein Training, eine Unterweisung, ein Schulmeister waren. Sie waren eine Vorbereitung – ein Bereitmachen – für die Sohnschaft, die jetzt unser ist in Christus. Dispensationalisten haben kein Problem mit diesem Gedanken, wenn es auf Christen in der Kirche angewandt wird – aber sie haben Probleme damit, sobald man versucht, diesen Gedanken auf Israel anzuwenden. Eigentlich – in der dispensationalistischen Sicht der Dinge – wird Israel NIE die Sohnschaft bekommen, wovon Paulus spricht. Die Zukunft, die Dispensationalisten für ein zukünftiges gläubiges Israel sehen, ist ein Zurückkehren zu alttestamentlichen Zuständen und Formen! Zu „Satzungen des Fleisches"!!

Gott gab den Israeliten – nicht uns aus den Nationen – Gesetze, Satzungen, Opfer, Feste, Sabbate, Tempel und Priesterdienst usw. als eine Vorbereitung auf die Sohnschaft. Wenn Paulus über die schreibt, die das Gesetz empfingen, meint er Israel – nicht uns aus den Nationen! Sein Argument ist, dass die, die es empfangen haben, jetzt weitergehen sollen und das erfüllen, wozu es gegeben wurde – nämlich zur Sohnschaft zu gelangen, die Annahme in Christus! Die Freiheit! Es ist eine ganz klare und logische Argumentation, die er ausführt. Die Beweisführung ist einfach und überzeugend. Israel bekam bestimmte Dinge von Gott, die als eine Vorbereitung für etwas dienten. Dieses „Etwas" ist jetzt gekommen und sie sollten es annehmen. Was ist es? Es ist, was wir als Christen jetzt kennen und in Christus haben und genießen!

Gott hat es für Israel geplant und bestimmt. Es war das ganze Bestreben Gottes, Israel zu diesem Punkt der Sohnschaft zu bringen! Dass wir, wir aus den Nationen, Teil daran haben, obwohl wir das Gesetz nie empfingen, nie die Satzungen und Verheißungen hatten, ist einfach Gottes wunderbare Gnade! Dies ist das Geheimnis, wovon Paulus wiederholt schreibt:

> Dem aber, der euch zu stärken vermag nach meinem Evangelium und der Predigt von Jesus Christus, nach der **Offenbarung des Geheimnisses**, das ewige Zeiten hindurch verschwiegen war, jetzt aber offenbart und durch prophetische Schriften nach Befehl des ewigen Gottes **zum Glaubensgehorsam an alle Nationen bekannt gemacht** worden ist. (Römer 16:25-26)

> . . .**das Geheimnis**, das von den Weltzeiten und von den Geschlechtern her verborgen war, jetzt aber seinen Heiligen geoffenbart worden ist. Ihnen wollte Gott zu erkennen geben, was der Reichtum **der Herrlichkeit dieses Geheimnisses unter den Nationen sei**, und das ist: Christus in euch, die Hoffnung der Herrlichkeit. (Kolosser 1:26-27)

> Denn mir ist durch Offenbarung **das Geheimnis** zu erkennen gegeben worden – wie ich es oben kurz geschrieben habe; beim Lesen könnt ihr meine Einsicht in das Geheimnis des Christus merken – das in anderen Geschlechtern den Söhnen der Menschen nicht zu erkennen gegeben wurde, wie es jetzt seinen heiligen Aposteln und Propheten durch den Geist geoffenbart worden ist: **Die Nationen sollen nämlich Miterben und Miteinverleibte sein und Mitteilhaber der Verheißung in Christus Jesus durch das Evangelium**. (Epheser 3:3-6)

Was ist diese Verheißung in Christus? Ein irdisches Reich? Ein Tempel in Jerusalem? Nein! Aber diese Verheißung galt an erster Stelle Israel und nicht den Nationen. Sie war für Israel gedacht und hatte nichts mit alledem zu tun, was Dispensationalisten behaupten, Israel noch bekommen wird. Dispensationalisten sagen, als Christus hier war, bot Er Israel das Reich an. Die Juden lehnten ab, weil es nicht ihren Vorstellungen entsprach. Also sind sie leer ausgegangen. Jetzt sind wir Nationen an der Reihe. In der Kirche genießen wir eine Beziehung zu Gott und haben Verheißungen, die unbeschreiblich sind. Israel nicht. Israel wird später doch sein Teil bekommen. Eigenartig ist nur, dass was sie bekommen sollen, mehr dem entspricht, was sie zur Zeit des Herrn erwarteten und nicht bekamen, weil der Herr es nicht so anbot!!

Das höchste Ziel für Israel – laut Dispensationalisten – ist nicht, dass gläubig gewordene Juden eines Tages in eine innige Beziehung zu Gott durch Christus geführt werden, wie wir es jetzt schon kennen und genießen. Nein! Das höchste Ziel ist, dass sie zurückkehren zu alttestamentlichen Zuständen und Elementen. Wie beschreibt Paulus diese Elemente (Opfer, Priestertum, Tempel)?

> . . .jetzt aber habt ihr Gott erkannt – vielmehr ihr seid von Gott erkannt worden. Wie wendet ihr euch wieder zu den **schwachen und armseligen** Elementen zurück, denen ihr wieder von neuem dienen wollt? (Galater 4:9)

Schwach und armselig!!

Wenn ich zu etwas zurückkehre, was die Bibel wiederholt als nur einen Schatten von guten Dingen, die kommen sollen, beschreibt, bringe ich zum Ausdruck: „Das Alte war besser“ oder „Das Ziel ist noch nicht erreicht worden.“ Aus diesem Grund sagt Paulus Folgendes über Gläubige, die jüdische Elemente einführen wollten:

> Denn wenn ich das, was ich abgebrochen habe, wieder aufbaue, so stelle ich mich selbst als **Übertreter** hin. (Galater 2:18)

Gott hatte einen Plan, als er Abraham rief, als Er Israel auswählte. Gott hat Seinen Plan durch Christus in der Kirche erfüllt. Ganz Israel hat noch nicht geglaubt, aber sie werden es noch tun. („Ganz“ muss auch richtig verstanden werden – aber das ist ein anderer Gegenstand.) Werden sie zu alttestamentlichen Zuständen zurückkehren? Nein! Sie werden in die Beziehung der Sohnschaft gebracht wie wir!

Es gibt keine noch zukünftige, schreckliche 7 Jahre der Drangsal für das Volk Israel, für die Juden. Diese Zeit des biblischen Gerichts ist schon längst vorbei.

## Kapitel 11
# Die Vernichtung Jerusalems und Danach

Wie kann man die Vernichtung Jerusalems in 70 n. Chr. beurteilen, wenn nicht als eine göttliche Strafe? Alles andere wäre Willkür – und was ist das für ein Gott, der seinem Volk so Schlimmes widerfahren lässt, obwohl es scheinbar sich nichts zu Schulden hat kommen lassen? Wieso ließ Gott zu, dass seine Stadt und sein Tempel vernichtet wurden, wenn es eigentlich keinen Grund dafür gab?

Die Vernichtung Jerusalems in 70 n. Chr. ergibt nur einen Sinn, wenn sie in Zusammenhang gebracht wird mit der Ablehnung des Herrn Jesus als Messias.
Der Herr Jesus hatte gesagt:

> So gebt ihr euch selbst Zeugnis, dass ihr Söhne derer seid, welche die Propheten ermordet haben. Und ihr, macht nur das Maß eurer Väter voll! Schlangen! Otternbrut! Wie solltet ihr dem Gericht der Hölle entfliehen? Deswegen siehe, ich sende zu euch Propheten und Weise und Schriftgelehrte; einige von ihnen werdet ihr töten und kreuzigen, und einige von ihnen werdet ihr in euren Synagogen geißeln und werdet sie verfolgen von Stadt zu Stadt, damit über euch komme alles gerechte Blut, das auf der Erde vergossen wurde, von dem Blut Abels, des Gerechten, bis zu dem Blut Secharjas, des Sohnes Berechjas, den ihr zwischen dem Tempel und dem Altar ermordet habt. Wahrlich, ich sage euch, dies alles wird über **dieses Geschlecht** kommen.
>
> Jerusalem, Jerusalem, die da tötet die Propheten und steinigt, die zu ihr gesandt sind! Wie oft habe ich deine Kinder versammeln wollen, wie eine Henne ihre Küken versammelt unter ihre Flügel, und ihr habt nicht gewollt! **Siehe, euer Haus wird euch öde gelassen**; denn ich sage euch: Ihr werdet mich von jetzt an nicht sehen, bis ihr sprecht: Gepriesen sei, der da kommt im Namen des Herrn! (Matthäus 23:31-39)

Dies ist eindeutig auf die Vernichtung Jerusalems in 70 n. Chr. anzuwenden.

Das Verwerfen des Herrn als Messias hatte Konsequenzen. Aber zu behaupten, dass die Juden immer noch unter Gottes Gericht stehen und dass alles, was ihnen seit 70 n. Chr. angetan wurde, gerechtfertigt ist, weil es Gottes Strafe wegen der Kreuzigung des Herrn Jesus war, ist entschieden abzulehnen!

Der Herr hat von „**diesem** Geschlecht“ gesprochen, das Geschlecht – oder die Generation – die ihm gerade zuhörte. Er sprach nicht von einem zukünftigen Geschlecht.

> Pilatus spricht zu ihnen: Was soll ich denn mit Jesus tun, der Christus genannt wird? Sie sagen alle: Er werde gekreuzigt! Er aber sagte: Was hat er denn Böses getan? Sie aber schrieen über die Maßen und sagten: Er werde gekreuzigt! Als aber Pilatus sah, dass er nichts ausrichtete, sondern vielmehr ein Tumult entstand, nahm er Wasser, wusch seine Hände vor der Volksmenge und sprach: Ich bin schuldlos an dem Blut dieses Gerechten. Seht ihr zu! Und das ganze Volk antwortete und sprach: **Sein Blut komme über uns und über unsere Kinder!** (Matthäus 27:22-25)

„Über uns und über unsere Kinder“ hat seine endgültige Erfüllung in 70 n. Chr. gehabt. Es gibt nicht die geringste Rechtfertigung für irgendeine Verfolgung der Juden, und ganz besonders nicht durch Christen. Ein Jude bedarf Gottes Gnade nicht mehr und nicht weniger als ein Nicht-Jude. Heute gibt es in den Augen Gottes keinen Unterschied zwischen Juden und Nicht-Juden.(Galater3:28; 6:5; Kolosser3:11) Alle brauchen seine Vergebung und Gnade. Allen steht sie offen, ohne Unterschied oder Einschränkung. Wieso sollen dann die Juden die Schrecken von 70 n. Chr. noch einmal durchmachen müssen, wie es die dispensationalistische Sicht verlangt?

Es wird argumentiert, dass durch die schreckliche Verfolgung in der Drangsalszeit die Juden Christus als Messias erkennen und anerkennen werden. Aber wie wir schon anderswo gesehen haben, das Neue Testament sagt uns etwas anderes. Die Juden werden nicht zum Glauben kommen durch Verfolgung, sondern durch Eifersucht.

> Aber ich sage: Hat Israel es etwa nicht erkannt? Zuerst spricht Mose: Ich will euch zur Eifersucht reizen über ein Nicht-Volk, über eine unverständige Nation[32] will ich euch erbittern. (Römer 10:19)

Eifersucht ist nicht Neid. Neid ist, wenn jemand etwas hat, was ich gerne haben würde, aber was mir nicht zusteht. Eifersucht ist, wenn jemand etwas hat, was eigentlich mir gehört – deswegen spricht die Bibel davon, dass Gott eifersüchtig sein kann. (2. Mose 34:14. „Denn du darfst dich vor keinem andern Gott anbetend niederwerfen; denn der HERR, dessen Name ‚Eifersüchtig‘ ist, ist ein eifersüchtiger Gott.“) Unsere Liebe und Hingabe gehören ihm, nicht uns selbst oder jemand anderem.

---

[32] Also, wir Nicht-Juden haben nichts, worauf wir stolz sein oder uns einbilden könnten besser zu sein. Gott nennt uns ein „Nicht-Volk“, „eine unverständige Nation“.

Der Apostel Paulus schreibt:

> Ich sage nun: Sind sie (Israel/die Juden) etwa gestrauchelt, damit sie fallen sollten? Das ist ausgeschlossen! Sondern durch ihren Fall ist den Nationen das Heil geworden, um sie **zur Eifersucht zu reizen**. Wenn aber ihr Fall der Reichtum der Welt ist und ihr Verlust der Reichtum der Nationen, wie viel mehr ihre Vollzahl! Denn ich sage euch, den Nationen: Insofern ich nun der Nationen Apostel bin, bringe ich meinen Dienst zu Ehren, ob ich auf irgendeine Weise sie, die mein Fleisch sind, **zur Eifersucht reizen** und einige aus ihnen erretten möge. (Römer 11:11-14)

Wir aus den Nationen, die Christus angehören, haben das, was Gott für Israel vorgesehen hat. Wir haben die Erfüllung, die Sohnschaft. Dies sollte anziehend wirken. Es sollte Israeliten zur Eifersucht reizen. Wie oft ist unser Christsein ein Anlass zur Eifersucht gewesen? Anstatt sich in Studien zu vertiefen, die das angebliche Los der Juden in einer schrecklichen siebenjährigen Drangsalszeit beschreibt, anstatt Israel zu unterstützen in seinem Bemühen, den Tempel wieder aufzubauen und den Priester- und Opferdienst wieder einzuführen – alles, was das kommende Gericht (nach dispensationalistischer Sicht) einleiten soll – sollten wir als Christen das Wort studieren und überlegen, wie wir das Christsein anziehender machen können. Aber das verlangt viel mehr Anstrengung und Arbeit, als sich auf eine sensationelle Zukunftsvision einzulassen, die uns Christen überhaupt nicht betrifft, weil wir dann angeblich alle schon längst weg sind.

Wie können wir Israel zur Eifersucht reizen? Wie können wir in ihren Herzen das Verlangen nach dem wecken, was ihnen eigentlich gehört?

Dispensationalisten sprechen immer von Israel als Gottes auserwähltem Volk. Als ein Volk, das immer noch in besonderer Beziehung zu ihm steht. Wer Israel antastet, muss mit Gottes Gericht rechnen. Aber was ist mit all den Israeliten von der Zeit des Herrn bis heute? Sind sie errettet? Errettet, ohne Christus anerkannt zu haben?

Es gibt keine Rechtfertigung Israel oder Juden zu verfolgen und zu benachteiligen, einfach weil sie Israeliten oder Juden sind. Keine. Und ganz bestimmt nicht, weil sie „schuldig sind, den Herrn Jesus gekreuzigt zu haben“. Leider aber wurden sie verfolgt. Leider wurden viele getötet. Ich würde dies nicht der Strafe Gottes zuschreiben, als ob die Juden von einem Fluch verfolgt wären und das Blut des Herrn noch an ihren Händen hätten, sondern der Bosheit und Grausamkeit der Menschen. Aber sind all diese Israeliten, obwohl sie nicht Christen waren, trotzdem errettet? Christen haben viel Schuld auf sich geladen, indem sie Juden verfolgt haben und gerade weil sie meinten, darin gerechtfertigt zu sein. Sie hatten keine Rechtfertigung für ihr Tun. Die Bibel, das Neue Testament, verurteilt in jeder Hinsicht so eine Vorgehensweise. Die Verfolgung von Völkern, nur weil sie das sind, was sie sind, ist immer falsch, zieht immer Gottes Gericht nach sich. Was die Christen und die Kirche betrifft, ist das Gericht größer, weil sie sich gegenüber Juden im Namen Gottes falsch verhalten haben. Sie haben ihr Verhalten mit ihrem Glauben gerechtfertigt, obwohl ihr Glaube, der christliche Glaube, entschieden dagegen ist.

Hat diese Verfolgung und Benachteiligung die Juden zur Eifersucht gereizt? Kaum. Es hat genau das Gegenteil bewirkt. Wir haben viel Schuld auf uns geladen. Dennoch sind wir nicht gerechtfertigt, aus diesem Grund das Judentum zu bestätigen. Wir müssen uns vielmehr bemühen, das Volk der Juden mit dem Evangelium Gottes zu erreichen. Dispensationalisten glauben, dass den Juden noch eine glorreiche Zukunft bevorsteht. Aber sie vergessen immer wieder, dass bis dahin viele Juden sterben werden, ohne Christus gekannt zu haben (wenn ihre Sicht stimmt).

Was ist ihr Los?
Gehen wir davon aus, dass Israel, dass die Juden, von Gott aus seit Pfingsten bis heute noch als „sein Volk", „sein auserwähltes Volk", angesehen werden. Dass sie einen besonderen Platzt in seinen Augen haben im Gegensatz zu allen anderen Völkern. Was hat ihnen dieses Vorrecht gebracht? Ihre Geschichte zeigt uns, dass sie mehr Schlechtes als Gutes erfahren haben durch die Jahrhunderte. Und das sogar mehr als andere Völker. Ihr „Auserwählt-Sein" scheint darin in zu bestehen, dass sie mehr als andere verfolgt werden. Wenn sie im Unglauben gestorben sind (indem sie Christus als Herrn und Heiland abgelehnt haben), was hat ihnen diese Beziehung gebracht?

Ich bekomme immer „Ja, aber sie sind immer noch Gottes Volk, Gottes Augapfel!" zu hören. Aber was bedeutet dies, wenn die Mehrheit verlorenen gegangen ist oder noch geht? Ich glaube, dass die meisten Dispensationalisten diese Tatsache nicht deutlich genug erkennen. Kann man eine Haltung billigen wie: „Du bist ein Israelit und glaubst nicht, dass Jesus der Messias war? Keine Sorge! Die Zeit wird kommen und du wirst es glauben, denn die Zukunft ist dir versprochen. Der Tempel wird wieder gebaut. Jerusalem wird wieder Mittelpunkt der Erde!"?[33] Und was ist, wenn der Herr in den nächsten

[33] Wenn man der Ansicht ist, dass Israel eines Tages zum Mittelpunkt der Erde werden soll, dann muss man auch Stellen wie Jesaja 19:19-24 gerecht werden, wo Israel an dritter Stelle steht:

An jenem Tag wird mitten im Land Ägypten dem Herrn ein Altar geweiht sein und ein Gedenkstein für den Herrn nahe an seiner Grenze. Und er wird zu einem Zeichen und zu einem Zeugnis für den Herrn der Heer-

100 Jahren nicht wiederkommt? Was passiert mit so einem Israelit, der den Herrn bis zum Schluss abgelehnt hat?

Hören wir auf, uns selbst etwas vorzumachen. Wir Christen habe viel Schuld auf uns geladen durch unsere Behandlung der Juden durch die vergangenen Jahrhunderte. Vermehren wir diese Schuld nicht noch, indem wir sie in einer falschen Sicherheit wiegen und einer (angeblich) schrecklichen Zukunft überlassen, die nur ein Drittel überleben soll. Bemühen wir uns lieber, hier und jetzt, das Christsein anziehend für sie zu machen. Helfen wir ihnen, ihr Erbe in Christus zu erkennen und anzunehmen!

---

scharen im Land Ägypten werden: Wenn sie zum Herrn schreien werden wegen der Unterdrücker, dann wird er ihnen einen Retter senden; der wird den Streit führen und sie erretten. Und der Herr wird sich den Ägyptern zu erkennen geben, und die Ägypter werden an jenem Tag den Herrn erkennen. Dann werden sie dienen mit Schlachtopfern und Speisopfern und werden dem Herrn Gelübde tun und sie erfüllen. Und der Herr wird die Ägypter schlagen, schlagen und heilen. Und sie werden sich zum Herrn wenden, und er wird sich von ihnen erbitten lassen und sie heilen. An jenem Tag wird es eine Straße von Ägypten nach Assur geben. Assur wird nach Ägypten und die Ägypter nach Assur kommen, und die Ägypter werden mit Assur dem Herrn dienen. An jenem Tag wird Israel der Dritte sein mit Ägypten und mit Assur, ein Segen inmitten der Erde.

## Kapitel 12
# Alles nur Allegorie?

Die dispensationalistische Sicht behauptet, in der Auslegung der Bibel immer wörtlich vorzugehen. Anders ist es jedoch, wenn offensichtlich eine Bildersprache benutzt wird. (Obwohl „wörtlich" ein sehr dehnbarer Begriff ist, wird von Dispensationalisten diese Auslegungsweise auch nicht konsequent durchgeführt. Dispensationalistischen Ausleger der Offenbarung legen Offenbarung 3:10 und die „Stunde der Versuchung" fast nur als noch zukünftig und nicht wörtlich/historisch aus.)

Geistliche Auslegung – wie ich sie hier in diesem Buch verwende - wird als eine Art „allegorische" Methode abgetan, die nicht biblisch sein soll, sondern den Griechen abgeschaut wurde. Es wird argumentiert, dass die Göttergeschichten der Griechen mit der Zeit peinlich wurden und sie sahen diese als eine Gefährdung ihrer Jugend an. Um noch etwas zu retten, haben sie dann angefangen eine tiefere Bedeutung hinter diesen Geschichten zu suchen. Angeblich wenden Christen diese griechische und nicht biblische Methode an, wenn sie „geistlich" auslegen. Aber schon in 1824, also lange bevor es einen Dispensationalisten/Reformierten-Streit geben konnte, hat Prof. Hermann Olshausen (Doktor und Professor für Theologie an der Universität zu Königsberg) in seinem Werk „Ein Wort über tieferen Schriftsinn" festgestellt, dass diese Annahme nicht stimmt.[34]

---

[34] Ich entdeckte Olshausen und seine Schriften, nachdem ich „Weil ihr aber Söhne seid" geschrieben hatte. In seinen Schriften fand ich sehr viel, was mit meinen Ansichten und denen anderer übereinstimmt. Er war in vieler Hinsicht seiner Zeit voraus, wenn es um den so genannten „sensus plenior" geht. Hier ein paar Beispiele:

Wer aber diesen Worten des Sohnes Gottes und seiner Jünger, von denen es heißt, *dass er ihnen selbst das Verständnis der heiligen Schrift geöffnet habe*, (Luk. 24:45) glauben will, der muss auch die Schrift erklären, wie der Herr selbst und seine Jünger sie auslegen. (Seite 7)

Gesetz und Propheten und Psalmen erfüllten sich also vollständig IN IHM, und erfüllen sich täglich in seinen Gliedern DURCH Ihn, d.h. das im Keim in Ihm begonnene Reich Gottes wächst unsichtbar in seinen Gläubigen seiner Vollendung entgegen. (Seite 87)

Und daher die verschiedene Ausdrucksweise in der verschlungenen prophetischen Rede: bald redet er von Einem, bald von vielen, bald unter dieser, bald unter anderen Formen, immer aber von dem Einen großen Christus, dem Leibe Christi, der Christus selber ist und heißt (1. Kor. 1:12; 12:12). Denn gleich wie er ist, so sind auch wir in dieser Welt (1. Joh. 4:17). (Seite 71 aus „Die biblische Schriftauslegung. Noch ein Wort über tiefern Schriftsinn", 1825.)

Er schrieb:

> In diesem Sinne das Wort erfasst, legen offenbar alle neutestamentlichen Schriftsteller allegorisch aus, indem sie die Geschichte des Volkes Israel, ihre Gebräuche und Anordnungen typisch und symbolisch erklären, und ihr ganzer Sprachgebrauch erst recht wesentlich und bedeutsam wird, wenn man ihn aus der Sicht des alten Testamentes erläutert. (Seite 71)

und was das Griechische betraf:

> Dass bei den Juden sich um die Zeit der Geburt Christi die so genannte allegorische Interpretation (mit welchem Namen man gewöhnlich alle diese verschiedenen Auffassungsweisen zu bezeichnen pflegt), vorfindet und von den oben genannten Personen in Anwendung gebracht worden ist, das wird von vielen nicht geleugnet und kann auch eigentlich nicht geleugnet werden, weil es ein klar vorliegendes historisches Faktum ist. Man fragte daher nur, wie denn diese Auffassungsart entstanden sein möchte? Warum man nicht, wie alle anderen Bücher, so auch die Bibel stets nur nach ihrem nächsten Sinne verstanden hätte?. . Die Verhältnisse der Juden zur hellenischen Welt glaubte man vor allem zur Erklärung nutzen zu können – und das in der Tat nicht ohne Schein. Sehr richtig bemerkt man nämlich, dass die Zerstreuung der Juden unter die griechischredenden Völker in Syrien, Ägypten, Asien sehr bedeutende Veränderungen in der ganzen Denk- und Sinnesart derselben veranlasst hätten. Die harte und schroffe Weise dieses Volkes hätte sich gemildert, sie hätten hellenische Künste und Wissenschaften getrieben, hätten einsehen lernen, dass die Vorstellungen mancher Philosophen von Gott und göttlichen Dingen nicht selten edel und tief seien und sich zum Teil veranlasst gefunden, dieselben anzunehmen; zugleich hätten sie aber von Seiten der feinen, gebildeten Griechen vielen Spott hören müssen über die in ihren heiligen Büchern herrschenden, zum Teil auffallenden Ansichten von göttlichen Dingen, und um diesem auszuweichen und auch den hellenischen Philosophen dieselben annehmlich zu machen, wären sie veranlasst worden, reine philosophische Vorstellungen in die Schriften Moses und der Propheten hineinzulegen mittels einer solchen allegorischen Interpretation; ja dieses Mittel selbst hätte sich ihnen in der Bekanntschaft mit den Heiden auf sehr natürliche Weise angeboten. Unter den Griechen selbst nämlich habe ein ganz ähnliches Verhältnis bestanden; Homer sei da das allgemeine Bildungsbuch gewesen, wie unter den Juden Moses, die rohen und untergeordneten Vorstellungen aber des alten Rhapsoden hätten der spätern Zeit nicht mehr munden wollen, oder man hätte Nachteil davon für die Jugend erwartet. Um also den Dichter vor der Beschuldigung

der Gottlosigkeit (asebeia), die Jugend vor Schaden zu schützen, habe man angefangen den Homer allegorisch zu deuten, um rohen und unschicklichen Stellen einen tieferen, philosophischen Sinn unterschieben zu können. (33-35)

Diese Ableitung des Ursprungs der allegorischen Interpretation aus der Stellung der Juden zu den Griechen und ihre Parallelisierung mit der Interpretation der Allegoriker des Homer, hat durchaus etwas Wahres in sich, wodurch sie sich als zur Lösung aller Schwierigkeiten geeignet darstellen will. Die Verhältnisse sind nämlich ganz richtig aufgefasst und man braucht nur die Fragmente des *Eleazar*, *Aristobul*, und auch die *Philonianischen* Schriften zu lesen, um ihnen abzufühlen, wie diese Männer sorgten, ihre heiligen Schriften gegen die stichelnden Bemerkungen der Philosophen zu schützen und die geläufigen Lehrsätze auch in ihnen wieder nachzuweisen; allein erklären kann man aus diesen Verhältnissen doch *nur die so oder anders modifizierten Anwendungen und Ausführungen der allegorischen Interpretation bei den einzelnen Personen*, die Entstehung der Auslegung selbst aber in ihrem letzten Grunde ist damit offenbar nicht nachgewiesen. Therapeuten, Essener, Pharisäer und alle Palästinenser hatten kein Interesse, um der Griechen willen allegorisch zu erklären, und wie könnte man sich denken, warum die Juden eine Interpretationsweise, die ihnen verhasst sein musste, wenn sie einen so hässlichen Ursprung hatte, grade im Schoß ihrer Geheimschulen bei allen ihren theosophischen und kabbalistischen Forschungen, wo sie doch nicht die mindeste polemische Rücksicht zu nehmen brauchten, ganz vorzüglich sollten in Anwendung gebracht haben? – ganz zu schweigen, dass sich, wie wir sogleich näher sehen werden, ihr Dasein in der heiligen Geschichte weit höher hinaufführen lässt, als irgendeine Verbindung mit den Griechen stattfand. (37-38)

Vielmehr ergibt sich, wenn man nur die Geschichte höher hinauf verfolgt, *dass die allegorische Erklärung unter den Hellenen weit älter ist* als das Zeitalter von Platon und Sokrates, und dass sich von solcher absichtlichen Erfindung derselben, um die Mythen teils unschädlich, teils genießbar zur machen, durchaus keine Spur vorfindet. (42)

Hiernach müssen wir also sagen, diese allegorische Interpretation der Mythen unter den Hellenen, ist so wenig geeignet die Erscheinung einer ähnlichen Auslegungsweise unter den Juden zu erklären oder ihren Ursprung begreiflich zu machen, *dass sie vielmehr als ein verwandtes, analoges Faktum derselben an die Seite tritt, und wie diese, ihre Lösung nur in einem höheren Dritten finden kann.* (44)

Laut Olshausen legen alle neutestamentlichen Schriftsteller allegorisch aus, indem sie das Alte Testament typisch oder symbolisch erklären – man könnte auch sagen typologisch oder nach dem Prinzip des Sensus Plenior. Diese Methode ist nicht eine übernommene griechische, sondern wirklich eine biblische. Ich habe sie angewandt in meinen Studien über den Prophet Zephanja und Erstaunliches entdeckt.

## Zephanja im Licht des Neuen Testaments

### 1. Gericht

Beim Lesen fiel mir die große Ähnlichkeit auf zwischen dem Gericht in Zephanja 1:2-3.

> Wegraffen, ja, wegraffen werde ich alles von der Fläche des Erdbodens, spricht der HERR; wegraffen werde ich **Menschen** und **Vieh**, wegraffen die **Vögel des Himmels** und die Fische des Meeres und die Trümmerhaufen samt den Gottlosen; **ausrotten** werde ich die Menschen **von der Fläche des Erdbodens**, spricht der HERR.

und 1. Mose 6

> Und der HERR sprach: Ich will den Menschen, den ich geschaffen habe, **von der Fläche** des Erdbodens auslöschen, vom **Menschen** bis zum **Vieh**, bis zu den kriechenden Tieren und bis zu den **Vögeln des Himmels**; denn es reut mich, dass ich sie gemacht habe. (1. Mose 6:7)

> Denn ich, siehe, ich bringe die Wasserflut über die Erde, um alles Fleisch unter dem Himmel, in dem Lebensodem ist, zu vernichten; alles, was auf der Erde ist, soll umkommen. (1. Mose 6:17)

In beiden Büchern werden die Ausdrücke „von der Fläche des Erdbodens", „Menschen", „Vieh" und „Vögel des Himmels" benutzt. Das machte mich hellhörig.

Gab es andere Übereinstimmungen?

## 2. Feuer – Taufe

Eine zweite Sache war Zephanja 3:8

> Darum wartet auf mich, spricht der HERR, auf den Tag, an dem ich mich aufmache zur Beute! Denn mein Rechtsspruch ist es, die Nationen zu versammeln, die Königreiche zusammenzubringen, um mein Strafgericht über sie auszugießen, die ganze Glut meines Zorns, denn durch **das Feuer meines Eifers wird die ganze Erde verzehrt werden**.

Und das Feuer des Herrn, das auch die ganze Erde verzehren sollte. Die Verzehrungen der Erde durch Wasser und Feuer erinnerte mich daran, dass Gott versprochen hatte, die Erde nie mehr mit einer Flut zu vernichten – aber durch **Feuer** wohl. Siehe 2. Petrus 3:1-13, besonders Vers 7:

> Die jetzigen Himmel und die jetzige Erde aber sind durch dasselbe Wort aufbewahrt und für das **Feuer** aufgehoben zum Tag des Gerichts und des Verderbens der gottlosen Menschen.

Gottes **Feuer** wird nicht nur in Verbindung mit der Vernichtung der Erde gebracht, sondern auch mit dem Herrn und dem **Heiligen Geist**:

> Ich zwar taufe euch mit Wasser zur Buße; der aber nach mir kommt, ist stärker als ich, dessen Sandalen zu tragen ich nicht würdig bin; **er wird euch mit Heiligem Geist und Feuer taufen**; 12 seine Worfschaufel ist in seiner Hand, und er wird seine Tenne durch und durch reinigen und seinen Weizen in die Scheune sammeln, die Spreu aber wird er mit unauslöschlichem Feuer verbrennen. (Matthäus 3:11-12)

## 3. Gleichgültigkeit

Vergleiche die Gleichgültigkeit der Menschen in 2. Petrus 3: 4:

> Wo ist die Verheißung seiner Ankunft? Denn seitdem die Väter entschlafen sind, **bleibt alles so** von Anfang der Schöpfung an.

mit Zephanja 1:12:

> In jener Zeit wird es geschehen, dass ich Jerusalem mit Leuchten durchsuche und die Männer heimsuche, die auf ihren Hefen festsitzen, die in ihrem Herzen sagen: **Der HERR wirkt nichts Gutes und wirkt nichts Böses**.

## 4. Taufe – Sprachen

**Feuer** führt zu einer Verbindung mit Apostelgeschichte 2:3:

> Und es erschienen ihnen zerteilte **Zungen wie von Feuer**, und sie setzten sich auf jeden einzelnen von ihnen.

der **Taufe** mit dem **Heiligen Geist**.

Zephanja 3:9 spricht davon, dass das Volk mit „reinen Lippen" reden würde:

> Dann aber werde ich den Völkern andere, **reine Lippen geben**, damit sie alle den Namen des HERRN anrufen und ihm einmütig dienen.

Was geschah nach der Sintflut – die der Apostel Petrus in 1. Petrus 3:20-21 eine **Taufe** nennt?[35]

Der Turm zu Babel wurde gebaut und die Sprachen der Menschen verwirrt.

Was geschah, nachdem das **Feuer** auf die Jünger kam?

Die **Taufe** des Heiligen Geistes.[36] Sie sprachen in vielen verschiedenen Sprachen, so dass die anderen sie in ihren eigenen Sprachen verstehen konnten.

---

[35] . . . „in den Tagen Noahs abwartete, während die Arche gebaut wurde, in die wenige, das sind acht Seelen, **durchs Wasser hindurch** gerettet wurden. Das Gegenbild dazu errettet jetzt auch euch, das ist **die Taufe** – nicht ein Ablegen der Unreinheit des Fleisches, sondern die Bitte an Gott um ein gutes Gewissen – durch die Auferstehung Jesu Christi."

[36] . . . „denn Johannes taufte mit Wasser, ihr aber werdet mit Heiligem Geist **getauft** werden nach diesen wenigen Tagen. (Apg. 1:5)"

## 5. Tag des Herrn

Die Weissagung Joels kommt hier zum Tragen. Der Apostel Petrus hatte zu Pfingsten gesagt, dass Joel jetzt erfüllt sei. Joel schrieb genau so über „**den Tag des Herrn**" wie Zephanja es tat. Der Tag des Herrn beinhaltet Gericht. Pfingsten war auch eine Zeit des Gerichts oder der „Unterscheidung". Ein Tag des Herrn.

> Als sie aber das hörten, **drang es ihnen durchs Herz**, und sie sprachen zu Petrus und den anderen Aposteln: Was sollen wir tun, ihr Brüder? (Apg. 2:37)

Das Gericht, das seine Vollendung 70 n.Chr. fand, begann hier.

Das Alte Testament spricht von einigen „**Tagen des Herrn**". Pfingsten war einer davon und es gibt noch einen am Ende der Zeit.

## 6. Überrest

Zephanja 3:9-13 spricht von einem **Überrest**:

> Dann aber werde ich den Völkern andere, reine Lippen geben, damit sie alle den Namen des HERRN anrufen und ihm einmütig dienen. Von jenseits der Ströme Kusch werden sie mir meine Anbeter, meine zerstreute Schar, als Opfergabe darbringen. An jenem Tag brauchst du dich nicht mehr all deiner Taten zu schämen, durch die du den Bruch mit mir vollzogen hast. Denn dann werde ich deine hochmütigen Prahler aus deiner Mitte wegnehmen, und du wirst künftig nicht mehr überheblich sein auf meinem heiligen Berg. **Und ich werde in deiner Mitte ein demütiges und geringes Volk übriglassen**, und sie werden beim Namen des HERRN Zuflucht suchen. **Der Rest Israels** wird kein Unrecht tun und keine Lüge reden, und in ihrem Mund wird keine trügerische Zunge gefunden werden, sondern sie werden weiden und lagern, und niemand wird sie aufschrecken.

Die ersten Christen waren Juden. Sie waren der Überrest Israels – siehe Römer 11:5.[37] Die „hochmütigen Prahler" waren die unter den Juden, die sich weigerten, Christus anzunehmen. Sie wurden „weggenommen" in der Vernichtung Jerusalems 70 n.Chr.

---

[37] „So ist nun auch in der jetzigen Zeit ein **Überrest** nach Auswahl der Gnade entstanden."

## 7. Land

Was den „Landstrich“ in Zephanja 2:7 betrifft:

> . . .und es wird **ein Landstrich für den Rest des Hauses Juda** sein. Sie werden darauf weiden und sich am Abend niederlegen in den Häusern Aschkelons, denn der HERR, ihr Gott, wird sich ihrer annehmen und ihr Geschick wenden.

vergleiche Daniel 7:18 und 22 und 27 mit:

> Aber die Heiligen des Höchsten werden das Reich empfangen, und sie werden das Reich besitzen bis in Ewigkeit, ja, bis in die Ewigkeit der Ewigkeiten. (Zephanja 7:18)

> . . .bis der, der alt an Tagen war, kam und das Gericht den Heiligen des Höchsten gegeben wurde und die Zeit anbrach, dass die Heiligen das Königreich in Besitz nahmen. (Zephanja 7:22)

> Und das Reich und die Herrschaft und die Größe der Königreiche unter dem ganzen Himmel wird dem Volk der Heiligen des Höchsten gegeben werden. Sein Reich ist ein ewiges Reich, und alle Mächte werden ihm dienen und gehorchen. (Zephanja 7:27)

## 8. Nationen

Die „Nationen“ in Zephanja 3:8:

> Darum wartet auf mich, spricht der HERR, auf den Tag, an dem ich mich aufmache zur Beute! Denn mein Rechtsspruch ist es, **die Nationen zu versammeln**, die Königreiche zusammenzubringen, um mein Strafgericht über sie auszugießen, die ganze Glut meines Zorns, denn durch das Feuer meines Eifers wird die ganze Erde verzehrt werden.

finden sich auch in Apostelgeschichte 2:5:

> Es wohnten aber in Jerusalem Juden, gottesfürchtige Männer, **von jeder Nation unter dem Himmel**.

Und Nationen waren auch beteiligt an der Vernichtung Jerusalems. Aber, laut der Warnung des Herrn[38], gab es keine Christen in der Stadt zu der Zeit.[39]

## 9. Äthiopien

Ein interessanter Vergleich findet sich in Zephanja 3:10:

Von jenseits der Ströme Kusch (= Äthiopien) werden sie mir meine Anbeter, meine zerstreute Schar, als Opfergabe darbringen.

mit Apostelgeschichte 8:26-40.[40]

---

[38] „Wenn ihr nun den Gräuel der Verwüstung, von dem durch Daniel, den Propheten, geredet ist, an heiliger Stätte stehen seht – wer es liest, der merke auf! -, dann sollen die in Judäa auf die Berge fliehen; wer auf dem Dach ist, soll nicht hinabsteigen, um die Sachen aus seinem Haus zu holen; und wer auf dem Feld ist, soll nicht zurückkehren, um seinen Mantel zu holen (Matthäus 24:15-18)"

[39] Vergleiche Zephanja 2:1-3

> Rafft euch zusammen, rafft euch auf, du Nation, die nicht nach Gott verlangt, bevor der Ratschluss sich verwirklicht – wie Spreu geht der Tag vorüber -, bevor die Zornesglut des HERRN über euch kommt, bevor der Zornestag des HERRN über euch kommt! Sucht den HERRN, alle ihr Demütigen des Landes, die ihr sein Recht getan habt, sucht Gerechtigkeit, sucht Demut! Vielleicht werdet ihr geborgen am Zornestag des HERRN.

mit Apostelgeschichte 2:40

> Und mit vielen anderen Worten legte er Zeugnis ab und ermahnte sie und sagte: Lasst euch retten aus diesem verkehrten Geschlecht!

[40] Vers 27:

> Und siehe, ein Äthiopier, ein Kämmerer, ein Gewaltiger der Kandake, der Königin der Äthiopier, der über ihren ganzen Schatz gesetzt war, war gekommen, um zu Jerusalem anzubeten;

Vers 36:

> Als sie aber auf dem Weg fortzogen, kamen sie an ein Wasser. Und der Kämmerer spricht: Siehe, da ist Wasser! Was hindert mich, getauft zu werden?

## 10. Opfer

Das Opfer des Herrn in Zephanja 1:7-8 ist ein Hinweis auf den Tod des Herrn:

> Seid still vor dem Herrn HERRN! Denn nahe ist der Tag des HERRN, denn der HERR hat ein **Schlachtopfer** zubereitet, er hat seine Geladenen geheiligt. Und es wird geschehen am Tag des Schlachtopfers des HERRN, da werde ich die Obersten und die Königssöhne und alle, die fremdländische Gewänder anziehen, heimsuchen.

## 11. Lied

Vergleiche Zephanja 3:14:

> Juble, Tochter Zion, jauchze, Israel! Freue dich und frohlocke von ganzem Herzen, Tochter Jerusalem!

mit dem Lied in Offenbarung 5:9:

> Und sie singen ein neues Lied und sagen: Du bist würdig, das Buch zu nehmen und seine Siegel zu öffnen; denn du bist geschlachtet worden und hast durch dein Blut für Gott erkauft aus jedem Stamm und jeder Sprache und jedem Volk und jeder Nation.

## 12. Weggenommen – Fortgeschafft

> Der HERR hat **deine Strafgerichte weggenommen**, deinen Feind weggefegt. Der König Israels, der HERR, ist in deiner Mitte, du wirst kein Unglück mehr sehen. (Zephanja 3:15)

kann in Zusammenhang gebracht werden mit Kolosser 2:14:

> Er hat den **Schuldschein** gegen uns gelöscht, den in Satzungen bestehenden, der gegen uns war, und ihn auch aus unserer Mitte **fortgeschafft**, indem er ihn ans Kreuz nagelte.

Es ist für mich eindeutig klar, dass Zephanja über die Gemeinde, die Kirche, in seiner Weissagung sprach. Über die Dinge, die sich erfüllen sollten in Christus und der Gemeinde. Es ist nicht nur eine Anwendung. Zephanja sprach über das, was zustande kommen sollte, in den Worten und Bildern seiner Zeit. Jetzt, wo wir das Neue Testament haben, können wir seine Botschaft besser – oder überhaupt erst – verstehen.

Zephanja beschreibt den „Tag des Herrn". Was er beschreibt, hat sich zu Pfingsten und in der Kirche erfüllt. Das Vergehen weltlicher Mächte wird in der Bibel in Verbindung mit natürlichen Elementen gebracht, z.B. Sonne, Mond und Sterne, die diese Mächte repräsentieren.

In 1. Mose 1: 14-18 heißt es:

> Und Gott sprach: Es sollen Lichter an der Wölbung des Himmels werden, um zu scheiden zwischen Tag und Nacht, und sie sollen dienen als Zeichen und zur Bestimmung von Zeiten und Tagen und Jahren; und sie sollen als Lichter an der Wölbung des Himmels dienen, um auf die Erde zu leuchten! Und es geschah so. Und Gott machte die beiden großen Lichter: das größere Licht zur **Beherrschung** des Tages und das kleinere Licht zur **Beherrschung** der Nacht und die Sterne. Und Gott setzte sie an die Wölbung des Himmels, über die Erde zu leuchten und zu **herrschen** über den Tag und über die Nacht und zwischen dem Licht und der Finsternis zu scheiden. Und Gott sah, dass es gut war.

und in 1. Mose 37: 9-10:

> Und er hatte noch einen anderen Traum, auch den erzählte er seinen Brüdern und sagte: Siehe, noch einen Traum hatte ich, und siehe, **die Sonne und der Mond und elf Sterne** beugten sich vor mir nieder. Und er erzählte es seinem Vater und seinen Brüdern. Da schalt ihn sein Vater und sagte zu ihm: Was ist das für ein Traum, den du gehabt hast? Sollen wir etwa kommen, **ich und deine Mutter und deine Brüder**, um uns vor dir zur Erde niederzubeugen?

Vergleiche Matthäus 24:29:

> Aber gleich nach der Bedrängnis jener Tage wird die **Sonne** verfinstert werden und der **Mond** seinen Schein nicht geben, und die **Sterne** werden vom Himmel fallen, und die Kräfte der Himmel werden erschüttert werden.

Jakob verstand Josefs Traum richtig. Genau wie Josefs Traum nicht wörtlich zu nehmen war, nämlich, dass die wirkliche Sonne, Mond und Sterne sich vor ihm beugten, so sind auch die Worte des Herrn nicht wörtlich zu nehmen. Der Herr meinte irdische Mächte und Gewalten, Ordnungen, die zugrunde gehen sollten. Das Vergehen des Jüdischen Systems war das Vergehen einer Welt und der Beginn einer Neuen Welt, nämlich des Reiches Gottes, in dem wir uns jetzt befinden.

Diese Art der Bibelauslegung ist nicht menschliche Willkür oder forcierte „Allegorie", sondern in Übereinstimmung damit, wie die Bibel sich selbst auslegt.

## Kapitel 13
# Nur eine himmlische Herrlichkeit für die Kirche?[41]

### Adam

Was war die Sünde Adams, als er von der verbotenen Frucht nahm? War es, weil er wie Gott sein wollte?

> Sondern Gott weiß, dass an dem Tag, da ihr davon esst, eure Augen aufgetan werden und ihr sein werdet wie Gott, erkennend Gutes und Böses. (1. Mose 3:5)

Ja, und noch mehr.

Adam wurde im Bild Gottes geschaffen. Wir lesen in Psalm 82:6, dass Gott sagt: „Ich sagte: Ihr seid Götter, Söhne des Höchsten seid ihr alle!" Es lag in Gottes Absichten, den Menschen Ihm ähnlich zu machen. Die Einschränkung bezüglich des Baums der Erkenntnis war keine ewige. Die Schlange hatte Recht, dass ein Erkennen von Gut und Böse zur Gottesähnlichkeit gehörte, also war diese Erkenntnis notwendig um ein „Im-Bilde-Gottes-Geschaffen" vollständig zu machen. Adams Sünde war, dass er am Ziel sein wollte ohne den Weg dahin gehen zu müssen. Ein Abschluss ohne eine Ausbildung. Adam sollte den Garten bebauen und bewachen. Er hätte in seinen Aufgaben wachsen und Treue und Verantwortung beweisen müssen. Dann, zu Gottes Zeit, wäre ihm der Zugang zum Baum der Erkenntnis gegeben worden.

Bei dem Baum der „Erkenntnis" ging es nicht um fachliches Wissen, auch nicht vordergründig um unterscheiden zu können zwischen Gut und Böse, sondern viel mehr um das **Bestimmen**, was Gut oder Böse ist. Dazu braucht man aber Reife.

Reifen ist ein Prozess – ein langer Prozess. Wir Menschen sind ungeduldig und wollen die Ergebnisse ohne die Arbeit. Gottes „Uhr" läuft langsamer als unsere. Wir Menschen haben oft Mühe Gottes Zeit abzuwarten, genau so wie Abraham und Sara Mühe hatten, auf den Sohn der Verheißung zu warten. Jahre vergingen zwischen Gottes Verheißung und der tatsächlichen Geburt Isaaks. Jahrhunderte vergingen zwischen Gottes Erwähnung von dem einen Ort, wo Er Seinen Namen wohnen lassen wollte (5. Mose 12:5-6) und der tatsächlichen Verwirklichung unter Salomo (1. Könige 8:10-11). Die

---

[41] Ich verdanke Peter J. Leithart, Steve Schlissel, Rousas John Rushdoony, James B. Jordan, und John P. Davis viele Gedanken und Anstöße in diesem Kapitel.

Zeitspanne zwischen der Verheißung des Samens der Frau (1. Mose 3:15) und Seinem tatsächlichen Kommen (Galater 4:4) hat Jahrtausende gedauert.

Als Menschen müssen wir lernen auf Gott zu warten. Adam konnte nicht warten und das nutzte die Schlange aus. Die Schlange, Satan, bot Adam das Ziel ohne den Weg an. Sie versuchte es wieder bei dem zweiten Menschen, dem letzten Adam, indem sie Jesus Christus alle Reiche der Welt und ihre Herrlichkeit ohne den Weg des Kreuzes anbot. Hier scheiterte die Schlange. Christus blieb als Mensch treu.

**Kain**

Genauso wie Adam konnte Kain, Adams Sohn, nicht warten. Kain sündigte und verließ Gott. Wir lesen in 1. Mose 4:16-17:

> So ging Kain weg vom Angesicht des HERRN und wohnte im Land Nod, östlich von Eden. Und Kain erkannte seine Frau, und sie wurde schwanger und gebar Henoch. Und er wurde der Erbauer einer Stadt und benannte die Stadt nach dem Namen seines Sohnes Henoch.

War es falsch eine Stadt zu bauen? Ist der ideale biblische Zustand ein Garten?
Wären Adam und Eva ohne Sündenfall im Garten geblieben? Ist eine Stadt ein Sinnbild von Gottesferne?

Nein.

Eine Stadt ist die Zielsetzung Gottes. Die Bibel fängt in einem Garten an und endet (in der Offenbarung) in einer herrlichen Stadt. In der Bibel finden wir eine progressive Entfaltung von Herrlichkeit. Aber der Weg vom Garten zur Stadt ist in Gottes Plan ein langer Prozess. Kains Sünde war, dass er mit einer Stadt anfing und durch seine Familie all das erreichte, was eine Stadt ausmacht: Wirtschaft, Kunst und Technik.

> Und Ada gebar Jabal; dieser wurde der Vater derer, die in Zelten und unter Herden wohnen. Und der Name seines Bruders war Jubal; dieser wurde der Vater all derer, die mit der Zither und der Flöte umgehen. Und Zilla, auch sie gebar den Tubal-Kain, den Vater all derer, die Kupfer und Eisen schmieden. (1. Mose 4:20-22)

Sind diese Dinge falsch? Sind Musik und Kunst schlecht, weil sie aus der Linie Kains stammen? Nein. Im Gegenteil, diese Kreativität entspricht unserem im-Bilde-Gottesgemacht-Sein, denn wir sind schöpferisch tätig wie er. Sie sind nur falsch, wenn sie als ein Ersatz für Gott benutzt werden. Sie sind falsch, wenn sie von einer Beziehung zu Gott ablenken sollen. Aber sie sind die ganz normalen und guten Dinge, die zu einer Stadt gehören. Oder glauben wir ernsthaft, dass es ohne Sündenfall keine Musik oder Kunst gegeben hätte? Die Sünde der Familie Kains war nicht nur, dass sie es sich in dieser Welt ohne Gott bequem machen wollte. Die Sünde der Familie Kains war, dass sie Resultate ohne Arbeit wollte. Sie wollte alles übergehen, was zu dem führt, was ein Stadtleben ausmacht. Genau im Gegensatz zum biblischen Prinzip:

> Denn Ausharren habt ihr nötig, damit ihr, nachdem ihr den Willen Gottes getan habt, die Verheißung davontragt. (Hebräer 10:36)

Künste, Handel und Regierungsformen können sich nicht voll entwickeln oder entfalten, wenn man verteilt in kleinen Dörfern lebt.[42] Erst in einer Stadt ist so etwas möglich. Aber das Leben der Stadt darf nicht auf dem Rücken der Bauern oder Landwirte, die die Stadt versorgen, ausgetragen werden, wie es leider allzu oft in der Geschichte der Fall gewesen ist. Es muss ein harmonisches Miteinander geben. Wenn es kein organisches Wachsen bis zur Stadt hin gibt, wird die Stadt das Land versklaven. Dieser Weg ist verkehrt. Sofort eine Stadt zu bauen unter Umgehung des notwendigen Aufbaus tragender und versorgender Strukturen, die ein Stadtleben erst richtig möglich machen, ist wie ein „Ergebnis“ haben zu wollen, ohne die notwendige Arbeit dafür zu leisten.

Satan war es gelungen Adam und Kain auf den falschen Weg zu führen, indem er ihnen das Ziel ohne den Weg und das Ergebnis ohne die Arbeit anbot. Es ist nur verständlich, dass er es wieder bei dem zweiten Menschen, dem letzten Adam versuchen sollte.

> Und er (Satan) führte ihn (Christus) auf einen hohen Berg und zeigte ihm in einem Augenblick alle Reiche des Erdkreises. Und der Teufel sprach zu ihm: Dir will ich alle diese Macht und ihre Herrlichkeit geben; denn mir ist sie übergeben, und wem immer ich will, gebe ich sie. Wenn du nun vor mir anbeten willst, soll das alles dein sein. (Lukas 4:5-7)

---

[42] Vergleiche Darby: „Zivilisation ist das künstliche und polierte Leben, das aus einer komplizierten Entwicklung von Geschicklichkeiten, in der die Fähigkeiten des Menschen geübt werden, entsteht. In diesem Leben sind die Menschen durch gemeinsam anerkannte Regeln miteinander verbunden, die mentalen Fähigkeiten kommen ins Spiel und die Menschen können selbstreflektierend wirken. In Kontrast dazu ist der Mensch, der als Einzelner oder im Kollektiv aus natürlichen Impulsen und Passionen handelt durch Mittel. . . die die Natur anbietet (Notes and Comments 1:110).“

Aber der zweite Mensch blieb standhaft und ging den Weg der Schmerzen und des Leidens um das Ziel zu erreichen. So konnte er nach seinem vollbrachten Werk sagen:

> Mir ist alle Macht gegeben im Himmel und auf Erden. (Matthäus 28:18)

Weil Christus als Mensch treu blieb und der ihm von Gott übertragen Verantwortung/ Aufgabe gerecht war, hat er als Mensch den Zugang zu dem Baum der Erkenntnis des Guten und des Bösen, d.h. das Recht als Mensch darüber zu entscheiden:

> Wenn aber der Sohn des **Menschen** kommen wird in seiner Herrlichkeit und alle Engel mit ihm, dann wird er auf seinem Thron der Herrlichkeit sitzen; und vor ihm werden versammelt werden alle Nationen, und er wird sie voneinander scheiden, wie der Hirte die Schafe von den Böcken scheidet. Und er wird die Schafe zu seiner Rechten stellen, die Böcke aber zur Linken. (Matthäus 25: 31-33)

> . . .weil er (Gott) einen Tag festgesetzt hat, an dem er (Gott) den Erdkreis richten wird in Gerechtigkeit durch **einen Mann**, den er dazu bestimmt hat, und er hat allen dadurch den Beweis gegeben, dass er ihn auferweckt hat aus den Toten. (Apg. 17:31)

Christus hat die, die an ihn glauben und ihn zum Leben haben, den Auftrag erteilet:

> Geht nun hin und macht alle Nationen zu Jüngern, indem ihr sie tauft auf den Namen des Vaters und des Sohnes und des Heiligen Geistes, und lehrt sie alles zu bewahren, was ich euch geboten habe! (Matthäus 28:19-20)

Durch Christus haben auch die gläubigen Christen Zugang zum Baum des Lebens und zum Baum der Kenntnis. Sie unterscheiden und bestimmen über das Gute und das Böse. Sie sind jetzt in Christus erwachsen und gereift.

> . . .die feste Speise aber ist für **ERWACHSENE**, die infolge der Gewöhnung geübte Sinne haben zur **Unterscheidung** des Guten wie auch des Bösen. (Hebräer 5:14)

> Wahrlich, ich sage euch: Wenn ihr etwas auf der Erde **bindet**, wird es im Himmel gebunden sein, und wenn ihr etwas auf der Erde **löst**, wird es im Himmel gelöst sein. (Matthäus 18:18)

> . . .prüft aber alles, das Gute haltet fest! (1. Thessalonicher 5:21)

> Wisst ihr nicht, dass wir Engel **richten werden**, wieviel mehr über Alltägliches? (1. Korinther 6:3)

**Gottesersatz**

Wer Darby und seine Schriften kennt, weiß, wie er über die Künste dachte. Er schrieb:

> Des Menschen Herz, von Gott getrennt, versucht die Erde, wo er von Gott distanziert wurde, so bequem wir nur möglich für sich zu gestalten. Um dies zu erreichen, benutzt er die Gaben und Kreaturen Gottes, sodass er ohne Gott auskommen kann. (Collected Writings 24:271)

> Kain baute eine Stadt und verschönerte die Welt; 1. Mose 4:16. Satan regiert über die Herzen der Menschen auf diese Art und Weise und so wird er zum Fürst dieser Welt durch all die Vergnügungen des Lebens – Vergnügungen, die die Welt harmlos nennt. Sie sagen, Warum, was ist schlecht an Reichtum, Musik, Malen und so vielen anderen Dingen? Darum, weil Satan durch diese Mittel die Welt regiert und versklavt die Herzen der Menschen auf ewig. Dies ist der Charakterzug von Babylon. Es ist eine abscheuliche Sache, wenn ein Christ babylonische Prinzipien duldet und seinen Geschmack danach ausrichtet. (Collected Writings 5:64)

Obwohl Darby sehr richtig erkannte, dass Kain in dem, was er tat, einen Ersatz für Gott suchte und dass dieses falsch war, hat Darby etwas sehr Wichtiges nicht erkannt. Er realisierte nicht das Prinzip von Wachstum in Herrlichkeit und sah nicht, dass Kains Sünde auch darin bestand, ein Endergebnis der Herrlichkeit zu wollen ohne den Weg der Verantwortung und des Gehorsams zu gehen. Darby reduzierte die Sünde Kains auf das „Ersatz-für-Gott"-Prinzip – und das war ein Fehler.

Die Dinge, die Kain tat und die Dinge, die seine Familie erfand, waren nicht in sich selbst schlecht oder böse, sondern die Umstände und die Zeit dafür waren falsch. Es war ein Vorausgreifen von Dingen, die sie nicht „verdient" hatten. Die Liebe eines Mannes zu einer Frau ist nicht verkehrt (die Bibel besingt diese Liebe auf eindrücklichste Weise). Sie ist nur verkehrt, wenn sie vor der richtigen Zeit ausgeübt wird, d.h. vor der Eheschließung. Darbys fehlende Einsicht über diesen Aspekt der Zeit und seine Betonung auf die Dinge in Kains Welt als ein Ersatz für Gott führte ihn zu falschen Schlussfolgerungen in Bezug auf die Christen, die Kirche und die Künste. Er betrachtete natürliche Begabung als eine Gefahr und nicht als eine Verpflichtung, die man zur Ehre Gottes umsetzen und ausführen sollte:

> Es ist ein völlig falsches Prinzip, dass natürliche Begabungen eine Begründung für ihre Benutzung sind . . .Alle diese Argumente bezüglich Gaben Gottes bringen nur die gefallene Natur in die Anbetung und den Dienst des neuen Menschen und des Herrn hinein und ruinieren sie. (Briefe Band 3:475)

Leider führte ihn dieser Standpunkt zu sehr falschen Ansichten:

> Die Zielsetzung des Judentums war Religion mit dieser Welt zu verbinden, mit der Erde. So prüfte Gott, ob der Mensch von Gott angezogen werden konnte durch irdische Dinge, die mit Ihm verbunden waren. Um das zu erreichen, gab Gott ihnen einen großartigen Tempel, prächtige Kleider, herrliche Zeremonien, Musik und Gesang, sodass Er den natürlichen Geschmack und die natürlichen Gefühle mit Sich selbst vermischen konnte. (Collected Writings 5:295)

**Herrlichkeit**

Die Bibel zeigt uns ein klares Prinzip, nämlich Wachstum bzw. Steigerung von Herrlichkeit. Die Stiftshütte war wesentlich herrlicher als der Altar Abrahams. Der Tempel Salomos war herrlicher als die Stiftshütte. Die himmlische Stadt Jerusalem ist weitaus herrlicher als alles andere. In der Bibel geht es ganz bestimmt NICHT um den Versuch, Menschen für Gott zu gewinnen durch Anziehung über die Sinne. Im Gegenteil, die dargestellte Herrlichkeit soll zunehmen, je mehr man von Gott und Seiner Heiligkeit versteht.

Die Welt, die keine Beziehung zu dem wahren Gott hat, kann nicht warten. Die Welt in ihrer Darstellung von Herrlichkeit – wie z.B. in Ägypten – war den Gläubigen, wie Abraham, weit voraus. Aber diese Herrlichkeit blieb nicht, weil sie falsch war. Es ist falsch, mit Herrlichkeit zu protzen oder danach zu streben ohne die entsprechende Beziehung zu Gott zu haben. Dies ändert aber nichts an der Tatsache, dass es eine richtige Darstellung von Herrlichkeit gibt, einen richtigen Gebrauch davon zur rechten Zeit. Es besteht ein Unterschied zwischen einer Gemeinde, die sich in einem Privathaus trifft wie zur Zeit der Apostelgeschichte, und einer Kathedrale. Gott ist nicht weniger in einem Privathaus als in einer Kathedrale. Warum sollte das Bauen einer Kathedrale falsch sein? Wenn die Gläubigen treu sind und in ihrer Verantwortung wachsen, ist so etwas wie eine Kathedrale, die die Herrlichkeit Gottes widerspiegelt, etwas Gutes. Man ist nicht geistlicher, wenn man sich weiterhin nur in Privathäusern versammelt.

Darby sah eine Darstellung von Herrlichkeit in und durch die Kirche auf dieser Erde nur als etwas Ungeistliches an. Ein Fehler. In gewisser Hinsicht hat Darby die Notwendigkeit für Herrlichkeit erkannt, aber er hat alles in die Zukunft in einen irdischen Überrest verpflanzt. Darby sagte wiederholt, dass Musik oder Kunst in sich selbst nicht böse oder schlecht sind, sondern was der Mensch daraus macht oder wozu der Mensch sie benutzt. Dinge, die etwas mit den Sinnen zu tun hatten, waren für Darby irdisch, fleischlich und nicht geistlich. Für ihn bedeutete dies, dass sie keinen Platz im Leben eines Christen haben können. Nichts, was aus der Stadt Kains stammte, sollte in der Stadt Gottes vorkommen.

Darbys Ansichten machen deutlich, dass er seine persönliche Meinung auf die gesamte Kirche übertrug. Er selbst hatte Probleme mit den Künsten – er erwähnte dabei besonders die Musik.[43] Sie waren für ihn eine Versuchung. Er mied sie aus diesem Grund. Daran ist nichts auszusetzen für ihn persönlich. Verkehrt war es aber, daraus ein Prinzip für alle zu machen und auf die Kirche zu übertragen. Sein persönliches Problem wurde zum geistlichen Maßstab! Eine „Verschönerung“ ist nicht falsch oder verkehrt. Sie ist sogar notwendig und ein Zeichen von der Umsetzung der Aufgaben der Kirche in dieser Welt. Natürlich bleibt die Warnung, sich durch die Gaben Gottes von Gott nicht ablenken zu lassen. Die Gefahr ist da wie bei Nebukadnezar:

> Nach Ablauf von zwölf Monaten nämlich, als er (Nebukadnezar) auf dem königlichen Palast in Babel auf und ab ging, begann der König und sagte: Ist das nicht das große Babel, das ich durch die Stärke meiner Macht und zur Ehre meiner Herrlichkeit zum königlichen Wohnsitz erbaut habe? Noch war das Wort im Mund des Königs, da kam eine Stimme aus dem Himmel: Dir, König Nebukadnezar, wird gesagt: Das Königtum ist von dir gewichen! (Daniel 4:26-28)

Und „die Sinne“? Sind sie böse? Müssen wir alles vermeiden was damit zusammenhängt? Kaum, denn Gott selbst hat sie erschaffen – mit Ziel und Zweck erschaffen. Ja, Sünde ist jetzt dazu gekommen und will die Betonung auf die Sinne legen und Gott ausklammern. Das ist falsch, aber die Sinne zu üben und genießen – ja, **genießen** ( „. . . Gott, der uns alles reichlich darreicht zum Genuss“ 1. Timotheus 6:17) – im Gleichgewicht mit dem „Geistlichen“, mit Gott durch Christus ist richtig und wunderschön!

---

[43] . . . „Musik hatte die größte Kraft über mich, obwohl ich nie unterrichtet worden bin [ein Musikinstrument zu spielen] (Briefe Band 3: 475).“

„Ich bin mir sicher, wenn jemand sich über religiöse Musik freuen kann, dann bin ich es, sogar als Schuljunge, aber was bedeutet das? (Notes and Jottings: 49).“

**Unsere Aufgabe**

Unsere Aufgabe Gott zu verherrlichen (auch indem wir die Schöpfung bearbeiten und verherrlichen) ist nicht durch den Sündenfall aufgehoben, sondern erschwert worden. Wir sind jetzt in Gefahr, schnell einen Gott aus dem zu machen, was wir erschaffen, anstatt Gott dadurch zu ehren. Dennoch bleibt die Aufgabe. Wir sehen dies in den Opfern verdeutlicht.

Gott nahm nicht nur „rohe“ Opfer an, sondern Opfer, die von Menschen bearbeitet und „verherrlicht“ waren. Opfer, die der Mensch umgestaltet hat in eine Form, die in der Natur nicht vorkommt: Wein ist verherrlichtes Wasser; Mehl, Brot, Kuchen sind verherrlichte Formen von Getreide; Öl ist eine verherrlichte Form von Oliven usw. Gott hat alles erschaffen. An den Schöpfungstagen in 1. Mose 1 sehen wir, wie er Vorhandenes (was ER davor erschaffen hatte) neu „formt“, kreativ ist, indem er es umgestaltet. Es ist in diese Situation hinein, dass wir erschaffen wurden – in seinem Bild. Wie sah sein „Bild“ aus? In dem ersten, kurzen Kapitel von 1. Mose treffen wir Gott zuerst an als den Schöpfer, als einer, der Dinge neu formt und umgestaltet – so auch wir. Wir nehmen das rohe Material (Holz, Stein, Metall) und „schaffen“ etwas Neues daraus.

Herrlichkeit ist nicht eine Frage von irdisch oder himmlisch. Wir trennen oft, wo die Bibel nicht trennt. Die Bibel spricht von der Stiftshütte und von dem Tempel als Abbilder von himmlischen Dingen, von der Himmelswelt. Christus sprach von Anbetung Gottes in Geist und Wahrheit – aber damit war nicht etwas gemeint, was sich in kahlen Wänden und schlichten Möbeln äußert. Eigentlich ist eine Betonung auf „geistlich“ ohne „Ablenkung“ durch materielle Dinge nicht biblisch, sondern ganz und gar griechisch, d.h. platonisch, als ob das Materielle böse wäre.[44] Der Mensch ist Geist und Leib. Hier ist es

[44] Natürlich gibt es eine Vielfalt von „griechischer“ Philosophie und auch eine Vielfalt in der „platonischer„ Philosophie, dennoch ist ein Kennzeichen von dem Platonischen, dass die menschliche Seele danach strebt sich von dem Materiellen zu lösen und zu der Welt des reinen Geistes aufzusteigen. Es ist ein geistiger Weg, wo das Selbst des Menschen – das bessere Selbst – von Sinnlichkeit befreit werden soll. Es geschieht durch eine vollkommene Versenkung in das Innere des Menschen. Wenn es einer menschlichen Seele gelingt, alles Irdische abzuschütteln, kann sie sich mit dem Geist vereinen und sogar Einswerden mit dem „Einen“, die Seele ruht dann in dem Einen.

Man findet diese Haltung – oder eine sehr ähnliche – unter vielen Christen und christlichen Gruppen oder Kirchen. Man muss nur ein paar Wörter austauschen, z. B. „Innere des Menschen“ mit „Christus“ oder „Gott“, man versenkt sich in Gott und ist frei von allem Irdischen und Sinnlichen. Diese Haltung oder Auffassung ist aber keine christliche oder biblische Haltung. Christus kam, um uns die Fülle des Lebens zu geben. Diese Fülle besteht nicht darin, dass wir Dinge verneinen oder ausklammern die Gott selbst erschaffen hat. Das Materielle und das Geistliche sind beides Teile von der einen Realität, auch wenn das Materielle vergänglich

nicht ein Gegeneinander von irdisch = fleischlich und himmlisch = geistlich.

In der Offenbarung haben wir eine Beschreibung des Himmels. Auch wenn wir der verwendeten Symbolik Rechnung tragen, ist es doch so, dass die Beschreibung der Zustände dort alle Sinne umfasst. Also ist eine äußere Herrlichkeit (Gebäude, Ausstattung, Gewänder, Räucherwerk) nicht etwas Kindisches, was man ablegt, wenn man erwachsener wird. Äußere Herrlichkeit ist ein Zeichen von Wachstum – was mit Verantwortung und Treue zusammenhängt.[45] Sie sollte die himmlische Herrlichkeit widerspiegeln. Natürlich kann dies missbraucht werden, natürlich kann man wie Kain vorausgreifen – aber dies alles ändert nichts an der Tatsache, dass es eine Darstellung äußerer Herrlichkeit geben soll.

Für Darby war das Jüdische irdisch und sinnlich. Er schien sich eine Darstellung von Herrlichkeit auf der Erde außerhalb von Israel nicht vorstellen zu können. Was sind aber Gottes Absichten mit dieser Erde? Ist die Erde nur eine Art Zwischenstation für Christen? Will Gott Seine Ziele hier durch die Kirche erreichen? Durch Seine Kirche, die das Höchste darstellt? Darby hätte geantwortet: Nein! Aber er wäre im Unrecht gewesen.

## Gottes Zielerreichung

Die Berufung Abrahams war die Antwort Gottes auf die Auswirkungen des Sündenfalls bezüglich Seiner Absichten mit dieser Erde. Gottes Bund mit Abraham hat einen universellen Charakter. Gott erreicht Seine Ziele durch den Bund mit Abraham, durch den ewigen Bund, und nicht durch den Bund vom Sinai mit Mose (Hebräer 8:6-9). Wir Christen sind Söhne Abrahams.

---

ist (Kolosser 1:16, 2. Korinther 4:18).

Vergleiche Darby's Bemerkung: „Es ist unbedingt erforderlich, dass wir Allem entsagen. Wir müssen es früher oder später tun. Entweder mit Freude durch den Geist Christi oder mit Schande, wenn das Gericht Gottes jedes Band zerreißen wird, das uns noch zurückhält. Wir müssen dann alles verlassen oder mit Sodom verbrannt werden(CW 5:28)."

[45] Dies ist nicht zu verwechseln mit den „schwachen und armseligen Elementen", die mit dem jüdischen und mosaischen System verbunden waren. Dargestellte Herrlichkeit muss den tatsächlichen Zustand und die Beziehung widerspiegeln. Herrlichkeit reduziert sich nicht auf jüdische Ausdrucksformen. Die jüdische Form wies auf einen „Noch-nicht"-Zustand hin (siehe z.B. Hebräer. 9:8 und 10:4). In der Kirche müsste die „Herrlichkeit" auf das „Schon-vollbracht" hinweisen.

Laut Darby und den Dispensationalisten allgemein wird Gott Seine Ziele auf der Erde nicht durch die Kirche erreichen, sondern durch Israel. Dieser Gedanke ist nicht im Neuen Testament zu finden, außer in dem „Israel Gottes", das aus den Söhnen Abrahams besteht, wo eine ethnische oder biologische Zugehörigkeit keine Rolle spielt. Dieses Israel Gottes ist der neue Mensch in Christus, bestehend aus Juden und Nicht-Juden. Dort wird keine Unterscheidung zwischen den beiden Gruppen mehr gemacht. Gott erreicht Seine Ziele und Absichten mit dieser Erde in und durch die Kirche, was auch in den Verheißungen an Abraham zum Ausdruck kommt. Die Kirche ist Gottes Zivilisation. Darby schrieb:

> . . . in der Tat, die Zivilisation begann in der Familie Kains, nachdem der Mensch von Gott vertrieben wurde; 1. Mose 4:16-24. Adam im Paradies hatte keine Zivilisations-Basis. Die Einfachheit seines Lebens in Unschuld gab keinen Anlass dafür. Was die Auswirkung von 1. Mose 1:28 gewesen wäre, wäre Adam nicht gefallen, kann man nur annehmen. (Notes and Comments 1:110)

Darby weicht hier aus. Da Gottes Wege in einer verherrlichten Stadt enden, kann und muss man davon ausgehen, dass dies Gottes Ziel war. Die Stadt war nicht ein Ausweichmanöver Gottes, nicht ein „Plan B". Es war ganz bestimmt nicht Gottes Absicht, Adam in dem Garten zu lassen. Die Flüsse Edens weisen schon darauf hin: sie gingen aus in alle Welt. Adam musste aber zuerst lernen und in seiner Verantwortung wachsen. Hier hat er versagt und so ging er nicht später mit Gott und in Seinem Auftrag hinaus in die Welt um Segen zu verteilen, sondern er wurde hinaus gestoßen in eine Welt, die durch seine Sünde gefallen war. Dies wird in und durch die Kirche wieder „gut gemacht".

Darby machte es sich zu einfach, indem er alles verwarf, was mit Kain und seiner Stadt irgendwie zusammenhing. Er hat nicht unterschieden. Auch wenn er zugegeben hat, dass Dinge wie Musik und Kunst an sich nicht böse sind, hat er keine gerechtfertigte Verwendung für sie gesehen oder gebilligt. Sie waren alle unbrauchbar für einen Christen. Darby machte keinen wirklichen Unterschied zwischen den Dingen selbst und einer richtigen, Gott wohlgefälligen Verwendung davon. Er hat förmlich das Kind mit dem Badewasser ausgekippt und behauptete, wir können nicht wissen, was wäre wenn. Irrtum. Gottes Wort deutet oft genug auf das hin, was Gott erreichen will.

**Kultur**

Christen haben oft Probleme mit dem, was man Kultur nennt. Manche Christen behaupten auch, dass die Bibel an manchen Stellen Dinge von Gläubigen verlangt, die nur kulturbedingt waren, d.h. sie waren keine göttlichen Dinge, sondern nur vorübergehende menschliche. Obwohl Gottes Wort von uns verlangt, niemand Anstoß zu geben (1. Korinther 10:32) und mit allen Menschen in Frieden zu leben (Römer 12:18), verlangt es von uns NIEMALS, dass wir uns irgendwelchen kulturbedingten Dingen unterwerfen sollen. Viele Christen verstehen nicht, dass wir als Kirche nicht Teil irgendeiner Kultur sind, sei sie europäisch, amerikanisch oder arabisch. Wir SIND eine Kultur. Eine neue Kultur. Gottes Kultur.

Was wir in der Bibel finden, ist nicht eine Anleitung, wie Christen sich richtig an eine Kultur anpassen können, sondern eine Anleitung, wie wir in der Kultur Gottes leben sollen. Religion ist nicht ein Teil einer Kultur. Kultur ist objektivierte Religion – sei es eine Religion der Götter, der Philosophie oder des Atheismus. Kultur ist der Ausdruck von dem, was man glaubt.

Christen machen einen Fehler, wenn sie glauben, dass ungläubige Menschen uns irgendwie sagen können, wie wir hier auf der Erde richtig leben sollen. Wir können von Ungläubigen lernen, wie man bessere Häuser oder Autos baut, aber man kann von ihnen niemals lernen, wie man besser regiert, ein Ehe- oder Familienleben führt oder Gott anbetet. Niemals. Als Christen in der Kirche sind wir in der Stadt Gottes und nicht in der Stadt von Kain. Es gibt eine neue Ordnung, ein neues Mensch-Sein, ein neues System, eine neue gesellschaftliche und politische Realität. Kirchen sind „Außenposten" der himmlischen Stadt, die unsere Mutter ist. Wie Adam (wenn er seinen Auftrag in Treue erfüllt hätte), der in die Welt hinausgehen sollte und immer wieder zu dem Garten als dem Ort der Begegnung mit Gott, dem Heiligtum, zurückkehren konnte, kommen wir Christen immer wieder in Verbindung mit dem Himmel durch unsere Gottesdienste. Wir schöpfen wieder neue Kraft und Freude um unsere Aufgaben und Pflichten hier in dieser Welt zur Ehre Gottes auszuführen.

**Erbschaft**

Da der Mensch ohne Gott schnell zu Ergebnissen kommen will, ohne dass er den Anspruch darauf verdient hätte, sind Ungläubige in der Regel den Gläubigen in „technischen" Dingen wie Wissenschaft und Kunst meistens einige Schritte voraus. (In Glaubensfragen nie. Menschliche Religionen, Ideologien und vor allem Philosophien führen von Gott weg.) Für den Gläubigen ist der Weg langsamer, wenn er in Abhängigkeit von Gott bleibt. Vorübergehend scheinen Ungläubige im Vorteil zu sein (eine Klage, die man oft im Alten Testament findet: z.B. Hiob 21:7; Psalm 73:3). Aber sie sind den Gläubigen nicht voraus. Im Gegenteil, die Gläubigen werden die Früchte ihrer Arbeit erben. Das sehen wir verdeutlicht im Beispiel Israels:

> Und ich werde diesem Volk Gunst geben in den Augen der Ägypter, und es wird geschehen, wenn ihr auszieht, sollt ihr nicht mit leeren Händen ausziehen: Jede Frau soll von ihrer Nachbarin und von ihrer Hausgenossin silberne Schmuckstücke und goldene Schmuckstücke und Kleidung fordern. Die sollt ihr euren Söhnen und Töchtern anlegen und so die Ägypter ausplündern! (2.Mose 3:21-22)

> Und es soll geschehen, wenn der HERR, dein Gott, dich in das Land bringt, das er deinen Vätern, Abraham, Isaak und Jakob, geschworen hat, dir zu geben: große und gute Städte, die du nicht gebaut hast, und Häuser voll von allem Guten, die du nicht gefüllt hast, und ausgehauene Zisternen, die du nicht ausgehauen hast, Weinberge und Olivenbäume, die du nicht gepflanzt hast, und wenn du dann essen und satt werden wirst. (5. Mose 6:10-11)

> Der Gute vererbt auf Kindeskinder, aber das Vermögen des Sünders wird aufbewahrt für den Gerechten. (Sprüche 13:22)

Wir „erben“, um diese Dinge dann richtig zu benutzen und umzusetzen: zur Ehre Gottes!

### Zeit

Dispensationalisten sind in einer Hinsicht durch eine Haltung des Wartens gekennzeichnet. Sie erwarten den Herrn Jesus jeden Augenblick. Dennoch können sie nicht warten. Wenn man mit ihnen über unsere Aufgabe spricht, dass wir als Christen das Reich Gottes in dieser Welt ausbreiten sollen, weisen sie meistens sehr schnell darauf hin, dass nicht viel von dieser Ausbreitung in unserer Kultur und Zeit zu sehen ist. Gott benötigt Zeit, um Seine Ziele zu erreichen. Die Bibel bestätigt dieses Prinzip immer wieder. Gott hat Pläne der Herrlichkeit und des Segens – doch der Weg bis dahin dauert seine Zeit und verlangt Treue und Hingabe von uns. Dispensationalisten wollen ein schnelles und abruptes Ende und Veränderung – eine Revolution und keine Reformation. Christi Beschreibung der Entfaltung und Ausdehnung des Reiches ist eine, die mit Revolution (wie im Marxismus) nichts zu tun hat:

> Und er sprach: Mit dem Reich Gottes ist es so, wie wenn ein Mensch den Samen auf das Land wirft und schläft und aufsteht, Nacht und Tag, und der Same sprießt hervor und wächst, er weiß selbst nicht, wie. Die Erde bringt von selbst Frucht her-

> vor, zuerst Gras, dann eine Ähre, dann vollen Weizen in der Ähre. (Markus 4:26-28)

> Lasst uns aber im Gutestun nicht müde werden! Denn zur bestimmten Zeit werden wir ernten, wenn wir nicht ermatten. (Galater 6:9)

Wenn Gott 4000 Jahre gewartet hat, bis Er Seinen Sohn sandte, der die Grundlage des Reiches ist, warum wundern wir uns so darüber, dass nach 2000 Jahren nicht mehr zu sehen ist? Was sind schon 2000 Jahre? Gottes Zeitplan ist nicht unserer. Wir wissen nicht, wie lange es dauern wird. Es gibt Stellen in der Bibel, die auf eine lange Zeit hindeuten:

> So erkenne denn, dass der HERR, dein Gott, der Gott ist, der treue Gott, der den Bund und die Güte bis auf tausend Generationen denen bewahrt, die ihn lieben und seine Gebote halten. (5. Mose 7:9)

> Gedenkt ewig seines Bundes – des Wortes, das er geboten hat auf tausend Generationen hin. (1. Chronika 16:15)

Tausend Generationen wären 40.000 Jahre!

Manche Kathedralen haben Jahrhunderte überdauert. Gewiss, sie haben nicht immer auf geistliches Leben hingewiesen, dennoch sind sie ein Mahnmal bezüglich unserer Verantwortung als Christen in dieser Welt. Einst hat es ein biblisches Weltbild geben. Das kann es wieder geben, wenn wir Christen unsere Verantwortung wahrnehmen und die Welt nicht der Welt überlassen.

## Kapitel 14
# Notwendiger Sieg?

Zwischen der dispensationalistischen Sicht und der Bündnis-Theologie gibt es gute und hilfreiche Übereinstimmungen zu entdecken. Gläubige aus vergangenen Zeiten haben erkannt, dass Gott auf unterschiedliche Weise mit den Menschen umgegangen ist. Diese Einsicht und dieses Verständnis sind nicht neu. Es gibt Übereinstimmungen darin, wie Dispensationalisten die Zeit in Zeitalter (Haushaltungen, Dispensationen) aufteilen und wie die Reformierten die verschiedenen Bündnisse hervorheben. Beide Gruppen haben etwas in Gottes Wegen erkannt, doch die Unterschiede bestehen in den Schlussfolgerungen, die beide daraus ziehen. Eine einfache (und zugegeben oberflächliche) Beschreibung der Hauptunterschiede kann man so formulieren:

**Bündnis-Theologie** betrachtet die verschiedenen Bündnisse als eine Entfaltung oder Entwicklung, gekennzeichnet durch Kontinuität, Erziehung und ein Hineinwachsen oder Aufwachsen. Sie sieht in Gottes Handeln durchweg eine Zielsetzung und einen Plan, der auf Jesus Christus zusteuert und in Ihm und Seiner Gemeinde gipfelt.

**Dispensationalisten** betrachten die verschiedenen Dispensationen als Beweise für wiederholtes Versagen. Eine neue Dispensation mit neu definierter (Gottes)Beziehung ist notwendig, weil die vorhergehende nicht „funktioniert" hat. Diese „neue" Dispensation wird auch zwangsläufig wieder enden, indem sie versagt. Gott bringt den Menschen ständig in eine neue Beziehung mit Sich selbst, doch der Mensch vermasselt alles immer wieder – und das von Anfang an.

Scheinbar verging nicht einmal eine Woche zwischen Erschaffung und Fall Adams. Kurz nachdem Noah die Arche verlassen hatte, finden wir ihn betrunken in seinem Zelt. Gleich nach ihrer Befreiung aus Ägypten sündigten die Israeliten mit dem goldenen Kalb usw.

Sogar die Kirche – die nicht als eine Dispensation im üblichen Sinn betrachtet wird – ist dazu bestimmt, zu versagen. Natürlich beinhaltet das Kommen des Herrn für Seine Kirche Freude, aber dieses Kommen ist notwendig, weil die Kirche den Herrn in dieser Welt so sehr verunehrt hat, dass Er sie aus dieser Welt herausholen muss. Die Kirche, von Gott aus gesehen (in Christus), ist vollkommen, aber von der äußeren menschlichen Perspektive hier auf dieser Erde gesehen (als Zeugnis) führt sie zu falschen Schlussfolgerungen über Gott. Die Zeit der Kirche ist genauso durch Versagen gekennzeichnet wie die eigentlichen Dispensationen und muss deshalb abgelöst werden. (Dieses Versagen ist sehr früh eingetreten – genau wie bei den anderen Dispensationen. Auch in den Fällen, wo es zwei Briefe im Neuen Testament gibt, z.B. an Timotheus oder von Petrus, beschreibt der zweite davon schon Niedergang und Verfall.) Nach der Entrückung der Kirche wird es einen gläubigen jüdischen Überrest geben, der die Welt evangelisiert. Und obwohl dieser Überrest nur ein „Minimum-Evangelium" besitzt und verkündigt (so wird Offenbarung 14:6-7 verstanden) und NICHT in derselben Beziehung zu Christus steht wie wir Christen jetzt, werden große Menschenmengen sich innerhalb von 3 ½ Jahren bekehren – etwas, das die Kirche nie geschafft hat! Nach der Drangsalszeit wird es ein buchstäbliches 1000-jähriges Reich auf Erden geben, das mit der letzten Rebellion auch im Versagen endet.

Ich glaube es war C. S. Lewis, der Wachstum mit einem Baum und mit einem Zug verglich. Wahres Wachstum und Vorwärtskommen behält etwas von dem „Alten" bei, wie ein Baum größer wird, indem es Jahresringe anlegt. Was den Wert des Alten oder Früheren nicht achtet und nützt, ist nicht wie ein wachsender Baum, sondern wie ein Zug der von einer Bahnstation zur anderen fährt und (außer Passagiere) nichts mitnimmt. Bündnis-Theologie verkörpert die Idee des Baumwachstums, der Dispensationalismus eher ein Vorwärtskommen wie beim Zug, der die Bahnstation hinter sich lässt. Salopp gesagt, Bündnis-Theologie nimmt etwas mit, Dispensationalismus lässt alles hinter sich.

Soweit die Zusammenfassung.

Wenn Dispensationalisten davon sprechen, dass alles, was den Menschen anvertraut wird, in Versagen endet, merkt man ihr tiefes Empfinden für Gottes Größe und Erhabenheit und ihren Wunsch, nur Gott allein die Ehre zu geben. Zu Recht sagen sie, dass nur Gott vollkommen ist und nur der Sohn Gottes bewirken kann, was Gott will und was Ihn ehrt. Sie sagen weiter, dass, was der Mensch tut, in Versagen enden MUSS, sodass kein Zweifel über unseren eigentlichen Zustand und Gottes Kraft und Heiligkeit besteht. Zu denken oder zu hoffen, dass der Mensch etwas Gutes erreichen kann, wird als falsch angesehen, weil man dadurch unberechtigte Erwartungen in den Menschen setzt. Christen, die Gutes erwarten, werden als solche betrachtet, die eigentlich die Tragweite des Sündenfalls und die Verderbtheit des Menschen nicht verstanden oder erkannt haben.

Erwarten wir, dass Sieg in dieser Welt von menschlichem Tun abhängig ist? Beanspruchen wir als Menschen das, was nur Christus erfüllen kann? Wenn wir „Erfolg" durch menschliches Tun erwarten, liegen wir ganz bestimmt falsch. Dennoch war es Gottes

Absicht, Seine Ziele hier auf dieser Erde durch Menschen zu erreichen. Wenn Christus am Ende der Zeit kommen und Seine überwältigende Kraft allen zeigen wird, ist das nicht dasselbe. Das war auch nie die Frage. Natürlich kann Gott bewirken, was der Mensch nicht kann. Natürlich ist Gott heiliger als die Menschen. Natürlich ist der Gott-Mensch Christus der Sieger. Darum geht es aber nicht.

Die Frage ist: Kann Gott durch Christus Seine Ziele für die Menschen auf dieser Erde in „Raum und Zeit" erreichen? Satan kann seine Einwände (wie bei Hiob) bringen: „Ja, gewiss, Du hast sie errettet. Du hast die Vergebung ihrer Sünden bewirkt. Du hast ihnen Dein göttliches Wort und den Heiligen Geist gegeben. Sie haben Ewiges Leben, das Leben des Vaterhauses – und doch musstest DU einschreiten! Du konntest sie nicht dazu bringen, Deine Ziele zu erreichen. Am Ende musstest Du es selbst tun. Dein Sieg ist also nur ein Teilsieg."

Der Sieg der Kirche, durch Christus, in Raum und Zeit ist eine Notwendigkeit – eine göttliche Notwendigkeit. Nicht der Menschen wegen – als ob der Mensch von sich aus etwas erreichen könnte – sondern Gottes wegen. Es ist das gleiche Prinzip, das wir im Alten Testament finden:

> Sollen etwa die Ägypter sagen können: In böser Absicht hat er sie herausgeführt, um sie im Gebirge umzubringen und sie vom Erdboden verschwinden zu lassen? Lass ab von deinem glühenden Zorn, und lass dich das Böse reuen, das du deinem Volk antun wolltest. (2. Mose 32:12)

> Da antwortete Mose dem Herrn: Die Ägypter werden hören, dass du dieses Volk mit deiner Kraft aus ihrer Mitte hierher geführt hast, und sie werden zu den Einwohnern dieses Landes sagen, sie hätten gehört, dass du, Herr, mitten in diesem Volk warst, dass du, Herr, sichtbar erschienen bist, dass deine Wolke über ihnen stand, dass du ihnen bei Tag in einer Wolkensäule und bei Nacht in einer Feuersäule vorangegangen bist, dass du dann aber dieses Volk wie einen einzigen Mann umgebracht hast. Wenn sie das alles über dich hören, werden die Völker sagen: Weil Jahwe nicht imstande war, dieses Volk in das Land zu bringen, das er ihnen mit einem Eid zugesichert hatte, hat er sie in der Wüste abgeschlachtet. (4. Mose 14:13-16)

> Ich betete zum Herrn und sagte: Gott, mein Herr, bring nicht das Verderben über dein Volk und deinen Erbbesitz, die du in deiner Macht freigekauft und mit starker Hand aus Ägypten geführt hast. Denk an deine Knechte, an Abraham, Isaak und Jakob! Beachte nicht den Starrsinn dieses Volkes, sein Verschulden und seine Sünde,

> damit man nicht in dem Land, aus dem du uns geführt hast, sagt: Offenbar kann der Herr sie nicht in das Land führen, das er ihnen zugesagt hat, oder er liebt sie nicht; also hat er sie nur herausgeführt, um sie in der Wüste sterben zu lassen. (5. Mose 9:26-28)

> Das werden die Kanaaniter und alle Bewohner des Landes hören, und sie werden uns umzingeln und unseren Namen im ganzen Land ausrotten. Was willst du dann für deinen großen Namen tun? (Josua 7:9)

> Aber dann handelte ich um meines Namens willen anders; ich wollte ihn nicht entweihen vor den Augen der Völker, in deren Mitte sie lebten und vor deren Augen ich mich ihnen offenbarte, als ich sie aus Ägypten herausführte. (Hesekiel 20:9)

Wenn die Kirche versagt, wenn Christus kommen muss um sie zu holen, kann der Feind mit Recht zu Gott sagen: „Es lag daran, weil Du nicht in der Lage warst sie durchzubringen."

Viele Dispensationalisten, mit denen ich gesprochen und deren Schriften ich gelesen habe, betonen die Notwendigkeit der Erfüllung von Gottes Verheißungen an Israel – im buchstäblichen Sinn. Es ist sehr schwer für sie (wenn nicht sogar unmöglich) eine vollständige Erfüllung der Verheißungen in Christus und Seiner Kirche zu sehen. (Obwohl die ersten Christen – Juden – keine Probleme damit hatten.) Sie bestehen darauf, dass Gott vollbringen muss, was Er in der Vergangenheit versprochen hat. Auch wenn Israel jämmerlich versagt und Gott in Christus abgelehnt hat – Gott wird sie zurückbringen und Seine Verheißungen erfüllen. Er muss es tun! Er muss es tun, egal wie untreu Israel gewesen ist. Es ist interessant, dass dieses „Muss", diese zweite Chance, nur Israel gewährt und zugesprochen wird – aber der Kirche nicht??!! Ja, es wird gesagt, dass, wenn der Herr kommt (Entrückung), es wahre und treue Christen geben wird, aber die Mehrheit (das Christentum) wird gerichtet. Die Kirche bekommt keine zweite Chance. Sie wird später mit Christus in Herrlichkeit erscheinen um ein irdisches Reich aufzubauen – aber sie hat keine zweite Chance.

Warum diese negative Unterscheidung? Ich glaube nicht, dass Israel eine zweite Chance braucht – denn unser Herr IST Seinen Verheißungen treu GEWESEN. Er hat Israel „gut getan" – in der Kirche! Alles, was den Vätern versprochen wurde – und noch viel mehr – ist in der Kirche erfüllt worden. Dies ist das, was die ersten Christen – gläubige Juden – verstanden und glaubten! Der „Erfolg" der Kirche in Raum und Zeit hängt nicht von uns Menschen ab (obwohl es unseren Gehorsam und ein Bewusstsein für

Verantwortung verlangt). Er hängt allein von Christus ab. Er wird Satan und allen anderen beweisen, dass Er sehr wohl vollbringen konnte, was Er vorhatte!

Die Kirche braucht keine zweite Chance, weil der Herr Sein Ziel durch sie erreichen wird. Verzögern wir diesen Sieg nicht, indem wir durch eine „Geht-uns-nichts-an-Haltung" sündigen. Sündigen wir auch nicht durch Pessimismus und Inaktivität. Wir brauchen eine Eschatologie (prophetische Sicht) der Hoffnung – nicht der Niederlage! Laut Epheser 2:12 hatten wir, als die aus den Nationen, „keine Hoffnung". Wir waren ein „Nicht-Volk". Weil wir „ausgeschlossen vom Bürgerrecht Israels und Fremdlinge hinsichtlich der Bündnisse der Verheißung" waren, hatten wir keine Hoffnung. Jetzt haben wir Hoffnung, weil wir Sein Volk sind!

Wessen Hoffnung haben wir?
Wir haben Israels Hoffnung. Was sagte der Apostel Paulus, als er sich verteidigte? „Wegen der **Hoffnung Israels** trage ich diese Kette (Apg. 28:20)". Warum war Paulus in Ketten? Weil er ein jüdisches Reich predigte? Weil er Jerusalem zum Zentrum der Erde machen wollte? Nein, weil er das Evangelium predigte, das uns zum Teilhaber an den Verheißungen machte, wodurch wir zu „Mitbürgern" geworden sind. Paulus nennt den Inhalt seiner Predigt „die Hoffnung Israels"! Israel und die Kirche haben dieselbe und nicht eine unterschiedliche Hoffnung!

# Teil 2

# Einleitung

„Wir sind hier bei der Arbeit und nicht auf der Flucht!" Diesen Spruch habe ich vor kurzem gehört und dachte dabei, das ist genau, was unsere Aufgabe als Christen hier in dieser Welt kennzeichnen soll. In der langen Geschichte der Kirche oder Gemeinde war es auch so, aber dann ist eine Veränderung eingetreten. Eine Veränderung, die Flucht, Entkommen und nicht mehr Arbeit betonte. Das „Brüdertum" in Verbindung mit John Nelson Darby war nicht die Ursache, aber es war wesentlich, was die Prägung und letzte Formgebung betrifft. Aus dem „Brüdertum" ist der „Dispensationalismus" hervorgegangen und diese Sichtweise hat große Teile der Kirche bis heute nachhaltig beeinflusst. Falsch beeinflusst, wie ich meine. Denn er beinhaltet (wenn auch nicht bewusst) eine Abwendung von unserem göttlichen Auftrag hier für den Herrn zu arbeiten und sein Reich zu verwirklichen.

Ich behaupte und bin fest davon überzeugt, dass das „Brüdertum" und die Dispensationalisten einer jüdischen und nicht christlichen Auslegung folgen. Mit „jüdisch" ist nicht das Alttestamentliche gemeint, sondern das, was nach 70/90 n.Chr. entstanden ist. Hierin besteht das Paradox: Darby und die „Brüder" haben vieles in der Kirche als „jüdisch" verurteilt. Damit meinten sie Rituale und Formen und Strukturen. Aber sie merkten nicht, dass sie selbst sehr stark durch das Rabbiner-Judentum beeinflusst waren, ein Judentum, entstanden auf der Basis, dass Jesus Christus nicht der Messias war, geschweige denn der Sohn Gottes. Die Erwartungen der „Brüder" entsprechen in vielen Dingen, was man in Talmud und Rabbiner-Judentum findet. Hier ist ein weiteres Paradox: die Juden nach 90 n.Chr., obwohl zu Unrecht verfolgt und vertrieben und misshandelt, haben sich nicht zurückgezogen, sondern sie haben nachhaltig ihre Umwelt geprägt und beeinflusst. Sie haben gearbeitet! Hätten nur die „Brüder" das auch getan!

Meine Absicht ist es ganz bestimmt nicht, hiermit eine Demontage des „Brüdertums" zu versuchen, denn obwohl ich mit manchem nicht übereinstimmen kann, gibt es sehr viel, das ich bei den „Brüdern" gut und richtig finde. Mir geht es um „Tatsachen" - und zu viele Gläubige haben in Bezug auf die Geschichte und Entstehung des „Brüdertums" ein falsches Bild.

In meinem Lebensbild über Darby hatte ich geschrieben:

> Zu Beginn von Kapitel 2 haben wir uns kurz mit den Wahrheiten befasst, die Darby beschäftigten und die der Herr ihm auftat, als er sich von seinem Unfall erholte. Wir haben dort gesehen, dass eine Wahrheit zur anderen führte, oder zu einem besseren Verständnis der anderen verhalf. Indem er seine wahre Stellung in Christus verstehen lernte, erkannte Darby den wahren Charakter der Gemeinde Gottes. Indem er die Gemeinde so sah, wie Gott sie sieht, begriff Darby dann, dass ein klarer und großer Unterschied zwischen der Gemeinde und Israel, dem irdischen Volk des Herrn, besteht. Er erkannte, dass es für dieses Volk noch eine Zukunft gab, etwas Unerfülltes, was noch geschehen musste. Aber auch die Gemeinde hat eine Zukunft, nicht hier auf der Erde, sondern im Himmel, und indem der Herr einen anderen zu Darbys Hilfe gebrauchte, sah er die Wahrheit von der Entrückung. Es ging Schritt für Schritt. Auf die gleiche Weise wie die Gemeinde ihre wahre Hoffnung, das Bewusstsein ihres wahren Charakters verloren hatte, Schritt für Schritt musste Darby zurückgehen, um diese Wahrheiten wiederzugewinnen. Sie waren auf diese Weise verwoben mit seiner geistlichen Erfahrung und Entwicklung, seinem Leben selbst.[46]

So ein „Aufspüren" der Wege Gottes, die Entdeckung eines vermeintlichen Plans oder Musters ist nicht außergewöhnlich. Damals, als ich obigen Abschnitt schrieb, glaubte ich, dass Darbys gemachte Erfahrungen einzigartig waren. Jetzt weiß ich, dass er nicht der einzige und nicht der erste war. Die folgenden Kapitel versuchen aufzuzeigen, wie es zu den „Brüdern" gekommen ist. Was machte die „Brüder" überhaupt möglich. Die Ursachen und Ursprünge gehen viel weiter zurück als zum Jahr 1827 oder zum Leben Darbys.

---

[46] „John Nelson Darby und die Anfänge einer Bewegung", CLV, 1988, S. 141.

## Kapitel 1
# Definitionen

Da nicht jeder Leser gleich gut mit der Materie vertraut ist, sollen die nachstehend aufgeführten Erklärungen zu den wichtigsten Begriffen und Personen eine Hilfestellung bieten.

Zuerst befassen wir uns mit den drei Hauptansichten, die es in Bezug auf die Zukunft und das 1000-jährige Reich gibt. Diese Beschreibungen sind sehr knapp und geben inhaltlich nur die Hauptgedanken wieder. Es gibt auch viele weitere Variationen innerhalb dieser drei Gruppen.

**Prämillennialismus** (prae- = vor)
Diese Sicht besagt, dass es ein zukünftiges, buchstäblich irdisches Reich geben wird. Christus wird nach einer siebenjährigen Drangsalszeit - die die Gemeinde durchmacht – wiederkommen, um das Reich aufzurichten. Er kommt also vor dem Reich.

**Historische Version:**

- Die Gemeinde ist die erste Phase des prophezeiten Reiches aus dem Alten Testament.
- Die Gemeinde wird einige Schlachten zwischen Gut und Böse gewinnen, aber nicht den eigentlichen Krieg.
- Die Gemeinde geht durch die Drangsalszeit.
- Christus kommt am Ende dieser Drangsalszeit, um seine Gemeinde zu entrücken.
- Gleich darauf kommt Er mit der Gemeinde wieder, um Satan zu binden und das Reich auf der Erde aufzurichten.
- Gegen Ende des Reiches gibt es wieder einen Aufstand, den Christus niederschlägt.

- Dann folgen die Auferstehung der Ungläubigen und das Gericht.

- Ewiger Zustand.

- Diese Sicht beinhaltet zwei Auferstehungen: 1. Vor dem Reich (die Gläubigen); 2. Nach dem Reich (die Ungläubigen).

**Dispensationalistische Version:**

- Gott handelt mit den Menschen in verschiedenen Zeitabschnitten - genannt Haushaltungen oder Dispensationen. Der Treue zu Gott wird in diesen Dispensationen verschieden geprüft. Sie lösen sich ab, indem die Menschen versagen und Gott ihnen neue Bedingungen stellt. Eine dieser Dispensationen ist das Reich.

- Christus bot den Juden das Reich an, doch sie lehnten es ab.

- Die Kirche ist jetzt eine „Zwischenschaltung", die im Alten Testament nicht bekannt war.[47]

- Gott hat unterschiedliche Ziele und Absichten mit Israel und der Gemeinde Jesu.

- Letzten Endes wird die Gemeinde als Institution ihren Einfluss in der Welt verlieren und von der Wahrheit abfallen.

---

[47] Darby schrieb:

Als eine irdische Dispensation betrachtet, füllt sie [die Kirche] einfach - in einer detaillierten Ausübung der Gnade - eine Lücke in der regulären irdischen Ordnung von Gottes Ratschlüssen. . .obwohl sie [die Kirche] eine sehr instruktive Zwischenschaltung ist, formt sie keinen Teil der regulären Ordnung von Gottes Plänen bezüglich der Erde. Sie ist einfach eine Unterbrechung, um ihnen [den Juden] vollen Charakter und Bedeutung zu geben. („Collected Writings" (CW) 1:94 „The Character of Office in the Present Dispensation")

Die Gemeinde ist in der Sicht Darbys eigentlich keine richtige Dispensation. „Die Gemeinde, genauer gesagt – der Leib Christi, ist keine Dispensation. Sie gehört nicht zur Erde. Aber es gibt eine Ordnung der Dinge, die mit ihr verbunden ist, während sie hier auf der Erde ist. Eine Ordnung der Dinge, dessen Existenz mit der Verantwortung der Gemeinde verknüpft ist (CW 4:328)."

- Christus wird Seine wahre Gemeinde vor der Drangsalszeit entrücken.
- Nach der Drangsalszeit wird Christus wiederkommen, um ein jüdisches Reich in der Welt aufzurichten und von Jerusalem aus zu regieren.
- Satan wird gebunden.
- Der Tempel wird wieder gebaut und der Opferdienst wieder eingeführt.
- Gegen Ende des Reiches gibt es wieder einen Aufstand, den Christus niederschlägt.
- Die Auferstehung der Ungläubigen und das Gericht folgen.
- Ewiger Zustand.
- Diese Sicht beinhaltet drei Auferstehungen:
  - 1. Vor der Drangsal (die Gemeinde und die alttestamentlich Gläubigen – für manche Ausleger werden die alttestamentlich Gläubigen nach der Drangsal auferstehen, weil sie im „Charakter" besser dazu passen);
  - 2. Nach der Drangsal (die gestorbenen Gläubigen aus der Drangsalszeit);
  - 3. Nach dem Reich (alle Ungläubigen).

Die Mehrheit von Gläubigen, die eine dispensationalistische Sicht der Zukunft vertreten, behaupten, dass die Sicht der Frühkirche durchweg eine prämillennialistische war, wenn auch nicht dispensationalisch. Dies wird oft als selbstverständlich und allerseits anerkannt hingestellt. Aber die Arbeiten von L. Berkhof[48] und Alan Patrick Boyd[49] zei-

[48] Siehe „The History of Christian Doctrines", The Banner of Truth Trust, London, 1985., wo er auf S. 262 schreibt, dass es nicht richtig ist zu sagen, dass die prämillennialistische Sicht während der ersten drei Jahrhunderte der Kirchengeschichte allgemein akzeptiert wurde. Er schreibt auch, dass die Anhänger dieser Sicht eher begrenzt waren.

[49] Siehe: "A Dispensational Premillennial Analysis of the Eschatology of the Post-Apostolic Fathers (Until the Death of Justin Martyr), submitted in partial fulfillment of the requirements for the Degree of Master of Theology (May 1977)". Boyd stimmt mit Berkhof überein und schreibt (S. 92), dass man nicht behaupten kann, dass die Frühkirche DEFINITIV prämillennialistisch war.

gen, dass man das nicht pauschal behaupten kann.

**Amillennialismus** (*a-* = kein)
Diese Sicht verneint ein buchstäbliches Reich. Es ist eine Metapher und bezeichnet die Zeit zwischen der Menschwerdung des Herrn und seinem Wiederkommen.

- Die Zeit der Gemeinde ist die Zeit, die im Alten Testament prophezeit wurde. Die Gemeinde ist das Israel Gottes.

- Was die Evangeliumsverkündigung in der ganzen Welt betrifft, ist Satan während dieser Zeit gebunden

- Gegen Ende wird das Böse zunehmen und endet in der großen Drangsal und einem persönlichen Antichrist.

- Christus kommt zum Endgericht.

- Diese Sicht kennt nur eine Auferstehung, eine allgemeine.

**Postmillennialismus** (*post-* = nach)
In dieser Sicht kommt Christus erst nach dem Reich.

- Das Reich ist im Charakter mehr erlösend und geistlich als politisch. Angefangen hat dieses Reich bei Christus und wird durch seine Gemeinde fortgesetzt als Erfüllung des Alten Testamentes. Die Gemeinde ist das Israel Gottes.

- Das Reich wird die Gesellschaft verändern.

- Es wird eine lange Zeit geben, die von „geistlichem Wohlergehen" gekennzeichnet ist. Enden wird diese Zeit mit der Wiederkunft des Herrn, der Auferstehung und dem Endgericht.

- Es gibt eine allgemeine Auferstehung.

Es gibt noch eine weitere Dreiteilung. Die Ansichten über das Reich können den folgenden Ansichten verschieden zugeordnet werden, doch in der Hauptlinie ist
der Amillennialismus in Verbindung mit der historizistischen Sicht,

der Prämillennialismus mit der futuristischen Sicht und
Postmillennialismus mit der präteristischen Sicht verbunden.

(Amillennialismus und Postmillennialismus sind einander sehr ähnlich, besonders in der Auslegung der Symbole.)

**Historizistische Sicht**

Diese Sicht betrachtet die prophetischen Aussagen des Neuen Testaments als die Beschreibungen der Zeit der Kirche auf der Erde. Es war die Sicht der meisten Reformatoren. Prophetische Aussagen der Bibel über das kleine Horn (Daniel 7), den Menschen der Sünde, den Antichristen sowie das Tier und die Hure aus Offenbarung 17 werden auf die sich entwickelnde Geschichte der Kirche angewandt.

- Die Offenbarung behandelt die Zeit von Pfingsten bis zum Endgericht.
- Die Tage in der Schrift (z.B. 1260 Tage) stehen für Jahre.
- Die meisten, die diese Sicht vertreten, betrachten den Papst als Antichristen, als den Menschen der Sünde aus 2. Thessalonicher 2 und als das Tier aus Offenbarung 13.
- Die meisten Vertreter dieser Sicht betrachten die fünfte Posaune in Offenbarung 9:1 als die Entstehung des Islam und die sechste Posaune in Offenbarung 9:13 als die Türken.

**Futuristische Sicht**

Hier werden die prophetischen Aussagen des Neuen Testaments auf die letzten Jahre vor dem Kommen des Herrn gedeutet. Um die Anwendung der Offenbarung auf Rom und den Papst zu entkräften, schrieb der Jesuit **Francisco Ribera** (1537-1591) ein 500-seitiges Werk (Sacrum Beati Ioannis Apostoli), das um 1590 erschien. Ribera betrachtete die Zeitangaben von Tagen nicht als Jahre, sondern als tatsächliche Tage – also die 1.260 Tage als 3 ½ Jahre. Die ersten Kapitel der Offenbarung waren für ihn schon geschichtlich abgelaufen, aber die Kapitel danach sah er noch zukünftig. Da alles zukünftig war, konnte man die Offenbarung nicht auf den Papst und Rom anwenden.

- Der Antichrist wird eine einzelne Person sein, die von den Juden angenommen wird und die den Tempel in Jerusalem wieder aufbauen lässt.

- Sie wird die Heiligen verfolgen und die christliche Religion verbieten und behaupten, selbst Gott zu sein.

- Die Entrückung der Gläubigen geschieht 45 Tage vor dem Ende der Drangsalszeit.

Hier haben wir schon alle Hauptelemente der dispensationalistischen Sicht:

1. Tage sind wirkliche Tage und nicht Jahre;

2. Ein persönlicher Antichrist wird kommen;

3. Die Hauptrolle der Juden und der Tempelbau;

4. Die Entrückung.

Der Jesuit **Kardinal Robert Bellarmine** (1542-1621) machte durch seine Schriften das Werk Riberas populär. Er betonte, dass die Tage in Daniel und der Offenbarung (1260, 1290, 2300) als Tage und nicht als Jahre zu behandeln sind. (Darby hatte die Werke Bellarmines in seiner persönlichen Bibliothek.)

Der Jesuit **Manuel de Lacunza** (1731-1801) schrieb um 1791 unter dem Namen Juan Josafa (Rabbi) Ben-Ezra „The Coming of the Messiah in Glory and Majesty" („Das Kommen des Messias in Herrlichkeit und Majestät") das Werk, das Edward Irving so beeinflusste und das er übersetzte.[50]

- Für Lacunza war das Kommen des Antichristen noch zukünftig, am Ende der Zeit, doch nicht als Einzelperson, sondern als ein System.[51]

- Die Hure in Offenbarung 17 ist Rom, aber ein zukünftiges Rom.

---

[50] Wenn ich hier und im Kapitel 3 aus dem Vorwort von Irving zitiere, entsprechen die Seitenangaben nicht dem gedruckten Original, sondern der elektronischen Version, die im Internet unter www.lacunza.org zu finden ist. Diese Version ist dem Leser auch eher zugänglich. Ich kürze der Quellenangabe mit „EI" ab.

[51] Lacunza widerlegte die römisch-katholische Sicht seiner Zeit, dass der Antichrist ein Jude aus dem Stamm Dan sein würde, dass er in Babylon geboren werden sollte und von den Juden als Messias angenommen werde und daraufhin sein Reich in Jerusalem aufbauen sollte. Darby's Sicht kam die „katholischen" Sicht sehr nahe.

- Der Antichrist sollte vor dem 1000-jährigen Reich vernichtet werden. Lacunza machte einen zeitlichen Abstand zwischen dem Kommen (Entrückung) und der Erscheinung des Herrn. Christus sollte persönlich vor dem Reich kommen und danach auch wieder. Nach dem Reich sollte es eine allgemeine Auferstehung geben.

**Samuel Roffey Maitland** (1792-1866),
der als Bibliothekar des Erzbischofs von Canterbury wahrscheinlich die Schriften von Ribera und Lacunza kannte, veröffentlichte 1826 eine Schrift, in der er die „Ein Tag = ein Jahr"-Sicht widerlegte und Rom „entlastete". Er vertrat eine zukünftige 3 ½-jährige Drangsalszeit und einen persönlichen (nicht-katholischen) Antichristen.

**Edward Irving** (1792-1834)
war ein schottischer Prediger und einer der bekanntesten seiner Zeit überhaupt. Er hatte eine die Massen anziehende Ausstrahlung.[52] Zu seinen Veranstaltungen, die oft im Freien stattfanden, kamen an die 10.000. Seine Kirche in London hatte Platz für ungefähr tausend Menschen und war Woche für Woche überfüllt. Wundergaben und Zungenreden spielten in seiner Geschichte eine große Rolle. Später lehrte er, dass der Herr Jesus eine gefallene menschliche Natur besaß. Da ich im Kapitel „Originalität?" auf Irving und seine Übersetzung von Lacunzas (Ben-Ezras) Werk eingehe, möchte ich an dieser Stelle nur hinzufügen, dass er lange vor Darby vom Verfall der Kirche schrieb und sprach. Er wurde durch andere beeinflusst, eine hoffnungsvolle Erwartung für die Zukunft der Kirche durch eine pessimistische zu ersetzen.

**Präteristische Sicht** (*praeter-* = vorbei, vergangen)
Diese Sicht betrachtet die Offenbarung als in der Vernichtung Jerusalems durch die Römer 70 n.Chr. und das Ende des Tempel-Gottesdienstes erfüllt. Die Offenbarung behandelt den Triumph des Christentums über das Juden- und Heidentum.

**Zusammenfassung**
Die historizistische und die futuristische Sicht haben einen Fehler gemeinsam: Sie betonen beide Europa. Der Historizismus, indem er die Geschichte Europas in der Pro-

[52] Zwischen den Jahren 1840 und 1850 sandten die Irvingites einige ihrer besten Männer nach Deutschland. Sie konnten hier nur wenige Gemeinden gründen, die wichtigste war in Berlin. Siehe „Germany: Its Universities, Theology and Religion" von Philip Schaff, (Schaff) New York, 1857, S. 141-142.

phetie von Daniel und der Offenbarung finden will, und der Futurismus, indem er den Niedergang Europas als den Niedergang des Christentums betrachtet. Andere Teile der Welt sind in beiden Sichtweisen weniger wichtig.

Diese Einseitigkeit führt zwangsläufig zu falschen Schlussfolgerungen. Leider wissen die meisten Christen nicht, dass Europa nicht der einzige Ort war, wo das Christentum sich ausbreitete. Die Kirche des Ostens hat ihre eigene wichtige Geschichte. Die lateinisch-katholische und die orthodoxen Kirchen entwickelten sich innerhalb der römisch-griechischen und slawischen Kulturwelt, aber währenddessen entwickelte sich die Kirche des Ostens innerhalb des iranischen Großreichs der Sassaniden, und später des Islams.

Zwei Titel über dieses Thema sind hier besonders zu erwähnen:
„Das goldene Zeitalter des Christentums: Die vergessene Geschichte der größten Weltreligion" von Philip Jenkins (Verlag Herder, Freiburg, 2010). Aus dem Klappentext:

> Philip Jenkins erzählt die kaum bekannte Geschichte von der Blüte und dem Untergang des Christentums im Nahen Osten, in Asien und Afrika im Mittelalter. Dieses „Goldene Zeitalter" ist heute nur Fachleuten bekannt. Allgemein herrscht dagegen die Vorstellung, Europa oder der Westen seien die natürlichen Kerngebiete des Christentums. Mit dieser verzerrten Wahrnehmung der historischen Fakten räumt Jenkins auf. Tatsächlich hätte man das Zentrum der Christenheit lange Zeit ebenso gut im mesopotamischen Seleukia verorten können wie in Rom . . .

Und Christoph Baumers „Frühes Christentum zwischen Euphrat und Jangtse: Eine Zeitreise entlang der Seidenstrasse zur Kirche des Ostens" (Urachhaus, Stuttgart, 2005). Aus dem Klappentext:

> Die Geschichte der Kirche des Ostens, der so genannten „Nestorianer", ist von Extremen geprägt. Diese bedeutende christliche Strömung erstreckte sich im 13. Jh. vom Mittelmeer bis nach China und zählte mehr als 200 Bistümer - der Patriarch der Kirche des Ostens gebot damals über ein größeres Gebiet als der Papst. Ebenso erlitt sie Phasen der schlimmsten Verfolgungen.

Als Europäer sind wir, ohne uns dessen immer bewusst zu sein, sehr voreingenommen und glauben, dass unsere Geschichte die wichtigste ist. Dem ist nicht so, dennoch interpretieren wir vieles nur aus unserer Sichtweise heraus. Bringen alles nur in Bezug zu uns selbst. Das ist menschlich verständlich, aber sehr fatal bezüglich einer objektiven

Beurteilung. Es ist so, als ob wir eine mathematische Formel lösen wollen, ohne alle Zahlen zu haben. In Bezug auf die Prophetie hat es eine falsche Betonung auf Europa und Entwicklungen hier gegeben. Ohne zu wissen von gewaltigen Entwicklungen im Osten hat man biblische Texte ausschließlich auf Entwicklungen in Europa angewandt, aber Europa ist NICHT der Mittelpunkt von Gottes Wegen mit seiner Kirche. Man hat Texte, die eine klare Anwendung und Bedeutung für Israel und Rom im ersten Jahrhundert hatten, auf spätere Zeiten immer und immer wieder angewandt – mit immer und immer wieder falschen „Ergebnissen".

Man möchte biblische Texte – und besonders prophetische – für sich selbst als relevant sehen und anwenden und ist bereit Stellen, die von unserer Warte aus in der Vergangenheit schon erfüllt wurden, als eine Beschreibung unserer heutigen Situation sehen. Man behandelt Texte, die schon erfüllt sind, als ob sie das noch nicht wären, als ob ihre Erfüllung noch in der Zukunft liegt.

Die Prophetie der 70 Wochen[53] in Daniel ging nur bis Christus und wurde dann versiegelt.

> Und du, Daniel, halte die Worte geheim und versiegle das Buch bis zur Zeit des Endes! (Daniel 12:4)

Es ging dann weiter ab Kapitel 5 in Offenbarung, wo die Siegel geöffnet wurden. (Offenbarung 5:1: „Und ich sah in der Rechten dessen, der auf dem Thron saß, ein Buch, innen und auf der Rückseite beschrieben, mit sieben Siegeln versiegelt" . . . 6:1: „Und ich sah, als das Lamm eines von den sieben Siegeln öffnete.") Daniel 9 geht bis zum Tod Christi (Mitte der 70sten Woche) und bis zum Hineinbringen der Nationen (Kornelius

---

[53] Matthäus 18:21-22 ist hier sehr interessant:

> Dann trat Petrus zu ihm und sprach: Herr, wie oft soll ich meinem Bruder, der gegen mich sündigt, vergeben? Bis siebenmal? Jesus spricht zu ihm: Ich sage dir: Nicht bis siebenmal, sondern bis siebzigmal sieben Mal!

Gewiss will der Herr Petrus hier klar machen, er soll immer bereit sein zu vergeben, aber diese Begebenheit weist auch auf etwas anderes hin. Gott war sehr geduldig mit Seinem Volk gewesen und auch bereit zu vergeben. Aber dies war nicht unendlich. Er hatte eine Zeit gesetzt: die 70 Wochen aus Daniel ergeben 490 Jahren, nämlich 7 x 70.

„Siebzig Wochen sind für dein Volk und deine heilige Stadt bestimmt, bis der Frevel beendet ist, bis die Sünde versiegelt und die Schuld gesühnt ist, bis ewige Gerechtigkeit gebracht wird, bis Visionen und Weissagungen besiegelt werden und ein Hochheiliges gesalbt wird (Dan. 9:24)."

in Apg. 10, Ende der 70sten Woche). Daniel 9:26-27 besagt NICHT, dass die Zerstörung Jerusalems in dieser Woche geschieht, sondern gibt an, warum es passieren wird. Es wird in dieser Zeit „fest beschlossen". Die Offenbarung beginnt ab dieser Zeit und behandelt die Vernichtung Jerusalems und Daniel 12:1 deutet auf diese Zeit hin.

Also, von unserem Standpunkt aus gesehen sind diese Dinge schon erfüllt. Aber Darby und die Brüder übernahmen viele futuristische Elemente. (Darby war aber nicht der Meinung, dass der Papst der Antichrist sei (CW 18:185)). Darby kannte alle „Hauptakteure" seiner Zeit; die meisten persönlich und auch ihre Werke. (Es waren sehr viel mehr als ich hier und im Kapitel „Originalität?" aufgeführt habe.) Die Ansicht, dass Darby allein durch die Wirkung des Heiligen Geistes und das Lesen der Bibel zu seinen Ansichten kam, ist nicht haltbar – er wurde sehr wohl von den futuristischen Ansichten seiner Zeit mit beeinflusst.

## Kapitel 2
# Der Hintergrund

### Selbstprüfung

Vor vielen Jahren habe ich in „Verlaufen und Festgefahren" Folgendes geschrieben:

> Als Gläubige müssen wir gelegentlich still stehen und über unseren bisherigen Weg nachdenken. Auch unsere gegenwärtige Haltung muss einer Prüfung unterzogen werden - einer Prüfung anhand des Wortes Gottes.
> Bin ich in Übereinstimmung mit Gottes Gedanken und Seinem Willen?
> Was sind Seine Gedanken?
> Ist meine jetzige Haltung im Einklang mit Gottes Willen?
> Wir müssen uns selbst immer wieder korrigieren - oder besser, korrigieren lassen durch Gottes Wort, durch Gottes Geist und durch Gottes Volk. Ich glaube, dass alle, an die diese Schrift gerichtet ist, diese Meinung teilen. Aber wenn es wahr ist, dass wir uns als einzelne Gläubige hin und wieder korrigieren lassen müssen, dann ist es genau so wahr, dass wir auch als eine GRUPPE von Gläubigen immer wieder Korrektur brauchen.
> Wo kommen wir her?
> Wo befinden wir uns jetzt?
> In welche Richtung tendieren wir?
> . . .
> Man sollte nicht zurückschrecken vor einer Positions-Prüfung - weil, wenn die Position, die man einnimmt, richtig ist, dann kann sie nur noch bestätigt werden. Wenn sie aber falsch ist, dann ist es nur recht und billig, dass sie anhand der Schrift korrigiert wird.
> . . .
> Aber die Bewegung der „Brüder" muss wie jede andere von Gott bewirkte Bewegung betrachtet und beurteilt werden. Sie muss auch vor dem Hintergrund der damaligen betrachtet werden.

Diese Art der Selbstprüfung fällt vielen Christen sehr schwer. Alles, was ihnen fremd zu sein scheint, wird einfach verurteilt.

Ganz am Anfang seines Weges als „Bruder" schrieb Darby um 1830 selbst in diese Richtung:

> Um eine prophetische Aussage verstehen zu können, ist es von größter Wichtigkeit, dass wir sie studieren mit der Bereitschaft sie zu glauben, gekoppelt mit einer strengen Prüfung der Beweise, die eine bestimmte Erklärung begünstigen. Das heißt, wir sollen bereit sein, auf Grund von ausreichenden Beweisen unser Verständnis und unsere Vorstellungen Ideen anzupassen, mit denen wir sonst nicht vertraut sind. Von einer inneren Haltung dieser Art würden mit Gottes Hilfe wir selbst und die Kirche von der prophetischen Fragestellung wahrscheinlich mehr profitieren. Im Gegensatz dazu werden wir kaum oder überhaupt nicht weiterkommen im Studieren der prophetischen Berichte, wenn wir als Prüfstein für neu erscheinende Ideen eine Übereinstimmung mit unserem früheren Verständnis und Vorurteil nehmen. Die Notwendigkeit, eine Übereinstimmung mit früheren Ideen (wie es üblicherweise gehandhabt wird) als Beweis für die Richtigkeit irgendeiner Sicht zu machen, verhindert in Wirklichkeit den Eindruck einer neuen Wahrheit auf unser Denken. Andererseits, Annahme ohne Beweise ist eine Öffnung für die Zulassung von Irrtum.[54]

Leider blieb es nicht bei dieser Einsicht und Offenheit.

In späteren Jahren war Darby sehr viel härter gegen andere, die seine Sicht nicht teilten:

> Die Einen [Juden] werden unter Seiner Herrschaft [der des Herrn] gesegnet und sind mit der Erde verbunden. Die Anderen [die Gemeinde] sind mit Ihm selbst identifiziert – mit Ihm, der herrscht – sie erscheinen und herrschen mit Ihm. Wo dies [Verständnis darüber] geschwächt wird, ist Satan am Werk. . .Derjenige, der Christi Erscheinung erwartet als die Zeit, wo er zu Ihm gehen wird [im Gegensatz zu der Entrückung], hat die richtige Hoffnung und richtige Beziehung der Gemeinde zu Christus verleugnet. In diesem Punkt kann es keinen Kompromiss geben. Unwissenheit über ein Vorrecht ist eine Sache (es ist unser aller Los in der einen oder anderen Form), eine Verleugnung desselben etwas anderes.[55]

---

[54] In „On ‚Days' Signifying ‚Years' in Prophetic Language" CW 2:33.

[55] „The Rapture of the Saints and the Character of the Jewish Remnant" CW 11:154.

In meinem Austausch mit anderen Christen über Darby und seine Ansichten hat jemand Folgendes festgestellt:

> Für Darby war Christus das Zentrum von allem, was man christliche Lehre nennen kann, ob Eschatologie, Ekklesiologie, Errettung, Gerechtigkeit usw.

Ich stimme mit dieser Aussage völlig überein. Allerdings hat Darby dieses „Alles-in-Christus-Sehen“ nicht konsequent angewandt, besonders nicht in Bezug auf die Gemeinde und einen zukünftigen jüdischen Überrest. Im Gegenteil, er ist in seinem Buch „Leiden des Christus“ in eine ähnliche (ich sage „ähnliche“, NICHT „dieselbe“) Verfehlung geraten wie vor ihm Benjamin W. Newton, indem er Christus mit einem angeblichen noch zukünftigen jüdischen Überrest identifizierte. Eine Erfüllung in Christus („Christus“ ist Haupt und Leib zusammen, d.h. Christus zusammen mit seiner Gemeinde) war für ihn nicht ausreichend. Es musste seiner Ansicht nach noch eine Erfüllung in einem irdischen Israel geben.

## Die „Brüder“

Die „Brüder“ und ihre Entstehung werden von vielen als etwas Besonderes und Einzigartiges angesehen. Doch je mehr man über ihre Vergangenheit erfährt, desto mehr wird diese Ansicht unhaltbar.

Man muss Darby und die Zeit der Entstehung der „Brüder“ auf dem Hintergrund betrachten, den John Beer in seinem Artikel „Romantic Apocalypses“ wie folgt beschrieben hat:

> Alles überspannend war die Prophezeiung der letzten Dinge, was auch einen universalen Verfall und ein neues Reich, das tausend Jahre dauern sollte, beinhaltete.[56]

Darby und die „Brüder“ waren ganz eindeutig ein Produkt ihrer Zeit. Sie standen am Ende einer langen Reihe von Entwicklungen. Antworten, die Darby und die „Brüder“ auf prophetische Fragen gaben – sofern sie wirklich von ihnen stammten – kann man nicht als „Erleuchtung“ oder „ein Geschenk Gottes“ bezeichnen. Wenn man sich mit den Umständen und der Zeit beschäftigt, wäre es viel verwunderlicher, wenn Darby nicht auf diese Ideen gekommen wäre, auf die er gekommen ist.[57]

---

56 „Romanticism and Millenarianism“ edited by Tim Fulford, Palgrave New York, 2002, S. 59.

57 Siehe Kapitel 3 „Originalität?“

Auch Ansichten über christliche Einheit und christlichen Dienst gab es zur damaligen Zeit viele und viele dieser Ansichten wurden bereits umgesetzt, während die „Brüder" noch mit Theorien beschäftigt waren.

**Ältere Ansichten**

Es ist wahr, dass durch Darby und die „Brüder" eine ganz bestimmte Art von Dispensationalismus entstanden ist. Doch es war nur eine Abwandlung von Aussagen, die man in anderer Form und zu allen Zeiten der Kirchengeschichte unter Christen antraf.[58] Es war auch ganz bestimmt keine neue Lehre, die erst durch Darby oder die „Brüder" entstanden ist. Hier einige Beispiele[59] dazu:

Aus dem Mittelalter gibt es die „Prophezeiung des Elias", die die menschliche Geschichte in drei Epochen und sechs Zeitalter aufteilte. Die früheste englische Erwähnung stammt aus dem Jahr 1549. Eine Version lautet:

> Die Welt wird sechstausend Jahre bestehen;
>
> **1. Epoche** - Zweitausend leere Jahren
> **2. Epoche** - Zweitausend Jahre des Gesetzes
> **3. Epoche** - Zweitausend Jahre des Messias

Die sechs Zeitalter wurden dann folgendermaßen eingeteilt:

1. Adam bis Noah
2. Noah bis Abraham
3. Abraham bis David
4. David bis zur Gefangenschaft und Wegführung
5. Gefangenschaft bis Christus

---

[58] Der wesentliche Unterschied zwischen Darbys Sicht und den hier aufgeführten Beispielen ist, dass Darby die verschiedenen Dispensationen als sich auflösende unwiderrufliche Zeiten des Versagens des Menschen ansah. Eine neue Dispensation ersetzte eine vorhergehende, die in Versagen und Verfall zu Ende gegangen war. Die meisten anderen Christen, die die Zeit in Dispensationen aufteilten, sahen sie als eine organische Entfaltung. Darbys Sicht war auch nicht so klar eingeteilt, wie es heute z.B. in der Scofield-Bibel zu finden ist.

[59] Eine ausführliche Bearbeitung dieses Themas kann man in: „Medieval and Reformation Backgrounds of Dispensationalism" von Edward E. Hindson (Dean of the Institute of Biblical Studies, Liberty University, Lynchburg, Virginia) finden. Internet: www.conservativeonline.org.

## 6. Christus bis zum letzten Gericht

Bereits durch die Hellenisierung (die Zeit zwischen die Eroberung Jerusalems durch Alexander den Großen im Jahr 332 v.Chr. bis zu den Revolten der Makkabäer im Jahre 167 v.Chr.) waren die Juden zu der Ansicht gekommen, dass Gott sechstausend Jahre für die Geschichte der Menschheit vorgesehen hatte.[60] Christen haben diesen Gedanken mit den sieben Tagen aus 1. Mose 1 verbunden und Stellen wie Psalm 90:4 und 2. Petrus 3:8 als Beweis für die Richtigkeit dieser Art der Aufteilung benutzt. Die Ansicht, dass die sechs Tage der Schöpfung mit sechs Zeitaltern der Menschen übereinstimmen, ist schon bei **Isidor von Sevilla** (560-636) und **Beda Venerabilis** (673-735) zu finden.

**Joachim von Fiore** (1135-1202) betrachtete die sieben Siegel in der Offenbarung als die sieben Zeitalter der Kirchengeschichte. Mohammed war für ihn der falsche Prophet und Gog und Magog waren die Türken. Er teilte die Zeit in drei Epochen ein: Zeit des Vaters (Zeit des Alten Testamentes), des Sohnes (Zeit des Neuen Testamentes und der Gemeinde) und des Heiligen Geistes (Zeit der Erneuerung).

---

[60] Die Rabbiner teilten diese sechstausend Jahre in drei Gruppen oder Zeitalter von jeweils 2000 Jahren auf.

- Das erste Zeitalter (die Zeit, die von 1. Mose 1 bis 11 beschrieben wird), sahen sie als eine Zeit, in der Menschen keine Kenntnis über Gott hatten (aber siehe Römer 1:18-21).
- Die nächsten zweitausend Jahre waren die Zeit der Tora (Gesetz) und endeten mit der Zerstörung des Tempels und der Wegführung.
- Kurz nach dem Beginn des Exils fing das 3. Zeitalter an, das Zeitalter des Messias.

  Während dieser Zeit sollte all das, was in dem 2. Zeitalter zerstört wurde, wieder hergestellt werden als Vorbereitung auf die Rettung der Welt. Gott würde das Exil beenden und das Volk sollte nach Palästina zurückkehren und ein unabhängiges jüdisches Reich aufbauen. Dieses 3. Zeitalter hat nach jüdischer Sicht im Jahr 240 n.Chr. begonnen. Rabbiner des Mittelalters teilten dieses 3. Zeitalter dann in noch zwei weitere Gruppen auf:
  - die ersten 1000 Jahre (240 - bis 1240 n.Chr.) waren Jahre des Exils,
  - die darauf folgenden 1000 Jahre (1240 bis 2240 n.Chr.) sollten Jahre der „Erlösung“ sein.

  Am Anfang des 18. Jahrhunderts kam die Idee auf, die letzte Hälfte des 3. Zeitalters wieder aufzuteilen.
  - Die ersten 500 Jahre (1240 bis 1740 n.Chr.) waren die Zeit der „Nacht“
  - und die letzten 500 Jahre (beginnend im Jahre 1740) die Zeit des „Tages“, in der die Erlösung kommen würde.

Siehe: „Dispersion and the Longing for Zion, 1240-1840“ von Arie Morgenstern („Morgenstern“), in Azure: Ideas for the Jewish Nation, Issue 12, Winter 2002, S. 76-78 und 105-106.

**Robert Pont** (1524-1606), ein schottischer Theologe, kombinierte die Prophezeiungen aus Daniel und der Offenbarung und kam auf sieben Zeitalter der Menschen:

1. Schöpfung bis Noah
2. Noah bis Abraham
3. Abraham bis Salomo
4. Salomo bis Christus
5. Christus bis 1056
6. 1056 bis zum Schluss
7. Tausendjähriges Reich

**Thomas Brightman** (1557-1607) – Ponts jüngerer Zeitgenosse – wandte die sieben Gemeinden der Sendschreiben aus der Offenbarung auf die Gesamtgeschichte der Kirche an:

| | | |
|---|---|---|
| **1.** | Ephesus | Apostel bis Konstantin (325) |
| **2.** | Smyrna | Konstantin bis Gratian (382) und der Kampf mit dem Arianismus |
| **3.** | Pergamon | 382-1300 Zeit der Zunahme der päpstlichen Macht |
| **4.** | Thyatira | 1300–1520 Kampf der wahren Kirche mit dem Katholizismus |
| **5.** | Sardes | Deutsche Reformation – diese (lutherische) Kirche war für Brightman „tot“, weil sie das Brot als den tatsächlichen Leib Christi sahen |
| **6.** | Philadelphia | Genfer Reformation |
| **7.** | Laodizea | Kirche Englands |

Brightman erwartete ein klar erkennbares jüdisches Reich, das von der Kirche getrennt war und das nach der Bekehrung der Juden entstehen sollte. Diese Bekehrung bedeutet für ihn die völlige Wiederherstellung der jüdischen Nation und ein buchstäbliches jüdisches Königtum auf Erden.[61]

Eine Übersicht über die Gesamtgeschichte der Kirche hängt immer davon ab, in welcher Zeit man sich gerade befindet. In Brightmans Zeit wurde die Genfer Reformation

[61] Siehe seine Bücher „Apocalypsis Apocalypseos“, 1585 und „A Most Comfortable Exposition of the last and most difficult parts of the Prophecie of Daniel“, London 1644.

als „Philadelphia" angesehen, dagegen sahen Darby und die „Brüder" „Philadelphia" als in ihre Zeit gehörend. Wie werden wohl Christen in 200 Jahren die Dinge einteilen und zuordnen?

Eine Sache haben die meisten Werke der Vergangenheit gemeinsam: sie versuchten festzulegen, wann das Ende kommen sollte, wann Christus wiederkommen würde. Ein vergebliches Unterfangen, wenn man bedenkt, was der Herr gesagt hat:

> Von jenem Tag aber und jener Stunde weiß niemand, auch nicht die Engel in den Himmeln, auch nicht der Sohn, sondern der Vater allein. (Matthäus 24:36)
>
> Er sprach zu ihnen: Es ist nicht eure Sache, Zeiten oder Zeitpunkte zu wissen, die der Vater in seiner eigenen Vollmacht festgesetzt hat. (Apg. 1:7)

Viele Christen folgten dem jüdischen Prinzip der Auslegung auf der Grundlage von Daniel (siehe unten), dass ein Tag ein Jahr bedeutet und wendeten diese Formel auf die 1.260 Tage aus der Offenbarung und die 2.300 Tage aus Daniel an und benutzten sie für ihre Berechnungen.[62] (Im Dezember 1830 vertrat Darby noch diese „ein Tag = ein Jahr"-Sicht, obwohl andere schon „Tag = Tag" anwandten!) Gegen Ende des 18. Jahrhunderts waren diese 1.260 „Jahre" für Berechnungen sehr wichtig geworden. Es waren angeblich die Jahre der Herrschaft des Papsttums. In der Vergangenheit war man sich nicht einig, ab wann man zählen sollte (vergleiche z. B. John Cotton unten). Gegen Ende des 18. Jahrhunderts begann man ab der Kodifizierung des Kaisers Justinian in 529 n.Chr. zu zählen und kam so auf 1789. Es war die Zeit der französischen Revolution und Napoleons (der von vielen für das Tier oder für den Antichristen gehalten wurde) und der Verbannung des Papstes aus Rom (die tödliche Wunde, von dem das Tier/Papst sich erholte – Offenbarung 13:3, 14). Durch diese Ereignisse glaubte man sich in den Berechnungen und Ansichten bestätigt. Von diesem Zeitpunkt an waren die 2300 Tage aus Daniel 8 wichtig. Rechnete man ab dem Jahr 457 v.Chr. (Rückkehr aus Babylon), so kam das Jahr 1843 heraus. Viele glaubten an eine Wiederkunft des Herrn im Jahr 1843, 1844 oder 1847. (Auch Darby hatte früher solche Berechnungen erstellt, lehnte aber später alle solche Berechnungen ab.[63])

---

[62] In der Vergangenheit waren die Juden in ihren Berechnungen nicht minder aktiv als die Christen. In dem von Morgenstern schon erwähnten Artikel gibt es so viele angegebene Jahre, wann der Messias kommen sollte, dass ich aufhörte sie aufzuschreiben, um sie hier aufzulisten. Es sind einfach zu viele – und natürlich waren alle Berechnungen falsch.

[63] . . .„was die Berechnungen von Zeiten angeht, früher habe ich selbst welche gemacht und war sehr

**Wiederherstellung Israels**

Vor der Reformation ist der Gedanke einer Wiederherstellung Israels kaum anzutreffen.[64] Die Reformatoren der ersten Stunde, ob Lutheraner oder Reformierte, waren augustinisch[65] in ihren Ansichten bezüglich der Zukunft und haben ein 1000-jähriges Reich abgelehnt. Sie sahen die Erwähnung davon in Offenbarung 20 als die Zeit der Gemeinde von Christus bis zum Ende der Welt.

Ab der Reformation gab es eine wichtige Veränderung - die Bibel wurde viel mehr Menschen zugänglicher als früher. Man entdeckte das Alte Testament. Die Juden, Israel und das Hebräische wurden plötzlich wichtig, besonders für die Puritaner in England.[66] Aber es gab ein Problem, welches die Puritaner nicht erkannten. Sie waren begeistert für das Israelitische, das sie im Alten Testament fanden, und wandten das dortige Israel auf die Juden ihrer Zeit an.

Aber damit machten sie einen gravierenden Fehler.

Nahum Sokolow schreibt:

> In die Geschichte, Prophetie und Poesie der hebräischen Bibel einzudringen, sie zu ehren als den Erguss der göttlichen Inspiration, in ihr zu leben mit allen Emotionen des Herzens und Israel – das all diese Herrlichkeit und Größe hervorgebracht hat – nicht als das „erwählte Volk“ zu beachten, war unmöglich.[67]

---

bemüht, die 2300 Tage zu entziffern“ . . . „wir müssen uns daran erinnern, dass es hier um die Juden und Jerusalem geht und dass diese Zeiten auf die Juden und Jerusalem angewandt werden müssen und nicht auf die Belange des Christentums (CW 5:158 „Studies on the Book of Daniel“).“

„Viele angesehene Christen haben versucht diese Zeiten zu errechnen, aber meine Überzeugung ist, dass sie sich alle in der Tat als falsch erweisen werden. Manche haben 1844 angegeben und manche 1847. Ich selbst habe früher solche Berechnungen gemacht (CW 5:204 „Studies on the Book of Daniel“).“

[64] Im Jahr 1428 hat der damalige Papst Schiffskapitänen verboten, Juden nach Palästina zu bringen. (Morgenstern, S. 88)

[65] D.h. amillennialistisch. Der Kirchenvater Augustin machte der amillennialistische Sicht populär.

[66] 1549 stellte Cambridge den Deutschen Paul Fagius für Hebräisch ein. Sein Nachfolger John Immanuel Tremellius war ein bekehrter Jude. Zwischen 1648 und 1653 wurden nicht weniger als 9 verschiedene hebräische Grammatiken in England gedruckt.

[67] „History of Zionism“, S. 14, KTAV Publishing House, Inc. New York, 1969.

Aber die Juden ihrer Zeit waren nicht die Hebräer aus der Bibel. Zur Zeit der Puritaner gab es so gut wie keine Juden in England.[68] Das Verständnis der Puritaner über das Alte Testament war beschränkt und sie hatten keine Information über die Juden ihrer Zeit aus erster Hand. Die Puritaner waren voller Hochachtung für die jüdische (biblische) Vergangenheit und haben diese Hochachtung auf die Juden ihrer Zeit transferiert. Aber was die Puritaner aus dem Alten Testament machten, war nicht dasselbe, was die „modernen" Juden daraus machten. Die Juden betrachteten viele dieser Dinge bereits als überholt.

Eliane Glaser geht in ihrem Buch „Judaism Without Jews" auf die Wiederaufnahme von Juden in England im Jahr 1656 ein und beschreibt den damit zusammenhängenden christlichen Philosemitismus (Liebe für das Semitische) der Frühmoderne. Sie macht einige sehr interessante Feststellungen:

> Es ist gewiss wahr, dass Christen im 16. und 17. Jahrhundert sehr mit Judaismus beschäftigt waren. Pamphlete, Traktate, Predigten und literarische Werke der damaligen Zeit beinhalten detaillierte Erwähnungen von jüdischer Religion, jüdischer Geschichte, hebräischer Sprache und jüdischem Mystizismus. Hauptprotagonisten in der Formation der frühmodernen Kirche und des Staates - dazu zählten auch John Foxe und Richard Hooker - wie auch eine Menge von Gelehrten und Schreibern - wie Hugh Broughton und John Selden - erwähnten wiederholt Judaismus und die alte jüdische Konstitution. Während des Interregnums, als die Kirche in viele und extreme religiöse Überzeugungen zerbrach, verstärkte und intensivierte sich dieses Interesse am Judaismus - aber es war immer von zwiespältigem Charakter. Die Sorge der Beeinflussungen durch die jüdischen Ursprünge des Christentums durchdrang das theologische Gespräch. Die Christen der Frühmoderne bewegten sich zwischen zwei Versionen des Judaismus - die eine typologisch, die andere häretisch - mit einer fast unfassbaren Behändigkeit.[69]

---

[68] Die Juden wurden am 18. Juli 1290 unter Edward I. aus England verbannt. 1656 erlaubte Oliver Cromwell kleinen Gruppen von Juden inoffiziell nach England zurückzukehren.

[69] „It is certainly the case that Christians were greatly preoccupied with Judaism in the sixteenth and seventeenth centuries. Pamphlets, tracts, sermons and literary works of the period contain detailed references to the Jewish religion, Jewish history, the Hebrew language and Jewish mysticism. Major protagonists in the formation of the early modern church and state, including John Foxe and Richard Hooker, as well as a multitude of scholars and writers, such as Hugh Broughton and John Selden, repeatedly referred to Judaism and the ancient Jewish constitution. During the Interregnum, as the church fractured into varied and extreme religious persuasions, this interest in Judaism increased and intensified, but it was always highly ambivalent in character: the anxiety of influence resulting from Christianity's Jewish origins permeated theological discourse, and

> . . .
> Christen erwähnten die Juden selten in einer neutralen desinteressierten Art. Es war üblich, entweder Judaismus zu benutzen um andere Christen zu beleidigen oder sie identifizierten sich mit den Juden selbst. In der Tat, eine übliche Gewohnheit war nicht nur die Übernahme jüdischer Ideen, sondern auch die Übernahme jüdischer Praktiken. Gelehrte haben Schwierigkeiten zu erklären, warum Christen jüdische Gewohnheiten praktizierten und betrachten solch ein Verhalten als exzentrisch. „Judizieren" war aber ein komplexer und zwiespältiger Prozess. Denn in dem Prozess des „Jüdisch"-Werdens hat der Judaismus seinen wesentlichen Charakter verloren. Ein Paradox, das ziemlichen Debatten ausgesetzt war. In Wirklichkeit hat man sich das Jüdische oft weniger als einen Charakterzug des jüdischen Volkes vorgestellt, sondern eher als einen, der mit den Christen verknüpft werden konnte.[70]
> . . .
> . . . Jüdisch-Sein bedeutete nicht unbedingt eine Verbindung zum jüdischen Volk.[71]

Christen suchten nach der offensichtlichen Bedeutung der Schrift und glaubten, dass die Bibel auch über ihre eigene Zeit sprach. Also behandelte Daniel und die Offenbarung die Zeit der Kirche oder Gemeinde. Die Christen damals glaubten, in den „letzten Tagen" zu leben.

---

early modern Christians moved between two versions of Judaism - one typological, the other heretical - with almost incomprehensible agility (S. 27 „Judaism Without Jews - Philosemitism and Christian Polemic in Early Modern England", Palgrave Macmillan, 2007)"

70 „Christians rarely referred to Jews in a neutral, disinterested fashion. More commonly, they either used Judaism as a way of insulting other Christians, or they identified with Jews themselves. Indeed, a common habit among early modern Christians was not only the adoption of Jewish ideas, but also the adoption of Jewish practices. Scholars have struggled to account for why Christians practised Jewish customs, often regarding such behaviour as eccentric. ‚Judaizing' was a complex and ambiguous process, however; because in the process of becoming ‚Jewish', Judaism lost its essential quality: a paradox which was subject to considerable debate. In fact, Jewishness was frequently imagined less as a characteristic of the Jewish people, and rather as one which could be attached to Christians (S. 28)."

71 . . . „Jewishness did not necessarily signify a connection to the Jewish people (S. 29)."

Rabbiner benutzten das „Ein-Tag-gleich-ein-Jahr-Prinzip“[72] in ihrer Auslegung des Buches Daniel. Christen sahen in diesem Prinzip auch einen Nutzen für die Auslegung der Offenbarung des Johannes (siehe auch oben unter „Ältere Ansichten“). John Cotton predigte zum Beispiel in der Zeit von 1639 bis 1640 über die Offenbarung. Er wandte die 1.260 Tage auf die Geschichte der Kirche an – und kam zu folgendem Schluss: Wenn man davon ausgehen würde, dass der Startschuss zu dem Zeitpunkt gegeben worden sei, als die römisch-katholische Kirche ihre „Regierung“ im Jahre 395 n.Chr. angetreten habe, dann würde diese Regierungszeit in Kürze, also im Jahr 1655, zu Ende gehen. Dies war wichtig, da eine weit verbreitete Sicht war, dass das 1000-jährige Reich beginnen würde, nachdem das Papsttum vernichtet wäre und die Juden sich zu Christus bekehrt hätten. Das Alte Testament, die Israeliten und Jerusalem wurden also als ein Mittel im Kampf gegen Rom und den Papst wichtig.

In dieser Zeit fingen Christen an, das Land Israel als die eigentliche Heimat der Juden zu sehen. Eine Wiederherstellung der Juden in Israel wurde für viele Gläubige sehr wichtig. Je schneller sie dahin zurückgelangten, desto schneller konnte der Herr wiederkommen.[73] Als Beispiel wäre zu denken an den schon erwähnten Thomas Brightman. Der spornte in seinem Buch „Apocalypsis Apocalypseos“ („Eine Offenbarung der Offenbarung“, 1585) seine Landsleute an, eine Rückkehr der Juden nach Palästina zu unterstützen, um prophetische Ereignisse zu beschleunigen, die dann mit dem Kommen des Herrn enden würden.

Eigentlich haben die Christen dieser Zeit in gewisser Hinsicht die messianische Hoffnung unter Juden entfacht. So gab es den Fall des in Smyrna geborenen Juden Sabbatai Zebi (1626-1676), der 1666 öffentlich als Messias deklariert wurde. Im Jahr 1667 sollte das jüdische Reich gegründet werden und die Juden nach Palästina zurückkehren.

Christen waren sich nicht einig, ob die Bekehrung der Juden vor oder nach ihrer Rückkehr nach Palästina erfolgen sollte. Der treibende Faktor hinter einer Rückkehr der Juden waren nicht die Juden selbst – sie waren in der Regel mehr bemüht, sich in Europa zu integrieren als nach Palästina auszuwandern – sondern die Christen. Ein

---

[72] Abgeleitet von Hesekiel 4:6 „Und hast du diese Zeit vollendet, so lege dich zum zweiten Mal hin, nun auf deine rechte Seite, und trage die Schuld des Hauses Juda! Vierzig Tage lang, je einen Tag für ein Jahr, habe ich sie dir auferlegt."

[73] Dies war auch die jüdische Erwartung: eine Erlösung durch Rückkehr. Der Rabbiner Judah Halevi (1075-1141 n.Chr.) glaubte, dass eine Massenimmigration nach Palästina der erste notwendige Schritt zur Erlösung sei. (Morgenstern, S. 78).

allgemeineres jüdisches Interesse in dieser Richtung gab es erst ab den 40er Jahren des 19. Jahrhunderts.[74]

Der Gedanke oder die Idee des Zurückkehrens der Juden nach Palästina löste eine Art Bewegung unter den Christen aus. Die großen Hauptkirchen hat dies allerdings nicht stark beeinflusst, Luther und Calvin blieben beispielsweise in ihren Ansichten immer augustinisch, was bedeutet, dass sie in der Gemeinde das jetzige Israel sahen.[75]

---

[74] Das Werk von Morgenstern („Dispersion and the Longing for Zion, 1240-1840") versucht zu zeigen, im Gegensatz zu anderen jüdischen Gelehrten vor ihm, dass der moderne Zionismus nicht etwas revolutionär Neues in der Geschichte des Judentums ist. Es gab ein Interesse an und Rückkehr nach Palästina lange vor dem Zionismus. Die Zeitspanne, die er behandelt, ist wichtig. Das Jahr 1240 n.Chr. ist nach dem jüdischen Kalender der Anfang des 6. Jahrtausends seit der Erschaffung der Welt, also die Zeit vor dem ewigen Sabbat. Ab dieser Zeit wanderten in Abständen von 100 Jahren (immer um das Jahr 40 in einem Jahrhundert, z.B. 1240, 1440, 1740) nicht nur einzelne Juden, sondern auch ganze Gruppen nach Palästina aus.

Aber Morgenstern muss auch einräumen, dass die Mehrheit der Juden nicht nach Palästina zurückging (S. 118) und dass solche, die schließlich dort ankamen, nur einen kleinen Teil des Weltjudentums ausmachten (S. 75-76). Er schreibt auch über eine Verminderung der messianischen Erwartung unter den Juden in Zentraleuropa im 13. Jahrhundert, verursacht durch die Sorge, dass ein messianischer Eifer unter den Juden eine negative christliche Reaktion hervorrufen könnte. Die Juden betonten Massenreue (Buße) als den Weg zur Erlösung und nicht eine messianische Erwartung. (S. 122, Anm. 29).

Elhanan Reiner sieht die jüdische Immigration nach Palästina mehr durch die christlichen Pilgerfahrten beeinflusst als durch einen messianischen Glauben.

Der Historiker Amnon Raz-Krakotzkin, der sich auf das Werk Reiners stützt, meint, dass man unterscheiden muss zwischen jüdischen Haltungen gegenüber Gedanken der Erlösung und der minimalen Auswirkung, die diese Gedanken hatten, um zu einer Rückkehr nach Israel zu ermuntern. Er betrachtet die zionistische Annahme, dass Juden beständig und aktiv das geographische Palästina suchten, als Wunschdenken. (S. 74).

Der Historiker Prof. Yisrael Bartal von der Hebrew University wirft Morgenstern vor, dass er eine nationale religiöse Neuschreibung der Geschichte versucht.

[75] Hier einige Beispiele von Männern, die sich gegen diese Idee einer Wiederherstellung der Juden in Palästina stellten:

- Rober Baille (1599-1662), Professor für Theologie in Glasgow, glaubte an eine Bekehrung der Juden, aber der Gedanke, dass bekehrte Juden nach Palästina zurückkehren sollten, um Jerusalem aufzubauen und dass Christus vom Himmel kommen sollte, um 1000 Jahre unter ihnen zu regieren, betrachtete er als in Widerspruch zu den Aussagen der Bibel.
- Der arminianische Theologe Jacobus Batalerius (1593-1672) schrieb 1669 in einem Werk über die Bekehrung der Juden, dass Römer 9 bis 11 sich mit Juden zur Zeit der Apostel beschäftigte. So viele Juden kamen damals zum Glauben, dass sie die Bezeichnung „die Fülle Israels" verdienten. Die Vollzahl der Nationen waren die, die durch die Apostel zum Glauben kamen.
- William Prynne (1602-1669) sah Römer 11:25 als die gesamte Kirche, bestehend aus Heiden und Juden, und nicht als eine große Bekehrung der Juden.

Jedoch beeinflusste diese Rückkehr-Bewegung viele Christen[76] und dieser Einfluss setzte sich bis in die Zeit der Brüderbewegung und natürlich bis heute durch.

Dass ein Volk, das ständig verfolgt und hin und her geworfen wird, ein eigenes Land braucht, eine Heimat, ist selbstverständlich. Interessant ist nur, dass die Konzentration auf Israel als Nation in einem festgelegten Land nur für Unruhe sorgt. Die größte Beeinflussung des „Judentums" war/ist in seiner Verteilung oder Zerstreuung in der Welt. Es scheint, als ob der einzelne Jude in der Fremde mehr bewirkt als DIE Nation Israel. Mehr Juden wohnen außerhalb als innerhalb von Israel – schon seit 2500 Jahren.

Es gibt sehr viele Stellen im Alten Testament, die von „Sammeln" und „Zurückbringen" sprechen. Aber Stellen wie Jesaja 49:22, 66:20 und Zephanja 3:9-10 können NICHT auf eine Rückkehr der Juden nach Israel nach 70 n.Chr. und die dann geschehene Bildung eines Staates im Jahr 1948 angewendet werden.

Das Neue Testament gibt die richtige Bedeutung von „sammeln" an:

> Und ich habe andere Schafe, die nicht aus diesem Hof sind; auch diese muss ich bringen, und sie werden meine Stimme hören, und es wird eine Herde, ein Hirte sein (Johannes 10:16).

> . . .und nicht für die Nation allein, sondern dass er auch die zerstreuten Kinder Gottes in eins versammelte (Johannes 11:52).

Die Puritaner und andere in ihrer Zeit lasen auch die Kommentare der Rabbiner über das Alte Testament. Da fanden sie Hinweise auf eine herrliche Zukunft für die Juden hier auf der Erde. Aber diese Auslegungsweise war jüdisch und nicht neutestamentlich. Sie konnte nur zu falschen Schlussfolgerungen führen.[77]

---

[76] Einige sehr bekannte Männer, die an eine Rückkehr der Juden nach Palästina glaubten, waren Sir Isaac Newton (1643-1727), John Locke (1632-1704) und der Unitarier Joseph Priestly (1733-1803). Priestly war ein Freund der Familie Darby.

[77] Um das Jahr 1440 n.Chr. gab es folgende jüdische Erwartung:

- der Beginn der Einsammlung der Vertriebenen,
- die Entdeckung der verlorenen zehn Stämme,
- die Rückkehr der prophetischen Gabe,
- die Wiederherstellung des Sanhedrins,
- die Erscheinung des Messias und

Darby behauptete, dass die Kirche ein richtiges Verständnis oder Bewusstsein für das, was sie ist, sehr früh verloren hatte. Er betonte ihren himmlischen Charakter und Zukunft und wies auf den starken Unterschied zu dem irdischen Volk Israel mit irdischen und materiellen Hoffnungen hin. Es war die zu starke Beschäftigung der Kirche mit dem Hier und Jetzt, wie er meinte, das sie irdisch und also „jüdisch" machte. Aber indem Darby die Linie der Puritaner aufgriff und dazu noch glaubte, dass es eine Zukunft für Israel ganz getrennt von der Kirche geben sollte, lenkte er doch die Aufmerksamkeit der Christen auf Israel und die Juden. Er unterschied sich aber von anderen, indem er glaubte, dass Israel für Gott erst von Interesse werden würde nach der Entrückung der Gemeinde.[78] Den Verfall innerhalb des Christentums, den Darby und andere wahrzunehmen glaubten, bestätigte für sie den Gedanken, dass die Zeit der Kirche bald vorbei sein würde. Die Aufmerksamkeit galt jetzt Israel. Eine Hoffnung für die Kirche – außer dem Kommen des Herrn – gab es nicht. Die Zukunft gehörte Israel – was die Erde betraf.[79] Das Ergebnis von Darbys Betonung auf den himmlischen Charakter der Ge-

---

- den Bau des Tempels.

(Morgenstern, S. 122, Anm. 32).

Die Ähnlichkeit zu Edward Irving und Darby ist auffallend, vor allem bei Irving in seiner Erwartung der Rückkehr der prophetischen Gabe als Voraussetzung der Rückkehr des Herrn.

Im Jahr 1777 gab es das Gerücht, dass der Messias gekommen sei, weil die böse Nation Moskau (Russland) sich über die Erde verbreitet hatte. Die Juden glaubten, es sei jetzt die verheißene Endzeit der Propheten. (Morgenstern, S. 108). Dies erinnert stark an Hal Lindsey und sein Werk in den 1970er Jahren, wo er die Rolle Russlands betonte.

[78] Die Sicht Darbys war, dass Gott Israel während der Zeit der Kirche beiseite gesetzt hat. So gesehen ist der moderne Staat Israel eigentlich ohne theologische Bedeutung.

> Die Gegenwart ist die Dispensation der Berufung eines himmlischen Volkes. Als Konsequenz hat Gott Sein irdisches Volk, die Juden, beiseite gesetzt. Die jüdische Nation wird niemals ein Teil der Kirche werden. (CW 2:345 „The Hopes of the Church of God")

Damit wird angedeutet, dass in dieser Zeit Israel kein Anrecht auf die Verheißungen oder das Land hat, oder dass Nationen, die Israel unterstützen, einen besonderen Segen bekommen. Laut Darby wird Israel von Bedeutung werden, NACHDEM die Kirche entrückt wird. DAS ist die ursprüngliche und „klassische" Sicht. Heute wird das anders gesehen und anders gehandhabt. Aber diese Veränderung ist nicht durch ein besseres Verständnis entstanden, sondern ist eine gezwungene Anpassung an die Umstände.

[79] Eine Übereinstimmung mit früheren jüdischen Erwartungen ist hier interessant. Die Juden hatten die Einnahme Konstantinopels im Jahre 1453 als Vorboten ihrer Erlösung gesehen. Diese Niederlage der Christen durch den Islam ließ sie hoffen, dass das Judentum – die wahre Religion – jetzt siegen würde. (Morgenstern, S. 85-86). Das Christentum musste zuerst beseitigt werden, bevor das Jüdische siegen konnte – so sahen es im Grunde die „Brüder" auch. Der Herr kommt, um die Kirche zu holen, nicht nur, weil er sie liebt, sondern weil sie versagt hat und er sie nicht mehr als sein Zeugnis auf Erden lassen kann. Das IST die ursprüngliche Sicht der „Brüder" – auch wenn einige heute es nicht mehr so formulieren würden. Erst wenn es keine Kirche

meinde weg von jüdischen Charakterzügen führte paradoxerweise dazu, dass für viele Christen Israel wichtiger wurde als je zuvor. Und so ging ein richtiges Bewusstsein für das, was die Kirche ist, für das, was Gott durch Christus jetzt neu geschaffen hat, erneut verloren.

Christen hatten viele Fragen über Israel, die Zukunft der Juden und die Rolle der Kirche in alledem. Aber es waren in der Regel Fragen, die die Bibel eigentlich nicht stellt. Viele Christen gingen von falschen Voraussetzungen aus. Darby und die „Brüder" schienen Antworten zu haben. Der Dispensationalismus, und damit meine ich die „Brüder"-Version in Kombination mit der „Vor-der-Drangsal-Entrückung", ist die Antwort auf eine Frage, die es eigentlich nicht gibt, oder die Lösung eines Problems, das nach der Bibel eigentlich nicht so existiert. Das Problem war künstlich erzeugt. Egal wie genial die Lösung war, sie war und ist überflüssig.

**Das Judentum**

Christen hatten sich in ein Bild von Israel und den Juden verliebt, das sie selbst geschaffen hatten. Sie stellten sich ein Judentum vor, das es weder gab noch gibt.

Der Rabbiner Dr. Michal Hilton schreibt in seinem Buch „Wie es sich christelt, so jüdelt es sich" [80] (S. 16), dass das Judentum, das wir kennen, die Religion der Rabbiner ist. Er geht darauf ein, dass es falsch ist anzunehmen, dass alle Aspekte des Judentums älter sind als das Christentum (S. 17-18).[81] Das heutige Judentum ist nicht die „Mutter" des Christentums, sondern die „Schwester". Er zieht auch die Möglichkeit in Erwägung („wo es vernünftig erscheint"), dass christliche Texte älter sind als rabbinische (S. 26). Auf S. 236 zitiert er Alan Segal, der in seinem Buch „Rebecca's Children: Judaism and Christianity in the Roman World" (Cambridge Mass. und London 1990) auf S. 1 schreibt, dass die Zeit Jesu nicht nur der Beginn einer Religion war, sondern von zwei: des Judentums und des Christentums. Segal sieht einen großen Gegensatz zwischen dem biblischen Judentum und dem rabbinischen Judentum. Er meint, man könne von einer Zwillingsgeburt reden, wenn es um das Christentum und das rabbinische Judentum gehe.

---

mehr gibt, wird Israel groß.

[80] Jüdische Verlagsanstalt, Berlin, 2000 („Hilton").

[81] Er betrachtet zum Beispiel die Schlussfolgerungen von Aileen Guilding in ihrem Buch „The Fourth Gospel and Jewish Worship", im Johannes-Evangelium Spuren eines dreijährigen palästinischen Zyklus der Toralesung zu finden, als absurd. Weshalb soll der christliche Brauch nicht älter sein als der jüdische? (Hilton, S. 17-18).

Das Judentum nach 70 n. Chr. ist eine völlig neue Religion. Was heute praktiziert wird, ist im Ursprung nicht biblisch, sondern größtenteils NACH 70 n.Chr. entstanden. (Was das Verhalten von Christen, die zu „jüdischen Wurzeln“ zurückkehren, indem sie jüdische Rituale und Gebräuche ausüben, z.B. das Passahfest feiern, völlig unhaltbar macht. Vieles, was getan wird, hat überhaupt nichts mehr mit biblischem Vorbild zu tun. Es ist etwas, das entstanden ist, NACHDEM die Juden Jesus Christus abgelehnt hatten und das Rabbiner-Judentum sich entwickelte. Auch die „typische“ jüdische Kopfbedeckung und Gebetsschals sind eine nach-biblische Tradition.)

Über die Jahrhunderte hat sich vieles innerhalb des Judentums verändert. Das schon erwähnte Werk des Rabbiners Dr. Michael Hilton wie auch der Artikel von Marc Saperstein „Jews and Christians: Intolerance and Creative Competition in the Middle Ages“[82] zeigen deutlich, dass es gegenseitige Beeinflussungen gab. Einiges, was Christen vielleicht als eine Übereinstimmung zu erkennen glauben, ist die Ursache einer christlichen Beeinflussung und nicht „typisch“ jüdisch. Zum Beispiel gab es in Bereichen wie Buße und Sündenbekenntnis, Methoden der Bibelauslegung[83] oder bei verschiedenen religiösen Festen[84] einen christlichen Einfluss auf das Judentum.

Das alttestamentliche Judentum hat ab 70 n.Chr. aufgehört zu existieren, Das Judentum, das wir heute kennen, entstand im ersten Jahrhundert n.Chr. Das biblische Judentum ist im Christentum aufgegangen. Eine kleine Gruppe von Männern widersetzte sich dieser Änderung und bot eine Alternative in Form des „Rabbiner-Judentums“ an.[85]

---

[82] Bei Jewish-Christian Relations, www.jcrelations.net.

[83] Vielleicht hat 2. Petrus 3:12 (. . . „indem ihr die Ankunft des Tages Gottes erwartet und beschleunigt“) eine Auswirkung auf das jüdische Verständnis von Jesaja 60:22 („Ich, der HERR, werde es zu seiner Zeit schnell ausführen.“). Nach Ansicht der Rabbiner steht die Zeit der Erlösung fest („zu seiner Zeit“), aber die Treue des Volkes könnte es beschleunigen („schnell ausführen“).

Siehe auch das Buch von Peter Schäfer „Die Geburt des Judentums aus dem Geist des Christentums“, Mohr Siebeck, Tübingen, 2010. Der Rückentext lautet: „Die Entstehung des Christentums aus dem Judentum war keine Einbahnstraße, sondern hatte auch Rückwirkungen auf das zeitgenössische rabbinische Judentum. Die kritischen Diskussionen christlicher Vorstellungen (Gott-Vater und Gott-Sohn, Trinität) in den rabbinischen Lehrhäusern bezeugen deren Anziehungskraft in jüdischen Kreisen.“

[84] Wenn Kirchengemeinden in Großbritannien kurz vor Ostern einen Pessach Seder feiern, meint Rabbi Hilton, wären sie im Irrtum, wenn sie glauben, dies sei die Zeremonie, die Jesus gefeiert hat (Hilton, S. 18).

[85] Der israelische Gelehrte Prof. Israel Jacob Yuval von der Hebrew University hat in seinem Buch „Two Nations in Your Womb“ aufgezeigt, dass das Rabbiner-Judentum am Ende des ersten Jahrhunderts nach Christus entstanden ist. Es kam aus den Trümmern des auf den alten Tempel bezogenen biblischen Judentums hervor, praktisch zur gleichen Zeit wie das Christentum.

Tzvee Zahavy schreibt in „*Studies in Judaism* - Studies in Jewish Prayer" (1990/1996)[86], dass das Rabbinertum nach der Zerstörung des Tempels im ersten Jahrhundert als eine neue jüdische Form Gestalt annahm. Die Kontinuität zu früheren Systemen wurde an diesem Punkt in vieler Hinsicht unterbrochen. Die Ansicht einer einzelnen linearen Progression beginnend bei Mose oder Esra und durchgehend bis zum klassischen Zeitalter des Rabbinertums, hindurch betrachtet Zahavy als eine subtile Form der geschichtlichen Apologetik. Er meint, dass sich fast alle Hauptwerke, die sich mit der Materie beschäftigen, der Systemverschiebungen innerhalb des Judaismus nicht bewusst sind (S. 2). Er schreibt, dass die Rabbiner zwischen dem Ende des ersten Krieges 70 n.Chr. und der Niederlage der zweiten Rebellion 135 n.Chr. viele Aspekte des Judaismus transformiert und eingeengt hätten (S. 17).

Ein Grund, den jüdische Rabbiner selbst für das Überleben des Judentums angeben, ist ihre Fähigkeit sich zu verändern.

---

Gedaliah Alon schreibt in seinem Buch „The Jews in Their Land in the Talmudic Age" (Harvard University Press, 1989) auf S. 21:

> Da kam die Zeit, als der Tempel zerstört wurde und die Nation am Ende war. In dieser Zeit haben die Weisen im Alleingang gehandelt und eine zentralistische und inklusive Struktur der Führerschaft geschaffen, eine, die die Nation letzten Endes wieder auf die Beine stellen, ihr Solidarität geben und ihr ermöglichen sollte zu überleben.

Jacob Neusner teilt in seinem Buch „Rabbinic Judaism – The Documentary History of its Formative Age 70-600 C.E." (CDL Press, Bethesda, Maryland, 1994) den Judaismus in vier Perioden ein. Über die zweite Periode (ca. 70 n.Chr. bis 640 n.Chr.) schreibt er:

> Das Zeitalter der Definition, beginnend mit der Vernichtung des zweiten Tempels 70, sah die diversen Formen des Judaismus der vorangehenden Periode über eine lange Zeitspanne nachgeben, bis es einen einzigen Judaismus gab. Dies war das von Gelehrten nach 70 ausgearbeitete System, das mit der Schrift verknüpft war, aber zusätzlich angereichert wurde durch einen autonomen Korpus heiliger Schriften. (S. 10)

Samuel Sandmel schreibt in „Judaism and Christian Beginnings" (Oxford University Press, New York, 1978): „In der Reorganisation des Judaismus in Jamnia entstand eine neue gerichtliche Körperschaft als Ersatz für den Sanhedrin". . . „Als die Römer den Tempel 70 n.Chr. zerstörten, brachte jene Tat die biblische Religion der Opfer in einem Tempel, versehen von einer erblichen Priesterschaft, faktisch zu Ende (S. 138)." . . . „die Reorganisation des Judaismus fand in Jamnia im Jahr 90 statt (S. 341)."

[86] http:// tzvee.com/studies.html

Dr. phil John Rao von der St. John's University NYC schreibt:

> ... es zeigt sich deutlich, wie sehr die Erscheinung Christi, (die jüdische Welt) „polarisierte, indem ein Teil davon seine ersten Unterstützer lieferte und der andere seine stärksten Gegner. Jede seriöse (was, leider, in unserer gegenwärtigen Umwelt „mutig" bedeutet) Lesung der Geschichte dieser Polarisation würde zeigen, dass der Teil der jüdischen Welt in das christliche Lager einging, der der Linie der Entwicklung treu blieb, von der die Propheten gezeugt hatten. Denn das Christentum IST die Erfüllung der Religion Abrahams, Isaaks und Jakobs - ihre EINZIGE Erfüllung. Eine Lesung dieser Polarisation würde auch demonstrieren, dass der Teil der jüdischen Welt, der außerhalb des christlichen Lagers blieb, sich entwickelte und nur als eine reaktive Kraft geeint blieb. Mit anderen Worten, ihr einziger theologischer Zusammenhalt kam daher, weil es eine christliche Botschaft gab, der sie sich widersetzen konnten. Wenn es kein Christentum gäbe, gäbe es kein modernes Judentum, das sich dagegen stellt, denn es hat keinen logischen Grund für sein eigenes Überleben.[87]

Wirken die oben gemachten Aussagen zu hart? Aber der Rabbiner Hilton schreibt, dass sich das Judentum oft als Reaktion auf das Christentum entwickelt und verändert hat (Hilton, S. 16 u. 283). Er schreibt ferner, dass Lehren von jüdischen Theologen entwickelt wurden als Reaktion auf Debatten im Mittelalter in Südeuropa. Er geht so weit, dass er die Grundsätze des jüdischen Glaubens als Antworten auf christliche und muslimische Ansprüche bezeichnet (S. 234.)!

Als Schlussfolgerung zu seinem Kapitel über die Zeit der Antike schreibt Rabbi Hilton (S. 282-283), dass viele rabbinische Lehren aus der Auseinandersetzung mit der Kirche entwickelt wurden. Als die Kirche die hebräische Bibel für sich beanspruchte, haben Rabbiner als Reaktion darauf besondere Lehren entwickelt und verteidigt.

Der jüdische Gelehrte Dr. Cohen schrieb:

> Die größte Errungenschaft, die der Talmud für das jüdische Volk bewirkt hat, war, ihnen das Gefühl zu geben, dass das Ende des Tempels nicht das Ende ihrer Religion bedeutete. So groß dieser Verlust auch war, der Weg zu Gott blieb offen.

---

[87] „A Pre-Viewer's Comment on ‚The Passion'" in: The World Turned Upside Down, A Response of the Roman Forum, February 27, AD 2004. (www.romanforum.org/articles/twtud_02-27-2004.php)

Das Ende des Tempels – als Gottes Gericht – WAR das Ende der jüdischen Religion. Der Weg zu Gott war und ist Christus. Die Juden, die damals diesen Weg abgelehnt haben, schufen das Rabbiner-Judentum als Ersatz und den Talmud als ihr Buch. Der Talmud besteht aus Mishna und Gemara. Mishna ist die niedergeschriebene mündliche Tradition, die Mose angeblich mit der Tora – dem geschriebenen Gesetz – erhalten hatte. (Die mündliche Tradition wurde niedergeschrieben um 200 n.Chr. – also nach 70 n.Chr. und der Entstehung des Christentums). Sie wird auch als Wort Gottes angesehen, ein Gedanke, der vor unserer Zeitrechnung (bei den Juden des Alten Testaments) völlig undenkbar gewesen wäre.[88] Die Mishna ist insofern wichtiger als die Tora, weil die Tora sich angeblich auf die Mishna stützt. Die Mishna kann die Tora auslegen, etwas hinzufügen und manchmal auch modifizieren oder ignorieren. Die Gemara beinhaltet Kommentare über die Mishna. Angeblich kann man die Tora ohne den Talmud nicht verstehen. Im Grunde ist der Talmud das jüdische Gegenstück zum Neuen Testament. Beide, Talmud und Neues Testament, gehen aus dem Alten Testament hervor und stützen sich darauf. Aber sie gehen in unterschiedliche Richtungen. Der Talmud ist eigentlich das Resultat der Ablehnung des Christus. (Es gibt zwei Talmuds. Einer wurde im Land Israel produziert – der so genannte Palästina- oder Jerusalem-Talmud – ca. 400 n.Chr. und der zweite in Babylonien ca. 600 n.Chr., der Babylon-Talmud, auch Bavli genannt. Der Bavli ist der größere von beiden und hat mehr Autorität.)[89]

Es ist sehr schwer genau festzustellen, ab wann man im Judentum von der zusätzlichen mündlichen Tora ausging, die Mose angeblich mit der geschriebenen Tora gegeben wur-

---

[88] Shmuel Ben Yizhak zitiert Jacob Neusner in seinem Buch „Change Direction“ (Vantage Press, New York, 1995) auf S. 53:

. . .die Mishnah repräsentiert das Denken der jüdischen Gelehrten, die in der Mitte des 2. Jhs florierten. Es ist diese Gruppe, die alles, was sie von dem vorhergehenden Jahrhundert hatten - und von dem ganzen Vermächtnis der israelitischen Literatur sogar vor jener Zeit – übernahm und revidierte und das Ganze neu in der Mishna formte.

Er zieht dann die Schlussfolgerung:

Es ist diese Gruppe von Gelehrten, die in der Mitte des 2. Jhs n.Chr. aktiv waren, die den entscheidenden Einfluss hatten im Umlenken der Entwicklung des jüdischen Denkens vom rein ethisch und moralischen Zugang der Pharisäer zu den mehr gesetzlichen und formalistischen Konzepten der Rabbiner . . . die Ära der pharisäischen Gelehrten ging zu Ende und das Rabbiner-Judentum kam hervor als die führende intellektuelle Macht des jüdischen Denkens.

[89] „Das Judentum gründet sich nicht auf die Bibel; sondern die Bibel auf das Judentum!“. . .“Das geschriebene Gesetz bekommt seine ganze Würde durch die Entscheidungen des mündlichen Gesetzes [sprich: durch mündliche Überlieferung oder Tradition] (Y. Leibowitz in „Judaism in Crisis Survival: An Anthology of Lectures“, ed. A. Rose, Paris, World Union of Jewish Students, 1966, Seiten 33-349“.

de. Es ist möglicherweise Hillel der Ältere (geb. nach 50 v.Chr.), der als erster den Begriff „mündliche Tora" verwendete. In den Evangelien lesen wir oft, dass Jesus Christus von der Tradition oder Überlieferung der Ältesten sprach. Aber wir finden die Aussage nicht, dass mit diesen erwähnten Überlieferungen eine mündliche Tora, die Mose angeblich gegeben wurde, gemeint war. Jüdische Gelehrte schreiben (beispielsweise Jacob Neusner), dass die Wichtigkeit dieser Idee der mündlichen Tora für die Entwicklungen nach 70 n.Chr. nicht unterschätzt werden darf. Da der Gedanke einer mündlichen Tora nach 70 n.Chr. so viel an Gewicht und Bedeutung gewonnen hat, stellt sich die Frage, ob hier nicht eine Beeinflussung durch die Kirche vorliegt – oder ob es sich um eine Gegenreaktion handelt. Die Kirche hat das Neue Testament als schriftliche Überlieferung, aber an vielen Stellen wird eine Überlieferung erwähnt, die offensichtlich nur mündlich war. Zum Beispiel: 1. Korinther 11:2, 2. Thessalonicher 2:15, 3:6. Die Kirche sprach von frühester Zeit an von einer mündlichen Überlieferung (was in Israel nicht der Fall war, Aussagen über eine mündliche Überlieferung an Mose sind sehr viel später). Die Übereinstimmungen zwischen der Kirche und dem Rabbiner-Judentum in Bezug auf die Notwendigkeit einer mündlichen Überlieferung sind verblüffend.

In letzter Zeit gibt es großes Interesse unter Christen in Bezug auf jüdische Auslegungsmethoden, z.B. Midrash-Hermeneutik oder Midrash-Pesher. Man glaubt dadurch näher an das Eigentliche zu gelangen, was Christus, seine Lehre und seine Zeit betraf. Auf diesem Weg hofft man Juden mit dem Evangelium erreichen zu können. Man kann gewiss von solch einem Studium profitieren, aber hier muss auch ein Fragezeichen gesetzt werden. War dies wirklich die damalige Auslegungsmethode? Und wenn, ist sie vom Herrn und den Aposteln benutzt worden? Nach wie vor bleibt die Notwendigkeit der Offenbarung des Herrn. Der Schlüssel zur Bibel ist nicht der Glaube an „einen" Messias, sondern „den" Messias, nämlich Jesus Christus. Die Welt wurde für ihn und auf ihn hin geschaffen (Römer 11:36, Kolosser 1:16). Die gesamte Schrift spricht von ihm (Johannes 5:39, 46; Lukas 24:27). Wenn Jesus Christus als der verheißene Messias beim Studium der Bibel ausgeklammert wird, kann man nur zu falschen Schlussfolgerungen kommen. Man darf die Auslegungsmethoden des Alten Testaments, die der Herr und die Apostel benutzten, nicht gleichsetzen mit denen des Rabbiner-Judentums.

Die Sicht, dass Juden nach 70 n.Chr. den alttestamentlichen Glauben bewahrt und praktiziert haben und dass ihnen nur die Anerkennung Jesu Christi als Messias fehlt, ist ein Irrtum und eine Illusion. Diese falsche Auffassung gab es aber in der Vergangenheit und gibt es heute noch.

Ein Beispiel für diese romantische Vorstellung, dass die Juden den alttestamentlichen Glauben praktizierten, finden wir in „The First Report of the American Society for Meliorating the Condition of the Jews" New York, 1823, S. 17:

> In der gegenwärtigen Zeit gibt es ungefähr acht Millionen Juden, verstreut unter den Nationen, abgesehen von dem lang verlorenen Überrest der zehn Stämme Israels. Sie haben mehr als die Hälfte der Bibel in ihren Händen und befolgen emsig die Zeremonien der uralten Kirche Gottes. Sie lehren ihre Söhne und ihre Töchter Mose und die Psalmen zu lesen. Täglich schauen sie nach Jerusalem in Erwartung des Messias.

Aber in Wirklichkeit befolgten sie nicht „die Zeremonien der uralten Kirche Gottes", wie die Christen glaubten, sondern die Zeremonien der Rabbiner.

Ein weiteres Beispiel: Lewis Way stand in Verbindung mit Edward Irving, Joseph Wolff und anderen in Bezug auf eine Wiederherstellung Israels. Ihm ist es zu verdanken, dass die „London Society for Promoting Christianity Among the Jews" (gegründet 1809) überlebte. Sein Interesse an prophetischen Themen wurde geweckt, als er im Jahr 1811 von einem Hain hörte, über dessen Bäume der Besitzer in seinem Testament genaue Anweisungen hinterlassen hatte: die Bäume dürften nicht gefällt werden, bis Israel zurückkehren und im verheißenen Land wiederhergestellt werden würde. Romantischer kann es nicht werden.[90]

Moderne jüdische Gelehrte wie Martin Buber, Schalom Ben-Chorin und Gershom Scholem sprechen von der jüdischen „Unmöglichkeit" Jesus Christus als Messias anzuerkennen, weil ihnen die christliche Idee von der Rettung des Einzelnen, solange die Allgemeinheit noch nicht errettet ist, fremd ist.[91] Auch die christliche Betonung auf

---

[90] Früher habe ich mich dagegen gewehrt, als einige „Brüder" aus Holland einen „romantischen Faktor" unter den „Brüdern" zu finden behaupteten. Für mich war Darby alles andere als ein Romantiker, aber je mehr ich über ihn erfahre, desto mehr scheint es notwendig zu sein, diesen romantischen Einfluss zu erkennen und ihm Rechnung zu tragen. Was mich nur verwundert ist, dass diese holländischen „Brüder" eine Beeinflussung durch die Romantik nur auf mystische Gedanken über die Kirche und ihre Beziehung zu Christus erkannt haben. Was ist mit Israel? Hier ist eine Beeinflussung durch die Romantik m.E. noch deutlicher.

[91] Die neutestamentliche Aussage ist: . . .„und so erlangt ihr das Ziel eures Glaubens: die Rettung der Seelen" (1. Petrus 1:9). Die Erlösung des Leibes und damit der Schöpfung steht noch aus: „Denn wir wissen, dass die ganze Schöpfung zusammen seufzt und zusammen in Geburtswehen liegt bis jetzt. Nicht allein aber sie, sondern auch wir selbst, die wir die Erstlingsgabe des Geistes haben, auch wir selbst seufzen in uns selbst und erwarten die Sohnschaft: die Erlösung unseres Leibes (Römer 8:22-23)." Also genau umgekehrt

eine innere und geistliche Erlösung wird solange nicht als legitim angesehen, als diese Erlösung nicht ein äußerliches und öffentliches Gegenstück hat.

Trude Weiss-Rosmarin in ihrem Buch „Judaism and Christianity: The Differences" (The Jewish Book Club, New York, 1943) geht auf wichtige Unterschiede zwischen Judentum und Christentum ein:

> Das Judentum hat keinen Platz für etwas, das der christlichen Lehre von „Erbsünde" ähnelt, denn für den Juden stellt diese Lehre nicht nur eine Negation der Religion dar, sondern auch eine Verneinung der ethischen Möglichkeiten. . .Wo das Christentum lehrt, dass Sünde den Menschen beherrscht, erklärt das Judentum, dass der Mensch die Sünde beherrscht. Darin liegt der Unterschied zwischen der jüdischen und der christlichen Lehre über die Sünde. (S. 48)
>
> Das Judentum. . .setzt sich für die Hoffnung ein, dass alle Menschen letzten Endes die Erkenntnis Gottes durch ihre eigene Anstrengung erreichen werden. . .(S.57)
>
> Die Ablehnung des auch nur geringsten Anscheins von Vermittlung oder Fürsprache hat mit der Zeit eine der höchsten ethischen Ideen (im Judentum) aufkommen lassen: die Überzeugung, dass die Erlösung von Sünde völlig innerhalb der Macht des Sünders liegt. . .Der Sünder braucht keine Hilfe von außen oder Fürsprache um göttliche Vergebung zu bekommen. (S. 58)
>
> Es gibt keine Brücke, die von dieser dynamischen Auslegung über Sünde und Versöhnung hinführt zu der ihrem Wesen nach statischen christlichen Lehre der ‚stellvertretenden Versöhnung' , die die jüdische Überzeugung verneint, nämlich dass der Mensch uneingeschränkte Freiheit im ethischen Bereich und Macht hat ohne die Hilfe eines Fürsprechers oder Retters Vergebung zu erlangen. (S. 64)

Es ist vielleicht wichtig etwas Persönliches an dieser Stelle einzufügen. Auf Grund meiner Schriften bezüglich Israels und der Zukunft Jerusalems bin ich angegriffen und beschuldigt worden ein Anti-Semit[92], ein Juden-Hasser und ein Holocaust-Leugner zu sein. Von alle dem ist nichts wahr. Aber weil ich nicht glaube, dass Jerusalem zum Mittelpunkt der Erde werden soll und dass alle Nationen nach Jerusalem kommen müssen

---

im Vergleich zu jüdischer Sicht.

92 Man geht zu leichtfertig und oberflächlich mit diesem Begriff um. „Semiten" sind viel mehr als nur die Juden.

um gesegnet zu werden, wird die Schlussfolgerung gezogen – ich bin gegen Israel. Nein, bin ich nicht. Ich bin nur dagegen, zu trennen was Gott zusammenfügen wollte. Wir lesen in Epheser 2:14-18

> Denn er (Christus) ist unser Friede. Er hat aus beiden (Juden und Nationen) eins gemacht und die Zwischenwand der Umzäunung, die Feindschaft, in seinem Fleisch abgebrochen. Er hat das Gesetz der Gebote in Satzungen beseitigt, um die zwei - Frieden stiftend - in sich selbst zu einem neuen Menschen zu schaffen und die beiden in einem Leib mit Gott zu versöhnen durch das Kreuz, durch das er die Feindschaft getötet hat. Und er kam und hat Frieden verkündigt euch, den Fernen (aus den Nationen), und Frieden den Nahen (den Juden). Denn durch ihn haben wir beide durch einen Geist den Zugang zum Vater.

Das Evangelium gilt für alle, ohne Unterschied! Niemand wird bevorzugt, niemand wird benachteiligt! Die Kirche ist nicht von Gott erschaffen worden um Hass zu schüren und Menschen in Gruppen aufzuteilen. Im Gegenteil. Jesus Christus und seine Botschaft ist Friede - auch zwischen Juden und Nicht-Juden. Keine Diskriminierung, keine Ausgrenzung, kein „Von-oben-Herab! Aber Gott macht ganz klar und deutlich, wo dieser Friede zu haben ist (nur zu haben ist) – nur in und durch Jesus Christus und seine Kirche! Nicht wieder in zwei getrennten Gruppen.[93] Ein Grund für die andauernde anti-jüdische Haltung in der Welt ist, dass viele Christen sie einfach nicht als „normale" Menschen behandeln. Juden als irgendwie minderwertig zu behandeln ist genauso falsch wie sie als etwas Besonders im Vergleich zu anderen zu behandeln.

---

[93] Eine Haltung, der man heute häufig in Büchern begegnet, die mit dem Judentum zu tun haben, ist, dass das Gesetz, die Tora, den Juden zum Befolgen gegeben wurde. Mit anderen Völkern handelt Gott auf der Ebene von Bündnissen, die dem mit Noah ähneln. Es gibt viele Wege zu dem einen Gott. Nicht alle Menschen müssen Juden werden.

Man darf das, was den Juden an Schrecklichem und Ungerechtem durch viele Jahrhunderte hindurch angetan wurde, nicht verharmlosen, rechtfertigen oder abtun. Aber dabei darf man nicht vergessen, dass es auch eine Verfolgung von Christen durch Juden gab, wie 1. Thessalonicher 2:14-16 klarmacht. Die Verfolgung von Christen beruhte nicht auf der Annahme, es gebe viele Wege zu Gott. Damit will ich nur zeigen, dass wir alle, wie Paulus in Römer 3:9 sagt, ob Juden oder Nicht-Juden, „unter der Sünde sind". Wir alle haben „Dreck am Stecken". Wir alle brauchen die Vergebung in Jesus Christus. Es gibt nicht viele Wege zu Gott, nur einen. Aber dieser Weg darf nicht mit Gewalt erzwungen werden. Herzen müssen gewonnen werden. Wir dürfen als Christen nie vergessen, dass das Neue Testament „Eifersucht" als das Mittel angibt, wodurch Juden zum Glauben an Christus kommen sollen. D.h. das Christentum muss anziehend wirken. Es ist ein Segen und eine Bereicherung des Lebens, nicht Angst, Schmerz oder Verfolgung.

Mein Wunsch ist es, dass Juden zum Glauben kommen und gesegnet werden. Ich wünsche ihnen keine schreckliche „Drangsalszeit", in der sie verfolgt und getötet werden, wie die dispensationalistische Sicht behauptet.[94] Ich glaube nicht, dass dieser Wunsch als Antisemitismus eingestuft werden kann.

Das neutestamentliche Prinzip „den Juden zuerst" ist kein ewiges.[95] Dieses Prinzip dauerte von Pfingsten bis zur Vernichtung Jerusalems in 70 n. Chr.[96] an und verlor seine Gültigkeit, als die Mehrheit des Volkes das ablehnte, was für sie gedacht und bestimmt war – nämlich das Heil in und durch Christus. Heute gibt es keinen jüdischen Überrest, auf den die Aussagen im Neuen Testament anwendbar wären. Die Voraussagen über einen Überrest im Alten Testament haben sich in neutestamentlichen Zeiten erfüllt.

Was viele Christen in ihrer Beschäftigung mit Israel leider außer Acht lassen, ist, dass „Jude-Sein" nicht ein „Blutsache" oder biologische Abstammungssache ist. Ein wahrer Jude oder Israelit zu sein, hat laut der Bibel mit einem Bündnis-Verhältnis zu tun. Durch Jesus Christus ist der Neue Bund in Kraft getreten. Der alte Bund mit seinen Segnungen und Flüchen ist 70 n.Chr. zu Ende gegangen. Niemand kann Gott auf der Basis des alten Bundes nahen, ob heute oder in der Zukunft.

---

[94] Man darf bei aller Begeisterung, die Dispensationalisten jetzt für Israel und die Juden aufbringen, nicht vergessen, dass die Mehrheit der Juden nach dispensationalistischer Sicht dem Antichristen folgen werden und 2/3 der Juden getötet werden (Sacharja 13:8-9). Darby schrieb: „Die Regierung der vierten Weltmacht wird noch existieren, steht aber unter dem Einfluss und der Leitung des Antichristen. Die Juden werden sich mit ihm verbinden in einem Zustand der Rebellion, um Krieg gegen das Lamm zu führen" . . . „Der Überrest der Juden wird befreit und der Antichrist vernichtet (CW 2:378-379, 380 „The Hopes of the Church of God")."

[95] Man kann heute eine Stelle wie 1. Korinther 10:32 nicht verwenden um eine Hervorhebung von Juden zu rechtfertigen. Die Welt ist heute aufgeteilt in Gläubige und Ungläubige. Solche, die Christus angehören und solche, die es nicht tun.

Es kann recht kompliziert werden, wenn man sich mit dem „Judentum" und mit „Juden" beschäftigt, denn „das Judentum" ist nicht eine Nation. Während „das Judentum" sich auf die Torah (die fünf Bücher Mose) gründet und Glaube, Praktiken und Ethik daraus schöpft, ist nicht jeder, der sich zum Judentum bekennt, ein Jude und nicht jeder Jude bekennt sich zum Judentum. Jüdisch sein hat nicht notwendigerweise etwas mit Religion zu tun. Viele Juden, die einen Einfluss in der Gesellschaft ausgeübt haben, waren nicht Juden im religiösen Sinn, d.h. sie haben das Judentum nicht praktiziert. Dennoch ist etwas da, das sie als Juden definiert, etwas, was ihnen ein starkes Gefühl der Zugehörigkeit gibt, was auch alle möglichen Arten von Widerwärtigkeiten nicht auslöschen konnte – wie die Geschichte wiederholt gezeigt hat.

[96] Der Zeitraum war vom Charakter her noch verbunden mit dem Alten Testament. Diese Übergangszeit und die Zeit des Alten Testaments ist die Zeit, die oft im Neuen Testament als bald vorbei beschrieben wird. Das „Ende", das, was „vergehen" sollte.

Der Hebräerbrief wurde vor 70 n.Chr. in der Zeit des Vergehens der alten Ordnung geschrieben:

> Indem er von einem „neuen" Bund spricht, hat er den ersten für veraltet erklärt; was aber veraltet und sich überlebt, ist dem Verschwinden nahe. (Hebräer 8:13)

Wiederholt macht der Hebräerbrief klar, dass das Alte vorbei ist:

> Denn wenn das Priestertum geändert wird, so findet notwendig auch eine Änderung des Gesetzes statt. (Hebräer 7:12)

> Denn aufgehoben wird zwar das vorhergehende Gebot seiner Schwachheit und Nutzlosigkeit wegen - denn das Gesetz hat nichts zur Vollendung gebracht - eingeführt aber eine bessere Hoffnung, durch die wir uns Gott nahen. (Hebräer 7:18-19)

2. Korinther 5:17 bringt es ganz deutlich zum Ausdruck: „Daher, wenn jemand in Christus ist, so ist er eine neue Schöpfung; das Alte ist vergangen, siehe, Neues ist geworden."

**Das Ende?**

> Obwohl man nicht sagen kann, wie nahe oder wie entfernt die Zeit liegt, in der Gott Seine Verheißungen an der jüdischen Nation erfüllen wird, ist es dennoch sicher, dass es nie so viele Gründe gab wie zur Zeit, zu folgern, dass es nicht mehr weit ist. Wir leben in schrecklichen Zeiten. Wir und unsere Väter haben Kriege erlebt, aber seit der Mensch das Blutvergießen gelernt hat, gab es nie einen Krieg wie den gegenwärtigen, in dem die Nationen sich gegenseitig zerschmettern . . . Alarmierende Ereignisse folgen rasch aufeinander . . . Palästina selbst wird zum Schauplatz der Auseinandersetzung.

Ein modernes Zitat? Nein, Rev. James Bicheno schrieb obiges Zitat in seinem Buch „The Restoration of the Jews. The Crisis of the Nations" im Jahr 1800.

Es hat sich kaum etwas seitdem geändert. Jede Generation behauptet: „Es war noch nie so nahe wie jetzt".[97]

---

[97] Hier ein (jüdisches?) Zitat aus dem Jahr 1429: „Und jetzt sind viele Menschen erwacht und haben sich

Gibt es uns nicht zu denken, dass sich dies über die Jahrhunderte ständig wiederholt? Es gibt immer wieder Gläubige, die fest davon überzeugt sind, dass ihre Generation die letzte ist.[98] Sollte es deshalb nicht an der Zeit sein, diese Sicht einmal zu prüfen?

Ist man weltlich und ungeistlich, wenn man nicht in einer „Naherwartungshaltung" lebt?
Trifft 2. Petrus 3:3-4 auf so etwas zu?

> Dies wisst, dass in den letzten Tagen Spötter mit Spötterei kommen werden, die nach ihren eigenen Begierden wandeln und sagen: Wo ist die Verheißung seiner Ankunft? Denn seitdem die Väter entschlafen sind, bleibt alles so von Anfang der Schöpfung an.

Nein! Denn dies hat sich m.E. in der Vernichtung Jerusalems erfüllt.[99] Ja, der Herr wird

---

entschieden nach Israel zu gehen. Viele glauben, dass die Zeit des Kommens des Erlösers bald ist, vor allem, wenn man sieht, wie die Nationen der Welt Israel bedrücken (Morgenstern, S. 86)."

[98] Nur ein Beispiel aus dem Bereich des deutschen „Brüdertums". Im „Botschafter des Friedens. Christlicher Familien-Kalender auf das Jahr des Heils 1914" (Herausgeber Dr. E. Dönges, Darmstadt) ist in dem Artikel „Konstantinopel, die Hauptstadt des Islams, und die orientalische Frage" unter der Überschrift „Kommende politische Ereignisse" auf Seite 53 zu lesen: „Was sagt uns das Wort Gottes über die Ereignisse, die vor uns liegen und gerade mit der sogenannten ‚orientalischen Frage' in Verbindung stehen? Zuerst dies:. . .wir können überzeugt sein, dass durch die Niederlage der Türkei und ihre Verdrängung aus Europa [der Schreiber nimmt hier Bezug auf der Balkankrieg von 1913] die Erfüllung den Weissagungen der Propheten, die sich mit diesen Dingen beschäftigen, um ein weiteres Stück näher gerückt ist."

Was würde dieser Schreiber (Emil Dönges) heute, fast 100 Jahre später, sagen? Was hat die „Niederlage der Türkei und ihre Verdrängung aus Europa" tatsächlich in prophetischer Hinsicht damals bewirkt? Was würde der Schreiber heute sagen zu der zunehmend islamischen Bevölkerung in Europa und das Drängen der Türkei in dem Europabund aufgenommen zu werden? Immer wieder werden Ereignisse fehlgedeutet, weil sie fälschlicherweise mit „der Weissagungen der Propheten" in Verbindung gebracht werden. Es ist ähnlich wie im 19. Jahrhundert als Christen von einem Austrocknen des Euphrat hörten und glaubten, es wäre die Erfüllung von Offenbarung 16:12 und dass sie also dem Ende nahe waren.

[99] Begriffe und Bezeichnungen wie „letzte Stunde", „nahe gekommen", „das Ende aller Dinge", „dem Verschwinden nahe" (Römer 13:12, 1. Kor. 7:29, 1. Johannes 2:1, Hebräer 8:13, 10:25, 1. Petrus 4:7) beziehen sich auf das Vergehen des jüdischen Systems und auf das Kommen der neuen Ordnung Gottes: die Kirche, das Reich, der neue Bund. Das Neue Testament war vor 70 n. Chr. fertig gestellt. Alle Erwähnungen von einem Kommen des Herrn, wo die Gläubigen so angesprochen werden, als ob sie es zu ihren Lebzeiten noch erfahren würden, haben mit 70 n. Chr. zu tun. Auch 2. Petrus 3:10-13. „Elemente" wird immer im Neuen Testament für „Prinzipien" oder „Systeme" benutzt – nicht für etwas Materielles (Galater 4:3, 9; Kolosser 2:8, 20; Hebräer 5:12). Die alte Weltordnung sollte vergehen und die neue in Christus kommen. Dies zeigt auch, wie gewaltig das Werk des Herrn Jesus war und wie gewaltig die Veränderungen, die dadurch entstanden sind.

wieder kommen, aber erst, wenn die Kirche bzw. die einzelnen Gläubigen ihren Auftrag erfüllt hat bzw. haben. Sie kann ihn nicht erfüllen, wenn Hände und Knie schlapp sind. Wir haben deshalb Arbeit!

> Als Jakob sah, dass Getreide in Ägypten war, da sagte Jakob zu seinen Söhnen: **Was seht ihr einander an?** Und er sagte: Siehe, ich habe gehört, dass es in Ägypten Getreide gibt. Zieht hinab und kauft uns von da Getreide, damit wir am Leben bleiben und nicht sterben! (1. Mose 42:1-2)

> Der Herr aber sprach: Wer ist nun der treue und kluge Verwalter, den der Herr über sein Gesinde setzen wird, um ihm die zugemessene Speise zu geben zur rechten Zeit? Glückselig jener Knecht, den sein Herr, wenn er kommt, bei solchem Tun finden wird! (Lukas 12:42-43)

**Der Dispensationalismus**

Auch wenn der Dispensationalismus in vieler Hinsicht während seiner Entstehung durch römisch-katholische Ansichten beeinflusst wurde (besser gesagt, durch die Ansichten mancher Katholiken), ist er eigentlich getauftes oder christianisiertes Rabbiner-Judentum. Alle „Elemente", die den Dispensationalismus ausmachen, finden wir in jüdischen Erwartungen. Es kann sein, dass manche Christen, die die dispensationalistische Sicht vertreten, eine Bestätigung für die Richtigkeit ihrer Position darin sehen, dass sie sich so mit dem Jüdischen deckt. Es muss aber bedacht werden, dass diese Sicht aus einer Religion entstand, die sich eigentlich auf die Ablehnung von Jesus Christus als den Messias und die Erfüllung des Wortes Gottes gründet. Sie ist der Ersatz für die Erwartung und Hoffnung, die das Neue Testament gibt. Sie betont das „Noch-Nicht". Vielleicht ist dies auch ein Grund, weshalb Dispensationalisten so große Probleme mit der „Schon-erfüllt-Sicht" haben.

Auch wenn die „Brüder" und Dispensationalisten die Kirche als etwas Besonderes betrachten, stellt man fest, dass kein geringer Teil ihrer Beschäftigung mit der Bibel mit Israel und der (angeblichen) Zukunft der Juden zu tun hat. Für kein anderes Thema scheinen sie sich so zu ereifern. Es überschattet und beeinflusst alles. Wenn man in Diskussion mit Dispensationalisten kommt, gibt es nichts Wichtigeres. Aber die Zielsetzung Gottes war die Kirche, die Gemeinde, das Einswerden von Gläubigen aus den

---

Eine angebliche Rückkehr zu den alten „Elementen" in der Zukunft verkennt völlig, welche Konsequenzen „das Neue" in Christus hat.

Juden und den Nationen. Getrennte „Zukunftsperspektiven" sind dem Neuen Testament völlig fremd.

Die jüdischen Erwartungen sind nicht die biblischen alt- und neutestamentlichen Erwartungen. Ich habe, glaube ich, zur Genüge gezeigt, dass das Rabbiner-Judentum eine neue Religion ist – auch von jüdischen Gelehrten wird das so gesehen. Es ist diese neue Religion, die auch diese Erwartung entwickelt hat.

Ein Judentum, auf das die Aussagen des Alten und Neuen Testaments anwendbar wären, gibt es seit 70 n.Chr. nicht mehr.

In Darbys Sicht finden wir eine prophetische Anschauung, die aus dem Rabbiner-Judentum stammt (wenn auch unbewusst).

Für mich gibt es gar keinen Zweifel, dass Darby ein Mann war, der Gott und sein Wort über alles liebte. Es gibt ein sehr bekanntes Zitat von ihm:

> Ob – wenn die Welt und die Kirche (d.h. als äußerliche Einrichtung, denn sie hatte als solche immer noch eine gewisse traditionelle Macht über mich) verschwinden und ausgelöscht würden, und das Wort Gottes allein als unsichtbarer Faden über dem Abgrund übrig bliebe – meine Seele ihm dann noch vertrauen würde. Nach tiefer Seelenübung wurde ich durch Gnade zur Überzeugung gebracht, dass ich es ganz und gar könnte. Ich habe seither niemals feststellen können, dass es mir gegenüber je versagt hätte, ich habe oft versagt; aber niemals fand ich, dass es bezüglich meiner versagt hätte. (CW 1:38)

Es hört sich sehr gut an und war ganz sicherlich ehrlich und aufrichtig gemeint. Aber wir lesen vielleicht zu schnell darüber hinweg. Was Darby eigentlich sagt, ist, dass er seiner „Auslegung" der Bibel vertraut. Wenn Christen steif und fest behaupten, sie stützen sich NUR auf die Bibel, dann ist, was sie eigentlich sagen, dass sie sich auf IHR Verständnis und IHRE Auslegung der Bibel stützen.

Jeder ist für sich selbst verantwortlich. Jeder muss eines Tages für sich selbst vor Gott Rechenschaft ablegen. Das ist richtig. Aber Gott sieht uns immer im „Zusammenhang": in der Familie, in der Ehe, als Teil der Gesellschaft, als Glied am Leib Christi, als Knecht im Reich Gottes. Gott hat nicht einem Einzelnen den Glauben anvertraut. Es heißt in Judas 1:3 „den ein für allemal **den Heiligen** überlieferten Glauben" Also Mehrzahl.

In Matthäus 16:18 sagt der Herr, dass des Hades Pforten **seine Kirche** nicht überwältigen werden.

Paulus schreibt in 1. Timotheus 3:15, dass **die Kirche** „der Pfeiler und die Grundfeste der Wahrheit" ist.

Was ist hier „Kirche"? Die katholische? Die orthodoxe? Die anglikanische? Vielleicht eine der zahlreichen freikirchlichen Splittergruppen? Eine Institution? Nein, sondern die Summe aller Gläubigen, die durch den Heiligen Geist zu einem Leib in Christus getauft worden sind. Diese Gruppe von Menschen hat eine Geschichte und einen Bereich von gemachten Erfahrungen. Obwohl Darby diese Wahrheit von dem einen Leib über alles wertschätzte, hat er sich in gewisser Hinsicht ausgeklinkt. Er verließ sich auf seine Auslegung des Wortes – unabhängig von der Kirche. Seine Ansichten waren in vieler Hinsicht neu und neuartig. Er zögerte nicht, alle anderen vor ihm als im Irrtum zu bezeichnen, um so selbst im Recht zu sein. Ich sage nicht, dass er es in böser Absicht tat, aber er tat es – und es war m.E. falsch.

Darby schreibt oft so, als ob vor ihm niemand etwas richtig verstanden hätte. Zum Beispiel:

> . . . die ungeheure Unwissenheit der Urkirche und ihre völlige Inkompetenz in Fragen der Lehre richtig beurteilen zu können.[100]

Über die Kirchenväter schreibt er:

> . . . als Ganzes gesehen sind [sie] lauter Abfall . . . Es ist der schlimmste Unsinn, wenn man davon spricht, dass man in der Urkirche etwas „Wertvolles" bezüglich Lehre und Moral bei ihnen finden kann.[101]

Es gibt gewisse Texte bei den Kirchenvätern, die fragwürdig sind, aber sie alle in Bausch und Bogen zu verurteilen und abzutun ist nicht gerechtfertigt.[102]

---

100 CW 14:68.

101 Briefe Band 1:71.

102 Ich erinnere mich noch sehr gut an meine Verblüffung, als ich vor vielen Jahren meine „Brüder" geprägte Anti-Kirchenväter-Haltung überwunden hatte und die Kirchenväter las. Ich habe Dinge entdeckt, die ich früher in meiner Gutgläubigkeit als typische „Brüder-Wahrheiten" betrachtete. Aber nein, sie waren nicht irgendwie besondere Einsichten der „Brüder", sondern viele Jahrhunderte vor den „Brüdern" erkannt und niederge-

Wenn man sein Leben genauer studiert, stellt man fest, dass Darby mit einer sehr breiten Palette von Schriften vertraut war.[103] Er war sehr belesen. Er kannte alle wichtigen älteren Werke und war gleichzeitig „auf dem Laufendem". Wenn er auch kritisch über andere schreibt und sie korrigiert, darf man dabei nicht vergessen, dass er ohne sie nicht zu den Ansichten gekommen wäre, wofür er bekannt ist.

Wie originell war Darby wirklich?

---

schrieben worden!

103 Siehe den Aufsatz von Timothy C.F. Stunt „John Nelson Darby – The Scholarly Enigma" in Brethren Archivists & History Network Review, Vol 2, No. 2, Autumn 2003, S. 70.

## Kapitel 3
# Originalität

John Nelson Darby war mit den Schriften seiner Zeit über die Frage der Prophetie vertraut. Schon allein sein Artikel „Reflections upon the Prophetic Inquiry and the Views Advanced in it“ von 1829 in „Collected Writings“ Band 2 beinhaltet viele Verweise auf andere Schriften:

S. 1: . . .„viele haben geschrieben auf beiden Seiten“

S. 2: . . .„viele haben geschrieben“

S. 4: . . .„moderne Schreiber über die Prophetie“

S. 6: Zeitschrift „The Christ Examiner“, „Mr. Irving“

S. 7: „Ben-Ezra“ (Lacunza), „Irving“

S. 10: Buch „Cry from the Desert“, die Veröffentlichung „False Accuser“, „Mr. Malan,“ „Mr. Erskine“, Zeitschrift „Morning Watch“

S. 26. „Wiederherstellung der Juden in ihrem Land“

Aus „On ‚Days' Signifying ‚Years'“, auch in CW 2

S. 32: Darby's Reaktion auf Mr. Maitland in „Morning Watch“ und auf „R.D.“ in „The Christian Examiner“

S. 42: Zeitschrift „Christian Herald“

Die Diskussion über die Prophetie entging Darby nicht. Wenn man sich auf Darby und die ersten „Brüder“ beschränkt, kann man den Eindruck gewinnen, dass sie einzigartig waren. Das ist aber nicht der Fall. Sie waren einige unter vielen. In vielen Dingen war Darby seiner Zeit NICHT voraus!

Hier einige Beispiele:

**Edward Irvings** Übersetzung von Lacunzas „The Coming of Messiah in Glory and Majesty“, aus dem Spanischen ins Englische, erschien im Dezember 1826. Er schrieb ein 126–seitiges „Vorwort“ („Preliminary Discourse“) dazu. Darin sagte er, dass er genau ein Jahr davor, also im Dezember 1825, diese Wahrheiten in seiner Gemeinde zu predigen anfing. Er sagt weiter, dass er einige Monate, bevor er anfing darüber zu predigen, von der Richtigkeit dieser Lehre überzeugt war. Was man in seinem Vorwort findet, ist eine klare prämillennialistische Sicht, d.h. dass das 1000-jährige Reich zwischen dem Kommen des Herrn und dem Endgericht liegt. In seinem Vorwort kommt zum Ausdruck, dass die sichtbare Kirche nicht notwendigerweise die wahre Kirche ist. Die wahre Kirche besteht nur aus wahren Gläubigen, die sich verstreut in den verschiedenen Benennungen befinden. Er machte eine klare Unterscheidung zwischen Israel und der Kirche, sowie den Nationen bzw. Heiden. Er unterschied zwischen der jüdischen, der gegenwärtigen und einer zukünftigen Dispensation (das 1000-jährige Reich). Die gegenwärtige Dispensation sah er als „zwischen“ der vergangenen und der kommenden jüdischen Dispensation.[104] Im 1000-jährigen Reich werde die Kirche im himmlischen Jerusalem sein, während das irdische Jerusalem den Juden wieder gegeben wird. Irving war Darby einige Jahre voraus. Darby behauptete, gegen Ende von 1827 zu seinen Ansichten gekommen zu sein. Wir wissen, dass Darby diese Arbeit von Irving kannte, weil er daraus zitiert hat. (siehe z.B. CW 2:7) Dass er Irving persönlich kannte, wird auch in seinen Schriften belegt:

> . . . sagte ich zu Irving vor 30 Jahren. . . (CW 35:93)
>
> Irving in England - von dem ich viel weiß. (CW 29:187)
>
> Es sind mindestens 14 Jahren her (1844 geschrieben = 1830), dass ich gerade auf diesen Dingen Herrn Irving gegenüber bestand, bevor das System, dem er seinen Name verlieh, offenbar wurde. (CW 3:264)

Darby schrieb von der Gemeinde als einer „Lücke“, „einer Zwischenschaltung“ oder „einer Unterbrechung“ in CW 1:94 („The Character of Office in the Present Dispensation“), doch Edward Irving tat es bereits vor ihm.

---

104 . . . „the present spiritual dispensation, which God has interposed between a dispensation of a local and typical character upon the one hand, and a dispensation yet to be, of a universal and real character upon the other; both centering in and radiating out from the Jewish people (EI:7).“

Darby erzählte Jahre danach, dass die Stelle in Jesaja 32 („Siehe, ein König wird in Gerechtigkeit regieren“) für ihn von großer Wichtigkeit wurde, als er sich im Winter 1827 von seiner Knieverletzung erholte. Er schrieb Jahre danach darüber an verschiedenen Stellen (Briefe, Band 1:516, Band 3:298-299). Er sprach davon, dass es noch eine weitere Haushaltung, noch eine weitere Dispensation geben sollte. Doch dieser Gedanke war zu der Zeit schon „in der Luft“. Irving hatte nämlich bereits in seinem Vorwort im Dezember 1826 darüber geschrieben!

> . . . unsere gegenwärtige geistliche Dispensation - die oft als komplett in sich betrachtet wird ohne eine Andeutung oder Verheißung einer anderen - ist genauso vorbereitend für eine andere, wie die mosaische es war, obwohl die Juden die mosaische als in sich selbst vollkommen betrachteten.[105]

In 1829 schrieb Darby:

> Wenn es ein direktes Zeugnis dafür gibt, dass Israel wieder in sein eigenes Land gepflanzt und nie wieder herausgerissen werden soll, ist es klar, dass sich dies noch nicht erfüllt hat. Je mehr man sich mit den ausführlichen Prophezeiungen über diesen Gegenstand beschäftigt, desto mehr wird man feststellen, dass sie mit den Verheißungen Gottes in den letzten Tagen in Bezug auf die **Segnungen der Gemeinde** und ihren Begleitumständen verbunden sind.[106] [Hervorhebungen von MW]

Er sagte: die Gemeinde, nicht Israel!
Irving trennte zwischen der Gemeinde und einer kommenden Dispensation für Israel. Er erwartete Segen für Israel, aber Gericht für die Gemeinde. Er wurde vor seiner Arbeit an Lacunzas Buch von zwei Männern in dieser Richtung stark beeinflusst.

---

105 . . . „our present spiritual dispensation which is wont to be interpreted as complete in itself, without any bud or promise of another, is as much preparatory to another, as was the Mosaic, which the Jews also thought perfect in itself (EI:63).“

106 In „Reflections Upon the Prophetic Inquiry“ (CW 2:28).

**Samuel Taylor Coleridge** (1772-1834)

Als Mitbegründer der englischen Romantischen Bewegung kannte er Irving seit 1822 und beeinflusste ihn stark – auch in Bezug auf die Zukunft der Kirche. Coleridge vertrat eine sehr pessimistische Sicht, was die Zukunft der Erde betraf. Irving verdankte ihm viel:

> Herr Coleridge . . . durch den ich die erste Idee des prophetischen Wachstums des Wortes Gottes bekam: und was habe ich nicht von ihm empfangen?[107]

Coleridge ist bekannt für seine Aussage in Bezug auf Irving: „Lass diesen jungen Mann wissen, dass die Welt nicht bekehrt, sondern gerichtet wird."

In „The Life - Edward Irving" von Oliphant (London, 1862) gibt es auf S. 190 und 191 einen Abschnitt über den Einfluss, den Coleridge auf Irving ausübte. Da lesen wir:

> Hier änderte Irving die allgemeine oberflächliche Idee der Bekehrung der Welt. Ein Glaube, der von manchen ganz gelassen geglaubt wurde. Andere bestanden ernsthaft darauf angesichts der anerkannten Enttäuschung in vielen missionarischen Versuchen und der Trägheit und bleibenden Folgen in den sogar erfolgreichsten – was für die meisten Kirchen normal ist. ‚Jener Irrtum', wie er selbst sagt, ‚unter dem fast die ganze Kirche liegt, nämlich, dass die gegenwärtige Welt sich zum Herrn bekehren wird und so durch eine natürliche Neigung . . . in die 1000-jährige Herrschaft des Christus hinein rutschen wird.' Als Ersatz für diese Lehre lernte er die Idee einer Dispensation, die sich ihrem Ende näherte und die natürliche Konsequenz . . . einer durchaus herrlichen und überwältigenden Revolution, die noch kommen sollte, in der die ganze tote Gesellschaft, die Kirchen, die Reiche, die Moden dieser Welt, galvanisch in Bewegung gehalten bis zum Schluss, am Ende verbrennen und vernichtet werden sollten.[108]

---

[107] „Mr. Coleridge . . . from whom also I received the first idea of the prophetic growth of God's word: as what have I not received from him? (EI:50)."

[108] "Here Irving changed the common superficial idea of the world's conversion that belief calmly held or earnestly insisted on in the face of acknowledged disappointment in many missionary efforts, and the slowness and lingering issues of even the most successful, which is common to most churches. ‚That error,' as he himself says, ‚under which almost the whole of the Church is lying, that the present world is to be converted unto the Lord, and so slide by a natural inclination . . . into the millennial reign of Christ.' For this doctrine he learned to substitute the idea of a dispensation drawing towards its close, and its natural consequence . . . an altogether glorious and overwhelming revolution yet to come, in which all the dead society, churches, kingdoms, fashions of this world, galvanically kept in motion until the end, should be finally burned up and destroyed."

Vergleiche die Aussage von Newman unten, wo er seine Überzeugung äußert, dass „alles sehr bald verbrannt werden soll". Die Ähnlichkeit ist verblüffend.

**James Hatley Frere** (1779-1866)
Frere hat Irving weiter in seinem pessimistischen Blick auf die Zukunft verstärkt. 1814 schrieb er „Kombinierte Sicht der Weissagungen" („Combined View of the Prophecies") und war der Mann, der Irving für die Prophetie interessierte. Sie haben sich wahrscheinlich im Jahr 1824 kennen gelernt. Irving erwähnt Feres Buch in seinem Vorwort zu Lacunza (EI:19 und 25) und auch in seinem Heft „The General Structure of the Apocalypse", („Die allgemeine Struktur der Apokalypse") (EI:26 und 28).

Frere unterschied sich von anderen prophetischen Schreibern seiner Zeit, weil er Gericht und Niederlage für die Kirche sah im Gegensatz zu der allgemeinen Hoffnung des Sieges des Evangeliums – wie Coleridge auch. Irving beteuerte immer wieder seine Schuldigkeit gegenüber Frere. Diese Beeinflussung ist deutlich in der Aussage, dass er gegen alle war

> . . .die bemüht waren, die allgemein angenommene Vorstellung aufrechtzuerhalten, dass die gegenwärtige Dispensation der Heiden bald in große Kraft und Fruchtbarkeit ausbrechen sollte, um die ganze Erde mit der Segnung des Reiches zu füllen und nach diesem der Herrn kommen sollte, um alles abzuschließen und zu beenden und mit der gleichen Schnelligkeit wieder zu gehen, mit der er gekommen ist. Und weiter bestand ich darauf, dass solche Ideen in Bezug auf das herrliche Aufblühen dieser gegenwärtigen Dispensation in einer universalen Fülle nicht nur nicht übereinstimmt mit allen Schriften, sondern auch nicht mit der eigentlichen Natur und Absicht dieser Dispensation selbst.[109]

---

[109] . . . „against all who should undertake to uphold the commonly received notion, that the present Gentile dispensation was about to burst forth with great verdure and fruitfulness, and fill the whole earth with the millennial blessedness, after which, to wind up and consume all, the Lord would come in the latter end, and depart with the same expedition with which he came. And, further, I maintained, that such ideas concerning the glorious efflorescence of this present dispensation into a universal fullness, is not only inconsistent with all the scriptures, but with the very nature and intention of the dispensation itself (EI:6)."

Vergleichen wir Irvings Bemerkungen mit denen von Darby 14 Jahre später

> . . .anstatt uns selbst die Hoffnung zu erlauben, dass es einen beständigen Fortschritt des Guten geben wird, müssen wir mit einem Fortschritt des Bösen rechnen. Die Hoffnung, dass die Erde mit der Erkenntnis des Herrn erfüllt wird vor der Ausübung seines Gerichts und der Vollendung dieses Gerichts auf der Erde, ist irreführend. Wir haben das Böse zu erwarten, bis es so abscheulich wird, dass der Herr es richten muss. (CW 2:310)

Darby wurde bekannt für seine Betonung des Ruins der Kirche – er war aber nicht der erste.

Francis Newman hatte Darby spätestens im Jahr 1827 kennen gelernt, als er sich von seiner Verletzung am Bein erholte. Der starke Einfluss Darbys auf Newman zu der Zeit ist bekannt und wurde oft erwähnt. Newman schrieb:

> Um göttliche Wahrheit zu lernen wurde es für mich ein sichererer Prozess ihn (Darby) zu fragen als selbst zu suchen und auf Gott zu warten. Mit der Zeit (wie ich später feststellte) wurden meine religiösen Gedanken verschmolzen in dem einfachen Prozess furchtlos all seine Prinzipien in Resultate zu entwickeln ohne eine tiefere Untersuchung meiner eigenen Fundamente. In der Tat, abgesehen von ein paar Schwächen, die mich warnten, dass er sich vielleicht irren könnte, hätte ich ihn annehmen können als einen Apostel, der beauftragt war die Gedanken Gottes zu offenbaren.
>
> . . .
>
> Mein Studium des Neuen Testaments zu dieser Zeit machte es mir unmöglich zu übersehen, dass die Apostel es für die Pflicht aller Jünger hielten, mit einer baldigen und plötzlichen Vernichtung der Erde durch Feuer zu rechnen und ständig die Rückkehr des Herrn aus dem Himmel zu erwarten.
>
> . . .
>
> Die Wichtigkeit dieser Lehre besteht darin, dass es das Wirken für irdische Ziele in ferner Zukunft völlig verbietet. Auch hier warf der irische Kleriker (Darby) das gesamte Gewicht seines Charakters in dieselbe Schale. In der Tat, was würde es bringen nach 30 Jahren Studium ein zweiter La Place zu werden, wenn in 35 Jahren der Herr vom Himmel nieder käme, die Gläubigen zu sich wegreißen und die Werke der Erde zur Asche verbrennen würde?. . .Es ist klar, wenn wir angehalten werden so zu handeln, als ob alle irdischen Belange zu Ende kommen können – „beim Hahnenschrei oder am Mittag“ – dann ist, für ferne irdische Ziele zu arbeiten, das

Verhalten eines Narren oder eines Ungläubigen.

. . .

Aber wenn alles sehr bald **verbrannt** werden soll, ist es Torheit uns für solche Ziele anzustrengen. [Hervorhebung durch MW]

[Vergleiche hierzu Darbys Aussage (1842): „Es ist unbedingt erforderlich, dass wir Allem entsagen. Wir müssen es früher oder später tun. Entweder mit Freude durch den Geist Christi oder mit Schande, wenn das Gericht Gottes jedes Band zerreißen wird, das uns noch zurückhält. Wir müssen dann alles verlassen oder mit Sodom **verbrannt** werden. Die Prophetie hat die besondere Kraft, uns von dieser gegenwärtigen bösen Welt zu trennen, [eine Welt] die die Langmut Gottes ertragen kann, weil er die Seinen herausholt, die aber trotzdem schon gerichtet ist.“ (CW 5:28)]

. . .

Nichts kann deutlicher sein, als dass das Neue Testament mit dieser Lehre völlig durchdrungen ist – manchmal ausdrücklich gesagt, manchmal ohne Aufhebens angenommen – dass irdische Dinge sehr schnell zu einem Ende kommen werden und deshalb unserer tiefen Zuneigung und unseres ernsten Interesses nicht würdig sind. Deswegen, völlig durchtränkt von dieser Überzeugung, schaute ich mit traurigem Mitleid auf jemanden mit viel Intelligenz, der seine Energien für irgendwelche fernen irdischen Ziele verschwendete.

. . .

Gute Talente für das Schreiben von Geschichte oder für die Untersuchung der Natur hinzugeben war einfach Verschwendung. Denn beim Kommen des Herrn würden Geschichte und Wissenschaft nicht mehr durch diese unsere schwachen Anwendungen gelernt werden. Also eine offensichtliche Ableitung dieser Lehre der Apostel war, dass „wir nur für schnelle Resultate arbeiten sollten“ . . . Ich nahm diese Lehre damals in profundem Gehorsam dem völlig unfehlbaren System der Wahrnehmung gegenüber an . . . Aber der Halt, den der apostolische Glaube auf mich hatte, unterwarf mein Gewissen den Ermahnungen des irischen Klerikers, wenn er einschärfte, dass der edelste Christ notwendigerweise die Zielverfolgung von Wissenschaft, Wissen, Kunst, Geschichte ablehnen müsse – außer wenn irgendeines dieser Dinge zu nützlichen Werkzeugen für sofortige geistliche Resultate gemacht werden konnte.[110]

---

[110] „In order to learn divine truth, it became to me a surer process to consult him, than to search for myself and wait upon God: and gradually, (as I afterwards discerned,) my religious thought had merged into the mere process of developing fearlessly into results all his principles, without any deeper examining of my foundations. Indeed, but for a few weaknesses which warned me that he might err, I could have accepted him as an

Das hört sich nicht an wie Darbys spätere Sicht über die Zukunft und die Entrückung. Es hört sich nicht an wie die damals noch populäre postmillennialistische Sicht. Im Gegenteil, es hört sich eher an wie Irving. Hat Newman hier etwas verwechselt? Nein, ich glaube, er beschreibt Irvings Einfluss auf sich und Darby.

Es ist oft vorgekommen - und wird es immer geben - dass Menschen, die nichts von einander wissen, auf die gleiche Idee kommen - manchmal sogar zeitgleich. Aber kann man das in Bezug auf Darby behaupten? Der Gedanke über den Ruin der Kirche und ein kommendes Gericht über sie finden wir bei Coleridge, Frere und Irving. Leute, die

---

apostle commissioned to reveal the mind of God."

. . .

„My study of the New Testament at this time had made it impossible for me to overlook that the apostles held it to be a duty of all disciples to expect a near and sudden destruction of the earth by fire, and constantly to be expecting the return of the Lord from heaven."

. . .

„The importance of this doctrine is, that it totally forbids all working for earthly objects distant in time: and here the Irish clergyman threw into the same scale the entire weight of his character. In fact, what would it avail even to become a second La Place after thirty years' study, if in five and thirty years the Lord descended from heaven, snatched up all his saints to meet him, and burned to ashes all the works of the earth?. . .Clearly; if we are bound to act as though the end of all earthly concerns may come, „at cockcrowing or at midday," then to work for distant earthly objects is the part of a fool or of an unbeliever."

. . .

„But if all is to be very shortly burnt up, it is then folly to exert ourselves for such objects."

. . .

„Nothing can be clearer, than that the New Testament is entirely pervaded by the doctrine, — sometimes explicitly stated, sometimes unceremoniously assumed, — that earthly things are very speedily to come to an end, and therefore are not worthy of our high affections and deep interest. Hence, when thoroughly imbued with this persuasion, I looked with mournful pity on a great mind wasting its energies on any distant aim of this earth."

. . .

„To devote good talents to write history or investigate nature, was simple waste: for at the Lord's coming, history and science would no longer be learned by these feeble appliances of ours. Thus an inevitable deduction from the doctrine of the apostles, was, that „we must work for speedy results only.". . . „I then accepted the doctrine, in profound obedience to the absolutely infallible system of precepts.". . . „ However, the hold which the apostolic belief then took of me, subjected my conscience to the exhortations of the Irish clergyman, whenever he inculcated that the highest Christian must necessarily decline the pursuit of science, knowledge, art, history, - except so far as any of these things might be made useful tools for immediate spiritual results (Phases of Faith, London, 21-23)."

Darby entweder kannte oder von denen er wusste. Wie kann er dann 1840 schreiben: „Was den Ruin der Kirche betrifft, die Theorie wurde mir klar, nachdem es mir bewusst wurde – und sogar jetzt ist die Theorie für mich eine Kleinigkeit.“[111] Er schreibt, wie oft, als ob er es entdeckt hätte, als ob es ihm von Gott extra gezeigt worden wäre.

**Hardman**

Im August 1833 schrieb Darby aus Limerick an J. L. Harris in Plymouth:

> Hardman, ein lieber Bruder im Herrn, ein Kleriker, war vor kurzem hier. Er sprach über die sieben Gemeinden. Ich war nicht anwesend, aber ich höre, dass er folgenden Standpunkt bezog: Sardes ist die Reformationszeit mit „Wenn du nun nicht wachst, werde ich kommen wie ein Dieb, und du wirst nicht wissen“ usw. Philadelphia ist die Absonderung von kleinen Gruppen von Gläubigen mit einer kleinen Kraft (darin ist Trost), aber der Herr ist auf ihrer Seite. „Ich werde sie bewahren“ usw. „Ich komme bald. Halte fest, was du hast“ usw. Und dann die Gemeinde in ihrem Laodizäa-Zustand, ihr Zustand allgemein, jetzt, wo Er an der Tür steht und klopft – es sind vielleicht noch etliche unter ihnen, aber Er ist an der Tür. Was hältst du davon? Das Resultat für die Gemeinde in Laodizea ist, dass sie aus Seinem Mund ausgespien wird. Es ist eine wichtige Überlegung in dem gegenwärtigen Zustand der Dinge. Es empfiehlt sich moralisch gesehen.[112]

Darby schreibt über diese Sache, als ob es eine neue Einsicht wäre. Warum? Drei Jahre zuvor ist genau diese Ausführung über die sieben Sendschreiben mit dieser Erklärung in der Zeitschrift „The Christian Herald“ erschienen! In der Ausgabe für April 1830 (Bd. 1, Nr. 4) auf S. 56 zeigt ein „R.H.“ anhand eines Diagramms die sieben Zeitabschnitte der Kirchengeschichte als in Übereinstimmung mit den sieben Sendschreiben aus Offenbarung 2 und 3. Die Beschreibung ist genau die, die Darby in seinem Brief erwähnt! (Sardes: die Reformation im 16. Jahrhundert; Philadelphia: geistige Betonung am Anfang des 19. Jahrhunderts; Laodizäa: Zeit großen Niedergangs vor der Wiederkunft des Herrn und Gericht über den Antichristen. Der Schreiber glaubt, das Kommen des Herrn ist nahe.)

---

111 „As to the ruin of the Church, the theory came for me after the consciousness of it, and even now, the theory is but a small thing to my mind (Briefe, Band 1:42).“

112 Briefe Band 1:22.

Es ist ziemlich sicher, dass Darby diesen Artikel kannte. Der Herausgeber, Richard Moore Tims, war einer der ersten Brüder in der Versammlung in Dublin und Darby selbst schrieb für „The Christian Herald“. Aber warum behandelt Darby 3 ½ Jahre später diese Gedanken so, als wären sie neu?[113]

**Joseph Wolff** (1795-1862)

Wolff war ein Jude aus Deutschland, der sich zuerst zum Katholizismus bekehrte (mit 17, er wurde auch in Rom geschult) und später Anglikaner wurde. Er kannte Henry Drummond und seinen Kreis, zu dem Edward Irving und Lewis Way wie auch Charles Simeon, den Darby auch kannte, gehörten. Er war der bekannteste Missionar seiner Zeit. Von ihm wird gesagt, dass wahrscheinlich niemand das zweite Kommen des Herrn so publik gemacht habe wie er. (Er vertrat die „Ein Tag = ein Jahr“-Sicht.) Er war ständig auf der Suche nach den verlorenen zehn Stämmen Israels. Sein Leben war sehr bewegt, auch schon bevor er seine berühmten Missionsreisen antrat. Bevor er 1819 nach England kam, war er in Salzburg und lernte dort den Gelehrten Sandbichler kennen, der ihn auf das Studium der noch „unerfüllten Prophetie“ hinwies. Später predigte Wolff, dass der Messias bald kommen würde, um sein Reich in Jerusalem aufzurichten. Es wäre heute sehr interessant zu wissen, ob Wolff durch seine Freunde und Kontakte unter Katholiken mit der futuristischen Sicht von Ribera vertraut war.

Nach seiner ersten Missionsreise war er eine Weile in Irland unterwegs und kam im Mai 1826 in Dublin an. Er sprach dort in der Rotunda und verbrachte einige Zeit mit Lord Roden und dem Erzbischof Trench. („Travels and Adventures of the Rev. Joseph Wolff, D.D., LL.D.“, London, 1862. S. 231-232.) Danach ging er auf Einladung von

113 Es ist interessant zu lesen, was Darby 1840 sagte: „Ich befürchte, dass viele liebgewonnene Gefühle – den Kindern Gottes wertvoll - heute Abend geschockt wurden. Damit meine ich ihre Hoffnung, dass das Evangelium sich in dieser gegenwärtigen Dispensation über die ganze Erde verbreiten soll.“

(„I am afraid, that many a cherished feeling, dear to the children of God, has been shocked this evening; I mean, their hope that the gospel will spread itself over the whole earth during the actual dispensation (CW 2:319).“)

„Wie die jüdische Dispensation abgeschnitten wurde, so wird es auch mit der christlichen Dispensation sein.“

(„As the Jewish dispensation was cut off, the Christian dispensation will be also.“ CW 2:321)

Diese Gedanken von Gericht und nicht Wiederherstellung waren aber spätestens seit 1825/26 im Umlauf. Irving und andere hatten darüber geschrieben und gepredigt. Der Gedanke, dass ein Gericht bald – sehr bald – kommen würde, war damals (1840) in England populär – und der Einfluss Irvings war schon in Genf vorhanden, wo Darby diese Aussage machte. Aber er spricht wie von einer neuen Offenbarung.

Henry Drummond und Edward Irving nach London. Er nahm dort an der ersten berühmten Albury Park Conference als hebräischer Berater teil.

Rev. Robert Daly, Darbys Vorgesetzter und Mitarbeiter in Wicklow, schrieb ihm, dass er und Lady Powerscourt, die sich sehr für Prophetie interessierte, zu dem „Drummonds-Propheten-Treffen" in England gehen würde, nachdem Wolff in Dublin gewesen war. Darby war mit Rev. Robert Daly sehr vertraut und kannte auch Lord Roden, der mit der Familie Powerscourt verwandt war. (Wie mir Timothy Stunt mitteilte, waren Lord Roden und Darby spätestens im Februar 1827 Mitglieder des Kommittes für die „Scripture Readers Society" zusammen mit John Synge, John Bellett, Joseph Singer und Edward Cronin, dem Assistenzsekretär.) Traf er Wolff in Dublin zu dieser Zeit? Bekam Darby Impulse durch Wolff? Es ist durchaus möglich. Wolff war immer darauf erpicht, über das 1000-jährige Reich und die Wiederherstellung der Juden zu predigen – manchmal zum Leidwesen seiner Gastgeber.

### Die katholische Kirche

Darby war kurzzeitig nach seiner Bekehrung (entweder 1820 oder 1821) während seiner Zeit in Lincoln's Inn in London (1819-1822) von der katholischen Kirche angezogen. Bis jetzt war es nicht möglich heraus zu finden, wodurch und durch wen.[114]

Benjamin W. Newton (ein enger Mitarbeiter Darbys in den Anfangsjahren in Plymouth) meinte, Darby hätte im Auftrag der Jesuiten gearbeitet und dass es nichts in seinen Schriften gäbe, was von Katholiken nicht hätte benutzt werden können.[115] Das ist na-

---

[114] Eine Möglichkeit wäre Mark Aloysius Tierney (1795-1862), der als Priester mit zuständig war für Lincoln's-Inns-Fields, was direkt an Lincoln's-Inns angrenzt.

Eine weitere Möglichkeit ist der römisch-katholische Anwalt Charles Butler (1750-1832), ein Mann, der z.B. Maitland sehr bewunderte. Er war Mitglied von Lincoln's Inn und sehr bewandert in der Bibel mit Veröffentlichungen darüber.

Auch Charles Plowden (1743-1821), der Provincial Superior der englischen Jesuiten von 1817-1821, kommt in Frage. Obwohl in Lancashire am Stonyhurst College, war er regelmäßig in London und besuchte den Jesuiten-Pater Edward Scott (1776-1836), den Vertreter des Stonyhurst Colleges dort.

[115] „Ich denke oft, dass er [Darby] im Sold der Jesuiten stand. Sein Bruder war ein Katholik und es ist bekannt, dass er selbst kurz davor stand sich [der katholischen Kirche] anzuschließen, gerade bevor er die Anwaltschaft verließ. In diesem Leben werde ich keine Gewissheit darüber erhalten."

(„I often think he [Darby] was in the employ of Jesuits; his brother was a Catholic and he himself at one time was known to be on the verge of joining just before he left the Bar. I shall never feel sure in this world about it (Fry MSS large book, S. 249)."

türlich äußerst übertrieben, aber dennoch interessant in Bezug auf die Ähnlichkeit von Darbys Gedanken mit denen von Katholiken. Darby selbst schrieb:

> Eine Neigung zu Rom ist nicht ungewöhnlich oder überraschend; aber Seelen werden bewahrt, oft fast unbewusst, durch irgendeine Wahrheit, die sie beschützt. Bei mir war das so, besonders durch Hebräer 9 und 12.[116]

Seine starke Ablehnung gegenüber der katholischen Kirche in späteren Jahren ist interessant, wenn man bedenkt, dass alle Hauptlinien seiner prophetischen Sicht aus katholischen Quellen stammten! Zwar repräsentieren diese Hauptlinien nicht die offizielle Lehre der katholischen Kirche, aber sie stammen von Männern aus dieser Kirche.

Wenn man Darbys späteres Werk „Familiar Conversations on Romanism" (siehe CW18) liest, vor allem, wenn man zwischen den Zeilen liest, kann man sicherlich einiges erkennen, was er in dieser Zeit durchmachte.

In diesem Zusammenhang ist es von Interesse John Henry Newman zu erwähnen. Solche, die sich etwas mehr mit dem Leben von Darby beschäftigt haben, wissen, dass der Bruder von J. H. Newman, Francis Newman, Hauslehrer bei Darbys Schwager Pennefather war. Meine Forschungen haben mich überzeugt, dass Darby die Newmans aber schon vor dieser Zeit kannte.

John Henry Newman (1801-1890) war wie Darby ein Anglikaner, wurde aber später zum führenden Kopf der anglokatholischen Bewegung (die sich eine Erneuerung der Kirche durch die Lehre und Liturgie der Alten Kirche zum Ziel gesetzt hatte) und konvertierte schließlich zur Römisch-Katholischen Kirche, wo er später Kardinal wurde. Sein Einfluss ist bis heute in weiten Teilen der Kirche noch sehr stark.

Ich habe anderswo (www.mybrethren.org, Research Paper 9 und 15) auf die verblüffend große Ähnlichkeit in der Entwicklung und Geschichte zwischen Darby und J. H. Newman hingewiesen und gehe jetzt hier nicht weiter darauf ein.

---

„Ich kann mit aller Sorgfalt sagen, dass ich nie eine Zeile [von Darbys Schriften] las, die nicht ein Papist benutzen könnte."

(„I can carefully say I have never read a line [of Darby's writing] which a Papist might not use (Fry MSS large book, S. 250)."

116 „Being disposed towards Rome is nothing uncommon or surprising; but souls are kept, often almost unconsciously, by some truth which guards them. I was, especially by Hebrews 9 and 10 (CW 18:185)."

Interessant ist hier nur zu erwähnen, dass Darby am 9. November 1819 zu Lincoln's Inn zugelassen wurde. Newman wurde 10 Tage später am 19. November zugelassen! Newman blieb als Mitglied bis Juli 1825.[117] Beide wurden sehr stark durch den Dienst von Thomas Scott beeinflusst. In „The Letters and Diaries of John Henry Newman" erwähnt Newman die Zeiten, die er in Lincoln's Inn verbrachte,[118] also ist eine Begegnung mit Darby während der Zeit durchaus möglich, auch wenn beide dies in ihren veröffentlichten Werken nicht erwähnen.

Wenn man Darbys spätere Auseinandersetzung mit Newman in „Analysis of Dr. Newman's Apologia Pro Vita Sua: With a Glance at the History of Popes, Councils, and the Church" (CW18) liest, kann man vieles erahnen, was Darby selbst durchmachte. Obwohl Darby Newman in diesem Werk kritisiert, hören sich die beiden Männer sehr ähnlich an. Vieles an Erfahrungen und Empfindungen ist identisch.

**Margaret MacDonald**

Margaret MacDonald wurde 1815 in Port Glasgow, Schottland geboren und starb ca. 1840. In Verbindung mit dem angeblichen Wirken des Heiligen Geistes in der Ausgießung von Geistesgaben (Zungenreden, Heilungen) in Schottland um 1830 hat sie in einer Vision prophetische Reden von sich gegeben. Diese Vision wird oft als wichtiger Einflussfaktor für Darbys Entrückungslehre genannt, vor allem von Dave MacPherson in „Incredible Cover Up"[119]. Das Werk, das MacPherson verfasste, hat sehr viel Information über die Zeit und Umstände damals ans Tageslicht gebracht. Dennoch kann ich nicht mit seinen Schlussfolgerungen völlig übereinstimmen. Die Aussagen MacDonalds sind sehr verwirrend und unklar. In ihrer Vision über das Kommens des Herrn, die sie im Frühjahr 1830 hatte, scheint sie mehr eine „Teil-Entrückung" zu vertreten als etwas, das sich mit der späteren Sicht Darbys und der „Brüder" vergleichen ließe. „Teil-Entrückung" bedeutet, dass nur die, die geistlich bereit sind, entrückt werden. Die anderen Gläubigen gehen durch die Drangsalszeit und werden später entrückt.[120] Sie hatte wesentlich mehr Einfluss auf Irving als auf Darby. (Später ist der ganze Trubel um Zungenreden und Visionen, die mit Irving und seiner Kirche zusammenhingen, als Betrug aufgeflogen. Nicht Irving selbst - er glaubte an die „Gaben", obwohl er sie selbst

[117] „The Letters and Diaries of John Henry Newman" (Von Ian Kerr and Thomas Gornall, S.J., Clarendon Press, Oxford, 1979) Band 1, S. 69.

[118] Eintrag für 16. Mai, 1822, Band 1, S. 141.

[119] Omega Publications, Juni 1975.

[120] Auch Watchman Nee vertrat diese Sicht.

nicht besaß - sondern andere aus seinem Kreis hatten etwas vorgespielt.) Ich glaube, dass Darby sehr wohl in der Lage war, Sachen zu durchschauen. Doch ist es nicht von der Hand zu weisen, dass seine Erlebnisse mit Frau MacDonald ihm vielleicht einen Impuls gegeben haben – wenn auch in eine andere Richtung. Jedenfalls kann man nicht behaupten, Darby hätte die Entrückungslehre von MacDonald übernommen.

**Morgan Edwards** (1722 bis 1795)
Edwards kommt in Darbys Schriften oder denen der ersten „Brüder" nicht vor. Dennoch kann er einen Einfluss ausgeübt haben. Er ist eigentlich erst vor kurzem als ein Vertreter der „Vor-der-Drangsal-Entrückungs-Sicht" „entdeckt" worden.

Von 1742 bis 1744 war Edwards Student am Bristol Baptist Seminary in England. Dort bekam er die Aufgabe über das 1000-jährige Reich zu schreiben. Er sollte streng „wörtlich" vorgehen. Laut seinen eigenen Aussagen wandte er diese Methode nur für diese Arbeit an und schien es dabei nicht allzu ernst zu nehmen, denn er behauptet im zweiten Teil seines zweiteiligen Werkes, dass der Feuersee auf dem Mond sei und die Planeten bewohnt seien!

1762 siedelte er nach Amerika über und wurde Pastor einer baptistischen Gemeinde in Philadelphia. Sein Werk wurde dort 1788 veröffentlicht als „Two Academical Exercises on Subjects Bearing the Following Titles; Millennium, Last-Novelties." („Zwei akademische Übungen über Themen, mit folgenden Titeln: 'Tausendjähriges Reich' und 'Neuheiten der Endzeit'")

Obwohl Edwards jetzt als jemand gefeiert wird, der die Entrückungslehre entdeckt hat, finden wir keine Auswirkung davon; weder zwischen 1744 und 1788 noch danach. Wenn er das, was in seiner Veröffentlichung stand, wirklich vertrat und predigte (was nicht sicher ist), hat es doch nicht Feuer gefangen.

Er ist nicht klar in seinen Ausführungen und widerspricht sich. Einerseits sei der letzte Papst der Antichrist, andererseits auch das gesamte Papsttum als Jahrhunderte langes, altes System.

Die Gläubigen werden an einer Stelle 3 ½ Jahre vor dem Reich entrückt. An einer anderen schreibt er, dass nach 42 Monaten die zwei Zeugen (für ihn Elia und Johannes) getötet werden und dass der Antichrist danach noch 42 Monate herrscht – und die Entrückung 42 Monate vor der Tötung der Zeugen geschieht, also 7 Jahre vor dem Reich!

Er betrachtet die Erwähnung von Tagen als buchstäbliche Tage und nicht als Jahre. Edwards vermischte historizistische und futuristische Elemente.

Obwohl Edwards Werke Aspekte beinhalten, die an vielen Punkten eine Ähnlichkeit zur dispensationalistischen Sicht aufweisen, sind sie nicht gleich. Dennoch sind die Ähnlichkeiten interessant – und vielleicht waren sie das auch für Darby.

Darbys Großvater mütterlicherseits war Samuel Vaughan (1720-1802). 1727 heiratete er Sarah Hallowell aus Maine in den USA. Er war ein erfolgreicher Geschäftsmann und hatte auch Besitz in Jamaika. Samuel Vaughan war ab September 1773 mit einem Teil seiner Familie in Philadelphia. Im Mai 1784 wurde er zu einem der Vizepräsidenten der American Philosophical Society gewählt.

Seine Tochter Ann heiratete John Darby (John Nelson Darbys Vater) am 21. Juli 1784 in Trinity Church Parish, New York. Zu den Freunden von Samuel Vaughan zählten auch solch berühmte Männer wie George Washington, Thomas Jefferson, Benjamin Franklin und Joseph Priestly. (Während John Darby in Amerika war, scheint er George Washington geschrieben und vielleicht sogar getroffen zu haben.)

Samuel Vaughan kehrte später wieder nach England zurück, doch einige seiner Söhne, die auch recht bekannt wurden, blieben in Amerika. Vaughans vierter Sohn Benjamin war unter anderem für seine umfangreiche Bibliothek bekannt. Die Familie Vaughan war Unitarier und sehr weltgewandt. Was neu und fortschrittlich war, interessierte sie. War Edwards Werk – das eine Besonderheit darstellte – vielleicht ein Teil davon? Es wurde im Jahr 1788 in Philadelphia herausgegeben. Meine Kopie davon habe ich von der dortigen American Philosophical Society.

Ich besitze einen Bericht und verschiedene andere Unterlagen, die dokumentieren, dass die Familie Vaughan in Amerika mit Familie Darby in London in Verbindung blieb.[121]

Es ist durchaus möglich, dass John Nelson Darby durch seinen Onkel die Arbeit von Edwards kannte.

**Thomas Tweedy**

In meiner Darby-Biographie hatte ich schon auf S. 139 über diesen Mann geschrieben

[121] Siehe http://mybrethren.org/bios/frammax1.htm - "John Nelson Darby *Revised Version* by Max S. Weremchuk".

und so möchte ich hier die entsprechende Stelle einfach zitieren. In Bezug auf 2. Thessalonicher 2:1-2 schrieb Darby:

> Es war diese Stelle, die mich vor zwanzig Jahren die Entrückung der Heiligen vor - vielleicht eine beträchtliche Zeit vor - dem Tag des Herrn (d.h. vor dem Gericht über die Lebenden, (Mt. 25:31-46) erkennen ließ. (CW 11:67)
>
> . . .
>
> In „The Bible Treasury" Band 4 ab S. 314 ist ein von William Kelly verfasster Artikel enthalten mit dem Titel: „The Rapture of the Saints: who suggested it, or rather on what Scripture?" wo er davon spricht, dass Darby diese Wahrheit erkannt habe. B.W. Newton hatte Kelly 1845 erzählt, dass ihm Darby vor vielen Jahren einen Brief geschrieben habe, worin er erwähnte, dass ein gewisser Herr T. Tweedy ihm die Stelle in 2Thessalonicher als definitiven Schriftbeweis dafür vorgestellt habe, dass die Entrückung vor dem Tag des Herrn stattfinden würde, und dass dies für ihn Schwierigkeiten geklärt hätte, die er bis dahin an diesem Punkt hatte. Kellys Bericht wird durch eine Entdeckung in Newtons Erinnerungen bestätigt, worin dieser von der gleichen Sache spricht und Darbys Brief auf das Jahr 1832 oder 1833 datiert (bei der Powerscourt-Konferenz von 1833 wurde die Lehre von der Entrückung von Darby öffentlich vorgestellt).
>
> Von Tweedy wissen wir nicht viel, nur dass von ihm gesagt wurde, dass er ein ehemaliger Geistlicher war, geistlich und hingegeben, und dass er nach einem von gesegnetem Wirken erfüllten Leben in Demerara in Britisch-Guayana heimgegangen sei.

Offensichtlich war dieser Hinweis durch Tweedy sehr wichtig, aber Darby hat nie erwähnt, wem er diese Erkenntnis verdankte - jedenfalls nicht öffentlich – und er hat es auch Kelly, einem seiner engen Freunde, nicht erzählt. Warum?

**William George Lambert**

Es lohnt sich auch hier das Werk von William George Lambert (ca. 1805-1866) „A Call to the Converted" („Ein Ruf an die Bekehrten") zu erwähnen, das zu seiner Zeit viel Aufsehen erregte und verschiedene Reaktionen auslöste. John Synge antwortete darauf und wir finden es auch in Newtons Nachlass erwähnt. Lambert schreibt:

> . . .ein Licht vom Himmel ist auf die (Buch)Seite der Prophetie gefallen und Tausende sind zu der Hoffnung der Offenbarung des Tages des Herrn berufen worden.

(S. 58)[122]

> . . .das Zeugnis von dem Kommen des Herrn soll so aufgenommen werden, wie es sein sollte. Denn wenn es sicher ist, dass so eine Lehre so aufgenommen werden sollte, dass es als Zeugnis der Welt gegenüber hochgehalten werden kann, ist es genauso sicher, dass so ein Zeugnis von der Welt noch nicht gesehen wurde. (S. 61)[123]

Dieses Heft wurde 1831 veröffentlicht. Von der Beschreibung her gewinnt man den Eindruck, dass die Gedanken über das Kommen des Herrn schon länger im Umlauf waren – also vor 1831. Lambert schreibt dann

> . . .zu der Zeit, wo der Herr in der Luft kommt um seine Heiligen zu empfangen – eine Zeit klar unterschieden von seinem Niederkommen zu den Juden auf die Erde. (62-63)[124]

Dies ist sehr bemerkenswert, wenn man es mit Darbys Aussage über „die Entrückung der Heiligen vor - vielleicht eine beträchtliche Zeit vor - dem Tag des Herrn“ vergleicht. Lambert unterschied sich von Darby in Bezug auf seine positive Sicht der Zukunft der Kirche, denn er schreibt von einer „wohlgeordneten und gut regierten Kirche – und so eine Kirche kann mir zur Zeit niemand zeigen“[125] über die Zeit des Kommens des Herrn, aber sonst ist die Übereinstimmung verblüffend.

Es ist bemerkenswert, dass alle oben erwähnten Hinweise auf das baldige Kommen des Herrn in der verkürzten Ausgabe von 1837 fehlen!

---

122 . . . „a light hath fallen from heaven on the page of prophecy, and thousands have been called to the hope of the revelation of the day of the Lord.“

123 „Then should the testimony of the Lord‘s coming be embodied as it ought to be; for if it is certain that such a doctrine ought to be so embodied, in order that it might be holden up in due testimony to the world, equally certain is it that such a testimony the world hath not yet seen.“.

124 . . . „at the time our Lord comes into the air to receive his saints, a time quite distinct from his coming down to the Jews on the earth“.

125 . . . „a well ordered and well-governed church, and such a church as no one can at present show me.“ (S. 63.).

Es gilt noch vier andere Männer zu erwähnen: **Hermann Olshausen** und den **Janisten Pére Bernard Lambert** und **Pierre Jean Agier**[126] und **Samuel P. Tregelles**. Ihm wenden wir uns als erstes zu:

**Samuel P. Tregelles** (1813-1875),
Tregelles war ein berühmter Textkritiker und Forscher, der 1835 in Kontakt mit den Brüdern in Plymouth kam. Am 29. Januar 1857 schrieb er seinem angeheirateten Verwandten Benjamin W. Newton:

> Lambert und Agier waren Schreiber, die Darby ernsthaft studierte, bevor er die Kirche Englands verließ. Ich erinnere mich, wie sehr er über sie 1835 sprach. . .Sobald er Deutsch erlernt hatte, las er Olshausen (der viel von Agier übernommen hat) mit Begeisterung. Ich erinnere mich, wie ernstlich er mir Olshausen empfahl, bevor ich eine Zeile Deutsch konnte.[127]

**Hermann Olshausen** (1796-1839)
Olshausen war Professor in Königsberg und später in Erlangen. Seine Kommentarreihe über das Neue Testament begann im Jahr 1830, die englische Übersetzung 1847. Bis jetzt konnte ich keinen Anhaltspunkt in seinen Schriften finden, die Darby vielleicht beeinflusst hat. Ich besitze zwei andere, weniger bekannte Schriften von Olshausen, nämlich „Ein Wort über tieferen Schriftsinn" (1824) und „Die biblische Schriftauslegung, noch ein Wort über tieferen Schriftsinn" (1825) (Siehe Kapitel 12 in Teil 1). Diese Schriften behandeln aber keine Prophetie, sondern typologische Schriftauslegung und nehmen Einiges vorweg, was im 20. Jahrhundert als „sensus plenior" (volle Bedeutung) bekannt werden würde.[128] Diese Arbeiten sind faszinierend, können Darby aber nur in

---

126 Ich greife hier auf die ausgezeichneten Arbeiten von Timothy Stunt zurück, der mich zuerst auf diese Männer aufmerksam machte, nämlich „The Tribulation of Controversy: A Review Article" in Brethren Archivists & Historians Network Review, Bd. 2, Nr. 2, Autumn 2003 und „Influences in the Early Development of J. N. Darby" in „Prisoners of Hope? Aspects of Evangelical Millennialism in Britain and Ireland, 1800-1890" Paternoster Press, 2004.

127 „Lambert and Agier were the writers Mr. J.N. Darby studied earnestly before he left the Church of England. I remember his speaking much about them in 1835. . .As soon as he learned German he read Olshausen (who had himself gathered from Agier) with avidity: I remember how earnestly he recommended Olshausen to me before I knew a line of German." John Rylands University Library of Manchester, Christian Brethren Archive, 7181 (7).

128 Siehe z.B. „The Sensus Plenior of Sacred Scripture" von Raymond Brown, St. Mary's University, Balti-

Bezug auf eine allgemeine Schriftauslegungsart beeinflusst haben und nicht in Bezug auf prophetische Details. Tregelles schreibt in dem oben erwähnten Brief weiter:

> Und so sprang aus Agier und Olshausen das System auf, das die Gemeinde der Erretteten in wesentlich von einander getrennte Klassen teilt und die Erretteten aus dieser Dispensation auf ein Ebene stellt, die unbeschreiblich höher ist als die davor oder danach. Man würde aber oft Olshausens Sinn nicht in der veröffentlichten englischen Version erraten.[129]

In einem späteren Brief, datiert 31. August 1862, schreibt er:

> Dies war gerade zu der Zeit [1840] als Herr Darby von Olshausen lernte, die Erretteten in klar getrennte Klassen aufzuteilen.[130]

Ich neige eher dazu zu glauben, dass eine Aufteilung der Gläubigen in verschiedene Klassen bei Darby schon früher erfolgt ist, nämlich durch Irving – wie wir schon oben gesehen haben. Mehr dazu später.

**Der Jansenist[131] und Dominikaner Bernard Lambert** (1738-1813)[132]

Lambert veröffentlichte 1793 eine Schrift, in der er über die Abtrünnigkeit der Kirche schrieb und dass dies auf eine baldige Rückkehr der Juden hinwies. 1806 kam sein zweibändiges Werk „Exposition des predictions et promesses, faites à l'êglise pour les derniers temps de la gentilité"[133] heraus. Lambert geht sehr wörtlich in seiner Auslegung

---

more, Maryland, 1955.

129 „And thus out of Agier and Olshausen sprung up the system that divides the Church of the saved into classes essentially distinct and puts the saved of this dispensation on a ground indescribably higher than those before or after. You would however often fail in guessing Olshausen's meaning from the published English translation."

130 „This was just when Mr Darby was learning from Olshausen to split up the saved into classes essentially distinct (CBA 7181 (89))."

131 Jansenisten gehen auf eine Reformbewegung innerhalb der katholischen Kirche zurück, die auf Cornelius O. Jansen (1585-1638), Bischof von Ypres, basiert. Ihre Lehre betonte die Unwiderstehlichkeit der Gnade Gottes. 1653 wurden sie als häretisch verurteilt. Sie waren sehr interessiert an der Rückkehr der Juden nach Palästina.

132 Siehe „The Prophetic Faith of Our Fathers" von Le Roy Edwin Froom, Band 3, S. 324-326, Washington, 1946 und „Horae Apocalypticae" von E. B. Elliott, 5. Ausgabe, S. 530-536, London 1862.

133 „Auslegungen über die Voraussagen und Verheißungen über die Kirche". Es wurde 1818 von J. A. Kanne mit dem Titel „Die Weissagungen und Verheißungen der Kirche Jesu Christi auf die letzten Zeiten der Heiden

vor und vertritt eine klare prämillennialistische Sicht. Im Gegensatz zu Lacunza sieht er die Rückkehr des Herrn in zwei Phasen mit einem „Zwischenkommen“, wo der Herr zuerst die Seinen holt. Er betrachtet „das Geheimnis der Gesetzlosigkeit“ als ein Prinzip der Korruption und Verderbnis, das in der Kirche seit der Zeit der Apostel wirkt und das in einem päpstlichen Antichristen gipfeln wird. Nachdem das göttliche Gericht die Heidenkirche durch Feuer vernichtet, kehrt das Zepter an Jerusalem zurück, das dann Mittelpunkt des neuen Himmels und der neuen Erde wird.

**Der Pariser Jansenist und Anwalt/Richter Pierre-Jean Agier** (1748-1823)[134]
Agier veröffentlichte 1818 eine 120-seitige Zusammenfassung von Lacunzas Buch.[135] Eigene Schriften folgten, unter anderem sein zweibändiges Werk über die Offenbarung. Er wandte die sieben Sendschreiben aus der Offenbarung auf die sieben Zeitalter oder aufeinander folgende Stadien der Kirche an.

Lambert und Agier waren beide in Paris tätig. Wie die Arbeiten von Timothy Stunt und anderen gezeigt haben, war Darby 1830 in Paris gewesen, wie auch seine Freunde Rev. Robert Daly, der dort von den Jansenisten hörte, und Lady Powerscourt. Kam er so in Berührung mit dem Gedankengut von Lambert und Agier?

Viele, viele Jahre danach behauptete Darby, dass ihm in 1827 alles klar wurde, als er sich von seiner Knieverletzung erholte. Diese Aussage stimmt einfach mit den Tatsachen nicht überein. Ich glaube nicht, dass Darby von irgendjemandem etwas abgeschaut oder eins zu eins übernommen hat. Aber er wurde von vielen verschiedenen Seiten beeinflusst.[136] Auch konnte er gut kombinieren. Es ist bekannt, dass Darbys Schreibstil nicht

---

gegeben“, ins Deutsche übersetzt und in Nürnberg verlegt.

134 Siehe „The Prophetic Faith of Our Fathers“ von Le Roy Edwin Froom, Band 3, S. 428-485, Washington, 1946.

135 Lewis Way, den ich in Kapitel 2 schon erwähnt habe, wohnte auch in Paris und besaß wahrscheinlich diese Fassung von Lacunza. 1825 war er in London. Er beauftragte jemanden, Irvings Vortrag, den er zu Weihnachten hielt (siehe „Edward Irving“ in diesem Kapitel), aufzuzeichnen. Diese Person hatte gerade eine frühere spanische Ausgabe von Lacunza zu übersetzen. Die Ähnlichkeit der Gedanken zwischen Irving und Lacunza fiel ihm auf. Er zeigte Irving Lacunzas Werk und so kamen Irving und Way zusammen (Froom 3:518). Way ging nach Paris zurück. Hat Darby ihn vielleicht 1830 besucht, als er da war? Es ist bekannt, dass Way wöchentliche Bibeltreffen über Prophetie abhielt, wie seine Zeitschrift „The Watchman“ für 1831 zeigt. Eine Verbindung Darbys mit Way ist daran zu erkennen, dass er im Oktober 1830 einen Vortrag für das jährlich Treffen des Plymouth-Zweigs der „London Society for Promoting Christianity among the Jews“ hielt. („Prisoners of Hope?“ S. 60).

136 Es ist sehr eigenartig, dass in der Liste der versteigerten Bücher aus Darbys Bibliothek die Schriften

einfach zu lesen und zu verstehen war. Doch auch wenn wir diesen Aspekt berücksichtigen, bleibt sehr vieles in seinen Schriften undeutlich und unklar. Er ist vorsichtig und zaghaft in manchen seiner Aussagen. Man kann ihn nicht wirklich „festnageln". Es sind andere und spätere Schreiber, die einen klar verständlichen (deswegen aber nicht notwendigerweise richtigen) Ablauf oder ein „System" präsentieren. In Darbys frühen Schriften findet man KEINE klare, einheitliche und verständliche Sicht. Vieles wird in seine frühen Schriften hineingelesen, was man eigentlich aber erst aus viel späteren Schriften kennt.

Die dispensationalistische Sicht, die durch die „Brüder" gelehrt und vertreten wurde, war KEINESWEGS eine Offenbarung oder ein Geschenk des Himmels. In der Anfangszeit der Brüderbewegung gab es KEINE einheitliche prophetische Sicht. In mehrjähriger Auseinandersetzung mit anderen hat sich das herauskristallisiert, was heute vertreten wird.

Die Überzeugung und Erwartung vieler Gläubiger war, dass der Herr kommen würde, um die Gemeinde zu richten und Israel zurückzuführen.
Irving schrieb über „die heidnische Kirche, die zukünftige jüdische und universale Kirche und das persönliche Kommen des Herrn, um die einen zu vernichten und die anderen aufzubauen."[137]

---

der oben besprochenen Männer nicht vorkommen und so gut wie KEINE prophetischen Titel vorhanden sind, d.h. keine, die aus seiner Zeit stammten. Aber man weiß, dass Darby manche besaß, weil er in seinen Werken aus ihnen zitierte. Warum fehlen sie? Man weiß, dass Darby die Werke von Olshausen und anderen schätzte und weiterempfahl. Sie sind nicht in der Liste. Wer hat Darbys Bibliothek aussortiert, bevor sie zur Versteigerung freigegeben wurde? Es ist auch bemerkenswert, dass Darby so viele Dinge aus seiner Vergangenheit aufbewahrte. In dem so genannten „Scrapbook", das sich jetzt in der John Ryland's Library befindet, finden wir seinen Taufschein, Rechnungen (z.B. für seinen Talar, bevor er ordiniert wurde), Reisepässe, Kutschierscheine, seine Trinity College Zeugnisse, seine juristischen Papiere, gepresste Blumen, eine Zeichnung von Leap Castle auf einem Kuvert, seine Ordinationsurkunde, persönliche Mitteilungen, eine Tag-für-Tag-Beschreibung einer Reise auf dem Kontinent, eine Liste der am Abendmahl teilnehmenden Personen in Plymouth – viele Dinge, die man nicht erwartet hätte. Dinge, die auf eine Sentimentalität hinweisen, die man bei ihm nicht vermutet hätte. Es beinhaltet Dinge von seiner Taufe bis zu seinem Tod. Dennoch fehlen andere Dinge, die man eher erwartet hätte. Die Auswahl der aufbewahrten Sachen ist seltsam. Es gibt aber nichts in dieser Sammlung, das Hinweise auf Einflüsse auf sein Denken geben könnte. Das ist seltsam. Ich kann mich des Eindrucks nicht erwehren, dass jemand sie entfernt hat und dass sie entweder vernichtet wurden oder in einer anderen Privatsammlung existieren.

[137] . . . „the Gentile Church, the future Jewish and universal Church, and the personal advent of the Lord to destroy the one and build up the other (EI:5)."

Darbys Ansicht, dass es ein irdisches und ein himmlisches Volk gibt, wird heute ausschließlich ihm zugesprochen und fast glorifiziert. Irving erwähnte dies aber schon in seinem „Vorwort" in 1826:

> Diese Idee zeigte sich für mich klar und deutlich als die Wurzel und der Keim der jüdischen und heidnischen Dispensationen, oder „irdische Dinge" als unterschieden von „himmlischen Dingen" oder Dinge des Reiches.[138]

Darby würde aber später klarer unterscheiden als Irving es hier tut:

> Es ist eine Offenbarung vom Anfang bis jetzt und wird richtig als irdische Dinge bezeichnet im Gegensatz zu himmlischen Dingen, die ihren Platz bekommen, wenn der Messias in Majestät und Herrlichkeit kommt.[139]

Darby war später wesentlich konsequenter in seiner starken Trennung zwischen Israel und der Gemeinde. Irving verwischt sie:

> Wir können die Dispensation des Geistes von der Dispensation des Gesetzes auch nicht trennen. Oder die Gemeinde der Heiden von der Gemeinde der Juden, als ob sie nicht Teile derselben Erlösung wären, oder desselben Kampfes, oder derselben Demütigung und Leiden, oder derselben irdischen Unterdrückung der Gemeinde mit nichts außer jener himmlischen Herrlichkeit und königlichen Macht, die bald offenbart wird.[140]

Dennoch benutzte Irving vor Darby die Bezeichnungen himmlisch und irdisch.
Alle Ideen, die Darby übernahm, gab es bereits in seiner Umgebung. Sie sind nicht aus dem Nichts entstanden. Er hat Konsequenzen und Auswirkungen dieser Ideen herausgearbeitet und in Zusammenhang miteinander gebracht.

---

[138] „This idea being clearly demonstrated to my mind as the root and germ of the dispensations both Jewish and Gentile, or of ‚the earthly things' as distinguished from ‚the heavenly things' or the things of the kingdom (EI:7)."

[139] „It is one revelation from the beginning even until now, and is properly called the earthly things, in contradistinction to the heavenly things, which shall have place, when Messiah shall come in majesty and glory (EI:64)."

[140] „Nor can we separate the dispensation of the spirit from the dispensation of the law, or the church of the Gentiles from the church of the Jews, that they should not be parts of the same redemption, parts of the same warfare, parts of the same humility and suffering, parts of the same earthly oppression of the church, with nothing of that heavenly glory and royal power, which is about to be revealed (EI:65)."

Ich glaube, dass das, was Darby lehrte, deshalb Feuer fing, weil er zwar den Gedanken seiner Zeit, dass die Kirche gerichtet werden musste und zwar sehr bald und Israel wiederhergestellt werden sollte, gerecht wurde, aber auch einen Ausweg für die Kirche hatte – die Entrückung! Es war eine glückliche Kombination.

Letzten Endes ist die Frage der Originalität Darbys in dieser Sache nicht wichtig. Es ist nicht wichtig, ob Darby selbst auf Ideen kam oder welche übernommen hat – außer, wenn es um seine Glaubwürdigkeit geht. Wichtig ist, ob das, was er lehrte, der Wahrheit entsprach. Deshalb ist es wichtig, sich mit den Quellen erneut zu befassen. Paulus schreibt an Timotheus: „Du aber bleibe in dem, was du gelernt hast und wovon du überzeugt bist, da du weißt, von wem du gelernt hast (2. Timotheus 3:14)."

Und wir haben auch die Ermahnung: „Gedenkt eurer Führer, die das Wort Gottes zu euch geredet haben! Schaut den Ausgang ihres Wandels an und ahmt ihren Glauben nach! (Hebräer 13:7)."

Demnach sind Quellen nicht neutral und wir dürfen sie nicht ungeprüft übernehmen. Vieles, was die dispensationalistische Sicht speiste, war m.E. nicht gut. Eine falsche Sicht zur Gemeinde, eine falsche Sicht zu ihrer Erwähnung in den prophetischen Schriften (z.B. die Anwendung der 1.260 Tage), sowie eine falsche Sicht über die Juden. Alle diese Sichtweisen nun in Kombination gebracht, führten dazu, die Gedanken automatisch in eine bestimmte Richtung zu lenken. Aber - wie hier gezeigt werden sollte - die Voraussetzungen waren verkehrt, und wenn dem so ist, können auf ihnen basierend nur falsche Schlussfolgerungen entstehen.

Darby hatte zu Recht erkannt, dass die Anwendung des „Tage = Jahre"-Auslegungsprinzips auf die Geschichte der Kirche falsch war, wie auch andere vor ihm es gemerkt hatten. Er hatte Recht, die Geschichte der Juden und was sie betraf in dieser Zeitspanne zu betrachten. Aber seine Anwendung war falsch, weil er alles in die Zukunft verlegte. Er betrachtete etwas, das schon geschehen war, als noch kommend.

Die dispensationalistische Sicht ist meiner Ansicht nach falsch und irreführend – egal ob Darby der Urheber war oder nicht. Dennoch muss noch etwas hinzugefügt werden. Viele Verfechter der dispensationalistischen Sicht versuchen ihren Standpunkt zu verteidigen, indem sie beweisen wollen, dass es diese Sicht DOCH vor Darby gab. Dadurch schießen sie allerdings ein Eigentor. Darby war überzeugt, dass es diese Lehre früher nicht gab. Für ihn war es sogar von größter Wichtigkeit, dass es sie früher in dieser Art nicht gab, weil sie jetzt ein Geschenk und eine Gnade Gottes war kurz vor dem

Ende – und zwar nur für die, die sich in dem richtigen geistlichen Zustand befanden. In diesem Zusammenhang ist es interessant zu bemerken, dass für Darby die Wahrheit über die Gemeinde - so wie er es verstanden hat - unzertrennlich verknüpft war mit seinen Gedanken über die Zukunft und der Entrückung die Gläubigen. Weil die Kirche sehr früh ein richtiges Bewusstsein von dem was sie eigentlich ist, verlornen hatte, verlor sie auch die Wahrheit über die Entrückung. Die Wiedergewinnung dieser Wahrheit war ein Zeichen, dass der Herr bald kommen würde. Das war Darbys Überzeugung. Was ihm in späteren Jahren sehr missfiel, war, dass viele Christen seine Ansichten über die Zukunft und die Entrückung willig annahmen (vor allem in Amerika), aber nicht seine Vorstellung von der Gemeinde. Das ist bis heute so geblieben. Die Mehrheit von Christen, die Darbys Sicht der Zukunft teilen, teilen nicht seine Ansichten über die Gemeinde, d.h. die allerwenigsten sind „Brüder“ geworden.

## Kapitel 4
# Die Gemeinde

Bis jetzt haben wir Themen behandelt, die mehr mit Prophetie zu tun haben, aber ich möchte doch auf einige Dinge eingehen, die die Gemeinde betreffen – oder das Zusammenkommen der Gläubigen.

Vor Darby und den „Brüdern" gab es sehr viele Gruppen, die die gleichen Anliegen hatten wie die Brüder. Es gab Unterschiede in den „Details", aber dennoch ist die Übereinstimmung in vielen Punkten verblüffend. Natürlich waren sie nicht deckungsgleich mit den „Brüdern", aber Gruppen wie die „Glasites"[141] oder „Sandemanians"[142] waren ihnen sehr, sehr ähnlich und hatten gleiche Anliegen.

In meiner Darby-Biographie erwähnte ich auch einige von ihren Vertretern.

### John Walker

H.H. Rowdons Aufsatz „Secession from the Established Church in the Early Nineteenth Century" („Absonderung von der Staatskirche im frühen neunzehnten Jahrhundert") (in: Vox Evangelica 1964. 3:76-88) macht zweifelsfrei deutlich, dass das Verlassen der Staatskirche und der Beginn einer getrennten Gruppe zu der von uns betrachteten Zeitperiode kein Einzelfall war. Die Gruppe um John Walker, die sich Anfang 1804 in Dublin zusammenfand, ist ein besonders interessantes Beispiel, zumal da viele Parallelen zu Darbys Gedanken bestehen. Ich zitiere aus Rowdon: „Walker und seine Anhänger praktizierten das Brechen des Brotes (wie sie das Mahl des Herrn nannten) im Privaten am ersten Tag der Woche, wobei sie sich gegenseitig lehrten und ermahnten — offensichtlich ohne eine Unterscheidung in Klerus und Laien — , Zucht ausübten und den Gebrauch des heiligen Kusses. Walker vertrat die feste Ansicht, dass wie in den Tagen der Apostel eine Gemeinde an jedem Ort sein sollte, verneinte aber, er würde glauben, dass seine Gemeinde in Dublin und die damit Verbundenen alle wahren Jünger Christi im Land umfassten. Er betonte hingegen, dass sie ‚alle umfassen, die ich als solche kenne oder anerkenne'. Eine wahre Gemeinde war nach Walkers Auffassung eine ‚Sammlung von Jüngern; die zu einer Körperschaft versammelt waren durch ihre Zustimmung zu dieser Wahrheit,

[141] Von John Glas (1696-1773) aus Schottland.

[142] Von Robert Sandeman (1718-1771), Schwiegersohn von Glas.

die sie vereint bekennen, unter ihrem Einfluss wandeln und von ihrem Einfluss geleitet und korrigiert werden'. Da es eine ,abgesonderte Körperschaft' sein muss, müssen sich ihre Glieder von Ungläubigen zurückziehen (2. Korinther 6:14-15), von Sektierern (Tit. 3:10-11) und Jüngern, die unordentlich wandeln (2. Thessalonicher 3:14-15). Obwohl er zwischen solchen unterschied, die sich der Verkehrtheit ihres Festhaltens an bestehenden kirchlichen Verbindungen bewusst waren und solchen, die sich dessen nicht bewusst waren, erstrebte Walker die Zusammenführung aller wahren Jünger in Absonderung sowohl von der Welt als auch der falschen Kirche. Diesem lagen eschatologische Untertöne zugrunde: Walker bestritt, dass das christliche Evangelium zur Verbesserung des Zustandes der Welt gedacht war, und richtete die Hoffnung auf das Wiederkommen Christi auf die Erde" (S. 77,78). Walker ging 1819 weg nach London und kehrte 1833 wieder zurück. Es wäre von großem Interesse, zu wissen, wann Darby von dieser Gruppe erfahren hatte und wie viel er davon wusste. Aber etwas wirklich Konkretes muss erst noch gefunden werden. Es bestanden viele Parallelen, aber auch große Unterschiede zwischen den Walkeriten und den „Brüdern".

Einige Schreiber lehnen jegliche Art von Beeinflussung ab, während andere eine zu große sehen. (Z.B. die Behauptung, dass Walker Darby sicherlich kannte, als er in Trinity College war! Völlig unmöglich, da Darby zu der Zeit ein Kleinkind war!) Vielleicht liegt die Wahrheit irgendwo dazwischen.

Von 1817 bis 1819 war Darbys älterer Bruder Christopher als Pfarrer für dieselbe Gegend in Wicklow verantwortlich – nämlich Delgany - wie Jahre später Darby selbst. Er heiratete dort die Nichte der sehr bekannten Frau La Touche. Der Kirchenbuch-Eintrag vermerkt, dass auch Alexander Knox anwesend war.

**Alexander Knox** war ein Freund von John Wesley gewesen und sehr bekannt zu seiner Zeit. Ein Mann, von dem es heißt, dass Regierungsminister, Bischöfe, Gelehrte und Londoner Verlage Rat bei ihm suchten.

Knox hat sich mit Walkers Ansichten auseinandergesetzt.[143]

In dem Vorwort zu den Bänden 3 und 4 der „Remains of Alexander Knox, Esq." (London, 1837) ist auf S. 36 zu lesen:

---

143 Siehe z.B. „Seven Letters to Alexander Knox" – „Sieben Briefe an Alexander Knox".

> Pfr. Christopher Darby, Rektor von Kells in der Grafschaft Kilkenny, genoss 16 J. lang eine innige Gemeinschaft mit Herrn Knox. Es gab, glaube ich, keinen Gegenstand, worüber Herr Knox nicht ohne Zurückhaltung mit ihm redete.[144]

**William Cleaver**, der Rektor von Delgany in Wicklow von 1819 bis 1847, hatte auch Kontakt zu Knox. Er wird oft in den oben erwähnten „Remains“ erwähnt.

Die Gedanken und Ideen von John Walker sind gewiss Themen, die diese Männer besprochen haben. Zugegeben, der Austausch zwischen Knox und Walker fand statt, als Darby ein Kind war, aber Walker hatte einen Eindruck gemacht, der lange anhielt. Darbys Großneffe William Pennefather schrieb über ihn 1834:

> Herr W. war ein Ire, ein Fellow von Dublin College. Weil er mit der Kirche Englands nicht übereinstimmen konnte, legte er seine „Mitgliedschaft“ [des Colleges] nieder. Ich glaube nicht, dass er viele Anhänger in diesem Land [England] hinter sich brachte.[145]

Wenn Darbys Neffe – wesentlich jünger als er – Bescheid wusste, dann ganz bestimmt auch Darby selbst.

Christopher war Darbys Bruder. Darby arbeitete mit Cleaver zusammen. Christopher und Cleaver kannten Knox. Dass Darby Knox kannte, ist sehr wahrscheinlich.

Noch etwas kommt hinzu. Wie wir schon an anderer Stelle bemerkt haben, war Darby in Lincoln‘s Inn, London, von 1819 bis 1822. Walker war in London ab 1819. Die „Walkerites“ hatten eine Kirche in Portsmouth Street in Lincoln‘s-Inn-Fields, die direkt an Lincoln‘s Inn grenzte, wo Darby war.[146]

Wenn man bedenkt, dass Darby während dieser Zeit in London zum Glauben kam,

---

144 „The Rev. Christopher Darby, rector of Kells, in the county of Kilkenny, had enjoyed an intimacy with Mr. Knox of sixteen years‘ continuance; and there was, I believe, no subject on which Mr. Knox was not in the habit of communicating with him, without any reserve.“

145 „Mr. W. was an Irishman, Fellow of Dublin College, and he gave up his fellowship because he could not agree with the Church of England, but I believe he did not succeed in drawing many followers in this country [England] (The Life and Letters of Rev. William Pennefather, B.A., S. 18.).“

146 The Irish Nation - Its History and Biography, Band 4, S. 454.

wäre es sehr überraschend, wenn Darby die „Walkerites" nicht kannte. Er war ein „strict Churchman" zu der Zeit (d.h. er nahm die Lehre und Vorschriften der Anglikanischen Kirche sehr ernst), aber vielleicht wurde damals etwas gesät, das später keimte. (Z.B. behielten die Walkerites die Kindertaufe trotz aller anderen Unterschiede zur Staatskirche bei – Darby auch.) Den Walkerites ähnlich waren die Kellyites, um die es im nächsten Absatz gehen wird.

### Kellyites

Die Kellyites sind auf Thomas Kelly (1769-1855) zurückzuführen, den Sohn eines irischen Richters. Ursprünglich ordiniert in der Church of Ireland, verließ er sein Amt auf Grund von mehr evangelikalen Gedanken und gründete verschiedene unabhängige Gemeinschaften in Irland. Diese besaßen zwar Älteste (wie bei den Brüdern am Anfang auch), aber keine formelle Ordination oder eingeschränkten Dienst. Kelly hat sehr viele Lieder geschrieben. In dem Liederbuch, das die Brüder 1881 benutzten und dessen Redakteur Darby war, sind 426 Lieder enthalten, 35 stammen von Kelly.

### Edward Synge

Manche sehen in Graf von Zinzendorf (1700-1760) und in den Herrnhutern (Moravianer) Vorreiter von dem, was durch die Brüder zur vollen Blüte kommen sollte.[147] Die Herrnhuter waren Reformatoren 60 Jahre vor Luther und sie waren die ersten, die das Prinzip anwandten, dass nur die Bibel der Maßstab für Glaube und Praxis sein darf.[148] Sie hatten kein formelles Credo als nur die Heilige Schrift. Die Einheit der Gläubigen war ihnen wichtig und sie lehnten jede Unterscheidung bei solchen ab, die eins in dem Herrn sind. Sie waren selbst vereint durch eine gemeinsame Hingabe an Christus, eine gemeinsame Ehrfurcht vor dem Wort Gottes und den gemeinsamen Wunsch, die Umstände der frühen Kirche zu beleben.

Die Herrnhuter oder Moravianer kamen auch nach England und Irland. Im Jahr 1788 hatten sie eine Siedlung in Corofin im County Clare in Irland, die aber nur 8 Jahre bestand.[149] Edward Synge (1788-1882), der Bruder von John Synge, der später den Vorsitz bei den Powerscourt-Konferenzen hatte, lebte in Dysert bei Corofin und gründete drei

[147] Z.B. Christian Briem in „Das Wirken des Geistes Gottes unter den ‚Brüdern'", S. 1.

[148] „History of the Moravian Church, Book IV - The Modern Moravians, 1857-1908 Chapter 1" von Joseph Edmund Hutton, S. 157, London 1909.

[149] Ich bin Richard Synge sehr dankbar für diesen Hinweis.

Schulen in Dysert, Rath und Corofin, die Religionsunterricht gaben. Er glaubte, dass das Studium der Bibel den Kern jeglichen Schulunterrichts bilden sollte. Edward Synge wird beschrieben als jemand, der ein neuartiges Credo des biblischen Fundamentalismus vertrat. Eines, das genauso weit vom Katholischen entfernt war wie auch vom Protestantischen. Er behauptete, dass die Zugehörigkeit zu einer Institution Kirche – egal ob protestantisch oder katholisch – ohne Konsequenz sei im Vergleich zum Bibel-Lesen.
Ist hier eine Beeinflussung durch die Moravianer festzustellen? Der Vater von Edward, George Synge (gestorben 1837), war nach der Vermutung von Richard Synge ein aktives Mitglied der Moravianer, denn es heißt, dass prominente Mitglieder in Dysart und Corofin lebten.[150] Das Synge Haus „Carhue" war das wichtigste Haus in Dysart.

Darby arbeitete mit Edward Synge spätestens ab Februar 1829 zusammen.[151]
Wer hat wen mehr beeinflusst?
Darby Edward oder Edward Darby?

**Quäker**

Wer die „Versammlungs-Stunden" der „Brüder" kennt, vor allem das „Brotbrechen", weiß, dass die Dinge anders ablaufen als bei anderen christlichen Gruppen. Niemand hat den „Vorsitz". Niemand leitet. Man kommt nicht mit einem Programm zusammen. Jeder Bruder, der im Glauben steht, kann ein Gebet sprechen, ein Lied vorschlagen, einen Bibeltext vorlesen – alles unter der Leitung des Heiligen Geistes. Es liegt mir fern – sehr fern – diese „Art" zu kritisieren. Ich glaube, sie ist richtig und ich habe es mein halbes Leben lang erlebt und weiß, dass es „klappt". Aber wie ist es dazu gekommen?

Ich kann mir vorstellen, dass einige Christen glauben, es war schon immer so – oder jedenfalls sehr früh. Die „Brüder" haben die verschiedenen Denominationen verlassen, kamen zusammen auf der Grundlage des einen Leibes und es ging los.
Aber so einfach war es nicht.

---

150 Siehe „The Moravian Brethren and their Church at Corofin" von N. O Cleirigh in The Other Clare 3 (1979), S. 28.

151 Der Drohbrief an Darby von „Captain Rock", der in der Darby-Biografie auf S. 92 erwähnt ist, beschreibt Darby als jemand, der die Menschen in Corofin mit seinen „Bibelgeschäften" verführt und wurde an die Adresse von Edward Synge in Dysert geschickt. „Captain Rock" selbst gab es zu dieser Zeit nicht mehr, aber die Bewegung der „Rockites", die diese Bezeichnung weiter benutzten, schon. „Rockites" waren eine irische Bewegung gegen die englischen Landherren und für die Gleichberechtigung von Katholiken und Protestanten.

Man weiß von den ersten Brüdern selbst, dass es nicht so war. In Dublin und Plymouth (wie die Beiträge von Brüdern „der ersten Stunde" in „Interesting Reminiscenes"[152] klar machen) waren die Gottesdienste nicht „frei". Man liest dort, dass am Samstagabend schon bestimmt wurde, wer am Sonntag das Brot brechen sollte. Es gab einen festen Ablauf. Biblische Textstellen und die Lieder wurden im Voraus festgelegt. Gebete wurden auf zwei bis drei Personen beschränkt. In Plymouth saß ein Ältester am „Tisch des Herrn".

Umso interessanter ist es zu wissen, dass es bei anderen wahrscheinlich mehr Freiheit gab. Von den schon erwähnten „Walkerites" heißt es, dass sie sonntags zum Brotbrechen zusammen kamen und in ihre Anbetung durch die geführt wurden, die die Gabe dazu hatten.

Die Quäker bestehen auf der Unmittelbarkeit der Lehre des Herrn. Sie glauben, dass man göttliche Führung durch ein inneres Licht empfängt ohne „Zwischenmänner" oder externe Riten.

In 1970 schrieb Timothy Stunt einen Beitrag für die „Christian Brethren Research Fellowship". Der Titel hieß: „Early Brethren and the Society of Friends" („Die ersten Brüder und die Gesellschaft der Freunde" – d.h. Quäker). Stunt geht in dieser Schrift darauf ein, wer von den Brüdern aus einem Quäker-Hintergrund kam, auch dass einige Quäker zwischen 1836 und 1846 zu den Brüdern gestoßen sind. Eine Veränderung zu mehr Freiheit in der Ausübung der Gaben ist gut möglich auf ihren Einfluss zurück zu führen. Darby selbst schrieb 1849: „Freiheit hat immer unter den Quäkern existiert und existiert immer noch (CW 4:138)."

Peter L. Embley hat 1966 in seinem sehr wichtigen Werk „The Origins and Early Development of the Plymouth Brethren" („Die Ursprünge und Frühentwicklung der Plymouth Brüder" - eine der besten Arbeiten über die „Brüder" überhaupt) über diesen Quäker-Einfluss geschrieben. Zwischen den Jahren 1835-1837 gab es die „Beacon Controversy" unter den Quäkern. Es war ein Streit zwischen den Vertretern eines „höheren Quäkertums" mit ihrer Betonung auf das innere Licht und den mehr evangelikalen Mitgliedern. Die Quäker verwarfen die christliche Taufe und das Abendmahl. Diese Themen wurden zentral, als die Kontroverse anhielt und einige Mitglieder gingen oder

[152] John Gifford Bellett u.a., um 1884. Belletts Erinnerungen an die Anfänge der Brüderbewegung mit Ergänzungen von Darby, Wigram, Cronin und Stoney.

Siehe: http://www.bruederbewegung.de/pdf/reminiscences.pdf

gegangen worden sind, weil sie beides – Taufe und Abendmahl - akzeptierten. Manche von ihnen kamen zu den Brüdern. Die Quäker/Brüder-Ähnlichkeit war auf vielen Ebenen groß – aber die Quäker brachten etwas sehr Wichtiges mit: Der Gedanke, dass man auf die Leitung des Heiligen Geistes wartet, ohne dass irgendeine Person oder vorgeschriebene Gottesdienstordnung etwas vorschrieb, wurde zum Kennzeichen der „Brüder".

**Freimaurer**

Manche wollen beweisen, dass Darby Freimaurer war. Manche behaupten es einfach. Das war er aber mit hoher Wahrscheinlichkeit nicht, obwohl die Darby Familie - wie Nachkommen der Darby Familie mir erzählt haben - Freimauer-Kontakte hatte. Seltsam ist allerdings, dass er ausgerechnet sie als ein Beispiel für Einheit benutzt – ohne jegliche Kritik.

> Sagen wir, wir wären eine Körperschaft von Freimaurern. Eine Person wird aus einer Loge nach der Regeln der Verordnung ausgeschlossen. Anstatt sich an die zuständige Loge zu wenden, um den Fall zu untersuchen, wenn man ihn als ungerecht betrachtete, und wenn jede andere Loge diese Person annehmen oder ablehnen dürfte auf Grund ihrer eigenen unabhängigen Autorität, dann wäre die Einheit des Freimaurer-Systems dahin. Jede Loge wäre eine unabhängige Körperschaft, die für sich handelt. Es ist sinnlos einen Fehler und die Nicht-Unfehlbarkeit der Loge vorzuschützen. Die kompetente Autorität der Logen und die gesamte Einheit sind am Ende. Das System wäre somit aufgelöst.[153]
>
> Es kommt nicht vom Menschen. Christus ist die göttliche „Weisheit" für uns: Gott hat die Weisheit der Welt zur Torheit gemacht, aber „wir reden Weisheit unter solchen, die vollkommen sind". Er ist „uns gegenüber überschwänglich geworden in aller Weisheit und Einsicht und hat uns das Geheimnis seines Willens zu erkennen gegeben": (Siehe Epheser 1:8-10) Die göttliche Offenbarung aller Gedanken und Absichten Gottes ist in Christus; „die Weisheit Gottes in einem Geheimnis", dieses

153 „Supposing we were a body of Freemasons, and a person were excluded from one lodge by the rules of the order, and instead of looking to the lodge to review the case, if it was thought to be unjust, each other lodge were to receive him or not on their own independent authority, it is clear the unity of the Freemason system is gone. Each lodge is an independent body acting for itself. It is in vain to allege a wrong done, and the lodge not being infallible; the competent authority of lodges, and the unity of the whole, is at an end. The system is dissolved (CW 14:305)."

Wort bedeutet, dass es nur die Eingeweihten verstehen – wie im Freimaurertum. Ich weiß nichts, weil ich nicht eingeweiht wurde.[154]

Es gab, wie man unschwer erkennen kann, sehr viele Quellen der Beeinflussung auf Darby und die ersten „Brüder". Vieles ist noch unklar und offen, dennoch kann man Darbys Aussage, dass ihm 1827 alles mehr oder weniger auf einmal klar wurde, nicht ohne Weiteres so stehen lassen, zumal sie viele, viele Jahre nach all den vermutlich doch prägenden Ereignissen gemacht wurde. Zu viel spricht dagegen – auch seine eigenen Aussagen und seine Haltung bis in die 40er Jahre des 19. Jahrhunderts.

Wie die fehlenden Bücher in Darbys Bibliothek, als sie zur Auktion freigegeben wurde, und das Fehlende in Darbys Nachlass, so gibt es auch fehlende Jahre. Was ist passiert zwischen Darbys Zeit in London, wo er Jura studierte und wahrscheinlich mit J. G. Bellett in Kontakt war, (der auch zu der Zeit in London war), und seiner Ordination in Irland - also von 1822 bis 1825? Einige Leute, die später in Darbys „bekanntem" Leben auftreten, hat er schon viel früher gekannt. Diese Zeit ist äußerst interessant und wir wissen bisher nichts darüber. Darby hat früher (z.B. als er im Trinity College war) nicht Theologie studiert. Lehrer, die bekannt waren für ihre prophetische Sicht, waren nicht seine Lehrer gewesen. Wo hat er während dieser ca. 3 Jahre alles „nachgeholt"? Viele Fragen bleiben unbeantwortet.

Da es meine Überzeugung ist, dass die Lehre bezüglich Israels und seiner Zukunft, die so eng mit der Person Darbys verknüpft ist, eher rabbinischen oder talmudischen Erwartungen als biblischen entspricht, wäre es interessant zu wissen, wie vertraut Darby mit dem Talmud war. Die oben erwähnte Liste Darbys Bücher gibt sicherlich nicht alle Titel, die er besaß, wieder, aber sie beinhaltet zwei Titel, die hier von Interesse sind. Erstens die Werke von John Lightfoot (1602-1675) in 13 Bänden, die seine "Horae Hebraicae et Talmudicae" beinhalten und zweitens Johann Christian Schöttgens (1687-1751) zwei-bändige "Horae Hebraicae et Talmudicae". Nathanael Riemer schreibt in „'Der Rabbiner' - eine vergessene Zeitschrift eines christlichen Hebraisten":

[154] „It is not of man. Christ is divine ‚wisdom' for us: God has made foolish the wisdom of this world, but ‚we speak wisdom among them that are perfect.' He has ‚abounded towards us in all wisdom and prudence, having made known unto us the mystery of his will.' (Siehe Epheser 1:8-10). The divine revelation of all God's thoughts and intentions is in Christ; ‚the wisdom of God in a mystery,' which word means what only the initiated understand: as in Freemasonry, I do not know anything about it because I am not initiated (CW 32:339)."

Der erste Band von Schöttgens voluminösem theologischen Hauptwerk „Horae Hebraicae et Talmudicae in universum Novum Testamentum“ ist als Ergänzung und Fortsetzung des gleichnamigen und unvollständig gebliebenen Werkes von John Lightfoot (1602-1675) gedacht. Beide Autoren unternahmen für das bessere Verständnis des Christentums den Versuch, die Bücher des Christlichen Testamentes Vers für Vers mit Kommentaren aus der jüdischen Literatur zu erklären. (PaRDeS, Zeitschrift der Vereinigung für Jüdische Studien e.V., 2005, Heft 11, Universitätsverlag Potsdam, S. 39-40)

## Kapitel 5
# Verantwortung und Aufgabe

Was die ersten „Brüder" am meisten bewegte, war der Wunsch nach größerer Freiheit oder einem umfassenderen Verständnis von Einheit der Christen. Viele Brüder-ähnliche Gruppen waren für die Brüder selbst zu eng. Eine interessante Beobachtung, wenn man die spätere Enge der „Exklusiven" bedenkt.

Was die meisten Gruppen oder Bewegungen gemeinsam hatten, war, dass sie ihre Entstehung als wichtig und von Gott bewirkt betrachteten. Sie glaubten mehr oder weniger, dass Gott die Umstände durch die Geschichte hindurch letzten Endes bis auf sie ausgerichtet hat. Dass sie entweder das Wesentliche wieder entdeckt hatten, oder dass es durch sie erst richtig zum Vorschein kam.

Das Problem dieser Gruppen ist, dass sie oft wenig über andere Entwicklungen um sich herum wissen. Ich kann mich noch sehr gut erinnern, dass ich als Jugendlicher glaubte, dass wir in meiner Heimatversammlung das Richtige hatten und dass die „Brüder" eine Einheit bildeten. Ich war geschockt, als ich erfuhr, dass es viele andere Gruppen der „Brüder" gab. Viel später – durch ein ausführliches Studium der Geschichte der Kirche und besonders der Zeit der Entstehung der „Brüder" – erkannte ich, dass Vieles, was die „Brüder" als für sich einzigartig betrachteten, doch bei „Anderen" auch vorhanden war.

Dass einfache Gläubige etwas in ihrem Leben als Christen vermisst haben und Wege suchten, dieses Vakuum mit biblischen Antworten zu füllen, ist legitim und richtig. Gott kann und hat in solchen Fällen gesegnet. Aber dann aus dieser Sache mehr zu machen, es so darzustellen, dass Gott jetzt ausschließlich durch sie wirke, ist m.E. verkehrt.

Oft hört man, dass die ersten „Brüder" nichts Großes gesucht haben, nichts Großes im Sinn hatten (d.h. eine Bewegung in Gang zu setzen). Das ist wahr. Sie wollten nur die Bedürfnisse ihres Herzens befriedigen. Dabei haben sie Dinge entdeckt, die Andere vor ihnen auch entdeckt hatten, vielleicht in manchen Punkten klarer, aber nicht radikal anders. Später wurde doch eine Bewegung daraus mit einem „Brüder-Bewusstsein" und das Einfache ging verloren.

Aber das Einfache ist wichtig und man sieht, wie Gott in der Geschichte seiner Kirche immer wieder darauf zurückkommt. Eine Bewegung entsteht und wird zur Institution.

Mit der Zeit wird es das, was die ursprünglichen „Gründer" verlassen hatten – und ein „Zurück-zu-den-Anfängen-Bewußtsein" entsteht innerhalb dieser Bewegung, die zur Institution geworden ist und man beginnt sie zu kritisieren und zu verlassen.

Dies alles läuft immer parallel zu den Großkirchen. Die Großkirchen erhalten das „Christliche" am Leben in der Welt, aber die Großkirchen haben in der Regel nicht wirklich etwas „Wertvolles" zum echten christlichen Leben beigetragen. Das kommt immer wieder von kleinen Gruppen, immer wieder durch Gläubige, die etwas vermissen und danach suchen und etwas in Gang setzen.

Oft entstehen solche Gruppen zusammen mit einer Endzeit-Erwartung.[155] Ein „Endzeit-Szenario" verleiht der Wichtigkeit der eigenen Bewegung viel Bedeutung, gerade weil man glaubt, etwas Einzigartiges zu haben – das Wesentliche, den „Schlüssel" sozusagen. Da man auch weiß, dass das Gute sich nicht lange hält, scheint die Antwort ein baldiges Kommen des Herrn zu sein – denn wenn diese neu (wieder) entdeckte „Wahrheit" auch noch verloren geht, was bleibt übrig?

Wie oft wiederholt sich diese Situation?
Wenn der Herr zu Lebzeiten der ersten „Brüder" gekommen wäre, wie sie es erwarteten, dann könnte man glauben, sie waren tatsächlich einzigartig in der Geschichte der Kirche. Aber es sind jetzt fast 200 Jahre seit ihrer Entstehung vergangen. Dies ermöglicht es, sie mehr im Kontext zu sehen. Es sind jetzt auch über 25 Jahre her, dass mein Lebensbild über Darby herauskam. In der Zwischenzeit ist erstaunlich viel Neues ans Licht gekommen über die „Brüder" und ihre Entstehung. Man erkennt mehr und mehr,

---

[155] Schaff schreibt in seinem schon erwähnten Werk (S. 142-143), dass im Jahr 1854 eine neue Gruppe unter den Pietisten in Württemberg entstand. Eine, die sich selbst keinen Sondernamen gab. Ihr Anführer war Dr. Hoffmann aus Ludwigsburg, Sohn des Gründers einer pietistischen Kolonie in Korntal. Er betrachtete die Kirche in ihrer Vermischung mit der Welt als das moderne Babylon und glaubte, dass ihr Ende nahe bevorstand. Das Land Israel war für ihn wichtig und er glaubte, dass die Christen sich dort versammeln müssten, um auf die Wiederkunft des Herrn vorbereitet zu sein. (Er hieß auch deshalb der „Tempelgründer" und die Gruppe hatte später den Namen „Tempelgesellschaft".) Er nannte dies die „Sammlung des Volkes Gottes". Die erwähnte Kolonie wurde mit 68 Familien 1819 gegründet. Diese Gruppe ist heute bekannt als „Brüdergemeinde Korntal". In der Grundordnung der Brüdergemeinde heißt es: „Es ist das Bestreben der Brüdergemeinde, eine brüderliche und tätige Gemeinschaft zu sein, die der Urgemeinde möglichst ähnlich ist, zu einer persönlichen Entscheidung für Christus ruft, das Priestertum aller Gläubigen verwirklicht, die anvertrauten Werke der Liebe verwaltet und fördert und für den wiederkommenden Herrn bereit ist. Sie weiß sich mit allen im Glauben verbunden, die sich zu Jesus Christus als ihrem Herrn bekennen." Es gibt viele Übereinstimmungen der Ansichten in Bezug auf die Gemeinde und Israel mit den „Brüdern", nur dass sie fast 10 Jahre vor den „Brüdern" in Dublin und über 30 Jahre vor den „Brüdern" in Elberfeld entstanden ist!

wie sie eine Produkt ihrer Zeit waren und wie sie vieles aus ihrer Zeit widerspiegeln. Es wird wahrscheinlich noch viel mehr zu entdecken gegeben, denn man merkt, dass man bis jetzt nur die Oberfläche gekratzt hat.

Jede neue Bewegung wie die der „Brüder" würde sich verständlicherweise gerne als irgendwie „abschließend" verstehen, aber sie ist es nicht, wie die Geschichte nur allzu deutlich macht. Die Wiederentdeckung oder die Betonung wesentlicher Wahrheiten soll nicht mit dem Ende verwechselt, sondern als ein Neubeginn verstanden werden.

Meine Überzeugung ist, dass der größte Beitrag Darbys und der „Brüder" nicht die Entrückungslehre und der daraus entstandene Dispensationalismus ist, sondern ihre Ansichten über die Gemeinde und die wahre Anbetung Gottes. Das ist umso interessanter, da die ersten „Brüder" (also die vor Darby) mehr mit Gedanken über das Zusammenkommen der Gläubigen als Gemeinde und nicht mit der Prophetie beschäftigt waren. Die ersten „Brüder" waren ganz bestimmt keine Dispensationalisten.

Darby meinte, es gäbe kein Verständnis für/über die Entrückung ohne ein richtiges Verständnis über die Gemeinde. Er war im Unrecht – wie die Zeit gezeigt hat. Heute liegt die Zukunft, Israel, Jerusalem, die Entrückung im Trend. Die wahre Anbetung Gottes dagegen wird vernachlässigt und falsch verstanden.

Darby glaubte in der Endzeit zu leben. Die „Brüder" glauben oder glaubten, die letzte Bewegung vor dem Kommen des Herrn zu sein. Aber sie waren im Irrtum. Sie waren ein Teil in einem „Prozess" und haben einen „Beitrag" geleistet – aber sie waren nicht der Abschluss. Diesen „Prozess" kann man auch anders nennen, nämlich Wachstum.

Die Gemeinde, die Kirche, wächst. Sie hat nicht alles von Anfang an verstanden und umgesetzt. Ihr wurde alles am Anfang gegeben - es gibt keine noch nicht geoffenbarten Geheimnisse zu entdecken - aber das ist etwas anderes.

Unter Christen, die aus einem Brüder-Hintergrund kommen, ist oft der Gedanke vorhanden: Zurück zum Anfang! Zurück zur Apostelgeschichte. Zurück zu neutestamentlichen Zuständen.[156]

---

[156] Man kann hier einwenden, dass Darby, z.B. immer gesagt hat, man kann nicht zurück, dass Gott nicht wiederherstellt. Das ist richtig, aber dennoch ist es so, dass man bestrebt und bemüht ist, neutestamentliche „Erscheinungsformen" wiederherzustellen. „So wie am Anfang" ist ein Schlagwort. Das Schwierige ist, wir wissen nicht genau, wie es am Anfang war. Wir können nicht sagen, wie eine „Gemeindestunde" oder „Anbe-

Gut gemeint, schlecht getroffen.

Es ist nicht so, dass die Kirche am Anfang alles hatte und dies dann durch Untreue verloren hatte und jetzt nach und nach wieder teilweise zurück gewinnt. (Oder wie die „Brüder“ sagen würden, wieder geschenkt bekommen hat.)

Nein.

Die Kirche am Anfang war am Anfang. Ein Kind und kein Erwachsener.
Ein Kind, ein Säugling, der eines Tages ein brillanter Wissenschaftler werden wird, hat schon alles in sich, aber nicht alles ist schon entfaltet. (Wie eine kleine Eichel schon alles in sich hat, aber noch lange nicht eine riesige Eiche ist.)

Wenn wir die Entwicklung eines einzelnen Menschen auf die Kirche anwenden, hilft es uns einiges besser zu verstehen. Wir sind Kinder Gottes, die zu jungen Männern und dann zu Vätern werden sollten (1. Johannesbrief). Gott hat für jeden von uns eine Aufgabe, einen Sinn und ein Ziel im Leben vorbereitet. Aber nicht alle Menschen und Umstände, die nötig sind als Vorbereitung auf die Aufgabe oder ihre Ausführung, sind von Anfang an dabei. Luther wurde von Gott offensichtlich benutzt. Gott hatte von Anfang an eine Aufgabe für ihn vorbereitet – aber Luther setzte diese Aufgabe nicht in die Tat um, als er ein Kind war.

Sagen wir, ich habe als Kind das Talent und die Begabung Klavier zu spielen. Ich werde eines Tages ein zweiter Mozart. Alles steckt in mir als Baby schon drin, aber ich brauche Wachstum, Anleitung und Übung. Man kann erstaunliche Fähigkeiten mit 6 Jahren entwickeln, aber mit 21 kann es ganz anders aussehen. Mit 40 wieder anders und mit 70 erkennt man, dass man erst jetzt sein Talent wirklich entwickelt hat und die Musik versteht. Auch Menschen, mit denen ich zu tun habe auf dem Weg zur „Erfüllung“, sind alle verschieden. Verschiedene Menschen zu verschiedenen Zeiten. Mein Lehrer mit 12 Jahren ist nicht derselbe wie der mit 18. Dennoch kann ich niemand und nichts überspringen. Es entfaltet sich alles sukzessiv. Meine Aufgaben und der Grad meiner Verantwortung sind im Laufe der Zeit unterschiedlich. Obwohl ich dieselbe Person bleibe, sind die Umstände und Gegebenheiten anders.

---

tungsstunde“ wirklich aussah. Ich wäre nicht überrascht, wenn es für manche von uns unangenehm wäre in diese Zeit zurückversetzt zu werden. Was würde man nicht alles als „falsch“ verurteilen!

Mit 20 kann ich nicht sagen oder mir nicht wirklich vorstellen, wer mein Lehrer mit 50 sein wird und wie meine Aufgaben dann aussehen werden.

Gott gibt seiner Kirche Gaben. Aber nicht alle zur selben Zeit. Eine erste Ursache ist nicht immer auch ein Endziel. Augustinus war nicht zur Zeit der Apostel. Calvin war nicht zur Zeit Augustinus' und so weiter. Nicht alles, was Menschen in der Kirche bewegt haben, war immer gut und richtig – genauso wie nicht alles in unserem Leben, aber jeder trug etwas dazu bei, was davor nicht da war. Sie halfen der Kirche zu wachsen. Im Jahre 300 war die Kirche nicht, was sie im Jahr 1600 war oder in 2100 sein wird, was ihr Verständnis und ihre Aufgabe und ihre Tätigkeit betrifft. Sie ist nicht eine andere Kirche, sondern eine wachsende. Und genauso wie bei uns als Menschen, gab es (und wird es geben) verschiedene Menschen oder Umstände (alles von Gott gelenkt), die sie geformt und geleitet haben.

Eben ein Lernprozess. Wachstum – wie die Jahresringe eines Baumes.
Die Brüder (und die Dispensationalisten) machen einen Fehler in zweierlei Hinsicht – sie wollen

**1.** zurück zum Anfang (Zustände schaffen wie zur Zeit der Apostel, auch wenn sie behaupten, dass das nicht geht) und

**2.** ein abruptes Ende (Entrückung).

Wir sind hier um eine Aufgabe zu erfüllen. Wir haben einen „Job" für Gott hier zu tun. Gott hat den an Adam erteilten Auftrag nie zurückgenommen. Die Sünde hat die Ausführung dieser Aufgabe erschwert, aber nicht annulliert. Mit dem vollbrachten Werk des Herrn Jesus ist die Erfüllung dieser Aufgabe erst wirklich möglich.

Die übermäßige Beschäftigung mit Israel und den Juden ist ein Verkennen der eigentlichen Aufgabe. Es ist eine Beschäftigung mit einem „Zurückgehen". Hier ist kein Fortschritt im Sinne von Wachstum möglich. Israel und was damit zusammenhing war eine Schule (siehe Galaterbrief). Es war eine „Ausbildungsphase" und nicht etwas, das wieder herbeigesehnt werden soll oder kann. Es ist, wie Paulus schreibt: „Als ich ein Kind war, redete ich wie ein Kind, dachte wie ein Kind, urteilte wie ein Kind; als ich ein Mann wurde, tat ich weg, was kindlich war (1. Korinther 13:11)."

„Am Anfang war alles gut. Wir haben es vermasselt. Wir müssen hier schnell weg."
Das ist eine fatale Einstellung.

Die Dispensationalisten glauben, dass die Kirche in ihrer Aufgabe hier versagen wird. Der Herr wird kommen MÜSSEN um sie wegzunehmen. Dann wird er mit Israel wieder ansetzen.

Aber was wird zu Vollendung gebracht? Israel stellt einen bestimmten Zeitabschnitt dar, eine bestimmte „Schulzeit". Indem Dispensationalisten sich von dem Volk Gottes im Alten Bund trennen und ein zweites Volk, ein irdisches Volk, schaffen, klinken sie sich aus dem Wachstumsprozess aus.

Dies ist vielleicht auch ein Grund, weshalb sie solche Probleme mit dem biblischen Bild des Sauerteigs haben. Sie können nur etwas Schlechtes darin sehen. Sauerteig steht nicht für das Böse oder Schlechte. Sauerteig hat mit Wachstum zu tun – was gut oder schlecht sein kann. Die Bibel definiert immer, wenn etwas Schlechtes damit gemeint ist.

Sauerteig ist auch etwas, das besser schmeckt. Brot mit Sauerteig gemacht schmeckt besser als Brot ohne Sauerteig. Aber es braucht mehr Zeit. Das Gute des Reiches Gottes braucht Zeit aufzugehen. Es kommt nicht sofort. Es ist aber das Bessere.

Der Herr ist noch nicht gekommen. Warum nicht? Weil die Kirche ihre Aufgabe hier noch nicht erfüllt hat, ganz einfach. Man sieht, wie die Kirche durch die Jahrhunderte wächst. Es gab Zeiten, wo sie sich mit der Person des Herrn – Gott und Mensch – beschäftigte und im Verständnis wuchs. Es gab Zeiten danach, wo es um Rechtfertigung ging. In unserer modernen Zeit kann man erkennen, dass die Kirche erst jetzt beginnt sich Gedanken zu machen, wie man das Wort Gottes auf alle Bereiche des Lebens anzuwenden hat, nicht nur auf das „Religiöse".

Eine Beschäftigung mit Israel, wie die Dispensationalisten sie praktizieren, ist Stillstand. Nein – Rückschritt!

Die Kirche soll zum „Mann" werden.

> Also ist das Gesetz unser Zuchtmeister auf Christus hin geworden, damit wir aus Glauben gerechtfertigt würden. Nachdem aber der Glaube gekommen ist, sind wir nicht mehr unter einem Zuchtmeister. (Galater 3:24-25)

In und durch Christus ist das Volk Gottes jetzt in der Stellung von Söhnen, denen die Verwaltung anvertraut wurde – nicht mehr von Sklaven (Galater 4)! Jetzt ist die Zeit unsere Aufgabe bewusst zu erfüllen. Unsere Verantwortung ernst zu nehmen.

Die Grundschulzeit ist vorbei!

„Wir sind hier bei der Arbeit und nicht auf der Flucht!" In der Passanacht war das Volk Israel auf der Flucht aus Ägypten. Sie sollten den Ort ihre Versklavung verlassen und an einen Ort kommen, wo Gott sie haben wollte. Sie haben dann vierzig Jahre in der Wüste verbracht, bis sie ins verheißene Land durften. Dann folgten Jahre der Eroberung und schließlich des Königtums. Man hat, zu Recht, diese Geschichte Israels auf die Erfahrung eines Christen angewandt. Das Verschontwerden vor dem Gericht, als der Engel durch Ägypten ging und alle Erstgeborenen erschlug, und die darauf folgende Befreiung aus Ägypten und der Durchzug durch das Rote Meer wird als die Bekehrung und Errettung des Gläubigen gedeutet. Die Zeit der vierzig Jahre in der Wüste wird als die Zeit angesehen, die der jetzt gläubig Gewordene auf der Erde verbringt. Kanaan oder das gelobte verheißene Land wird als der Himmel, das Heimkommen angesehen. Also die Zeit in der Wüste ist die Zeit, die der Gläubige und die Kirche auf der Erde verbringt, bevor man in den Himmel kommt.

Dieser Vergleich hinkt.

Wenn Kanaan den Himmel darstellen soll, warum gibt es dort Kämpfe und Kriege? Wieso so viel Unruhe und Durcheinander bis z.B. Jerusalem als der Ort für den Tempel festgelegt wird usw.? Nein, der Eingang ins gelobte Land ist nicht der Eingang am Ende des Lebens eines Christen in den Himmel. Es ist überhaupt nicht ein Ende, weder für den Christen noch für die Kirche. Das Eindringen in das Land ist das Eindringen in das, was Gott durch Christus den Gläubigen und seiner Kirche geschenkt hat. Es ist das Sich-Aneignen dessen, was unser ist. Es ist das Erwachsen-Werden und Zur-Reife-Kommen und Verstehen, was unsere Aufgaben sind. Es ist in diesem Bewusstsein als Söhne und nicht mehr als Knechte, dass man Gottes Auftrag an den ersten Menschen, Adam – macht die Erde untertan (für Gott) – jetzt in dem zweiten Menschen, dem letzten Adam, erfüllen kann und soll. Nicht Flucht und schnell aus „Ägypten" weg, sondern:

> Und Jesus trat zu ihnen und redete mit ihnen und sprach: Mir ist alle Macht gegeben im Himmel und auf Erden. Geht nun hin und macht alle Nationen zu Jüngern, indem ihr sie tauft auf den Namen des Vaters und des Sohnes und des Heiligen Geistes, und lehrt sie alles zu bewahren, was ich euch geboten habe! Und siehe, ich bin bei euch alle Tage bis zur Vollendung des Zeitalters. (Matthäus 28:18-20)

Wir sind hier bei der Arbeit!

## Kapitel 6
# Es geht weiter

Manche Christen wollen sich einfach nicht mit Ansichten, die von den eigenen abweichen, auseinandersetzen. Sie sind glücklich mit dem, was sie haben und glauben, es ist DIE Wahrheit. Diese vermeintliche Wahrheit wird automatisch zum Dogma erhoben und alles, was der eigenen Überzeugung widerspricht, wird als falsch und irreführend verurteilt. Ich will diese Christen nicht angreifen oder verurteilen. Doch eine solche Einstellung ist nicht haltbar. Sie ist vor allem deshalb nicht haltbar, weil man sich nie mit anderen Sichtweisen auseinandergesetzt hat, geschweige denn weiß, was sie bedeuten oder aussagen. Darum kann es sein, dass man wie ein Saulus mit Eifer und Inbrunst gegen etwas kämpft, was in Wirklichkeit doch die Wahrheit Gottes ist. Man kann sich auch nicht zurückziehen und behaupten: „Das ist einfach alles zu viel für mich." Nein! Wir sind verpflichtet zu wissen, was wirklich wahr ist. Es ist leicht vorstellbar, dass Gläubige, die zu den „Brüdern" gehören, gerade diese „Zugehörigkeit" als eine Bestätigung für die Richtigkeit ihrer Ansichten betrachten. Vielleicht haben Eltern, Großeltern oder sogar schon Urgroßeltern dazu gehört. Freunde und Verwandte gehören möglicherweise auch dazu. Man ist glücklich und zufrieden. Man fühlt sich wohl. Alle lieben den Herrn, alle sagen dasselbe und man kennt nichts Vergleichbares. Bei den Zeugen Jehovas ist das nicht anders. Ich kenne welche, die genau die gleichen Argumente benutzen, um ihren Standpunkt und ihre Zugehörigkeit zu rechtfertigen und zu verteidigen. Das gleiche gilt sicherlich auch für Mormonen oder Leute, die zur Neuapostolischen Kirche gehören. Sich wohl zu fühlen und eine Übereinstimmung der Gedanken und Ansichten innerhalb einer Gruppe zu haben, ist KEINE Bestätigung für deren Richtigkeit!

Es gibt eine Vielfalt von Lehrmeinungen innerhalb der Gruppe der „Reformierten". Es gibt Gutes und Schlechtes und sicher auch die Notwendigkeit für Verbesserung und Korrektur. Aber dennoch befinden sich die Reformierten im „Hauptstrom". Es handelt sich hier nicht um eine Sekte oder skurrile Gruppe, sondern es geht um Menschen, die den Herrn geliebt und für Ihn gelebt haben. Ihr Leben hat ihre Treue zum Herrn und Seinem Wort bezeugt. Viele von ihnen dienen noch immer als Vorbilder für die Gläubigen und von vielen profitieren wir heute noch. Meine Verteidigung der reformierten Sicht ist nicht die Verteidigung einer Sondergruppe oder Sonderlehre. Sie ist eine Verteidigung von etwas, was bis in unsere Zeit hinein das christliche Zeugnis erhalten und getragen hat. Wäre dies allein die Aufgabe der „Brüder" gewesen, wäre heute nicht mehr viel von dem Zeugnis übrig geblieben.

Die reformierte Lehre wird als grundsätzlich falsch abgestempelt, genauso wie auch Männer wie Luther und Calvin. Man vergisst oder ist sich überhaupt nicht bewusst, dass diese Männer die „Brüderbewegung" als solche erst möglich gemacht haben. Dabei spielt es keine Rolle, wie sehr sich die führenden „Brüder" später von der reformierten Lehre distanziert haben. Ohne ihre Ausbildung und Erziehung darin wäre die notwendige Basis für die Brüderbewegung nicht da gewesen. Man kommt an dieser Tatsache nicht vorbei und kann sie auch nicht leugnen.

Cornelius Van Til hat einst einen passenden Vergleich gemacht: „Ungläubige können Gott ‚ins Gesicht schlagen', nur weil sie auf Seinem Schoss sitzen." So auch hier. Die „Brüder" konnten (können) sich nur so gegen das „Reformierte" wenden, weil sie selbst davon getragen wurden. Wenn die allgemeine reformierte Position verkehrt ist, wäre das nicht schlimm. Wenn der Herr kommt, so wie die „Brüder" glauben, habe ich nichts zu verlieren oder zu bedauern. Ich werde mich freuen. Aber ich war nicht untätig in dieser Zeit und meine Überzeugung hat niemand geschadet oder das Werk Gottes verhindert. Wenn das Verständnis der „Brüder" in Bezug auf Israel stimmt, dann habe ich mir nichts zu Schulden kommen lassen, denn ich habe nichts getan um zu verhindern, dass das Evangelium Juden erreicht. Wenn die Geschichte Israels erst nach der Entrückung losgeht, dann kann ich diese Sache sowieso nicht beeinflussen. (Ich glaube ganz bestimmt nicht, dass Gott will, dass wir Christen jetzt Geld spenden für den Wiederaufbau des Tempels – auch wenn Gemeinden nichtchristliche Juden einladen, um Vorträge diesbezüglich zu halten!)

Aber wenn die „Reformierten" Recht haben und die „Brüder" nicht – was dann? Gewiss, es gibt sehr eifrige und hingegebene „Brüder", die in der Evangelisation, auf dem Missionsfeld und auch in Schulen viel arbeiten. Dennoch, dennoch ist ihr Haupttenor – „Wir werden nicht erfolgreich sein. Es wird nicht anhalten. ‚Erfolg' ist nur vorübergehend und beschränkt. Wir sollen uns auch auf das Wesentliche konzentrieren."

Die „Brüder" beschäftigen sich intensiv mit der Endzeit und Erfüllung der Prophetie in Bezug auf Israel usw. Wenn das alles nicht stimmt und alles falsch ist – dann sind die Folgen sehr viel ernster. Sie haben dann Zeit in der Beschäftigung mit einer Fantasie – einer Fiktion vergeudet. Sie haben andere Christen falsch beeinflusst. Sie haben wesentlich dazu beigetragen, dass der christliche Einfluss in dieser Welt massiv nachgelassen hat. Die Verantwortung ist sehr viel größer als manche meinen! Wenn die Mehrheit der Christen, die Dispensationalisten sind oder an eine Zukunft Israels und der Juden außerhalb der Kirche glauben, nicht „Brüder" sind, sind die „Brüder" dennoch verantwortlich für diese Sicht und Lehre und vor allem für das gegenwärtige Israel-Fieber und die „Wir-sehen-so-viel-sich-erfüllen-Haltung". Viele „Brüder" sind überzeugt, dass gegenwärtige Entwicklungen ihre Sicht bestätigen. Aber eigentlich, nach dem ursprünglichen Verständnis der „Brüder", sollte die prophetische Uhr erst zu ticken beginnen, NACHDEM die Gemeinde entrückt wird.

Dass Israel zum Staat wurde und viele Israeliten nach Israel gehen, wurde und wird als ein deutliches Zeichen angesehen, dass das Kommen des Herrn für die Gemeinde kurz bevor steht. Denn Dinge, die erst NACH der Entrückung stattfinden sollen, beginnen angeblich jetzt schon. „Brüder" sind nicht mehr so inaktiv wie früher. Sie gründen und betreiben christliche Schulen und ähnliche Organisationen. (Alles Sachen, die NICHT zum ursprünglichen „Programm" gehört haben. Die Zeit hat dieses Engagement notwendig gemacht.) All dies wird gleichzeitig mit einer intensiven Beschäftigung einer Zukunft verbunden, die uns nicht betrifft; ein eifriges Studieren und Lehren von Themen und Ideen, die uns nicht direkt angehen. Im Allgemeinen haben die „Brüder" sich nicht direkt für die Juden interessiert. Gewiss, hier und da gab es vereinzelt Leute, denen es ein Anliegen war, die frohe Botschaft auch den Juden zu verkündigen. Doch der „Hauptmissionsfocus" hatte nicht die Juden im Blickfeld, sondern vielmehr die Menschen in Afrika oder Süd-Amerika und dies von Anfang an, als ob der (un)bewusste Gedanke wäre: „Die Juden haben eine andere Geschichte und Zukunft. Gott hat einen anderen Plan für sie." Dies ist wirklich ein Widerspruch und Paradox!

Zu der Zeit, als die „Brüder" entstanden sind, gab es sehr viel Interesse für die Juden unter den Christen. Ich habe in der Zwischenzeit viel Material darüber gesammelt. Auch wenn der Gedanke vorhanden war, dass Juden in „ihr" Land zurückkehren sollten usw., war doch das Hauptanliegen und Ziel, sie JETZT für Christus zu gewinnen, damit sie Teil der Gemeinde werden. Es wäre naiv und ein Ausdruck von Wunschdenken zu glauben, dass dieses allgemeine Interesse für die Juden die Männer, die den Kern der Brüderbewegung am Anfang bildeten, nicht beeinflusst hätte. Aber es besteht ein wesentlicher und gravierender Unterschied zwischen den „Brüdern" und anderen Christen. Die „Brüder" waren mehr an einem zukünftigen jüdischen Überrest interessiert als an der Bekehrung von Juden hier und jetzt. Ich leugne nicht, dass ein allgemeines Interesse für ihre Bekehrung vorhanden war, aber im Vergleich war es gering. Bis in neuester Zeit hat sich dies nicht besonders verändert. (Mein Schwager ist ein in Jerusalem geborener Jude, der seit vielen Jahren als Evangelist unter Juden tätig ist. Oft habe ich gehört, wie er das fehlende Interesse der „Brüder" für die Errettung der Juden beklagte.)

Darby selbst – auch wenn er in einem Brief erwähnt, dass er sich sehr freut über Juden, die sich bekehren – schien seine Aufgabe nicht in einer Evangelisierung der Juden zu sehen. Der Mann, der eigentlich verantwortlich ist für diese Israel-Fixierung unserer Zeit, hat die Juden vernachlässigt. Er war zu sehr mit „zukünftigen Juden" beschäftigt, zu sehr mit diesem fiktiven Überrest. Ja, Darby war in jeder Hinsicht ein Vorbild für Hingabe und Aufopferung – das würde ich jederzeit bestätigen und unterschreiben. Aber die enorme Energie, die er an den Tag legte, beinhaltete NICHT, dass Juden mit dem Evangelium erreicht würden.

Dies ist sehr merkwürdig und kann nicht abgetan werden mit der Entschuldigung: „Es war nicht sein Aufgabenbereich." Die „Brüder" glauben, dass es ist nicht ihre Aufgabe ist, die Welt zu verändern. Das wird die Aufgabe eines zukünftigen jüdischen Überrests sein. Diese Sicht ist falsch!

Josef und Daniel sind sehr gute Vorbilder für uns Christen. Beide waren tiefgläubige Männer, die in einer Umgebung gelebt haben, die gegen sie war. Sie haben sich rein gehalten – aber sie haben sich NICHT zurückgezogen! Sie blieben ihrem Glauben und ihren Überzeugungen treu. Sie ließen sich nicht von ihrer Umgebung beeinflussen und verändern. Sie taten dies aber nicht, indem sie sich abgekapselt haben! Im Gegenteil! SIE beeinflussten ihre Umgebung. Ja, sie haben sich eins mit der Sünde und Schuld des Volkes Gottes gemacht. Doch das hatte nicht Stillstand bedeutet! Da sie geistlich waren und sich nahe bei Gott aufhielten und das, was Gott sagte und wollte, höchste Priorität für sie hatte, bekamen sie Einsicht und Weisheit. Das bemerkte auch die Welt. Als die Welt und ihre Herrscher mit ihrer Weisheit am Ende waren, wandten sie sich an diese Männer und baten sie um Hilfe. Josef und Daniel konnten (durch Gott) Hilfe leisten und Rat geben. Sie sind nicht durch Gewalt oder Massenevangelisierung zu Machtpositionen gekommen, noch haben sie die Welt mit Gewalt verändert. Nein, sie haben ihren Glauben in ihrer Situation einfach gelebt und engagierten sich in ihrer Welt. So konnten sie die Welt verändern und beeinflussen.

Diese Männer sind unsere Vorbilder. Sie lebten in Zeiten, die sehr schwer und hoffnungslos aussahen. Suchten sie nach Auswegen oder flüchteten sie gar? War die Antwort Gottes eine „Entrückung", ein „Herausnehmen-aus-den-Umständen"? Nein! Im Gegenteil! Gott hatte gerade sie benutzt, um die Umstände zu ändern und die Welt zu „retten". DAS war die Antwort Gottes. Wir Christen, die Gemeinde, haben die Antwort auf die Fragen und Nöte unserer Welt. Wenn Gott wieder aufbauen wird, dann durch Seine Gemeinde. Kann Er uns benutzen? Sind wir bereit? Oder haben wir uns zurückgezogen?

In gewisser Hinsicht haben Christen, die eine Endzeiterwartung vertreten, selbst dazu beigetragen, dass die Dinge so sind wie sie (zurzeit) sind – nämlich „schlecht". Der Gedanke war: „Die Welt und ihre Ziele sind nicht unser. Damit haben wir nichts zu tun. Politik, Wissenschaft, Künste – alles nicht unsere Sache. Überlass der Welt die weltlichen Dinge." Als Folge haben sich Christen aus allen diesen Bereichen zurückgezogen. Es blieb kein Vakuum zurück. Nein, andere haben die „leeren Plätze" ausgefüllt, solche die nicht für das Reich Gottes arbeiten. Zwangsläufig wurden Dinge schlechter und nicht besser – was für solche Christen eine Bestätigung ist, dass sie Recht hatten/ haben. Aber sie hatten selbst dazu beigetragen, dass es so gekommen ist! Sie sind in vieler Hinsicht selbst schuld an den Zuständen, die sie selbst so verurteilen. Ihre falsche Vorstellung ist Wirklichkeit geworden! Dieser Bann muss durchbrochen werden!

Verschanzen wir uns hinter einer Zukunftsvision, die nicht mit der Realität übereinstimmt? Zerfall und Oberflächlichkeit festzustellen und eigene Verantwortung und Mitverschuldung zu erkennen ist gut und nötig. Aber es darf nicht dabei bleiben. Wenn wir nicht weitergehen, werden wir dafür verantwortlich sein, wenn die Zustände um uns herum noch schlimmer werden! „Einsmachen" ja, aber dann auch „Weitermachen"!

> Und Josua zerriss seine Kleider und fiel auf sein Angesicht zur Erde, vor der Lade des HERRN, bis zum Abend, er und die Ältesten von Israel, und sie warfen Staub auf ihr Haupt . . .Da sprach der HERR zu Josua: Steh auf! Warum liegst du denn auf deinem Angesicht? Israel hat sich versündigt, sie haben meinen Bund übertreten, den ich ihnen geboten habe. Und sie haben sogar von dem Gebannten genommen und haben es gestohlen und haben es verheimlicht und es zu ihren Geräten gelegt! . . .Steh auf, heilige das Volk und sprich: Heiligt euch für morgen! (Jos. 7:6-13)

Josua und das Volk befolgten die Anweisungen Gottes – und haben dann das Land erobert!

> Und der HERR sprach zu Mose: Was schreist du zu mir? Befiehl den Söhnen Israel, dass sie aufbrechen! (2. Mose 14:15)

# Anhang

# Die Taufe, das Reich und die Gemeinde

## Einleitung

Die Taufe, das Reich, die Gemeinde – das sind Themen, worüber man unter gläubigen Christen sehr viele unterschiedliche Meinungen finden kann. Die Gedanken, die ich hier zum Ausdruck bringe, können als nur wieder eine zusätzliche Ansicht betrachtet werden, aber ich hoffe, dass sie hier und da ein paar hilfreiche Hinweise beinhalten.

Ich wuchs unter den so genannten „Plymouth-Brüdern" auf und habe natürlich dadurch anfangs ihre Ansichten über die oben erwähnten Themen übernommen. Als junger Mann „konvertierte" ich zu einer mehr reformierten Position, vor allem im Bereich der Prophetie. Eine Zeitlang hatte ich mich sehr intensiv mit der römisch-katholischen wie auch griechisch-orthodoxen Sicht dieser Themen beschäftigt. Nachdem ich mich mit so vielen Ansichten und Meinungen beschäftigt hatte, kam ich zu dem Schluss, dass keine dieser Gruppen oder „Traditionen" es ganz richtig hatte. Jeder hatte etwas, das richtig war, aber auch dann etwas, das nicht so zu passen schien. (Zugegeben, eine sehr subjektive Beurteilung.) Eine Vermischung oder gegenseitige Ergänzung des Richtigen aus jeder Gruppe schien mir das Hilfreichste zu sein. Was folgt, ist der Versuch so einer „Vermischung" oder Ergänzung.

Ich schreibe hier für Gläubige, die ihren Glauben und das Wort Gottes ernst nehmen. Solche, die die Bibel als das Wort Gottes ansehen und nicht nur als ein Buch, das das Wort hier und da enthält. Solche auch, die etwas mehr über ihren Inhalt wissen. So muss ich nicht Grundsätzliches zuerst klären, aber dennoch möchte ich am Anfang beginnen. . .

Gott hat den „Mensch" (d.h. Mann UND Frau als DER Mensch) in seinem Bild erschaffen mit der Zielsetzung, dass der Mensch ihn hier auf dieser Erde repräsentieren sollte. Er hat den Menschen erschaffen, um mit ihm Gemeinschaft zu haben. Ausgehend von dem, was später in der Bibel geoffenbart wurde – vornehmlich im Neuen Testament – können wir sagen, dass Gott den Menschen in eine Position von „Söhnen" bringen wollte, d.h. von reifen und erwachsenen Personen, die Ihn kennen und verstehen. Durch die Sünde und den Ungehorsam Adams schien diese Zielsetzung gescheitert zu sein. Aber durch die Menschwerdung und den sühnenden Opfertod des Mensch gewordenen Sohnes Gottes wurde das Ziel erreicht – auf herrliche Weise erreicht. Dennoch, von dem Sündenfall bis zu dem vollbrachten Werk des Christus auf dem Kreuz ist viel geschehen. Viel, was dazu diente, die Menschen vorzubreiten, sodass sie das Opfer des Herrn besser verstehen und annehmen konnten.

**Abraham und die Beschneidung**

Im ersten Buch der Bibel, 1. Mose, sehen wir, wie Gott Beziehungen zu einzelnen Menschen schuf und verstärkte und diese entwickelte, bis sie später zu einer Gemeinschaft mit einem Volk – einer Nation – wurden, die er „sein" nennen konnte. Die prominenteste Figur war Abraham. Der Glaube Abrahams ist etwas, worauf die Bibel immer wieder Bezug nimmt. Wir, als christliche Gläubige, sind Söhne Abrahams, indem wir wie Isaak „Söhne der Verheißung" (Galater 4:28) und aus demselben Glauben (Galater 3:9) sind.

Gott gab Abraham das Zeichen der Beschneidung als ein Siegel seines Glaubens. Beschneidung, nämlich das Abschneiden der Vorhaut, scheint vielleicht eine recht seltsame Tat zu sein um Glauben an und Gemeinschaft mit Gott zu bestätigen. Wenn wir es aber genauer anschauen, stellen wir fest, es ist doch höchst passend. Beschneidung ist eine „Enthauptung". Der Mensch kann sich auf seine Kraft und Errungenschaften etwas einbilden und stolz sein – in seinem „Fleisch". (Kolosser 2:11) Beschneidung ist ein Abschneiden dieses Fleisches Es „tötet" diese Quelle der natürlichen Kraft. Die Beschneidung sagt aus: „Der Mensch kann nichts erreichen".[157] Sie ist ein Symbol des Todes. Dies ist vor allem in Abrahams Fall treffend, wo er und Sara versucht hatten Gottes Verheißung eines Sohnes durch ihr eigenes Hinzutun zu bewirken durch Hagar und Ismael. Gott würde sein Ziel erreichen und sein Versprechen halten Abraham einen Sohn und Erben zu geben, aber nicht durch menschliche Kraft und Mittel.[158]

Der Vergleich zwischen der Beschneidung (die hier mit Abraham ihren Anfang genommen hatte) im Alten Testament und der Taufe im Neuen Testament wurde schon sehr früh und oft gemacht und ich muss hier nicht im Detail darauf eingehen. Ich möchte

[157] Einen Hinweis auf diese Unfähigkeit finden wir in Johannes 1:12-13: „so viele ihn (Christus) aber aufnahmen, denen gab er das Recht, Kinder Gottes zu werden, denen, die an seinen Namen glauben; die nicht aus Geblüt, auch nicht aus dem Willen des Fleisches, auch nicht aus dem Willen des Mannes, sondern aus Gott geboren sind." Gott musste handeln.

[158] Abraham und Sara waren menschlich nicht in der Lage, Kinder zu bekommen: „Und nicht schwach im Glauben, sah er (Abraham) nicht seinen eigenen, schon erstorbenen Leib an, da er fast hundert Jahre alt war, und das Absterben des Mutterleibes der Sara (Römer 4:19)."

Glaube, d.h. etwas Übernatürliches, war hier notwendig und am Werk: „Durch Glauben empfing er [Abraham] auch mit Sara, obwohl sie unfruchtbar war, Kraft, Nachkommenschaft zu zeugen, und zwar über die geeignete Zeit des Alters hinaus, weil er den für treu erachtete, der die Verheißung gegeben hatte (Hebräer 11:11)."

jetzt nur auf eine Sache aufmerksam machen. Indem man diesen Vergleich macht, bestehen Christen, die eine so genannte Erwachsenentaufe gegenüber der Kindertaufe bevorzugen, auf einem vorhandenen Glauben bei dem, der getauft werden soll. Sie argumentieren, dass derjenige, der getauft wird, in der Lage sein muss glauben zu können, d.h. er muss alt genug sein um zu verstehen, um was es geht und damit selbst einverstanden sein. Oft wird Römer 4:11 aufgeführt:

> Und er (Abraham) empfing das Zeichen der Beschneidung als Siegel der Gerechtigkeit des Glaubens, den er hatte, als er unbeschnitten war, damit er Vater aller sei, die im Unbeschnittensein glauben, damit ihnen die Gerechtigkeit zugerechnet werde. (Römer 4:11)

Die Betonung hier liegt auf Abrahams Glauben, den er VOR seiner Beschneidung hatte. Er hat zuerst geglaubt und dann wurde er beschnitten als ein Siegel seines Glaubens. Man zieht die Schlussfolgerung aus dieser Tatsache, dass, wenn es um die christliche Taufe geht, man zuerst glauben muss, bevor man getauft wird und dass die Taufe dann diesen schon vorhandenen Glauben besiegelt oder bestätigt. Dies scheint so weit eine gerechtfertigte Argumentation zu sein, aber man muss noch etwas sehr Wichtiges miteinbeziehen, nämlich was Abraham später tat. In Übereinstimmung mit Gott tat. Abraham hat seine Söhne beschneiden lassen. Nicht, weil er es für eine gute Idee hielt, sondern weil Gott es geboten hatte. Hatten seine Söhne Glauben? Von Ismael lesen wir:

> Und sein (Abrahams) Sohn Ismael war dreizehn Jahre alt, als er am Fleisch seiner Vorhaut beschnitten wurde. (1. Mose 17:25)

Da er schon 13 Jahre alt war, kann man argumentieren, dass Ismael verstand, was geschah und einverstanden war – dennoch scheint sein späteres Leben die Vermutung nicht zuzulassen, dass er wirklich gläubig gewesen ist. Wie dem auch sei, die Behauptung, dass ein bewusster Glaube und auch eine Zustimmung erforderlich sind, kann spätestens bei Isaak nicht mehr aufrechterhalten werden, denn wir lesen von diesem „Sohn der Verheißung“:

> Und Abraham beschnitt seinen Sohn Isaak, als er acht Tage alt war, wie Gott ihm geboten hatte. (1. Mose 21:4)

Ein Säugling von 8 Tagen kann ganz bestimmt nicht wahrnehmen, was mit ihm geschieht, geschweige denn damit übereinstimmen.

Diese Tatsache ist äußerst wichtig. Die Beschneidung war ein göttliches „Muss". Sie wurde nicht nur an denen vollzogen, die einen wahren Glauben an Gott bekannten, sondern wurde ausgeführt von solchen, die schon beschnitten waren und den Glauben hatten, an all denen, die unter ihrer Autorität standen. Weil diese Sache so wichtig ist, zitiere ich hier einen längeren Abschnitt darüber:

> Dies ist mein (Gottes) Bund, den ihr halten sollt, zwischen mir und euch und deinen Nachkommen nach dir: alles, was männlich ist, soll bei euch beschnitten werden; und zwar sollt ihr am Fleisch eurer Vorhaut beschnitten werden! Das wird das Zeichen des Bundes sein zwischen mir und euch. Im Alter von acht Tagen soll alles, was männlich ist, bei euch beschnitten werden, durch eure Generationen, der im Haus geborene und der von irgendeinem Fremden für Geld gekaufte Sklave, der nicht von deiner Nachkommenschaft ist; beschnitten werden muss, der in deinem Haus geborene und der für dein Geld gekaufte Sklave! Und mein Bund an eurem Fleisch soll ein ewiger Bund sein. Ein unbeschnittener Männlicher aber, der am Fleisch seiner Vorhaut nicht beschnitten ist, diese Seele soll ausgerottet werden aus ihrem Volk; meinen Bund hat er ungültig gemacht! (1. Mose 17:10-14)

Um zu dem Volk Gottes zu gehören, zu denen, die einen Glauben an den wahren Gott bezeugten, war die Beschneidung eine Notwendigkeit und keine Option. Es war ein göttlicher Befehl. Wenn ein Mensch nicht beschnitten war, war es egal, wie viel echten Glauben er im Herzen hatte, äußerlich gehörte er nicht dazu. Das Neue Testament macht sehr deutlich und klar, dass die Beschneidung ohne eine innere Echtheit wertlos war.[159] Dennoch war es ein Muss. Später werde ich auf die Anwendung auf die christliche Taufe eingehen.

[159] „Denn Beschneidung ist wohl nütze, wenn du das Gesetz befolgst; wenn du aber ein Gesetzesübertreter bist, so ist deine Beschneidung Unbeschnittenheit geworden. Wenn nun der Unbeschnittene die Rechtsforderungen des Gesetzes befolgt, wird nicht sein Unbeschnittensein für Beschneidung gerechnet werden und das Unbeschnittensein von Natur, das das Gesetz erfüllt, dich richten, der du mit Buchstaben und Beschneidung ein Gesetzesübertreter bist? Denn nicht der ist ein Jude, der es äußerlich ist, noch ist die äußerliche Beschneidung im Fleisch Beschneidung; sondern der ist ein Jude, der es innerlich ist, und Beschneidung ist die des Herzens, im Geist, nicht im Buchstaben. Sein Lob kommt nicht von Menschen, sondern von Gott (Römer 2:25-29)."

„Die Beschneidung ist nichts, und das Unbeschnittensein ist nichts, sondern das Halten der Gebote Gottes (1. Korinther 7:19)."

**Das Volk Gottes**

Von Abraham an, um mit diesem „Volk Gottes“ identifiziert zu werden – solche, die in einer Bundbeziehung zu Gott standen – war die Beschneidung eine Notwendigkeit. Menschen, die beschnitten waren, haben sich von allen anderen unterschieden. In eine besondere Familie geboren zu werden war nicht die Bedingung – Beschneidung war die Bedingung um dazuzugehören.

Jemand, der nicht beschnitten war, durfte Gottes Heiligtum nicht nahen:

> Darum, so spricht der Herr, Herr: Kein Sohn der Fremde, unbeschnitten am Herzen und unbeschnitten am Fleisch, soll in mein Heiligtum hineinkommen, keiner von allen Söhnen der Fremde, die mitten unter den Söhnen Israel leben. (Hesekiel 44:9)

Wer nicht beschnitten war, war ein Fremder. Wer beschnitten war, war ein „Einheimischer“.

> Wenn sich aber ein Fremdling bei dir aufhält und dem Herrn das Passah feiern will, so soll bei ihm alles Männliche beschnitten werden, und dann komme er herbei, um es zu feiern; und er soll wie ein Einheimischer des Landes gelten. Es darf jedoch kein Unbeschnittener davon essen. (2. Mose 12:48)

Durch Abraham war Gott dabei, ein Volk für seinen Namen zu sammeln (Apg. 15:14). Die Söhne von Abrahams Enkel Jakob dienten als Grundlage für die späteren zwölf Stämme Israel. Die Geschichte ihrer Gefangenschaft in Ägypten und ihre Befreiung durch Mose und wie all diese Dinge ein Vorbild sind von dem Werk des Herrn auf dem Kreuz und unserer Befreiung aus der Sünde und der Macht Satans und der Welt, sind bekannt. Nachdem Israel – jetzt eine Nation, Gottes heilige (abgesonderte) Nation – aus der Sklaverei Pharaos befreit wurde, verbrachte es vierzig Jahre in der Wüste. (Eine Zeit, die durch den Unglauben Israels gegenüber Gottes Zielsetzung und Fähigkeit dieses Ziel auszuführen bestimmt wurde.) Gleich zu Beginn dieser Zeit sprach Gott von diesem befreiten Volk als einem „Königreich von Priestern“ (2. Mose 19:6). Man soll sich auch hier bewusst machen, dass Gott nicht damit andeutete, dass jeder einzelne von ihnen wirklich gläubig war, besonders wenn man an das „Mischvolk“ denkt (Vergleiche 2. Mose 12:38 mit 4. Mose 11:4), aber als ein Ganzes sind sie in diese Stellung gebracht worden. Dennoch sonderte Gott eine bestimmte Familie ab um auf eine besondere und ausschließliche Weise seine Priester zu sein – die Familie Aarons aus dem Stamm Levi.

> Du (Mose) aber lass deinen Bruder Aaron und seine Söhne mit ihm aus der Mitte der Söhne Israel zu dir herantreten, damit er mir den Priesterdienst ausübt, Aaron und mit ihm Nadab und Abihu, Eleasar und Itamar, die Söhne Aarons. (2. Mose 28:1)

> Lass den Stamm Levi herannahen und stelle ihn vor den Priester Aaron, dass sie ihm dienen! (4. Mose 3:6)

Gott gab Anweisungen zum Bau der Stiftshütte, sodass er in der Mitte seines Volkes wohnen konnte, während er mit ihnen durch die Wüste reiste. Es war der Ort, wo die Priester dienten.

> So werde ich das Zelt der Begegnung und den Altar heiligen. Und Aaron und seine Söhne werde ich heiligen, damit sie mir den Priesterdienst ausüben. Und ich werde mitten unter den Söhnen Israel wohnen und ihr Gott sein. (2. Mose 29:44-45)

Die Stiftshütte im Zentrum des Lagers mit dem Allerheiligsten und Heiligtum innerhalb des Hofes ist voller Symbolik bezüglich Gottes Volk und ihrer Beziehung zu ihm, ihrem Dienst und ihrer Anbetung. Die Stiftshütte wurde von den Zelten der Stämme Israels in einem ganz bestimmten Muster umgeben (siehe 4. Mose 2) und formten ein Lager. Aus diesem Lager heraus konnten die Israeliten den Hof betreten und ihre Opfer bringen[160], aber sie durften das Heiligtum nicht betreten. Das durften nur die Priester und nur der Hohepriester durfte einmal im Jahr – am großen Versöhnungstag – in das Allerheiligste hinein.[161]

Paulus schreibt in 1. Korinther 10:11 über Israel zu der Zeit:

> Alles dies aber widerfuhr jenen als Vorbild und ist geschrieben worden zur Ermahnung für uns, über die das Ende der Zeitalter gekommen ist.[162]

---

160 Z.B. „Wenn ein Fürst sündigt und tut aus Versehen irgend etwas von alledem, was der Herr, sein Gott, zu tun verboten hat, und wird schuldig, und seine Sünde, mit der er gesündigt hat, wird ihm zu Bewusstsein gebracht, dann soll er seine Opfergabe bringen, einen Ziegenbock, ein Männchen ohne Fehler. Und er soll seine Hand auf den Kopf des Ziegenbockes legen und ihn schlachten an dem Ort, wo man das Brandopfer vor dem Herrn schlachtet: ein Sündopfer ist es (3. Mose 4:22-24)."

Dies geschah innerhalb des Hofes um die Stiftshütte.

161 3. Mose 16:2-20 und Hebräer 9:6-7.

162 Vergleiche Römer 15:4: „Denn alles, was früher geschrieben ist, ist zu unserer Belehrung geschrieben,

Man muss mit diesem Aufbau und der Ordnung der Dinge damals und mit ihrer Bedeutung vertraut sein, wenn wir unsere jetzige Stellung vor Gott richtig verstehen wollen. Wir müssen verstehen, wie die Dinge damals heutige Realitäten widerspiegeln.

In der Wüste gab es eine Gruppe von beschnittenen Menschen im allgemeinen[163] und eine kleine Gruppe mit zusätzlichen Vorrechten und Aufgaben innerhalb dieser großen Gruppe im besonderen. Alle waren beschnitten, aber nicht alle waren in einer besonderen Stellung. Die Priester waren alle beschnitten, aber auch alle gesalbt.

> Und du (Mose) sollst deinen Bruder Aaron damit bekleiden und seine Söhne mit ihm. Dann sollst du sie salben und ihnen die Hände füllen und sie heiligen, damit sie mir (Gott) den Priesterdienst ausüben. (2. Mose 28:41)

Dies traf auf die Übrigen nicht zu. Zusätzlich zu dieser wichtigen Unterscheidung finden wir eine andere. Jeder, der Israelit werden wollte, konnte das, indem er sich beschneiden ließ – wie wir in 2. Mose 12:48 schon gesehen haben. Man musste nicht als Israelit geboren werden. Zugang zum Volk war möglich. Aber – und dieses Aber ist von allergrößter Wichtigkeit – Priester zu sein war Familiensache. Um Priester sein zu können, musste man nicht nur Israelit sein, sondern auch von der Familie Aarons. Nicht nur beschnitten, sondern auch gesalbt.

Jeder Priester musste ein Beschnittener sein, einer, der zum „Volk Gottes" gehörte wie die anderen, aber zusätzlich zu dem musste er aus einer bestimmten Familie stammen.[164] Der Priester hatte etwas Gemeinsames mit all den anderen, aber auch etwas, das ihn von den anderen unterschied.

Dasselbe galt auch später für den König. Um König sein zu können, musste man von der Familie Davids abstammen. Die Trennung nach König Salomo endete in einem südlichen (Juda) und nördlichen (Israel/Ephraim) Königtum. Juda behielt die wahre

---

damit wir durch das Ausharren und durch die Ermunterung der Schriften die Hoffnung haben."

[163] Aus Josua 5:5 ersehen wir, dass die Israeliten, die in der Wüste geboren worden waren, nicht beschnitten waren: „Denn das ganze Volk, das auszog, war beschnitten gewesen; aber das ganze Volk, das in der Wüste unterwegs bei ihrem Auszug aus Ägypten geboren worden war, hatte man nicht beschnitten." Manche Gelehrte sehen dies als einen Beweis dafür, dass Beschneidung etwas mit dem verheißenen Land zu tun hat. Außerhalb des Landes war die Beschneidung nicht notwendig, wie Beispiele von gläubigen Nicht-Israeliten zu beweisen scheinen, z.B. König Hiriam. Aber Gott fing mit einer Gruppe von beschnittenen Menschen an und aus dieser Gruppe wurden die ersten Priester genommen.

[164] Nicht einmal Christus dürfte levitischer Priester sein/werden. Siehe Hebräer 5:4; 7:11-15 und 8:4.

Linie Davids durch seine Geschichte hindurch, während Israel einen häufigen Wechsel von Dynastien durchmachte. Ein legitimer Herrscher über das gesamte Volk, Süd- und Nordreich, musste aus der Familie Davids stammen (wie unser Herr es tut).

Der König musste auch gesalbt werden.

> Und alle Ältesten Israels kamen zum König nach Hebron, und der König David schloss vor dem Herrn einen Bund mit ihnen in Hebron. Und sie salbten David zum König über Israel. (2. Samuel 5:3)

Wir können jetzt beginnen diese Prinzipien aus dem Alten Testament auf die Gemeinde und auf neutestamentliche Gläubige – sprich: Christen – anzuwenden.

**Neutestamentliche Anwendung**

Wir haben schon die Verbindung zwischen der Beschneidung und der christlichen Taufe gestreift. Beide sind Einführungsriten. Beide weisen auf eine Veränderung hin und beide haben mit Sterben oder dem Tod zu tun. Beide werden ausgeführt, sodass etwas geschieht und nicht, weil schon etwas geschehen ist. Jede Stelle im Neuen Testament, die die Taufe behandelt, bringt zum Ausdruck, dass **durch** die Taufe etwas geschieht und niemals, dass die Taufe vollzogen wird, **weil** schon etwas geschehen ist.

Die Taufe macht keine Aussagen darüber, was im Herzen des Getauften geschehen oder nicht geschehen ist – genauso wie die Beschneidung es nicht tat.[165]

Um in eine Beziehung zu Gott kommen zu können (Bundesbeziehung) und um als jemand angesehen zu werden, der zu dem besonderen Volk Gottes gehörte, mussten Menschen in der Vergangenheit beschnitten werden. Es reichte nicht aus, sagen zu können: „Meine beiden Eltern sind Israeliten. Ich glaube und befolge, was in dem

---

165 Es gibt viele aufrichtige und hingebungsvolle Christen, die als Kinder oder Säuglinge getauft wurden. Bei ihrer Taufe hatten sie den „lebendigen Glauben", den sie jetzt besitzen, nicht. Sie waren sich nicht bewusst, was mit ihnen geschah und haben ihre Zustimmung nicht gegeben, als sie getauft wurden. Aus diesem Grund glauben sie, dass sie noch einmal getauft werden müssen, weil das erste Mal ihrer Meinung nach nicht echt war. Sie wollen jetzt ganz bewusst und in völliger Übereinstimmung mit dem sein, was mit ihnen geschieht und sehen ihre Wiedertaufe als den Ausdruck ihres wahren Glaubens. Aber genauso wie jemand nicht noch einmal beschnitten werden konnte, kann niemand noch einmal getauft werden. Was stattgefunden hat, hat stattgefunden. In dem einen Fall wurde die Person zum Israelit und im anderen zum Christ. Aber dies alles hat nichts mit dem wahren Herzenszustand der Person zu tun.

Gesetz steht und ich möchte dem Herrn folgen." Das war alles recht und gut, aber die Beschneidung war notwendig um diese Person äußerlich als Israelit identifizieren zu können. Wenn diese Person nicht nach dem Gesetz lebte, wenn sie den Herrn ihren Gott nicht von ganzem Herzen und ganzer Seele liebte (Markus 12:30), dann war ihre Beschneidung am Ende wertlos und konnte sie nicht retten. Aber das gab niemand das Recht zu sagen: „Ich glaube wirklich in meinem Herzen, während du als beschnittene Person ein Heuchler bist und nicht glaubst. Ich brauche keine Beschneidung, denn es kommt auf den Glauben an."

Die Beschneidung brachte den Beschnittenen in den Kreis derjenigen, die bekannten dem Herrn zu folgen und sich unter die Verpflichtungen seines Bundes stellten. Sie machte keinen wahren Gläubigen aus solch einem Menschen. Sie hat kein Leben vermittelt. Im Gegenteil, sie sprach von der Notwendigkeit des Gerichts über die Vergangenheit – nämlich den Tod.

In der Taufe ist es auch so. Die Taufe bringt die getaufte Person aus dem Bereich, wo sie früher gewesen ist, heraus – was Kolosser 2:13 als die „Macht der Finsternis" bezeichnet – und versetzt sie in das Reich des Sohnes der Liebe Gottes.[166] Sie bringt diese Person in das Reich, wovon Christus so oft in den Evangelien gesprochen hat. Es ist der Ort oder Bereich, wo Christus als König anerkannt wird. Seine Gesetze sind hier die „Norm".

Als Sünder haben wir Gottes gerechtes Gericht verdient. Wir waren alle dazu verurteilt zu sterben. Das ist, was die Taufe bewirkt. Die Taufe bringt uns in den Tod. In der Taufe, durch die Taufe, nehmen wir die Stellung ein, die wir verdienen und bringen so zum Ausdruck, dass das Gericht Gottes über uns gerecht ist. Mit anderen Worten: die Taufe „tötet". Die Taufe vermittelt kein Leben.

Es gibt Christen, die behaupten, dass eine Taufe nur gültig ist, wenn sie durch Untertauchen vollzogen wurde.[167] Sie betonen hier die Symbolik, dass man in den Tod hin-

---

[166] Bemerke, es heißt hier nicht Gemeinde oder Leib Christi, sondern „Reich".

[167] Es ist nicht meine Absicht das Für und Wider verschiedener Taufformen zu erörtern. Die verschiedenen Formen sind Untertauchen, Besprengen oder im Wasser Stehen, während Wasser über den Kopf gegossen wird. Wenn sie im Namen des Dreieinigen Gottes geschehen, dann sind sie alle „echt" oder „gültig", auch wenn vielleicht eine Form richtiger ist als eine andere. Ich möchte nur darauf hinweisen, dass wir von Mose lesen, dass er „sprengte" und nicht „untertauchte". Was den Apostel Paulus betrifft, lesen wir, dass er „aufstand" um getauft zu werden: Apg. 9:17-18; 22:12-16. Was den Kämmerer und Philippus in Apg. 8 betrifft, das „Hinab-" und „Heraufsteigen" (die Verse 38 und 39) bedeutet nicht „untertauchen", sondern von der höher

untergeht (als ob man den Täufling ertränkt) und wieder aus dem Wasser herauskommt in neuem Auferstehungsleben. Der Gedanke ist verständlich, aber nicht gerechtfertigt. Römer 6, wo wir einen längeren Abschnitt über die Taufe finden, endet mit dem Tod. Siehe Vers 4:

> So sind wir nun mit ihm (Christus) begraben worden durch die Taufe in den Tod, damit, wie Christus aus den Toten auferweckt worden ist durch die Herrlichkeit des Vaters, so auch wir in Neuheit des Lebens wandeln.

Wir sind durch die Taufe begraben, „damit" wir in der Neuheit des Lebens wandeln sollen, aber die Taufe bewirkt es nicht. Die Taufe gibt uns nicht die Kraft dazu. Die Taufe bringt uns nur in den Tod. Tötet uns. Diesen Gedanken finden wir auch in Kolosser 2:12:

> mit ihm (Christus) begraben in der Taufe, in ihm auch mit auferweckt durch den Glauben an die wirksame Kraft Gottes, der ihn aus den Toten auferweckt hat.

In manchen Übersetzungen heißt es „in welcher", als ob wir durch die Taufe mit auferweckt werden, aber nein, es ist in ihm – in Christus. In ihm und durch ihn.
Die Israeliten, die die Befreiung aus Ägypten erlebt hatten und die Wunder des Herrn sahen, waren nicht alle wahre Gläubige, auch wenn alle – außer dem Mischvolk – beschnitten waren.

> Denn ich will nicht, dass ihr in Unkenntnis darüber seid, Brüder, dass unsere Väter alle unter der Wolke waren und alle durch das Meer hindurchgegangen sind und alle in der Wolke und im Meer auf Mose getauft wurden und alle dieselbe geistliche Speise aßen und alle denselben geistlichen Trank tranken; denn sie tranken aus einem geistlichen Felsen, der sie begleitete. Der Fels aber war der Christus. An den meisten von ihnen aber hatte Gott kein Wohlgefallen, denn sie sind in der Wüste hingestreckt worden. (1. Korinther 10:1-5)

Aber sie waren alle miteinander in einen neuen Bereich gebracht worden, in eine neue Beziehung.

---

gelegenen Straße zum oder ins Wasser hinunter zu gehen. Die Taufe ist Gericht. Das Gericht Gottes kommt immer von oben.

Die Taufe wie die Beschneidung ist eine Einführung oder ein „Aufnahmeritus". Der Anfang von etwas und nicht ein Abschluss. Die Taufe ist notwendig, aber sie geht nicht weit genug. Die Taufe erhebt uns nicht in die Neuheit des Lebens, aber sie bringt uns in die Position oder Stellung, wo dies möglich wird. Es ist wie der Apostel Petrus es zum Ausdruck bringt:

> Das Gegenbild dazu (Sintflut/Arche) errettet jetzt auch euch, das ist die Taufe - nicht ein Ablegen der Unreinheit des Fleisches, sondern die Bitte an Gott um ein gutes Gewissen - durch die Auferstehung Jesu Christi. (1. Petrus 3:21)

Die Wasser der Sintflut brachten Tod und Vernichtung, aber es geschah durch diese Wasser, dass Noah und seine Familie errettet und in eine neue Welt gebracht wurden. Die Taufe rettet, indem sie uns an den Ort bringt, wo Gericht schon ausgeübt wurde – nämlich in den Tod.

> Oder wisst ihr nicht, dass wir, so viele auf Christus Jesus getauft wurden, auf seinen Tod getauft worden sind? (Römer 6:3)

Aber mehr nicht. Wie wir später sehen werden, sie vermittelt kein Leben. Diejenigen, die getauft sind, aber ohne einen lebendigen Glauben an Christus sterben, sind wie die, die in der Flut umkamen.

**Knechte des Reiches**

In den Evangelien spricht unser Herr oft von „Knechten" im Reich Gottes (oder Reich des Himmels). Es gibt gute und böse Knechte. Die bösen Knechte haben definitiv kein ewiges Leben. Sie sind nicht für die Ewigkeit errettet. Sie kommen nicht in das Haus des Vaters. Unser Herr sagt z.B. über solche Knechte:

> Und den unnützen Knecht werft hinaus in die äußere Finsternis: da wird das Weinen und das Zähneknirschen sein. (Matthäus 25:30)

Dieser „unnütze" Knecht ist aber nichtsdestotrotz ein Knecht. Wie ist er dazu geworden? Einfach, indem er behauptet einer zu sein?
In Matthäus 7:22 steht:

> Herr, Herr! Haben wir nicht durch deinen Namen geweissagt und durch deinen Namen Dämonen ausgetrieben und durch deinen Namen viele Wunderwerke getan?

Diese Menschen erkennen Christus in irgendeiner Form an. Sie nennen ihn Herr. Sie identifizieren sich als seine Knechte oder Diener, indem sie behaupten Dinge in seinem Namen getan zu haben, d. h. in seiner Autorität oder Bevollmächtigung.[168] Aber Christus antwortete ihnen:

> Ich habe euch niemals gekannt. Weicht von mir, ihr Übeltäter!

Diese Menschen waren Knechte im Reich Gottes, weil sie getauft waren. Sie waren in den Bereich hineingelassen worden, wo Christus als Herr anerkannt wird. Sie waren nicht Hindus, Muslime oder Buddhisten. Aber das sagte überhaupt nichts aus über ihre Echtheit als Gläubige. Sie sind solche, von denen wir in Hebräer 6:4-5 lesen:

> Denn es ist unmöglich, diejenigen, die einmal erleuchtet worden sind und die himmlische Gabe geschmeckt haben und des Heiligen Geistes teilhaftig geworden sind und das gute Wort Gottes und die Kräfte des zukünftigen Zeitalters geschmeckt haben.

Sie hatten geschmeckt, aber nicht gegessen oder sich davon ernährt. Sie waren teilhaftig, aber nicht Besitzer des Heiligen Geistes. Sie sind keine wahren Gläubigen, aber tragen mehr Verantwortung als die Heiden, die es nicht besser wissen (vergleiche Lukas 12:47-48) – ähnlich wie das Mischvolk in der Wüste.

### Das Reich und die „Neuheit" der Gemeinde

Die Beschneidung war ein israelitischer Charakterzug. Die Taufe ist ein Charakterzug des Reiches. Die Beschneidung hatte einen nationalen Charakter. Die Taufe ist universal – wie die Wasser, die das Meer bedecken. Viele Christen sind der Ansicht, dass man durch die Taufe in die Gemeinde hineingeführt wird. Sie machen keine klare Unterscheidung zwischen dem Reich und der Gemeinde. Aber es besteht ein Unterschied. Ein wichtiger, und wenn man ihn nicht macht, führt das zu sehr viel Unklarheit und Missverständnissen.

---

[168] Petrus schreibt über falsche Propheten, die „den Gebieter, der sie erkauft hat, verleugnen. Sie ziehen sich selbst schnelles Verderben zu." (2 Petrus 2:1) Diese falschen Propheten standen in einer Beziehung zu dem Herrn als ihrem Meister, aber sie waren nicht wahre Gläubige und haben dem Glauben geschadet. Wie kamen sie aber in diese Position? Durch die Taufe ins Reich. Diese Propheten sind nicht gleichzusetzen mit der Gabe des Propheten, die wir in 1. Korinther 12:28 und Epheser 4:11 finden.

Die christliche Wassertaufe führt einen Menschen in das Reich hinein und macht ihn zu einem Knecht des Königs – hier kann es sich um wahre Gläubige handeln (gute Knechte) oder bloße Bekenner (böse Knechte). Das Reich ist ein Bereich des Segens, weil Christus der König ist. Aber genauso wie es in einem weltlichen Reich Bürger gibt, die die Vorteile des Reiches oder Staates genießen, aber trotzdem dagegen arbeiten, so auch hier.

Die Wassertaufe ist wie die Beschneidung im Alten Testament. Aber im Neuen Testament finden wir auch eine Taufe im Heiligen Geist. Diese Taufe bringt einen Menschen in die Gemeinde hinein und macht ihn zu einem Glied am Leib Christi, zu einem Sohn/Kind Gottes. Alles in dieser Beziehung hat mit echtem Glauben, mit Leben aus Gott zu tun.[169] Im Alten Testament finden wir viele Symbole des Reiches, aber wir finden keine eindeutigen Symbole von einem Haupt im Himmel (Christus in Herrlichkeit nach der Auferstehung) verbunden mit einem Leib auf der Erde (die Gemeinde). Den Grund dafür werden wir später sehen, aber wir finden Hinweise. Die Verbindung zwischen dem Haupt im Himmel und seinem Leib auf der Erde geschieht durch die Taufe des Heiligen Geistes. Diese Taufe ist wie die Salbung der Priester im Alten Testament und hat mit Familie zu tun.

Ein Teil der Schwierigkeit, unterscheiden zu können zwischen dem Reich und der Gemeinde, ist eine zu starke Betonung der Kontinuität zwischen dem Alten und dem Neuen Testament. In manchen christlichen Kreisen wird der Fehler gemacht einen zu großen Unterschied oder eine zu große Unterbrechung zu sehen zwischen Alt und Neu, was dazu führt, dass man dann irrtümlicherweise von zwei verschiedenen Völkern Gottes mit verschiedenen Schicksalen spricht. Aber man kann sich auch in die andere Richtung verirren.

Was für einen Sinn hatte es, als unser Herr immer wieder von etwas Neuem in den Evangelien sprach, wenn es in Wirklichkeit nichts Neues gibt? Paulus schreibt oft über das jetzt geoffenbarte Geheimnis:

> Dem aber, der euch zu stärken vermag nach meinem Evangelium und der Predigt von Jesus Christus, nach der Offenbarung des Geheimnisses, das ewige Zeiten hindurch verschwiegen war, jetzt aber offenbart und durch prophetische Schriften nach Befehl des ewigen Gottes zum Glaubensgehorsam an alle Nationen bekannt-

[169] Knechte können aus dem Reich hinausgeworfen werden, aber Glieder am Leib werden nicht abgeschnitten. Das wäre eine Verstümmelung.

gemacht worden ist. (Römer 16:25-26)

Sondern wir reden Gottes Weisheit in einem Geheimnis, die verborgene, die Gott vorherbestimmt hat, vor den Zeitaltern, zu unserer Herrlichkeit. Keiner von den Fürsten dieses Zeitalters hat sie erkannt - denn wenn sie sie erkannt hätten, so würden sie wohl den Herrn der Herrlichkeit nicht gekreuzigt haben. (1. Korinther 2:7-8)

Deswegen bin ich, Paulus, der Gefangene Christi Jesu für euch, die Nationen - ihr habt doch wohl von der Verwaltung der Gnade Gottes gehört, die mir im Hinblick auf euch gegeben ist. Denn mir ist durch Offenbarung das Geheimnis zu erkennen gegeben worden - wie ich es oben kurz geschrieben habe; beim Lesen könnt ihr meine Einsicht in das Geheimnis des Christus merken. . .Mir, dem allergeringsten von allen Heiligen, ist diese Gnade gegeben worden, den Nationen den unausforschlichen Reichtum des Christus zu verkündigen und ans Licht zu bringen, was die Verwaltung des Geheimnisses sei, das von den Zeitaltern her in Gott, der alle Dinge geschaffen hat, verborgen war; damit jetzt den Gewalten und Mächten in der Himmelswelt durch die Gemeinde die mannigfaltige Weisheit Gottes zu erkennen gegeben werde. (Epheser 3:1-4, 8-10)

. . . das Geheimnis, das von den Weltzeiten und von den Geschlechtern her verborgen war, jetzt aber seinen Heiligen geoffenbart worden ist. (Kolosser 1:26)

Hier haben wir ganz klare Aussagen, wiederholte Aussagen, dass durch das vollbrachte Werk des Herrn etwas entstanden ist, das es vorher nicht gab. Etwas, das man aus früher gemachten Aussagen nicht erahnen oder voraussagen konnte! Ohne das Neue Testament und was Paulus über das Geheimnis sagt, hätte niemand nur mit dem Alten Testament auf die Idee der Gemeinde kommen können.[170] Errettung und das Reich werden sehr oft im Alten Testament erwähnt und die Schreiber des Alten Testaments wussten, dass es irgendwie „mehr“ gab (vergleiche 1. Petrus 1:10-11[171]), aber was, wussten sie nicht – und konnten es nicht wissen!

---

170 In gewisser Hinsicht ist die dispensationalistische Sicht bezüglich des zukünftigen Reichs auf der Erde mit einem nationalen Israel und Jerusalem als Mittelpunkt der Erde eine Sicht, die man bekommt, wenn man das Alte Testament ohne das Neue liest.

171 „Im Hinblick auf diese Rettung suchten und forschten Propheten, die über die an euch erwiesene Gnade weissagten. Sie forschten, auf welche oder auf was für eine Zeit der Geist Christi, der in ihnen war, hindeutete, als er die Leiden, die auf Christus kommen sollten, und die Herrlichkeiten danach vorher bezeugte (1. Petrus 1:10-11).“

Es gab keine Gemeinde oder Kirche im Alten Testament. Der Aussage in Apg. 7:38: „Dieser ist es, der in der Gemeinde in der Wüste gewesen ist mit dem Engel, der auf dem Berg Sinai zu ihm redete und mit unseren Vätern", kann nicht verwendet werden um zu beweisen, dass es schon die Gemeinde, d.h. Kirche, im Alten Testament gab. „Gemeinde" hat hier nicht die Bedeutung, die sie später, besonders durch Paulus, im Neuen Testament hat. Im deutschen Sprachgebrauch ist es ähnlich. Man kann von „Gemeinde" in verschiedener Hinsicht sprechen. Mal kann es eine politische oder staatliche „Gemeinde" sein, mal eine kirchliche. Der Kontext macht es klar. Jedenfalls ausgehend von dem, was man über die Gemeinde, d.h. Kirche, weiß, nämlich was sie definiert, ist es völlig unmöglich sie als im Alten Testament schon existent zu betrachten.

Aus dem Alten Testament war es klar, dass es weiterhin ein Volk Gottes geben würde, ein Reich, das Einführen von Nicht-Israeliten, treue und untreue Menschen, nur Bekenner und „Echte", aber nichts über eine Gruppe von Menschen, vereint in einem Leib (Körper) durch den Heiligen Geist und verbunden mit einem verherrlichten Haupt im Himmel. Etwas radikal Neues geschah tatsächlich zu Pfingsten!

Im Alten Testament gab es Gläubige - ohne Frage – aber sie waren nicht in eins versammelt worden. Der Zweck des Kommens des Herrn war „die zerstreuten Kinder Gottes in eins" zu versammeln (Johannes 11:52). Dieses Sammeln fand an Pfingsten statt, als der Heilige Geist herniederkam. Offensichtlich gab es dies nicht schon früher.

Unser Herr spricht von dem Heiligen Geist, der MIT den Aposteln war, aber IN ihnen sein würde nach seinem vollbrachten Werk (Johannes 14:17). Die Apostel haben ganz sicher in der Kraft des Heiligen Geistes gewirkt, während der Herr auf der Erde war – genauso wie Gläubige im Alten Testament – aber der Hauptunterschied bestand darin, dass ein „Innewohnen" nur möglich war nach dem Kreuz. Nach der „Reinigung", wie wir es in der Symbolik der Stiftshütte oder des Tempels finden (Siehe 2. Mose 40:33-34 und Hebräer 9: 21-22). Egal was für welche Kontinuitäten es zwischen Alt und Neu gibt (und es gibt sie), das wirklich Neue ist das Innewohnen des Heiligen Geistes – etwas, was früher nicht möglich war. Der Heilige Geist wohnte nicht in Israel oder Israeliten, wie er es jetzt in der Gemeinde tut.

Wir lesen nichts über einen „Leib" von zusammengefügten Gliedern, verbunden mit einem Haupt im Himmel, vor dem vollendeten Werk des Herrn und der Herniederkunft des Heiligen Geistes. Dennoch gibt es Hinweise, besonders wenn wir die Stiftshütte und ihre Konstruktion anschauen. Die Stiftshütte spricht von Christus und seinem Werk – und von denjenigen, die mit ihm durch sein Werk verbunden sind. Die hölzernen Bretter der Stiftshütte wurden mit Gold bedeckt und hatten Füße aus Silber – siehe 2. Mose 26. Dies spricht von den verherrlichten Menschen, die um Gott herum stehen auf der Grundlage der Erlösung.[172] Diese Bretter wurden mit fünf Stangen verbunden (2. Mose 26:26-29). Bibelausleger sind hier unterschiedlicher Meinung, aber wenn wir der Erklärung hebräischer Gelehrter folgen, ist es klar, dass vier der Stangen außen auf den Brettern angeordnet waren und die fünfte ging mitten durch alle Bretter von einem Ende bis zum anderen. Vier Stangen konnte man außen sehen, die fünfte im Inneren konnte man nicht sehen. Dies stimmt wunderbar überein mit den Gaben, die Gott seiner Gemeinde gegeben hat. Die vier äußeren Stangen weisen auf diese sichtbaren Gaben hin. Sie sind die „dienenden Gelenke":

> Lasst uns aber die Wahrheit reden in Liebe und in allem hinwachsen zu ihm, der das Haupt ist, Christus. Aus ihm wird der ganze Leib zusammengefügt und verbunden durch jedes der Unterstützung dienende Gelenk, entsprechend der Wirksamkeit nach dem Maß jedes einzelnen Teils; und so wirkt er das Wachstum des Leibes zu seiner Selbstauferbauung in Liebe. (Epheser 4:15-16)

Aber die nicht sichtbare Stange weist auf den Heiligen Geist hin, der alle Gläubigen in einer ununterbrochenen Linie verbindet. Im Epheserbrief benutzte der Apostel Paulus nicht das Bild der Stiftshütte (das tut er im Hebräerbrief), sondern das Bild des Tempels:

> So seid ihr nun nicht mehr Fremde und Nichtbürger, sondern ihr seid Mitbürger der Heiligen und Gottes Hausgenossen. Ihr seid aufgebaut auf der Grundlage der Apostel und Propheten, wobei Christus Jesus selbst Eckstein ist. In ihm zusammengefügt, wächst der ganze Bau zu einem heiligen Tempel im Herrn, und in ihm werdet auch ihr mitaufgebaut zu einer Behausung Gottes im Geist. (Epheser 2:19-22)

Hier haben wir keine verbundenen Bretter, sondern Steine. Steine, die aufeinandergebaut werden.[173] Aber das Bild der Einheit bleibt bestehen. Man kann keinen Stein entfernen ohne die Konstruktion zu schädigen.

---

[172] Bäume – oder Holz – werden in der Bibel oft benutzt um Menschen darzustellen. Siehe z.B. Psalm 1:1-3, Jeremia 17:8 und Markus 8:24. Gold ist offensichtlich Herrlichkeit oder Verherrlichung. Silber spricht von Erlösung in Verbindung mit dem Lösegeld der Erstgeborenen. Siehe 2. Mose 30:11-16 und vergleiche mit 2. Mose 36:23-30 und 38:25-28.

[173] Vergleiche 1. Petrus 2:4-5: „Zu ihm (Christus) kommend als zu einem lebendigen Stein, von Menschen zwar verworfen, bei Gott aber auserwählt, kostbar, lasst euch auch selbst als lebendige Steine aufbauen, als ein geistliches Haus, ein heiliges Priestertum, um geistliche Schlachtopfer darzubringen, Gott wohlannehmbar durch Jesus Christus!"

Es gibt natürlich eine Verbindung zwischen dem Alten und dem Neuen Testament, weil es auch derselbe Geist Gottes ist, der in beiden wirkt, aber den Gedanken, dass der Heilige Geist herniederkommt um auf der Erde zu wohnen, finden wir im Alten Testament nicht. Charakteristisch für das Alte Testament ist eher, dass der Geist Gottes keinen Platz findet, weil alles unrein ist – wie die Taube nach der Sintflut.[174] Bezeichnend ist das langsame Weggehen des Geistes, wie es in Hesekiel geschildert wird. Im Alten Testament wird die Summe der Gläubigen nicht als Wohnung für Gott durch den Geist dargestellt.

**Der Heilige Geist und der Leib Christi**

Der Besitz des Heiligen Geistes ist wesentlich für das Christ-Sein im Sinne von Christus wirklich angehören. Wer den Geist nicht hat, ist nicht sein (Römer 8:9). Der Heilige Geist wohnt in dem Gläubigen (Römer 8:11, 1. Korinther 3:16, 2. Timotheus 1:14) und kommt und geht nicht mehr wie früher. In der Vergangenheit finden wir die Aussagen „kam über", aber jetzt heißt es „wohnt in". Das Wirken des Geistes (wie in Hebräer 6:4) darf nicht verwechselt werden mit der tatsächlichen Versiegelung (etwas, das ausdrücklich mit Glauben verbunden wird – Epheser 1:13 und Johannes 7:39) und dem Innewohnen des Geistes. Der Gläubige ist jetzt ein Tempel des Heiligen Geistes. Ein echter Gläubiger kann den Geist nicht verlieren, denn er ist seine Lebensquelle, aber er kann ihn betrüben oder löschen, d.h. sein Wirken hindern (1. Thessalonicher 5:19, Epheser 4:30). Der Geist ist wesentlich, da er es ist, der alle Gläubigen untereinander in einem Leib verbindet (1. Korinther 12:13) und mit ihrem Haupt im Himmel.

Im Alten Testament wurde schon auf ein Ausgießen des Heiligen Geistes auf das Volk Gottes hingewiesen:

> Ich werde meinen Geist ausgießen auf deine Nachkommen und meinen Segen auf deine Sprösslinge. (Jesaja 44:3)
>
> Dann werden sie den Namen des Herrn fürchten vom Sonnenuntergang an und vom Sonnenaufgang seine Herrlichkeit. Denn er wird kommen wie ein drängender Strom, den der Hauch des Herrn vorwärtstreibt. Und ein Erlöser wird kommen für Zion und für die, die in Jakob vom Treubruch umkehren, spricht der Herr. Ich

[174] Die Taube als ein Symbol für den Heiligen Geist finden wir nach der Taufe des Herrn im Jordan - Lukas 3:22. Als der Reine hat die Taube bei ihm einen Ruheplatz gefunden. Zuerst bei dem Herrn und dann in der Gemeinde.

aber - dies ist mein Bund mit ihnen, spricht der Herr: Mein Geist, der auf dir ruht, und meine Worte, die ich in deinen Mund gelegt habe, werden nicht aus deinem Mund weichen noch aus dem Mund deiner Nachkommen, noch aus dem Mund der Nachkommen deiner Nachkommen, spricht der Herr, von nun an bis in Ewigkeit. (Jesaja 59:19-21)

Und ich werde euch aus den Nationen holen und euch aus allen Ländern sammeln und euch in euer Land bringen. Und ich werde reines Wasser auf euch sprengen, und ihr werdet rein sein; von all euren Unreinheiten und von all euren Götzen werde ich euch reinigen. Und ich werde euch ein neues Herz geben und einen neuen Geist in euer Inneres geben; und ich werde das steinerne Herz aus eurem Fleisch wegnehmen und euch ein fleischernes Herz geben. Und ich werde meinen Geist in euer Inneres geben; und ich werde machen, dass ihr in meinen Ordnungen lebt und meine Rechtsbestimmungen bewahrt und tut. (Hesekiel 36:24-27)

Und ich gebe meinen Geist in euch, dass ihr lebt, und werde euch in euer Land setzen. Und ihr werdet erkennen, dass ich, der Herr, geredet und es getan habe, spricht der Herr. (Hesekiel 37:14)

Und ich werde mein Angesicht nicht mehr vor ihnen verbergen, wenn ich meinen Geist über das Haus Israel ausgegossen habe, spricht der Herr, Herr. (Hesekiel 39:29)

Und danach wird es geschehen, dass ich meinen Geist ausgießen werde über alles Fleisch. Und eure Söhne und eure Töchter werden weissagen, eure Greise werden Träume haben, eure jungen Männer werden Gesichte sehen. Und selbst über die Knechte und über die Mägde werde ich in jenen Tagen meinen Geist ausgießen. (Joel 3:1-2)

Es war auch klar, dass eine Veränderung stattfinden würde:

Dann wird nicht mehr einer seinen Nächsten oder einer seinen Bruder lehren und sagen: Erkennt den Herrn! Denn sie alle werden mich erkennen von ihrem Kleinsten bis zu ihrem Größten, spricht der Herr. Denn ich werde ihre Schuld vergeben und an ihre Sünde nicht mehr denken. (Jeremia 31:34)

Und ich gebe ihnen ein Herz, mich zu erkennen, dass ich der HERR bin. Und sie werden mein Volk sein, und ich werde ihr Gott sein; denn sie werden mit ihrem

> ganzen Herzen zu mir umkehren. (Jeremia 24:7)
>
> Man wird nichts Böses tun noch verderblich handeln auf meinem ganzen heiligen Berg. Denn das Land wird voll von Erkenntnis des Herrn sein, wie von Wassern, die das Meer bedecken. (Jesaja 11:9)
>
> Denn die Erde wird davon erfüllt sein, die Herrlichkeit des Herrn zu erkennen, wie die Wasser den Meeresgrund bedecken. (Habakkuk 2:14)

Aber sogar angesichts solcher Texte war eine besondere Offenbarung notwendig. Der Heilige Geist kam über Menschen im Alten Testament, aber hatte sie zuvor nie mit einem verherrlichten Christus im Himmel verbunden. Vor dem vollbrachten Werk des Herrn gab es keine „Gemeinde".

Das Reich war etwas, worauf man schon im Alten Testament wartete. Und auch wenn Gott „König" in dieser Zeit war (siehe z.B. 1. Samuel 8:7), war das Reich in einer gewissen Hinsicht noch nicht da. Ein Reich setzt einen König auf einem Thron voraus und das war nur möglich, nachdem Christus sein Werk hier auf Erden vollbracht hatte. Hier haben er und seine Jünger das Reich gepredigt, ein Reich, das „nahe" war oder bald kommen sollte. Aber Christus musste weggehen um dieses Reich zu bekommen (siehe Lukas 19:12). Eine Taufe im Namen des Vaters und des Sohnes und des Heiligen Geistes war nur möglich, nachdem Christus in den Himmel zurückgekehrt war und sich zur Rechten Gottes gesetzt hatte.

Hatte man die Gemeinde (Kirche) auf dieselbe Weise erwartet wie das Reich?

Nein.

Aber genauso wie die Rückkehr des Herrn in den Himmel eine Notwendigkeit für das Reich war, so war sie auch notwendig für die Erschaffung der Gemeinde. Der Herr selbst sagte, dass der Heilige Geist, der Tröster, nicht kommen würde, solange er noch hier war (siehe Johannes 16:7) – und die Gemeinde ist erst durch die Herniederkunft des Geistes entstanden.

**Unterschiede in Zeit und Verantwortung**

Wenn wir über das Reich und die Menschen, die damit verbunden sind, in der Bibel lesen, dann stellen wir fest, dass die Betonung auf den Beginn der Erde gelegt wird:

> Damit erfüllt würde, was durch den Propheten geredet ist, der spricht: Ich werde meinen Mund öffnen in Gleichnissen; ich werde aussprechen, was **von Grundlegung der Welt an** verborgen war. (Matthäus 13:35)

> Dann wird der König zu denen zu seiner Rechten sagen: Kommt her, Gesegnete meines Vaters, erbt das Reich, das euch bereitet ist **von Grundlegung der Welt an**! Matthäus 25:34

> Und alle, die auf der Erde wohnen, werden ihn anbeten, jeder, dessen Name nicht geschrieben ist im Buch des Lebens des geschlachteten Lammes **von Grundlegung der Welt an**. (Offenbarung 13:8)

Wenn es um die Familie Gottes geht, ist die Rede von vor Grundlegung der Welt:

> Vater, ich will, dass die, welche du mir gegeben hast, auch bei mir seien, wo ich bin, damit sie meine Herrlichkeit schauen, die du mir gegeben hast, denn du hast mich geliebt **vor Grundlegung der Welt**. (Johannes 17:24)

> . . .wie er uns in ihm auserwählt hat vor **Grundlegung der Welt**, dass wir heilig und tadellos vor ihm seien in Liebe. (Epheser 1:4)

> Er (Christus) ist zwar im voraus vor **Grundlegung der Welt** erkannt, aber am Ende der Zeiten geoffenbart worden um euretwillen. (1. Petrus 1:20) (Siehe „wenn ihr den als Vater anruft“ in Vers 17.)

Diese „Zeitreferenzen“ sind nicht austauschbar. Sie weisen deutlich auf einen wichtigen Unterschied hin.

Wir finden das Prinzip der Verantwortung im Reich und in der Gemeinde. Aber in dem Reich wird Verantwortung verbunden mit Diener oder Knecht-Sein. In der Gemeinde – die das Haus Gottes ist (1. Timotheus 3:15) – wird Verantwortung in Verbindung mit unserem Kind-Sein gebracht. Knecht und Kinder haben beide Verantwortung, aber der Grad der Intimität ist verschieden.

Die Wassertaufe hat mit Verantwortung und einer „staatlichen" Position oder einem Status zu tun,[175] die Taufe im Heiligen Geist hingegen hat mit Vorrechten und Familienbanden zu tun. Die Beispiele, die die Bibel benutzt, sind wichtig. In dem einen haben wir Knecht/Meister und in dem anderen Ehemann/Ehefrau (= ein Fleisch), Sohn/Vater, Glied am Körper/Kopf (Haupt). Weil ich ein Staatsbürger von einem Land bin, heißt das nicht, dass ich auch ein Mitglied der regierenden Familie bin, aber ich trage trotzdem als Bürger Verantwortung. Es gibt Regeln und Auflagen, die ich zu befolgen habe. Wenn ich auch zu der regierenden Familie gehöre, fügt das Familienprivilegien zu meinen Pflichten hinzu.

---

175 Die Taufe hat mit dem Himmel und dem Leben nach dem Tod **NICHTS** zu tun. Die Taufe hat zu tun mit unserer Zeit hier auf der Erde.

Wenn die Wassertaufe notwendig wäre um mein ewiges Heil zu bewirken, dann wäre der Schächer am Kreuz verloren - denn er wurde nicht getauft! Aber der Herr Jesus sagt zu ihm: „Heute wirst du mit mir im Paradies sein (Lukas 23:43)." Also, ohne Zweifel, dieser Mann war errettet. Die Wassertaufe war dafür nicht notwendig. Warum nicht? Weil dieser Mann kein Leben auf der Erde mehr vor sich hatte.

Was mein Heil angeht, was meine Zugehörigkeit zum Leib Christi angeht, muss ich nichts tun, nichts außer Christus im Glauben annehmen. Aber was das Reich Gottes angeht, da muss ich sehr wohl etwas tun. Ich MUSS mich taufen lassen, wenn ich nach außen hin als Christ, d.h. Anhänger des Herrn Jesus Christus, „Gefolgsmann" des Königs, gelten will. Nicht vor Gott - der weiß, was in meinem Herzen vorgeht - sondern vor der Welt, vor Menschen.

Jeder Getaufte auf dieser Erde ist ein Knecht Christi, gehört zum Reich.

(Der richtige Wortlaut in Matthäus 28:19 heißt: „Macht die Nationen zu Jüngern, INDEM ihr sie tauft.")

Aber nicht jeder Getaufte ist ein Glied am Leib Christi.

Die Taufe ist eine wichtige Notwendigkeit (so gesehen schon ein Zeichen, ein Bekenntnis), die kein Christ ablehnen darf. Markus 16:16 macht dies klar:

> Wer gläubig geworden und getauft worden ist, wird errettet werden; wer aber ungläubig ist, wird verdammt werden.

Glauben und getauft werden = „errettet" werden. Glauben = Errettung/Himmel. Getauft = Errettung/Erde.

Wenn es um das ewige Heil geht, dann geht es nur um den **Glauben**. Dann heißt es „wer aber ungläubig ist, wird verdammt werden" und **nicht** „wer aber ungläubig und nicht getauft ist, wird verdammt werden".

Zusammengefasst: Die Taufe stempelt mich als Anhänger Christi auf dieser Erde ab. Ich bin kein Hindu oder Muslime, ich bin „Christ".

Die Taufe berührt die Frage meines ewigen Heils nicht. Sie ist wie ein Passierschein durch eine gefährliche Gegend (diese Welt) - aber nicht die Eintrittskarte für den Himmel.

### Hinzufügen

Die Wassertaufe nimmt Bezug auf das Reich:

> Als sie aber dem Philippus glaubten, der das Evangelium vom REICH Gottes und dem Namen Jesu Christi verkündigte, ließen sie sich taufen, sowohl Männer als auch Frauen. (Apg. 8:12)

Das Reich breitet sich aus durch die Wassertaufe. Die Gemeinde wächst durch die Taufe im Heiligen Geist.

> Denn in einem Geist sind wir alle zu einem Leib getauft worden, es seien Juden oder Griechen, es seien Sklaven oder Freie, und sind alle mit einem Geist getränkt worden. (1. Korinther 12:13)

Oft ist es in der Apostelgeschichte schwierig zu unterscheiden, ob es um das Reich oder die Gemeinde geht, denn dort finden wir den Beginn von beiden. Wir finden Aussagen wie:

> Die nun sein (Petrus') Wort aufnahmen, ließen sich taufen; und es wurden an jenem Tag etwa dreitausend Seelen hinzugetan . . .lobten Gott und hatten Gunst beim ganzen Volk. Der Herr aber tat täglich hinzu, die gerettet werden sollten. (Apg 2:41, 47)

> Aber um so mehr wurden solche, die an den Herrn glaubten, hinzugetan, Scharen von Männern und auch Frauen. (Apg. 5:14)

Hier werden Menschen dem Reich und der Gemeinde hinzugefügt. Mein Eindruck ist, dass das Hinzufügen zu dem Reich in der Handlungsweise der Menschen gesehen wird, d.h. indem sie andere tauften. „Der Herr tat hinzu“ ist das Wachstum der Gemeinde, des Leibes Christi.

Die Summe aller getauften Personen (ob gläubig oder ungläubig) ist das Reich. Die Summe aller wahren Gläubigen ist der Tempel des Geistes, die Gemeinde. Wir lesen nie in der Schrift, dass der Heilige Geist in dem Reich wohnt. Das kann er auch nicht, denn das Reich ist eine gemischte Sache, es beinhaltet Gläubige und Ungläubige.[176]

[176] Am Ende wird der Herr diesen vermischten Zustand ändern. Siehe Matthäus 13: 41 und 47: „ Der Sohn des Menschen wird seine Engel aussenden, und sie werden aus seinem Reich alle Ärgernisse zusammenlesen und die, die Gesetzloses tun . . . So wird es in der Vollendung des Zeitalters sein: die Engel werden

Der Heilige Geist wohnt nicht in etwas Unreinem. Wir lesen, dass der Heilige Geist in einzelnen Gläubigen wohnt:

> Wisst ihr nicht, dass eure Leiber Glieder Christi sind? Soll ich denn die Glieder Christi nehmen und zu Gliedern einer Hure machen? Das sei ferne! . . . Oder wisst ihr nicht, dass euer Leib ein Tempel des Heiligen Geistes in euch ist, den ihr von Gott habt, und dass ihr nicht euch selbst gehört? (1. Korinther 6:15, 19)

Und in der Summe aller Gläubigen, der Gemeinde:

> So seid ihr nun nicht mehr Fremde und Nichtbürger, sondern ihr seid Mitbürger der Heiligen und Gottes Hausgenossen. Ihr seid aufgebaut auf der Grundlage der Apostel und Propheten, wobei Christus Jesus selbst Eckstein ist. In ihm zusammengefügt, wächst der ganze Bau zu einem heiligen Tempel im Herrn, und in ihm werdet auch ihr mitaufgebaut zu einer Behausung Gottes im Geist. (Epheser 2:19-22)

Viele Gläubige betrachten das Reich und die Gemeinde als deckungsgleichen Bereich und so sehen sie die Wassertaufe und die Taufe im Heiligen Geist als zeitgleiche Ereignisse.[177] Beispiele in der Schrift, wo dies offensichtlich nicht der Fall war[178], werden erklärt als Hinweise auf die Übergangszeit zwischen dem Alten und dem Neuen Bund und dass sie nicht mehr für unsere Zeit anwendbar sind. Ein Abschnitt in der Bibel, der benutzt wird, um die Zeitgleichheit der beiden Taufen zu beweisen, ist Epheser 4:4-6:

---

hinausgehen und die Bösen aus der Mitte der Gerechten aussondern." Also existiert das Böse neben dem Guten im Reich bis zum Schluss. Was die Gemeinde betrifft, ist das ganz anders und das, was mit der Heiligkeit Gottes nicht übereinstimmt, muss gleich behandelt werden, z. B. 1. Korinther 5:9-13

[177] Wenn wir in der Bibel eine zeitgleiche Wassertaufe und Salbung des Geistes finden, geht es immer um solche, die gläubig sind. Es gibt keine Beweise in der Schrift, die zu der Annahme führen könnten, dass Säuglinge den Heiligen Geist bei ihrer Wassertaufe empfangen. In Apg. 2:38 wird die Wassertaufe in Verbindung mit dem Heiligen Geist gebracht, weil Petrus zu Menschen spricht, die verstehen, was er sagt und das Evangelium glauben – der Geist kommt durch den Glauben („nachdem ihr geglaubt habt" Epheser 1:13). Man kann dies von einem Säugling nicht behaupten. Man kann Epheser 4:4-6 nicht nehmen und davon ableiten, dass, wer mit Wasser getauft wurde, den Heiligen Geist auch empfangen hat. Simon wollte die Kraft, den Geist geben zu können wie die Apostel es taten (Apg. 8:18), aber so funktioniert das nicht. Von ihm wird gesagt, dass er geglaubt hat (Apg. 8:13), aber wenn wir von dem ausgehen, was Petrus zu ihm sagt (Apg. 8:20-23), dann scheint sein „Glaube" mehr dem von Hebräer 6:4-5 zu entsprechen als einem echten, der sein Herz und Leben verändert hatte.

[178] Siehe z.B. die Situation in Apg. 10, wo Kornelius und die anderen mit ihm getauft wurden, nachdem sie den Heiligen Geist schon empfangen hatten (Vers 47). Oder Apg. 8, wo die Gläubigen in Samaria, die durch Philippus getauft wurden, den Heiligen Geist erst bekamen, nachdem Petrus und Johannes bei ihnen waren.

> Ein Leib und ein Geist, wie ihr auch berufen worden seid in einer Hoffnung eurer Berufung! Ein Herr ein Glaube, **eine Taufe**, ein Gott und Vater aller, der über allen und durch alle und in allen ist.

Aber können wir gerechterweise diese Stelle dafür benutzen? Die eine Taufe spricht eindeutig vom Tod („So sind wir nun mit ihm begraben worden durch die Taufe in den Tod." Römer 6:4) und die andere vom Leben:

> Denn in einem Geist sind wir alle zu einem Leib getauft worden. (1.Korinther 12:13)

Was wir im Epheserbrief finden, sind konzentrische Kreise. Der Leib Christi ist der innerste Kreis oder Ring – und steht eindeutig in Verbindung mit dem Heiligen Geist – danach hat man immer größer werdende Kreise, die auch „Unechte" beinhalten können. „Ein Geist" kann auch den Gedanken der Taufe des Heiligen Geistes miteinschließen. „Eine Taufe" kann sich sehr wohl in diesem Fall nur auf die Wassertaufe beziehen – da sie auch unmittelbar in Verbindung mit „ein Herr" steht.

## Der Heilige Geist und Reinigung

Der Heilige Geist wird als Siegel des Glaubens gegeben – und nicht in der Hoffnung eines Tages den Glauben zu haben. In Abrahams Fall wurde ihm das Siegel der Beschneidung als Zeichen seines schon vorhandenen Glaubens gegeben,[179] was er dann auf seinen Haushalt (Familie und Knechte) angewandt hat in der Hoffnung, dass sie alle auch seinen Glauben annehmen würden. Die Wassertaufe beinhaltet genau denselben Gedanken, wenn gläubige Eltern ihre Kinder/Säuglinge taufen.[180] Aber die Taufe im

---

[179] „Und er (Abraham) empfing das Zeichen der Beschneidung als Siegel der Gerechtigkeit des Glaubens, den er hatte, als er unbeschnitten war" . . . (Römer 4:11)

[180] Wenn man die Bedeutung der Beschneidung und ihre Übereinstimmung mit der Wassertaufe richtig versteht, dann erkennt man, dass die Taufe von Säuglingen oder ganzen Haushalten in Übereinstimmung mit der Schrift steht. Jemand, der schon in dem Reich ist (z.B. ein Vater), bringt diejenigen, die unter seiner Autorität stehen, in diesen Bereich hinein um sie nach den Prinzipien und Gesetzen des Reiches zu erziehen. Dies finden wir immer wieder im Alten Testament. Z.B. wenn jemand, der nicht Israelit war, am Passafest teilnehmen wollte, dann musste nicht nur er – der Wollende – beschnitten werden – sondern alle unter seiner Autorität:

> Wenn sich aber ein Fremdling bei dir aufhält und dem Herrn das Passah feiern will, so soll bei ihm alles Männliche beschnitten werden, und dann komme er herbei, um es zu feiern; und er soll wie ein Einheimischer des Landes gelten. Es darf jedoch kein Unbeschnittener davon essen. (2. Mose 12:48)

Die Begebenheit in 1. Mose 34 ist ähnlich: einer wollte heiraten, die gesamte Sippe musste beschnitten

Heiligen Geist geschieht nur da, wo echter Glaube vorhanden ist. Der Heilige Geist kann nur an einem Ort wohnen, der gereinigt wurde. Manche sind der Ansicht, dass diese Reinigung durch den Empfang des Geistes selbst stattfindet, aber der Gedanke, der die Schrift durchläuft, ist: zuerst Reinigung und dann kommt der Geist – nicht Reinigung durch den Geist.

Was uns in einer fundamentalen Weise reinigt, ist das Blut Jesu Christi – was auch vom Tod spricht:

> Wenn wir aber im Licht wandeln, wie er (Gott) im Licht ist, haben wir Gemeinschaft miteinander, und das Blut Jesu, seines Sohnes, reinigt uns von jeder Sünde. (1. Johannes 1:7)

> Und fast alle Dinge werden mit Blut gereinigt nach dem Gesetz, und ohne Blutvergießen gibt es keine Vergebung. (Hebräer 9:22)

In dem Hof um die Stiftshütte gab es ein Waschbecken. Dies wird oft als ein Symbol der christlichen Wassertaufe gesehen – fälschlicherweise. Die Priester und Leviten, die sich hier wuschen, waren schon beschnitten und nur sie durften es benutzen. Diese Waschung hier ist die Waschung durch das Wort Gottes für den Dienst wie in Epheser 5:26. Diese Waschung geschieht mit solchen, die schon dazugehören und ist ein fortdauernder Prozess – nicht ein einmaliger. Dass das Wort bei dieser Reinigung der Hauptakteur ist (durch den Heiligen Geist angewandt), sehen wir in den Worten des Herrn in Johannes 15:3:

> Ihr seid schon rein um des Wortes willen, das ich zu euch geredet habe.

---

werden.

Ein oft eingebrachter Einwand ist, dass Römer 6 unmöglich auf ein Kind oder Säuglinge angewandt werden kann. Aber hier macht man zwei Fehler, erstens, dass man nicht erkennt, dass es bei der Taufe nicht um Leben, sondern um Tod geht und zweitens, dass die Bibel keine Unterscheidung zwischen gläubig und ungläubig bei der Taufe macht. Wenn die Taufe irgendwie Leben vermittelt, dann immer – egal ob Säugling oder Erwachsener, gläubig oder ungläubig.

Markus 10:13-16 wird oft benutzt um eine Säuglingstaufe zu rechtfertigen, aber die Begebenheit, die dort geschildert wird, kann nicht dafür benutzt werden. Wenn wir die Beschneidung/Taufe-Analogie konsequent durchziehen (wie wir müssen), dann ist klar, dass die Kinder, die zu Jesus gebracht wurden, schon beschnitten waren. Also muss diese Sache hier eine andere Bedeutung haben. Es zielt eher darauf ab, klar zu manchen, dass ein Hinführen zu Jesus notwendig ist – auch wenn man als Kind schon getauft wurde.

Der Apostel Petrus spricht auch von Reinigung: „Da ihr eure Seelen durch den Gehorsam gegen die Wahrheit zur ungeheuchelten Bruderliebe gereinigt habt" . . . (1. Petrus 1:22)

Die Wassertaufe reinigt und rettet auch – aber NICHT im Hinblick auf die Ewigkeit!

In der Bibel wird die Wassertaufe in einer allumfassenden Weise präsentiert, aber die Taufe im Heiligen Geist wird immer explizit in Verbindung mit dem Glauben der empfangenden Person gebracht. Glaube bei demjenigen, der die Wassertaufe bekam (oder beschnitten wurde), war keine Bedingung.[181] In Bezug auf den Heiligen Geist ist das anders. Der Apostel Paulus schreibt in Epheser 1:13:

> In ihm (Christus) seid auch ihr, **nachdem** ihr das Wort der Wahrheit, das Evangelium eures Heils, gehört **habt und gläubig geworden seid, versiegelt worden** mit dem Heiligen Geist der Verheißung.

---

181 Im Neuen Testament haben wir viele Beispiele, wo Menschen das Wort Gottes hörten und glaubten und sich dann taufen ließen.

> Als sie aber dem Philippus glaubten, der das Evangelium vom Reich Gottes und dem Namen Jesu Christi verkündigte, ließen sie sich taufen, sowohl Männer als auch Frauen. (Apg. 8:12)

> Petrus aber sprach zu ihnen: Tut Buße, und jeder von euch lasse sich taufen auf den Namen Jesu Christi zur Vergebung eurer Sünden! Und ihr werdet die Gabe des Heiligen Geistes empfangen . . . Die nun sein Wort aufnahmen, ließen sich taufen; und es wurden an jenem Tag etwa dreitausend Seelen hinzugetan. (Apg 2:38-41)

Dies ist einfach die Reihenfolge, wie es abgelaufen ist. Wir haben hier eine Art „Berichterstattung" der Evangelisierung, die natürlich zuerst an erwachsene Menschen gerichtet wurde. (Wie auch Abraham zuerst glaubte und dann beschnitten wurde.) Wer gläubig geworden ist, muss sich taufen lassen um hier als Christ zu gelten. Das haben wir zur Genüge gesehen. Aber dies darf uns nicht dazu verleiten zu der Schlussfolgerung zu gelangen, dass die Reihenfolge immer so sein muss. In der Apostelgeschichte liest man, dass jemand gläubig wurde und daraufhin sich selbst und sein ganzes Haus hat taufen lassen. (Wie Abraham dann sein Haus beschneiden ließ.) Es gibt keine Rechtfertigung einfach vorauszusetzen, dass alle schon gläubig waren oder dass keine Kleinkinder oder Säuglinge dabei waren.

Eigentlich wird die Taufe nicht verbunden mit einer Voraussetzung des Glaubens, also, dass die Taufe bei dem Täufling mit dem Glauben verbunden werden muss. Eine Verbindung mit dem Glauben wird nur ausdrücklich gesagt in Bezug auf das Hören des Wortes:

> Denn auch uns ist eine gute Botschaft verkündigt worden, wie auch jenen; aber das gehörte Wort nützte jenen nicht, weil es bei denen, die es hörten, sich nicht mit dem Glauben verband. (Hebräer 4:2)

Glaube bei der Taufe (und der Beschneidung) wird eher verlangt von dem, der sie ausführt.

Glauben zuerst wird auch in Apg. 5:32 unterstrichen:

> Und wir sind Zeugen von diesen Dingen, und der Heilige Geist, den Gott denen gegeben hat, **die ihm gehorchen**.

Die Wassertaufe steht in Verbindung mit dem Tod, mit Gericht. Der Heilige Geist mit Leben.[182]

Sogar ein Vers wie Römer 8:13

> . . . denn wenn ihr nach dem Fleisch lebt, so werdet ihr sterben, wenn ihr aber durch den Geist die Handlungen des Leibes tötet, so werdet ihr leben.

betont den lebenspendenden Aspekt des Geistes.

> Der uns aber mit euch festigt in Christus und uns gesalbt hat, ist Gott, der uns auch versiegelt und das Unterpfand des Geistes in unsere Herzen gegeben hat. (2. Korinther 1:21)

---

[182] „Denn das Gesetz des Geistes des Lebens in Christus Jesus hat dich freigemacht von dem Gesetz der Sünde und des Todes . . . Denn die Gesinnung des Fleisches ist Tod, die Gesinnung des Geistes aber Leben und Frieden . . . Ihr aber seid nicht im Fleisch, sondern im Geist, wenn wirklich Gottes Geist in euch wohnt. Wenn aber jemand Christi Geist nicht hat, der ist nicht sein. Ist aber Christus in euch, so ist der Leib zwar tot der Sünde wegen, der Geist aber Leben der Gerechtigkeit wegen. Wenn aber der Geist dessen, der Jesus aus den Toten auferweckt hat, in euch wohnt, so wird er, der Christus Jesus aus den Toten auferweckt hat, auch eure sterblichen Leiber lebendig machen wegen seines in euch wohnenden Geistes (Römer 8:2, 6, 9-11)."

„Der Geist selbst bezeugt zusammen mit unserem Geist, dass wir Kinder Gottes sind (Römer 8:16)." „Kinder" bedeutet geboren worden – Leben.

„Der uns auch tüchtig gemacht hat zu Dienern des neuen Bundes, nicht des Buchstabens, sondern des Geistes. Denn der Buchstabe tötet, der Geist aber macht lebendig (2. Korinther 3:6)."

„Wenn wir durch den Geist leben, so lasst uns durch den Geist wandeln! (Galater 5:25)."

„Denn wer auf sein Fleisch sät, wird vom Fleisch Verderben ernten; wer aber auf den Geist sät, wird vom Geist ewiges Leben ernten (Galater 6:8)."

„Denn es hat auch Christus einmal für Sünden gelitten, der Gerechte für die Ungerechten, damit er uns zu Gott führe, zwar getötet nach dem Fleisch, aber lebendig gemacht nach dem Geist (1. Petrus 3:18)."

„Denn dazu ist auch den Toten gute Botschaft verkündigt worden, damit sie zwar den Menschen gemäß nach dem Fleisch gerichtet werden, aber Gott gemäß nach dem Geist leben möchten (1. Petrus 4:6)."

Dies kann nicht von allen mit Wasser getauften Personen behauptet werden. Bemerke hier die Verbindung zwischen „Salbung“ und Geist und den Gedanken des Festmachens und Versiegelns.

**Zusammenfassung**

Nach meinem Verständnis ist die Anwendung des Volkes Israel aus dem Alten Testament auf uns heute so zu verstehen: Das Lager der Israeliten stellt die bekennende Christenheit dar, das Reich. Es besteht aus einer Gruppe von beschnittenen (getauften) Menschen, wahren Gläubigen und Nur-Bekennern. Die Stiftshütte hat mit solchen zu tun, die wahre Gläubige sind (Familie) und Zugang zum Heiligtum haben (die Gemeinde, Leib Christi).

Vielleicht könnte man folgenden Einwand gegen diese Sicht vorbringen: Ein Nicht-Levit hatte nie Zugang zum Heiligtum und so müssten eigentlich alle Menschen im Lager ein Bild von nur unechten Bekennern sein. Aber die Leviten, die in der Stiftshütte dienten, lebten im Lager, um die Stiftshütte herum[183], sodass auch im Reich die, die zur „Familie“ gehören, unterschieden werden. Also wären dann nicht alle im Lager ein Bild von Nur-Bekennern. Dazu kommt der „Schatten“-Aspekt des Alten Testamentes. Es konnte nicht alles darstellen und die Tatsache offenbaren, dass in der neuen Ordnung der Dinge jeder Gläubige zur Familie werden und den Priestern angehören würde. In der Vergangenheit wäre solch ein Gedanke nicht möglich gewesen, wie Hebräer 5:4 ausdrücklich bestätigt:

> Und niemand nimmt sich selbst die Ehre, sondern er wird von Gott berufen wie auch Aaron.

Aber Christus hat dies vollbracht:

> .. Jesus Christus . . .der uns liebt und uns von unseren Sünden erlöst hat durch sein Blut und uns gemacht hat zu einem Königtum, zu Priestern seinem Gott und Vater . . . (Offenbarung 1:5-6)

Manche Christen sind der Ansicht, dass eine Unterscheidung zwischen dem Reich und der Gemeinde alles unnötig verwirrt. Im Gegenteil! Es macht alles klarer und deutlicher. Was wäre verwirrender gewesen? Zwischen Israeliten im allgemeinen und aaroni-

---

183 . . . „die Leviten aber sollen rings um die Wohnung des Zeugnisses herum lagern (4. Mose 1:53).“

tischen Priestern im besonderen zu unterscheiden oder zu behaupten beide Gruppen seien identisch?

Wahre Gläubige (Leviten/Priester) sind im Lager (das Reich), aber dürfen auch das Heiligtum betreten (die Gemeinde).

Die Stiftshütte befand sich im Lager wie auch die Priester und Leviten, die Gott dienten, aber das Lager war nicht die Stiftshütte und die Stiftshütte war nicht das Lager. Das Reich und die Gemeinde können dieselben Personen beinhalten (wahre Gläubige in beiden Bereichen), aber sie sind nicht identisch.

Es wird viel diskutiert über die sichtbare und unsichtbare Kirche, aber vieles davon ist nicht wirklich hilfreich. In einer Hinsicht ist die Kirche sichtbar: die Menschen, die an einem bestimmten Ort sonntags zusammenkommen, sind eindeutig sichtbar. Aber sind alle, die sich so zusammenfinden, wirklich gläubig und ein Teil des Leibes Christi? Vielleicht sind alle mit der christlichen Wassertaufe getauft worden, aber haben alle den Heiligen Geist in sich wohnend? Sind sie alle Kinder Gottes? Oft ist es schwer zu unterscheiden und wir können nur ausgehen von dem, was wir sehen. Wenn jemand gegen das Evangelium handelt, muss man sich mit ihm beschäftigen. Manchmal muss ein Gläubiger wie ein Ungläubiger behandelt werden um ihn zur Rückkehr zu bringen.[184] Wer weiß, wer „echt" ist und tatsächlich zum Leib gehört? Nur Gott kann das.[185]

---

[184] „Wenn er aber nicht auf sie hören wird, so sage es der Gemeinde; wenn er aber auch auf die Gemeinde nicht hören wird, so sei er dir wie der Heide und der Zöllner! (Matthäus 18:17)."

. . . „einen solchen im Namen unseres Herrn Jesus dem Satan zu überliefern zum Verderben des Fleisches, damit der Geist errettet werde am Tage des Herrn. . . Denn was habe ich zu richten, die draußen sind? Richtet ihr nicht, die drinnen sind? Die aber draußen sind, richtet Gott. Tut den Bösen von euch selbst hinaus! (1. Korinther 5:5, 12-13)."

„Wir gebieten euch aber, Brüder, im Namen unseres Herrn Jesus Christus, dass ihr euch zurückzieht von jedem Bruder, der unordentlich und nicht nach der Überlieferung wandelt, die ihr von uns empfangen habt (2. Thessalonicher 3:6)."

Der uneinsichtige Gläubige muss vorerst wie ein Ungläubiger behandelt werden, denn er hat sich wie ein solcher verhalten, aber die Zielsetzung ist immer Wiederherstellung:

„Wenn aber jemand unserem Wort durch den Brief nicht gehorcht, den bezeichnet, habt keinen Umgang mit ihm, damit er beschämt werde; und seht ihn nicht als einen Feind an, sondern weist ihn zurecht als einen Bruder! (2. Thessalonicher 3:14-15)."

Vergleiche auch 2. Korinther 2:6-8

[185] „Doch der feste Grund Gottes steht und hat dieses Siegel: Der Herr kennt, die sein sind; und: Jeder, der

In dieser Hinsicht ist die Gemeinde unsichtbar, weil wir immer eine gemischte Gruppe sehen und nie nur die echten Gläubigen.

**Die Taufe und Johannes 3**

Die Begegnung des Herrn mit Nikodemus in Johannes 3 und seine Aussage, dass man von „neuem geboren" werden muss, ist schon oft mit der christlichen Wassertaufe in Verbindung gebracht worden.

Dies ist ein Fehler.

Die christliche Taufe existierte noch nicht, als Christus mit Nikodemus sprach und wir sind im Irrtum, wenn wir unser Verständnis von der Taufe in diese Begebenheit hineinlesen.

Der Herr wunderte sich, dass Nikodemus nicht verstand, wovon er sprach. Wenn Christus die christliche Taufe im Sinn gehabt hätte, dann wäre es nicht verwunderlich gewesen, dass Nikodemus nicht verstand, wovon er sprach. Der Herr spricht nicht vom Wasser der Taufe, wenn er von Wasser spricht, sondern vielmehr vom Wort Gottes. Dies ist etwas, das Nikodemus aus Hesekiel 36:21-33 eigentlich wissen musste.[186] Es

---

den Namen des Herrn nennt, stehe ab von der Ungerechtigkeit! (2. Timotheus 2:19)."

186 „Da tat es mir leid um meinen heiligen Namen, den das Haus Israel unter den Nationen entweiht hatte, wohin sie auch kamen. Darum sage zum Haus Israel: So spricht der Herr, Herr: Nicht um euretwillen handle ich, Haus Israel, sondern um meines heiligen Namens willen, den ihr entweiht habt unter den Nationen, zu denen ihr gekommen seid. Und ich werde meinen großen, unter den Nationen entweihten Namen heiligen, den ihr mitten unter ihnen entweiht habt. Und die Nationen werden erkennen, dass ich der Herr bin, spricht der Herr, Herr, wenn ich mich vor ihren Augen an euch als heilig erweise. Und ich werde euch aus den Nationen holen und euch aus allen Ländern sammeln und euch in euer Land bringen. Und ich werde reines Wasser auf euch sprengen, und ihr werdet rein sein; von all euren Unreinheiten und von all euren Götzen werde ich euch reinigen. Und ich werde euch ein neues Herz geben und einen neuen Geist in euer Inneres geben; und ich werde das steinerne Herz aus eurem Fleisch wegnehmen und euch ein fleischernes Herz geben. Und ich werde meinen Geist in euer Inneres geben; und ich werde machen, dass ihr in meinen Ordnungen lebt und meine Rechtsbestimmungen bewahrt und tut. Und ihr werdet in dem Land wohnen, das ich euren Vätern gegeben habe, und ihr werdet mir zum Volk, und ich, ich, werde euch zum Gott sein. Und ich werde euch befreien von all euren Unreinheiten. Und ich werde das Getreide herbeirufen und es vermehren und keine Hungersnot mehr auf euch bringen; und ich werde die Frucht des Baumes und den Ertrag des Feldes vermehren, damit ihr nicht mehr das Höhnen wegen einer Hungersnot hinnehmen müsst unter den Nationen. Und ihr werdet an eure bösen Wege denken und an eure Taten, die nicht gut waren, und werdet an euch selbst Ekel empfinden wegen eurer Sünden und wegen eurer Greuel. Nicht um euretwillen tue ich es,

gibt viele Stellen, die den Gedanken der Notwendigkeit eines neuen Lebens, wieder oder von oben geboren zu werden, in Verbindung mit dem Wort und dem Heiligen Geist bringen – aber nicht mit Wassertaufe:

> Denn einst waren auch wir unverständig, ungehorsam, gingen in die Irre, dienten mancherlei Begierden und Lüsten, führten unser Leben in Bosheit und Neid, verhasst, einander hassend. Als aber die Güte und die Menschenliebe unseres Heiland-Gottes erschien, errettete er uns, nicht aus Werken, die, in Gerechtigkeit vollbracht, wir getan hätten, sondern nach seiner Barmherzigkeit durch die Waschung der Wiedergeburt und Erneuerung des Heiligen Geistes. Den hat er durch Jesus Christus, unseren Heiland, reichlich über uns ausgegossen, damit wir, gerechtfertigt durch seine Gnade, Erben nach der Hoffnung des ewigen Lebens wurden.(Titus 3:3-7)

> Nach seinem Willen hat er uns durch das Wort der Wahrheit geboren, damit wir gewissermaßen eine Erstlingsfrucht seiner Geschöpfe seien. (Jakobus 1:18)

> Denn ihr seid wiedergeboren nicht aus vergänglichem Samen, sondern aus unvergänglichem durch das lebendige und bleibende Wort Gottes. (1. Petrus 1:23)

Es ist mein Argument in dieser Schrift, dass die Wassertaufe uns in das Reich hineinbringt und nicht in die Gemeinde. Dies schwächt den Gedanken des Reiches keinesfalls. Alle, die zur Gemeinde gehören und ein Teil des mystischen Leibes des Herrn sind, sind auch im Reich – und sie sind die einzigen, die wirklich verstehen können, was das Reich bedeutet. Wenn uns das bewusst wird, können wir die Worte des Herrn zu Nikodemus besser verstehen:

> Jesus antwortete und sprach zu ihm: Wahrlich, wahrlich, ich sage dir: Wenn jemand nicht von neuem geboren wird, kann er das Reich Gottes nicht sehen (verstehen). (Johannes 3:3)

> Jesus antwortete: Wahrlich, wahrlich, ich sage dir: Wenn jemand nicht aus Wasser und Geist geboren wird, kann er nicht in das Reich Gottes hineingehen. (Johannes 3:5)

---

spricht der Herr, Herr, das sollt ihr wissen. Schämt euch und werdet beschämt vor euren Wegen, Haus Israel! So spricht der Herr, Herr: An dem Tag, da ich euch von all euren Sünden reinige, da werde ich die Städte bewohnt sein lassen, und die Trümmerstätten sollen aufgebaut werden."

Der Herr spricht hier nicht über die rituelle Einführung in das Reich durch die Wassertaufe – er spricht hier überhaupt nicht über die Taufe! – sondern über die wahre Realität des Reiches.

> Denn das Reich Gottes ist nicht Essen und Trinken, sondern Gerechtigkeit und Friede und Freude im Heiligen Geist. (Römer 14:17)

Ein Ungläubiger kann das von sich nicht mit Recht behaupten. Christus spricht hier so wie Paulus in Römer 2:28: „Denn nicht der ist ein Jude, der es äußerlich ist, noch ist die äußerliche Beschneidung im Fleisch Beschneidung."

Beschneidung und Taufe sind sich ähnlich, da sie Einführungsriten sind, wodurch ein Mensch seine Position ändert. Die Salbung und die Taufe im Heiligen Geist sind sich ähnlich, indem sie mit Familie zu tun haben. Ein wichtiger Unterschied zur Vergangenheit ist, dass in der Vergangenheit kein Nicht-Levit Priester werden durfte. Ein Nicht-Levit konnte nicht „Familie" werden. Heute, in der Gemeinde, ist das möglich. Jeder wahre Gläubige wird „Familie" und gehört dazu.

In letzter Zeit gibt es viele Diskussionen in theologischen Kreisen um das Wort „wiedergeboren" und seine richtige und falsche Verwendung durch die Geschichte der Kirche hindurch. Dieses Wort kann zwei Bedeutungen oder Anwendungen haben. Es kann eine Veränderung des Status' oder Zustands bedeuten – dies würde auf die Wassertaufe zutreffen. Oder es kann auch „neue Geburt" bedeuten – und dies würde auf den Heiligen Geist zutreffen.

Wir sind wiedergeboren nicht durch die Wassertaufe, sondern

> Gepriesen sei der Gott und Vater unseres Herrn Jesus Christus, der nach seiner großen Barmherzigkeit uns wiedergeboren hat zu einer lebendigen Hoffnung durch die Auferstehung Jesu Christi aus den Toten. (1. Petrus 1:3)

> Denn ihr seid wiedergeboren nicht aus vergänglichem Samen, sondern aus unvergänglichem durch das lebendige und bleibende Wort Gottes. (1. Petrus 1:23)